深圳统计年鉴

SHENZHEN STATISTICAL YEARBOOK

2024

总第 34 期

深　圳　市　统　计　局
国家统计局深圳调查队　编

Compiled by
Shenzhen Municipality Bureau of Statistics
Survey Office of the National Bureau of Statistics in Shenzhen

中国统计出版社
China Statistics Press

图书在版编目（CIP）数据

深圳统计年鉴. 2024 = Shenzhen Statistical Yearbook 2024 : 汉英对照 / 深圳市统计局, 国家统计局深圳调查队编. -- 北京 : 中国统计出版社, 2024. 12. -- ISBN 978-7-5230-0650-4

Ⅰ. C832.653-54

中国国家版本馆 CIP 数据核字第 20244DD319 号

深圳统计年鉴 2024

作　　者/ 深圳市统计局　国家统计局深圳调查队
责任编辑/ 钟钰
执行编辑/ 莫蓉
装帧设计/ 深圳市鸿赞安福印刷有限公司
出版发行/ 中国统计出版社有限公司
地　　址/ 北京市丰台区西三环南路甲 6 号
邮政编码/ 100073
电　　话/ 邮购（010）63376909　书店（010）68783171
网　　址/ http://www.zgtjcbs.com
印　　刷/ 深圳市鸿赞安福印刷有限公司
经　　销/ 新华书店
开　　本/ 890mm×1240mm　1/16
字　　数/ 735 千字
印　　张/ 24.5　彩页 0.5
版　　别/ 2024 年 12 月第 1 版
版　　次/ 2024 年 12 月第 1 次印刷
定　　价/ 320.00 元　Price:320.00yuan(RMB)

如有印装差错，由本社发行部调换。

《深圳统计年鉴2024》

编委会和编辑工作人员

Shenzhen Statistical Yearbook 2024

EDITORIAL BOARD AND EDITORIAL STAFF

编辑说明

1. 为方便国外读者查阅，本年鉴在目录、统计表及指标解释等内容上按中英文对照编辑。

2. 本年鉴全面系统地介绍了深圳市国民经济和社会发展情况，主要指标着重反映了2023年深圳市经济和社会各方面所取得的成就，也收录了深圳建市以来历年统计数据。统计资料内容分为19个部分，即：（1）综合；（2）国民经济核算；（3）人口和劳动力；（4）工业和能源；（5）建筑业；（6）运输和邮电；（7）农业；（8）固定资产投资；（9）房地产开发；（10）商业和物价；（11）财政收支；（12）金融保险业；（13）对外经济贸易和旅游；（14）劳动工资；（15）科学技术；（16）文化和教育；（17）卫生、社会保障和社会福利业；（18）城市建设和环境保护；（19）人民生活。为了便于读者正确使用资料，还附上了主要统计指标解释。

3. 根据最新掌握到的统计资料以及国家新的统计制度之规定，本期年鉴对过去发表的一些重要统计资料重新予以核实，对部分历史数据进行了修订。因此，读者在使用历史资料时，凡与本年鉴有出入的，均以本年鉴为准。

4. 本年鉴中的部分数据由于单位取舍不同产生的计算误差均未作机械调整。

5. 为便于读者使用，本年鉴特编制了主要指标的定基指数、环比指数和年平均增长速度。

6. 本年鉴使用的符号说明：“...”表示该项统计指标数据不足本表最小单位数；“空白”表示数据不详或无该项数据；“#”表示其中项。

7. 2017年起，人口、社会劳动者人数、职工工资、“企业一套表”调查单位、地区生产总值及分行业增加值、新兴产业增加值、农业、工业、建筑业、固定资产投资、社会消费零售总额、发电量、能源等包含深汕特别合作区计入数，增速按同口径计算。

8. 为了满足统计调查划分经济类型需要，国家统计局会同市场监管总局对《关于划分企业登记注册类型的规定》（国统字〔2011〕86号）进行修订，联合印发《关于市场主体统计分类的划分规定》（国统字〔2023〕14号），本年鉴对相关分组按“新标准”作出相应调整。

9. 限于我们的水平，本年鉴仍存在不足乃至错漏，希望读者不吝批评指正，帮助我们改进编辑工作，以期更好地为广大读者服务。

EDITOR'S NOTE

Ⅰ.The contents, pictures and lists of this book are translated into Chinese and English in order for the foreigners.

Ⅱ.*Shenzhen Statistical Yearbook 2024* contains comprehensive statistics of Shenzhen's social and economic development in 2023 and selected data of some important years and of the period after the establishment of the city. This book is composed of 19 parts. They include: 1. General Survey; 2.National Economic Accounting; 3.Population and Labor Force; 4.Industry and Energy; 5.Construction; 6.Transport, Postal and Telecommunication services; 7.Agriculture; 8.Investment in Fixed Assets; 9.Real Estate; 10.Commerce and Price; 11.Fiscal Revenue and Expenditure; 12.Finance and Insurance; 13.Foreign Trade and Tourism; 14.Labor Force and Wage; 15. Science and Technology; 16.Culture and Education; 17.Public Health, Social Security and Social Welfare; 18.Urban Constructions and Environmental Protection; 19.People's Livelihood. Interpretation of major statistical indicators attached is a useful tool for readers of this book.

Ⅲ.We adjust some important historical data based on the nearest data and state new statistical system. So in any case the data of this book shall be deemed as the authoritative ones.

Ⅳ.Statistical discrepancies in this book due to rounding are not adjusted.

Ⅴ.This book specially edit the fixed-base index, chain base index and average annual growth rate in order for the convinces by reader's usage.

Ⅵ.Notations used in the yearbook: " ..." indicates that the figure is not large enough to be measured with the smallest unit in the table,and" blank space" indicates data are unknown, or are not available, " # " indicates major item in a category.

Ⅶ. Since 2017, the population, the number of employed persons, the wages of employees, the " enterprise set of table" survey units, the gross domestic product (GDP) and the added value of sub- industries, the added value of strategic emerging industries, statistics of agriculture, industry, construction, investment in fixed assets, the total retail sales, electricity, energy consumption have included Shenzhen-Shanwei Special Cooperation Zone. The growth rate is calculated according to the same caliber.

Ⅷ. In order to meet the needs of economic classification in statistical surveys, the National Bureau of Statistics together with the State Administration for Market Regulation revised the Regulations on the Classification of Enterprises by Registration Status (Guotongzi [2011] No.86) and then jointly issued the Regulations on the Classification of Market Entity Statistics (Guotongzi [2023] No. 14). The yearbook has made corresponding adjustments to the relevant groups according to the "new standard".

Ⅸ. There are a lot of shortages and faults in the yearbook because of our limited level. For a better editing, we welcome all candid comments and criticism from our readers.

目　录
CONTENTS

二、国民经济核算

NATIONAL ECONOMIC ACCOUNTING

三、人口和劳动力
POPULATION AND LABOR FORCE

四、工业和能源
INDUSTRY AND ENERGY

十、商业和物价
COMMERCE AND PRICE

十三、对外经济贸易和旅游
FOREIGN TRADE AND TOURISM

十四、劳动工资
LABOR FORCE AND WAGE

十五、科学技术
SCIENCE AND TECHNOLOGY

01 第一部分

综合

GENERAL SURVEY

CHAPTER

1-1 行政区划（2023年）
ADMINISTRATIVE DIVISION（2023）

单位：个　　　　　　　　　　　　　　　　　　　　　　　　　　　　　　　　　　　　（unit）

地 区	Region	街道办事处 Urban Subdistrict Office	居民委员会 Neighbourhood Committees
全　市	**Total**	**74**	**794**
福田区	Futian	10	92
罗湖区	Luohu	10	109
盐田区	Yantian	4	23
南山区	Nanshan	8	107
宝安区	Baoan	10	140
龙岗区	Longgang	11	119
龙华区	Longhua	6	113
坪山区	Pingshan	6	24
光明区	Guangming	6	37
大鹏新区	Dapeng	3	25
深汕特别合作区	ShenshanSpecial Cooperation Zone	4（镇）	5

1-2 分区陆地面积、人口及人口密度（2023年）
LAND AREA，POPULATION AND DENSITY OF POPULATION IN DISTRICTS（2023）

地 区	Region	陆地面积（平方公里）Land Area (sq.km)	年末常住人口（万人）Year-end Permanent Population (10 000 persons)	常住户籍人口 Permanent Registered Population	常住非户籍人口 Permanent Non-registered Population	人口密度 (人/平方公里) Density Of Population (person/sq.km)
全　市	**Total**	**1997.47**	**1779.01**	**606.14**	**1172.87**	**8867**
福田区	Futian	78.66	152.10	77.35	74.75	19336
罗湖区	Luohu	78.80	103.46	53.22	50.24	13129
盐田区	Yantian	74.99	21.24	10.00	11.24	2832
南山区	Nanshan	187.53	181.86	94.39	87.47	9698
宝安区	Baoan	396.59	456.54	109.83	346.71	11512
龙岗区	Longgang	388.18	409.81	134.90	274.91	10557
龙华区	Longhua	175.65	251.84	74.14	177.70	14338
坪山区	Pingshan	166.31	61.61	17.65	43.96	3705
光明区	Guangming	155.38	115.90	24.33	91.57	7459
大鹏新区	Dapeng	295.38	16.72	5.21	11.51	566
深汕特别合作区	ShenshanSpecial Cooperation Zone		7.93	5.11	2.82	

注：1. 按照国家目前的人口统计制度以及市政府《深圳市人口统计监测办法》，自2006年起，深圳常住户籍人口指拥有深圳红印户口，在深圳居住半年以上的人口。

Notes: Since 2006, according to the country's current demographic system and Shenzhen demographic monitoring methods promulgated by Shenzhen Municipal government, the data of permanent registered population refers to people who have registered and lived in Shenzhen over half a year.

2. 按照相关规定，从2016年开始，原常住人口中的户籍人口、非户籍人口名称分别改为常住户籍人口和常住非户籍人口。

Since 2016，according to relevant regulations，the figure of registered population and non-registered population has changed to the figure of permanent registered population and permanent non-registered population.

3. 全市人口密度不含深汕特别合作区。

Total density of population does not include Shenzhen-Shanwei Special Cooperation Zone.

1-3 各时期国民经济和社会发展统计指标总量及年均增长速度

ANNUAL AVERAGE GROWTH RATE OF MAIN NATIONAL ECONOMIC AND SOCIAL DEVELOPMENT INDICATORS OF EACH PERIOD

年份	Year	年末常住人口(万人) Year-end Permanent Population (10 000 persons)	常住户籍人口 Permanent Registered Population	常住非户籍人口 Permanent Non- registered Population	年末就业人员合计(万人) Number of Employed Persons (10 000 persons)	#在岗职工 Fully Employed Staff and Workers
1979		31.41	31.26	0.15	13.95	4.02
1980		33.29	32.09	1.20	14.89	4.86
"六五"时期	"Sixth Five-year" Period					
1981		36.69	33.39	3.30	15.36	5.31
1982		44.95	35.45	9.50	18.49	8.28
1983		59.52	40.52	19.00	22.37	12.57
1984		74.13	43.52	30.61	27.26	18.33
1985		88.15	47.86	40.29	32.61	22.66
年均增长速度(%)	**Annual Average Growth Rate(%)**	**21.5**	**8.3**	**101.9**	**17**	**36.1**
"七五"时期	"Seventh Five-year" Period					
1986		93.56	51.45	42.11	36.04	25.88
1987		105.44	55.6	49.84	44.3	32.29
1988		120.14	60.14	60.00	54.53	41.74
1989		141.60	64.82	76.78	93.65	48.24
1990		167.78	68.65	99.13	109.22	55.41
年均增长速度(%)	**Annual Average Growth Rate(%)**	**13.7**	**7.5**	**19.7**	**27.3**	**19.6**
"八五"时期	"Eighth Five-year" Period					
1991		226.76	73.22	153.54	149.32	64.89
1992		268.02	80.22	187.80	175.97	71.1
1993		335.97	87.69	248.28	220.81	78.11
1994		412.71	93.97	318.74	273	82.29
1995		449.15	99.16	349.99	298.51	88.75
年均增长速度(%)	**Annual Average Growth Rate(%)**	**21.8**	**7.6**	**28.7**	**22.3**	**9.9**
"九五"时期	"Ninth Five-year" Period					
1996		482.89	103.38	379.51	322.12	89.13
1997		527.75	109.46	418.29	353.53	91.18
1998		580.33	114.6	465.73	390.33	91.93
1999		632.56	119.85	512.71	426.89	92.52
2000		701.24	124.92	576.32	474.97	93.36
年均增长速度(%)	**Annual Average Growth Rate(%)**	**9.3**	**4.7**	**10.5**	**9.7**	**1.3**
"十五"时期	"Tenth Five-year" Period					
2001		724.57	132.04	592.53	491.3	94.88
2002		746.62	139.45	607.17	509.74	101.76
2003		778.27	150.93	627.34	535.89	108.2
2004		800.80	165.13	635.67	562.17	135.88
2005		827.75	181.93	645.82	576.26	165.38
年均增长速度(%)	**Annual Average Growth Rate(%)**	**3.4**	**7.8**	**2.3**	**3.9**	**10.4**
"十一五"时期	"Eleventh Five-year" Period					
2006		871.10	196.83	674.27	609.76	184.25
2007		912.37	212.38	699.99	647.11	193.04
2008		954.28	228.07	726.21	682.35	198.35
2009		995.01	241.45	753.56	723.61	220.16
2010		1037.20	251.03	786.17	781.45	251.09
年均增长速度(%)	**Annual Average Growth Rate(%)**	**4.6**	**6.7**	**4.0**	**6.3**	**8.7**
"十二五"时期	"Twelfth Five-year" Period					
2011		1122.94	267.90	855.04	825.41	261.43
2012		1195.85	287.62	908.23	902.02	277.90
2013		1257.17	310.47	946.70	953.33	445.84
2014		1317.86	332.21	985.65	1009.60	448.93
2015		1408.05	354.99	1053.06	1083.35	447.41
年均增长速度(%)	**Annual Average Growth Rate(%)**	**6.3**	**7.2**	**6.0**	**6.8**	**12.2**
"十三五"时期	"Thirteenth Five-year"Period					
2016		1495.35	384.52	1110.83	1141.42	442.55
2017		1587.31	434.72	1152.59	1207.79	447.32
2018		1666.12	454.70	1211.42	1214.49	466.91
2019		1710.40	494.78	1215.62	1230.29	475.04
2020		1763.38	514.10	1249.28	1239.61	488.66
年均增长速度(%)	**Annual Average Growth Rate(%)**	**4.5**	**7.3**	**3.5**	**2.7**	**1.8**
"十四五"时期	"Fourteenth Five-year"Period					
2021		1768.16	556.39	1211.77	1245.42	499.17
2022		1766.18	583.47	1182.71	1193.41	497.33
2023		1779.01	606.14	1172.87	1228.90	472.85
以1979年为基期年平均增长速度(%)	**Annual Average Growth Rate from 1979(%)**	**9.6**	**6.9**	**22.6**	**10.7**	**11.4**

1-3 续表1 CONTINUED

年 份 Year		地区生产总值(万元) Gross Domestic Product (10 000 yuan)	第一产业 Primary Industry	第二产业 Secondary Industry	第三产业 Tertiary Industry	人均地区生产总值(元) Gross Domestic Product Per Capita (yuan)	固定资产投资额(万元) Investment in Fixed Assets (10 000 yuan)	#房地产开发投资 Investment in Real Estate Development
1979		19638	7273	4017	8348	606	5938	
1980		27012	7803	7036	12173	835	13801	
"六五" 时期	"Sixth Five-year" Period							
1981		49576	13343	16019	20214	1417	29684	
1982		82573	18960	31439	32174	2023	73750	
1983		131212	22614	55848	52750	2512	108320	
1984		234161	25932	106606	101623	3504	194572	
1985		390222	26111	163586	200525	4809	333235	
年均增长速度(%)	Annual Average Growth Rate(%)	**50.3**	**13.8**	**86.9**	**49.2**	**25.1**	**89.0**	
"七五" 时期	"Seventh Five-year" Period							
1986		416451	32907	163185	220359	4584	248551	
1987		559015	46519	220463	292033	5349	285193	
1988		869807	57005	359230	453572	6477	436191	
1989		1156565	68615	505361	582589	6710	499919	
1990		1716665	70220	769319	877126	8724	623380	112000
年均增长速度(%)	Annual Average Growth Rate(%)	**22.4**	**8.7**	**33.1**	**16.2**	**7.6**	**13.3**	
"八五" 时期	"Eighth Five-year" Period							
1991		2366630	80836	1126084	1159710	11997	912324	255600
1992		3173194	105914	1522432	1544848	12827	1782322	714900
1993		4531445	108615	2420214	2002616	15005	2477875	1027700
1994		6346711	134152	3357972	2854587	16954	2819413	1304600
1995		8427933	124122	4223744	4080067	19558	2758243	1030368
年均增长速度(%)	Annual Average Growth Rate(%)	**30.9**	**-0.6**	**33.4**	**29.6**	**6.7**	**34.6**	**55.9**
"九五" 时期	"Ninth Five-year" Period							
1996		10505121	148796	5081045	5275280	22542	3275270	1248251
1997		13023008	147660	6209018	6666330	25772	3930657	1366545
1998		15449472	151764	7508019	7789689	27885	4803901	1674854
1999		18246876	150445	9154443	8941988	30088	5695878	2152541
2000		22192015	155656	11087644	10948715	33276	6771205	2609694
年均增长速度(%)	Annual Average Growth Rate(%)	**16.5**	**2.9**	**17.2**	**15.8**	**6.7**	**19.7**	**20.4**
"十五"时期	"Tenth Five-year" Period							
2001		25229474	160413	12583983	12485078	35390	6863749	3156364
2002		30172384	166587	14980113	15025684	41018	7881459	3884445
2003		36401435	142048	18562162	17697225	47743	9491016	4126636
2004		43502928	123264	22643124	20736540	55099	10925571	4342432
2005		50357678	97385	27096861	23163432	61844	11823245	4236865
年均增长速度(%)	Annual Average Growth Rate(%)	**16.4**	**-9.0**	**19.2**	**13.6**	**11.9**	**11.8**	**10.2**
"十一五" 时期	"Eleventh Five-year" Period							
2006		59206612	68851	31449697	27688064	69702	12736693	4620940
2007		69252268	77374	35135153	34039741	77660	13450037	4610422
2008		79414328	77952	39702375	39634001	85088	14676043	4404897
2009		85144707	63527	40003477	45077703	87360	17091514	4374590
2010		100690553	61069	47279430	53350054	99095	19447008	4584693
年均增长速度(%)	Annual Average Growth Rate(%)	**13.5**	**-17.2**	**13.4**	**13.7**	**8.6**	**10.5**	**1.6**
"十二五" 时期	"Twelfth Five-year" Period							
2011		119228085	62231	56019374	63146480	110389	20609180	5147362
2012		134962675	61302	60453948	74447425	116407	23144319	7368421
2013		152342436	63504	66647456	85631476	124208	24901970	8769002
2014		167953507	57579	72321670	95574258	130448	27174226	10694855
2015		184368359	72084	76874089	107422186	135271	32983076	13310333
年均增长速度(%)	Annual Average Growth Rate(%)	**9.8**	**-7.3**	**8.8**	**10.6**	**3.5**	**11.1**	**23.8**
"十三五"时期	"Thirteenth Five-year"Period							
2016		206857358	82840	83240899	123533619	142494	40781638	17565209
2017		232802719	195721	93375209	139231789	150739	51473152	21358565
2018		252660771	226072	99958664	152476035	155320	20.6	23.6
2019		269923266	255772	104019993	165647501	159883	18.8	15.9
2020		277590153	255873	103806547	173527733	159820	8.2	16.4
年均增长速度(%)	Annual Average Growth Rate(%)	**7.1**	**6.6**	**6.5**	**7.5**	**2.1**		
"十四五" 时期	"Fourteenth Five-year"Period							
2021		308201048	237469	116077958	191885622	174542	3.7	-15.4
2022		324807103	247602	123136334	201423166	183801	8.4	13.3
2023		346064028	247078	130153171	215663780	195230	11.0	10.6
以1979年为基期年平均增长速度(%)	Annual Average Growth Rate from 1979(%)	**20.0**	**-0.5**	**24.8**	**19.5**	**9.5**		

注：　固定资产投资额及房地产投资额2018年及以后为增长速度（%）。

Note: The data of Investment in Fixed Assets and in Real Estate Development is growth rate from 2018(%).

1-3　续表2　CONTINUED

年 份	Year	地方一般公共预算收入(万元) Local Financial Revenue (10 000 yuan)	地方一般公共预算支出(万元) Local Financial Expenditure (10 000 yuan)	农林牧渔业总产值(万元) Gross Output Value of Agriculture, Forestry,Animal Husbandry and Fishery (10 000 yuan)	规模以上工业总产值(万元) Gross Output Value of Industry Above Designated Size(10 000 yuan)	社会消费品零售总额(万元) Retail Sales of Consumer Goods (10 000 yuan)
1979		1721	2971	13106	6061	11259
1980		3043	4003	16938	8444	19615
"六五" 时期	"Sixth Five-year" Period					
1981		8787	8411	24181	24282	34229
1982		9163	8815	26929	36212	54185
1983		15605	15025	29083	72041	123794
1984		29435	27954	40416	166803	201107
1985		62894	58651	45821	241213	265642
年均增长速度(%)	**Annual Average Growth Rate(%)**	**83.3**	**71.1**	**9.1**	**99.4**	**68.4**
"七五" 时期	"Seventh Five-year" Period					
1986		74160	68073	49552	330454	273712
1987		87521	69688	73772	547722	324364
1988		146521	110992	99404	993775	502430
1989		228668	173007	108015	1440533	545741
1990		217037	198073	119205	2104696	667580
年均增长速度(%)	**Annual Average Growth Rate(%)**	**28.1**	**27.6**	**14.9**	**46.3**	**20.2**
"八五" 时期	"Eighth Five-year" Period					
1991		273291	243012	143063	3077749	828341
1992		429599	420035	185297	4198920	1939506
1993		672507	593327	192880	6550051	2760596
1994		743992	746181	224776	9939113	3778706
1995		880174	934041	232653	11106974	4634355
年均增长速度(%)	**Annual Average Growth Rate(%)**	**32.3**	**36.4**	**-0.4**	**33.9**	**32.7**
"九五" 时期	"Ninth Five-year" Period					
1996		1317490	1380376	273246	12992240	5293512
1997		1420557	1394181	270889	15175861	5906244
1998		1643884	1767714	298174	20519485	6539123
1999		1842085	2108978	299662	23006355	7361785
2000		2219184	2250441	311359	29502786	8537247
年均增长速度(%)	**Annual Average Growth Rate(%)**	**20.3**	**19.2**	**6**	**20.8**	**13**
"十五"时期	"Tenth Five-year" Period					
2001		2624944	2537019	327111	36141861	9727119
2002		2659287	3077761	340757	43180816	11087719
2003		2908370	3489526	337406	63514355	13023364
2004		3214680	3775720	299939	80205911	15080237
2005		4123785	5991560	217369	98675451	17546748
年均增长速度(%)	**Annual Average Growth Rate(%)**	**13.2**	**21.6**		**24.7**	**15.5**
"十一五" 时期	"Eleventh Five-year" Period					
2006		5008827	5714231	180017	119286001	20513548
2007		6580555	7279677	171380	139580064	23460986
2008		8003603	8898555	187859	158601076	27984708
2009		8808168	10008394	154760	154162429	31634781
2010		11068166	12660668	150467	185268200	36360972
年均增长速度(%)	**Annual Average Growth Rate(%)**	**21.8**	**16.1**		**12**	**15.7**
"十二五" 时期	"Twelfth Five-year" Period					
2011		13395728	15905599	152533	204307516	42451855
2012		14820800	15690071	148572	213637447	49188894
2013		17312618	16908280	139479	230952085	55390633
2014		20827326	21661841	129156	247775911	61457836
2015		27268543	35216708	159515	255424444	64231050
年均增长速度(%)	**Annual Average Growth Rate(%)**	**19.8**	**22.7**		**7.4**	**12**
"十三五"时期	"Thirteenth Five-year"Period					
2016		31364923	42110429	190940	272922943	70021463
2017		33321303	45938003	388609	321191539	77895215
2018		35384414	42825598	424606	354390190	85195000
2019		37733831	45527336	481641	373261578	91444581
2020		38574618	41784235	488467	384607880	86648297
年均增长速度(%)	**Annual Average Growth Rate(%)**	**7.9**	**3.5**		**5.7**	**6.2**
"十四五" 时期	"Fourteenth Five-year"Period					
2021		42576972	45702233	462885	424539555	94981156
2022		40124390	49973834	482643	462594337	97082807
2023		41129194	50124309	499584	491926853	104861913
以1979年为基期年平均增长速度(%)	**Annual Average Growth Rate from 1979(%)**	**25.9**	**24.8**		**27.1**	**21.6**

1-3 续表3 CONTINUED

年 份	Year	全社会货运量(万吨) Freight Traffic Volume (10 000 tons)	全社会客运量(万人) Passenger Traffic (10 000 persons)	港口货物吞吐量(万吨) Volume of Freight Handled in Ports (10 000 tons)	邮电业务总量(万元) Business Volume of Postal and Telecommunication Services (10 000yuan)	进出口总额(万美元) Total Imports and Exports (USD10 000)	出口总额 Exports	进口总额 Imports
1979				10	138	1676	930	746
1980				30	190	1751	1124	627
"六五" 时期	**"Sixth Five-year" Period**							
1981				70	340	2807	1745	1062
1982				91	520	2534	1597	937
1983				141	567	78642	6230	72412
1984				210	923	107247	26539	80708
1985				327	1761	130632	56340	74292
年均增长速度(%)	**Annual Average Growth Rate(%)**			**36.1**	**56.1**	**136.9**	**118.8**	**159.9**
"七五" 时期	**"Seventh Five-year" Period**							
1986		1521	3973	302	2633	184696	72552	112144
1987		1627	4268	485	4880	255784	141354	114430
1988		1704	5858	734	14826	344277	184949	159328
1989		1383	6349	956	21293	375259	217428	157831
1990		1349	8833	1292	55356	1570136	815165	754971
年均增长速度(%)	**Annual Average Growth Rate(%)**			**31.6**	**78.9**	**33.2**	**39.7**	**27.2**
"八五" 时期	**"Eighth Five-year" Period**							
1991		1486	6400	1563	84927	1947635	986240	961395
1992		1801	8135	1956	114492	2357562	1200019	1157543
1993		2050	10218	2541	174045	2820392	1421776	1398616
1994		2604	8531	3002	259432	3498281	1830921	1667360
1995		3542	8261	3080	368945	3876960	2052736	1824224
年均增长速度(%)	**Annual Average Growth Rate(%)**	**21.3**	**-1.3**	**19.0**	**46.1**	**19.8**	**20.3**	**19.3**
"九五" 时期	**"Ninth Five-year" Period**							
1996		3647	8281	3021	462261	3905342	2120781	1784561
1997		3853	8515	3357	610111	4500921	2561844	1939077
1998		4050	8484	3444	764658	4527417	2639611	1887806
1999		4274	8754	4663	982686	5042750	2820811	2221939
2000		4697	9346	5697	1336000	6393982	3456333	2937649
年均增长速度(%)	**Annual Average Growth Rate(%)**	**5.8**	**2.5**	**13.1**	**29.4**	**10.5**	**11.0**	**10.0**
"十五"时期	**"Tenth Five-year" Period**							
2001		5147	9869	6643	1419000	6861055	3747955	3113100
2002		5683	10632	8767	1644200	8723148	4655704	4067444
2003		6478	10471	11220	1980300	11739941	6296201	5443733
2004		7168	12019	13537	2660100	14728302	7784632	6943670
2005		8249	12602	15351	3208000	18281689	10151829	8129860
年均增长速度(%)	**Annual Average Growth Rate(%)**	**15.9**	**6.2**	**21.9**	**26.3**	**23.4**	**24.0**	**22.6**
"十一五" 时期	**"Eleventh Five-year" Period**							
2006		11429	13965	17598	3795000	23738573	13609556	10129017
2007		13678	15056	19994	5135400	28753345	16849299	11904046
2008		19570	154283	21125	6117500	29995499	17971995	12023504
2009		22367	146316	19365	6765200	27016306	16197825	10818481
2010		26174	156203	22098	2937000	34674930	20418355	14256575
年均增长速度(%)	**Annual Average Growth Rate(%)**			**7.6**	**20.5**	**13.5**	**14.8**	**10.8**
"十二五" 时期	**"Twelfth Five-year" Period**							
2011		28901	168447	22325	3562600	41409312	24551760	16857552
2012		28678	184982	22807	5635800	46683020	27136163	19546857
2013		27512	12059	23398	6229900	53747437	30570191	23177246
2014		29382	15103	22324	7619900	48774049	28436157	20337892
2015		32475	16511	21706	10403200	44245863	26403895	17841968
年均增长速度(%)	**Annual Average Growth Rate(%)**			**-0.4**		**5.0**	**5.3**	**4.5**
"十三五"时期	**"Thirteenth Five-year"Period**							
2016		31163	16979	21410	17150200	39843893	23754674	16089218
2017		32269	18160	24136	16455500	41414596	24435790	16978806
2018		32764	19864	25127	27824427	45372921	24604111	20768810
2019		43529	21284	25785	40390310	43147567	24212399	18935168
2020		41483	13750	26506	44702800	44080709	24531052	19549657
年均增长速度(%)	**Annual Average Growth Rate(%)**			**4.1**		**-0.1**	**-1.4**	**1.8**
"十四五" 时期	**"Fourteenth Five-year"Period**							
2021		43960	13373	27838	12160886	54857734	29821230	25036505
2022		41023	10482	27243	12815040	54982386	32791826	22190560
2023		43261	20639	28664	14600853	54948821	34837644	20111177
以1979年为基期年平均增长速度(%)	**Annual Average Growth Rate from 1979(%)**			**19.8**		**23.7**	**24.2**	**22.9**

1-3 续表4 CONTINUED

年 份 Year		国内金融机构人民币存款(亿元) RMB deposits of domestic financial institutions (100 million yuan)	国内金融机构人民币贷款(亿元) RMB loans of domestic financial institutions (100 million yuan)	医院数(个) Hospital (unit)	医院病床(张) Hospital Beds (unit)	卫生技术人员(人) Medical Technical Personnel (person)	#执业医师(人) Licensed Doctors (person)
1979		1.01	0.75	25	597	988	364
1980		2.03	1.34	24	643	1088	438
"六五" 时期	**"Sixth Five-year" Period**						
1981		4.87	2.39	24	790	1270	518
1982		6.37	6.30	26	717	1609	708
1983		11.26	11.95	30	1023	2343	1073
1984		34.98	45.10	29	1634	3064	1484
1985		30.26	53.70	31	1885	3857	1862
年均增长速度(%)	**Annual Average Growth Rate(%)**	**71.7**	**109.1**	**5.3**	**24.0**	**28.8**	**33.6**
"七五" 时期	**"Seventh Five-year" Period**						
1986		55.11	73.09	32	2028	4657	2217
1987		80.85	106.52	34	2225	5117	2408
1988		131.74	153.62	35	2496	5715	2754
1989		137.63	178.98	35	2838	6451	3103
1990		194.69	238.62	38	3108	6996	3426
年均增长速度(%)	**Annual Average Growth Rate(%)**	**45.1**	**34.8**	**4.2**	**10.5**	**12.6**	**13.0**
"八五" 时期	**"Eighth Five-year" Period**						
1991		300.92	279.75	41	3498	7618	3737
1992		550.46	370.71	45	4466	8571	4247
1993		657.35	501.59	45	5168	9888	4798
1994		933.37	642.14	48	6040	11034	5347
1995		1202.93	786.34	63	6640	12449	6050
年均增长速度(%)	**Annual Average Growth Rate(%)**	**43.9**	**26.9**	**10.6**	**16.4**	**12.2**	**12.0**
"九五" 时期	**"Ninth Five-year" Period**						
1996		1533.46	965.20	65	7105	14652	7266
1997		1822.70	1202.58	72	7813	14932	7400
1998		2238.37	1550.37	72	8353	14975	7191
1999		2558.99	1848.16	71	8720	15143	7062
2000		3169.00	2292.18	72	9616	15720	7418
年均增长速度(%)	**Annual Average Growth Rate(%)**	**21.4**	**23.9**	**2.7**	**7.7**	**4.8**	**4.2**
"十五"时期	**"Tenth Five-year" Period**						
2001		4092.57	2860.75	75	10542	17135	8097
2002		4952.73	3514.28	77	11808	18615	7853
2003		6079.48	4525.05	85	12607	21234	8909
2004		7100.75	5242.77	87	14186	22895	9846
2005		8478.16	6168.04	97	15577	25681	10961
年均增长速度(%)	**Annual Average Growth Rate(%)**	**21.8**	**21.9**	**6.1**	**10.1**	**10.3**	**8.1**
"十一五" 时期	**"Eleventh Five-year" Period**						
2006		9540.42	6755.32	99	16193	43266	16238
2007		11495.79	7965.45	101	16766	46877	17450
2008		13011.24	9058.46	100	18435	50608	18807
2009		16938.19	11646.34	101	19872	53778	19963
2010		20210.75	13708.16	107	21166	54081	20122
年均增长速度(%)	**Annual Average Growth Rate(%)**	**19.0**	**17.3**	**2.0**	**6.3**	**16.1**	**12.9**
"十二五" 时期	**"Twelfth Five-year" Period**						
2011		22782.39	15714.96	110	22322	58059	21517
2012		25910.24	17305.47	115	26124	61961	22831
2013		29830.99	19803.58	117	27079	65782	24221
2014		44589.29	22805.39	122	28853	69936	25728
2015		51806.18	27129.99	123	31425	74884	27834
年均增长速度(%)	**Annual Average Growth Rate(%)**			**2.8**	**8.2**	**6.7**	**6.7**
"十三五"时期	**"Thirteenth Five-year"Period**						
2016		57793.30	34034.29	134	38124	78826	29300
2017		62760.40	39940.61	135	39899	85282	31838
2018		66890.51	47024.58	139	43569	93660	34747
2019		77671.71	54602.36	144	47366	102788	38519
2020		95096.94	63091.82	144	57642	106261	40757
年均增长速度(%)	**Annual Average Growth Rate(%)**	**12.9**	**18.4**	**3.2**	**12.9**	**7.2**	**7.9**
"十四五" 时期	**"Fourteenth Five-year"Period**						
2021		105322.09	72218.17	145	58795	113284	43728
2022		116577.32	78704.75	151	60643	118273	45260
2023		126997.38	87616.27	159	64825	125993	48453
以1979年为基期年平均增长速度(%)	**Annual Average Growth Rate from 1979(%)**			**4.3**	**11.2**	**11.6**	**11.8**

注：2015年起，人民银行调整了金融机构存贷款统计口径，2014年数据相应调整。

Note:From 2015,the statistical range of RMB deposits(loans) of domestic financial institutions have been adjusted,the data of 2014 have been adjusted by the same caliber.

1-3 续表5 CONTINUED

年 份 Year		在校学生数(人) Students Enrollment (person) 普通高等学校 Institutions of Higher Education	普通中学 Regular Secondary Schools	小 学 Primary Schools	城镇单位在岗职工工资总额(万元) Total Wage Bill of Fully Employed Staff and Workers in Urban Units (10 000 yuan)	在岗职工年平均工资(元) Average Wage (yuan)	居民人均可支配收入(元) Per Capita Disposable Income of Residents (yuan/person)
1979			13686	47022	2952	769	
1980			12296	49168	4366	979	
"六五"时期	"Sixth Five-year" Period						
1981			13088	51560	5930	1132	
1982			17080	54538	10000	1366	
1983		216	20982	56319	16142	1545	
1984		1236	27636	62021	35306	2179	
1985		3206	35334	70277	51912	2418	1915
年均增长速度(%)	**Annual Average Growth Rate(%)**		**23.5**	**7.4**	**64.1**	**19.8**	
"七五"时期	"Seventh Five-year" Period						
1986		3478	40208	77884	59773	2452	1817
1987		4330	44910	84601	80013	2677	2091
1988		4710	43267	96474	134218	3388	2569
1989		4419	45056	104041	179042	3858	3657
1990		3964	46473	111711	227392	4304	4127
年均增长速度(%)	**Annual Average Growth Rate(%)**	**4.3**	**5.6**	**9.7**	**34.4**	**12.2**	**16.6**
"八五"时期	"Eighth Five-year" Period						
1991		3779	50625	118460	307950	5016	4564
1992		3653	55857	127978	403790	5931	5783
1993		3680	60337	139272	619647	8145	7737
1994		4227	66073	147186	852332	10572	10503
1995		5291	71540	157210	1076083	12276	12771
年均增长速度(%)	**Annual Average Growth Rate(%)**	**5.9**	**9.0**	**7.1**	**36.5**	**23.3**	**25.3**
"九五"时期	"Ninth Five-year" Period						
1996		6493	76949	170983	1284558	14507	16296
1997		7601	82155	190192	1479515	16531	18579
1998		8497	86009	215652	1674771	18381	19214
1999		10568	91260	256060	1890338	20714	19520
2000		14123	106996	313852	2113366	23039	20906
年均增长速度(%)	**Annual Average Growth Rate(%)**	**21.7**	**8.4**	**14.8**	**14.6**	**13.2**	**10.4**
"十五"时期	"Tenth Five-year" Period						
2001		18743	126190	363657	2441713	25941	22760
2002		26778	150654	415097	2832799	28218	24941
2003		32106	179628	469684	3259896	30611	25936
2004		41251	211224	526419	4192834	31928	27596
2005		45314	240508	566278	5167453	32476	21494
年均增长速度(%)	**Annual Average Growth Rate(%)**	**26.3**	**17.6**	**12.5**	**18.1**	**7.4**	**7.5**
"十一五"时期	"Eleventh Five-year" Period						
2006		51220	256630	564891	6296568	35107	22567
2007		58910	279180	575160	7335805	38798	24301
2008		64675	298939	585852	8674142	43454	26729
2009		66952	316024	589481	10029764	46723	29245
2010		67324	334752	618459	12338778	50456	32381
年均增长速度(%)	**Annual Average Growth Rate(%)**	**8.2**	**6.8**	**1.8**	**19.0**	**9.2**	**8.5**
"十二五"时期	"Twelfth Five-year" Period						
2011		70004	346942	651307	14384948	55143	36505
2012		75570	359643	683058	16421777	59010	40742
2013		82401	371735	730232	28135080	62619	44653
2014		87674	378690	793178	32879754	72651	40948
2015		90511	385221	864841	36627244	81034	44633
年均增长速度(%)	**Annual Average Growth Rate(%)**	**6.1**	**2.8**	**6.9**	**24.3**	**9.9**	
"十三五"时期	"Thirteenth Five-year" Period						
2016		91883	396455	910974	39940453	89757	48695
2017		96702	417641	964510	44697603	100173	52938
2018		103829	448004	1027969	52364784	111709	57544
2019		113214	477390	1068992	61109638	127757	62522
2020		136184	517630	1091179	68054574	139436	64878
年均增长速度(%)	**Annual Average Growth Rate(%)**	**8.5**	**6.1**	**4.8**	**13.2**	**11.5**	**7.8**
"十四五"时期	"Fourteenth Five-year" Period						
2021		145181	563174	1133041	77523407	155563	70847
2022		155264	616320	1166852	82856217	164754	72718
2023		160841	669228	1226562	83510614	174640	76910
以1979年为基期年平均增长速度(%)	**Annual Average Growth Rate from 1979(%)**	**18.0**	**9.2**	**7.7**	**26.1**	**13.1**	

注： 1.普通高等学校在校学生数年平均增长速度以1983年为基期。
Notes:Annual average growth rate of the student number in institutions of higher education is based on 1983.
2.居民人均可支配收入2014年起为城乡一体化住户调查新口径数据。
Per Capita Disposable Income of Resident has been a new caliber of Urban-rural Integration Household Survey since 2014.

1-4 主要年份国民经济主要指标比例关系
PERCENTAGE OF MAIN NATIONAL ECONOMIC INDICATORS IN MAIN YEARS

年 份 Year	以就业人员人数为100 Employed Persons=100			以地区生产总值为100 Gross Domestic Product=100			以固定资产投资总额为100 Investment in Fixed Assets=100	
	第一产业 Primary Industry	第二产业 Secondary Industry	第三产业 Tertiary Industry	第一产业 Primary Industry	第二产业 Secondary Industry	第三产业 Tertiary Industry	非房地产开发项目 Non-Real Estate Development	房地产开发项目 Real Estate Development
1979				37.0	20.5	42.5	100.0	
1980				28.9	26.0	45.1	100.0	
1985				6.7	41.9	51.4	100.0	
1990	6.1	69.8	24.1	4.1	44.8	51.1	82.0	18.0
1995	1.5	66.0	32.5	1.5	50.1	48.4	62.6	37.4
2000	0.8	57.0	42.2	0.7	50.0	49.3	61.5	38.5
2001	0.7	55.7	43.6	0.6	49.9	49.5	54.0	46.0
2002	0.8	55.8	43.5	0.6	49.6	49.8	50.7	49.3
2003	0.8	57.0	42.2	0.4	51.0	48.6	56.5	43.5
2004	0.5	57.6	41.9	0.3	52.0	47.7	60.3	39.7
2005	0.5	57.7	41.8	0.2	53.8	46.0	64.2	35.8
2006	0.3	57.4	42.3	0.1	53.1	46.8	63.7	36.3
2007	0.1	54.1	45.8	0.1	50.7	49.2	65.7	34.3
2008	0.1	54.1	45.8	0.1	50.0	49.9	70.0	30.0
2009	0.1	53.9	46.0	0.1	47.0	52.9	74.4	25.6
2010	...	51.5	48.4	0.1	46.9	53.0	76.4	23.6
2011	...	47.2	52.8	0.1	47.0	52.9	75.0	25.0
2012	...	44.4	55.6	...	44.8	55.2	68.2	31.8
2013	...	41.4	58.6	...	43.8	56.2	64.8	35.2
2014	...	39.3	60.6	...	43.1	56.9	60.6	39.4
2015	...	39.9	60.1	...	41.7	58.3	59.6	40.4
2016	...	38.0	62.0	...	40.3	59.7	56.9	43.1
2017	0.1	37.9	62.0	0.1	40.1	59.8	58.5	41.5
2018	0.1	37.3	62.6	0.1	39.6	60.3	57.3	42.7
2019	0.1	38.6	61.3	0.1	38.5	61.4	58.4	41.6
2020	0.1	38.6	61.3	0.1	37.4	62.5	55.2	44.8
2021	0.1	39.1	60.8	0.1	37.7	62.3	63.5	36.5
2022	0.1	39.2	60.7	0.1	37.9	62.0	61.8	38.2
2023	0.1	39.0	60.9	0.1	37.6	62.3	62.0	38.0

1-4 续表 CONTINUED

年 份 Year	以货运量为100 Freight Traffic=100			
	铁路 Railways	公路 Highways	水运 Waterways	民航 Civil Aviation
1990	10.9	78.2	10.9	
1995	6.2	76.8	16.9	0.1
1996	5.8	77.1	17.0	0.1
1997	7.0	76.8	16.1	0.1
1998	6.4	79.3	14.2	0.1
1999	6.0	81.5	12.3	0.1
2000	6.0	81.4	12.5	0.1
2001	5.7	82.9	11.3	0.1
2002	4.8	84.8	10.3	0.1
2003	4.9	83.9	11.1	0.1
2004	4.9	83.2	11.7	0.2
2005	4.8	83.4	11.7	0.2
2006	2.7	69.3	27.8	0.2
2007	2.4	67.8	29.6	0.2
2008	2.1	76.6	21.2	0.2
2009	2.1	78.8	18.8	0.2
2010	1.5	75.8	22.4	0.3
2011	1.4	75.0	23.3	0.3
2012	1.4	76.7	21.7	0.2
2013	1.3	73.0	25.4	0.2
2014	0.4	71.4	27.9	0.3
2015	0.2	76.3	23.3	0.2
2016	0.3	76.3	23.1	0.3
2017	0.2	74.2	25.3	0.3
2018	0.2	75.1	24.3	0.3
2019	0.3	79.7	19.7	0.3
2020	0.3	79.5	19.9	0.3
2021	0.3	79.2	20.2	0.3
2022	0.7	74.6	24.4	0.3
2023	0.8	73.7	25.1	0.3

1-5 主要年份国民经济和社会发展主要指标平均每人水平

PER CAPITA MAIN NATIONAL ECONOMIC AND SOCIAL DEVELOPMENT INDICATORS IN MAIN YEARS

单位：元 (yuan)

年 份 Year	地区生产总值 Gross Domestic Product	农林牧渔业总产值 Gross Output Value of Agriculture,Forestry, Animal Husbandry and Fishery	规模以上工业总产值 Gross Output Value of Industry Above Designated Size	社会消费品零售总额 Retail Sales of Consumer Goods	城镇单位在岗职工年平均货币工资 Average Wage of Fully Employed Staff and Workers in Urban Units	居民可支配收入 Per Capita Disposable Income of Residents
1980	835	524	261	606	979	
1985	4809	565	2973	3274	2418	1915
1990	8724	606	13606	3393	4304	4127
1995	19558	540	25774	10754	12276	12771
2000	33276	467	44239	12801	23039	20906
2001	35390	459	50697	13644	25941	22760
2002	41018	463	58702	15073	28218	24941
2003	47743	443	83304	17081	30611	25936
2004	55099	380	101586	19100	31928	27596
2005	61844	267	121182	21549	32476	21494
2006	69702	211	140431	24150	35107	22567
2007	77660	192	156526	26309	38798	24301
2008	85088	201	169931	29984	43454	26729
2009	87360	159	158173	32458	46723	29245
2010	99095	148	181745	35775	50456	32381
2011	110389	140	188025	39198	55143	36505
2012	116407	127	183248	42150	59010	40742
2013	124208	113	187329	44891	62619	44653
2014	130448	100	191511	47470	72651	40948
2015	135271	117	186556	46889	81034	44633
2016	142494	131	187208	48014	89757	48695
2017	150739	252	207970	50428	100173	52938
2018	155320	261	217856	52372	111709	57544
2019	159883	285	221092	54165	127757	62522
2020	159820	281	221435	49887	139436	64878
2021	174542	262	240427	53790	155563	70847
2022	183801	273	261771	54937	164754	72718
2023	195230	282	277517	59157	174640	76910

1-6 主要年份国民经济和社会发展主要指标平均每天水平
AVERAGE DAILY LEVEL OF MAIN NATIONAL ECONOMIC AND SOCIAL DEVELOPMENT INDICATORS IN MAIN YEARS

年 份 Year	地 区 生产总值 (万元) Gross Domestic Product (10 000 yuan)	规模以上工业 总产值 (万元) Gross Output Value of Industry Above Designated Size (10 000 yuan)	农林牧渔业总产值 (万元) Gross Output Value of Agriculture, Forestry, Animal Husbandry and Fishery (10 000 yuan)	地方一般公共 预算收入 (万元) Local Financial Revenue (10 000 yuan)	货运量 (万吨) Freight Traffic (10 000 tons)	客运量 (万人) Passenger Traffic (10 000 persons)
1979	54	17	36	5		
1980	74	23	46	8		
1985	1069	661	126	172		
1990	4703	5766	327	595	3.70	24.20
1995	23090	30430	637	2411	9.70	22.63
2000	60800	80830	853	6080	12.87	25.61
2001	69122	99019	896	7192	14.10	27.04
2002	82664	118304	934	7286	15.57	29.13
2003	99730	174012	924	7968	17.75	28.69
2004	119186	219742	822	8807	19.64	32.93
2005	137966	270344	596	11298	22.60	34.53
2006	162210	326811	493	13723	31.31	38.26
2007	189732	382411	466	18029	37.47	41.25
2008	217574	434523	515	21928	53.62	422.69
2009	233273	422363	424	24132	61.28	400.86
2010	275865	507584	412	30324	71.71	427.95
2011	326652	559747	418	36701	79.18	461.50
2012	369761	585308	407	40605	78.57	506.80
2013	417377	632745	382	47432	75.38	33.04
2014	460147	678838	354	57061	80.50	41.38
2015	505119	699793	437	74708	88.97	45.23
2016	566732	747734	523	85931	85.38	46.60
2017	637816	879977	1065	91291	88.41	49.70
2018	692221	970932	1163	96944	89.76	54.42
2019	739516	1022634	1320	103380	119.26	58.31
2020	760521	1053720	1338	105684	113.65	37.67
2021	844386	1163122	1268	116649	120.44	36.64
2022	889882	1267382	1322	109930	112.39	28.72
2023	948121	1347745	1369	112683	118.52	56.55

1-6 续表 CONTINUED

年 份 Year	用电量 (万千瓦时) Electricity Consumption (10 000 kW·h)	公共汽（电）车客运人数 (万人次) Bus Passengers (10 000 person-times)	社会消费品零售总额 (万元) Retail Sales of Consumer Goods (10 000 yuan)	出生人数 (人) Births (person)	死亡人数 (人) Deaths (person)	结婚 (对) Marriages (couple)	离婚 (对) Divorces (couple)
1979			31	22	5		
1980			54	19	5	6	
1985		14.20	728	15	4	18	
1990	985	60.13	1829	29	5	28	1
1995	2503	96.96	12697	35	5	36	3
2000	5215	117.26	23390	49	9	39	6
2001	5816	128.96	26650	49	6	39	6
2002	7120	141.60	30377	62	5	40	6
2003	8861	139.00	35680	44	6	53	9
2004	10693	143.80	41316	54	6	79	13
2005	12060	278.40	48073	66	7	64	15
2006	13348	337.22	56202	72	6	112	17
2007	15557	497.61	64277	94	7	98	19
2008	15993	535.44	76670	101	7	113	19
2009	16046	585.21	86671	97	8	134	21
2010	18179	642.82	99619	102	17	105	22
2011	19069	647.61	116306	114	8	149	27
2012	19784	625.49	134764	168	12	146	32
2013	19994	603.23	151755	163	9	147	43
2014	21608	618.46	168378	185	22	166	43
2015	22344	566.83	175975	196	13	165	62
2016	23317	511.78	191840	239	14	167	68
2017	24232	453.22	213412	319	19	171	70
2018	25130	446.25	233411	290	17	180	76
2019	26959	435.54	250533	321	19	184	85
2020	26941	378.19	237393	270	20	185	108
2021	30230	306.17	260222	255	20	209	54
2022	29420	269.96	265980	242	22	233	58
2023	30919	302.21	287293	235	25	297	78

1-7　企业登记发展情况

THE DEVELOPMENT OF ENTERPRISES REGISTRATION

单位：户　　　　　　　　　　　　　　　　　　　　　　　　　　　　　　　　(unit)

年份 Year	企业总数 Total Number of Enterprises	按企业登记类型分 Grouped By Status of Enterprises Registration			按产业分 Grouped By Industry			按注册资本分 Grouped By Registered Capital					
		内资企业 Domestic-funded Enterprises	外资企业 Foreign-funded Enterprises	私营企业 Private Enterprises	第一产业 Primary Industry	第二产业 Secondary Industry	第三产业 Tertiary Industry	100万元-499万元 1 million yuan-4.99 million yuan	500万元-999万元 5 million yuan-9.99 million yuan	1000万元-2999万元 10 million yuan-29.99 million yuan	3000万元-4999万元 30 million yuan-49.99 million yuan	5000万元-9999万元 50 million yuan-99.99 million yuan	1亿元以上 Over 100 million yuan
1979	501	497	4		1	219	281						
1980	839	821	18		1	400	438						
1981	1125	1086	39		2	383	740						
1982	1798	1710	88		3	713	1082						
1983	2177	1940	237		6	710	1461						
1984	4314	3761	553		10	1258	3046						
1985	6853	5972	881		14	1950	4889						
1986	7958	6902	1056		21	2601	5336						
1987	15448	14328	1120		163	5718	9567						
1988	16341	14387	1954		175	4022	12144						
1989	18596	16026	2570		212	4993	13391	579	365	566	200	203	212
1990	19827	15403	3895	529	210	5807	13810	651	425	646	229	231	232
1991	22948	16629	5295	1024	227	6947	15774	767	497	756	257	259	260
1992	28676	18469	7639	2568	235	9166	19275	1022	643	994	337	324	318
1993	41768	25742	11802	4224	295	13070	28403	1820	1021	1538	492	448	420
1994	55867	31916	14767	9184	269	17249	38349	2568	1326	1988	601	533	487
1995	70785	37860	16765	16160	426	21255	49104	3431	1596	2416	717	627	557
1996	82952	44410	18011	20531	456	22783	59713	4418	1861	2862	800	714	616
1997	92244	47659	17093	27492	452	24216	67576	5916	2179	3464	924	833	701
1998	92699	45027	16161	31511	422	23966	68311	7198	2466	3904	1046	918	763
1999	101942	47100	17997	36845	428	26453	75061	8867	2818	4353	1144	1013	829
2000	107457	46220	18151	43086	397	27769	79291	10982	3239	4897	1259	1107	911
2001	120391	46328	19175	54888	382	31114	88895	14399	3780	5711	1407	1262	1025
2002	123923	37519	19461	66943	341	32103	91479	18483	4406	6518	1544	1381	1134
2003	151036	39316	21883	89837	359	39659	111018	24219	5200	7532	1715	1547	1254
2004	181314	34278	22728	124308	349	47695	133270	31996	6317	8730	1878	1696	1388
2005	209443	32998	24252	152193	333	55579	153531	39404	7618	9824	2030	1837	1483
2006	244291	25480	27055	191756	347	65220	178724	47121	8925	10901	2169	1979	1602
2007	283734	24423	32248	227063	348	75381	208005	53798	11055	11961	2326	2111	1719
2008	281238	18473	32898	229867	309	74044	206885	59538	12658	12781	2437	2197	1802
2009	307242	16793	33386	257063	302	80052	226888	67746	13773	13874	2585	2314	1910
2010	360912	16087	35207	309618	312	88870	271730	78118	15220	15379	2776	2483	2060
2011	417531	14278	36096	367157	313	92747	324471	90779	18071	19513	2953	3100	2690
2012	481030	12584	36969	431477	344	93601	387085	108436	22280	24010	3461	3944	3153
2013	630060	10004	38241	581815	475	105257	524328	154473	32900	34219	4435	5841	5280
2014	843977	8250	39758	795969	1340	119645	722992	246435	54903	53509	6967	9628	9141
2015	1133953	7873	43017	1083063	1989	139431	992533	361563	92836	83267	10359	16040	14747
2016	1504255	8685	42621	1452949	2916	166786	1334553	669393	191040	114323	12034	24068	19555
2017	1769876	8602	50769	1710505	3711	183071	1583094	793485	208444	159248	18104	31721	27997
2018	1974650	8370	65282	1900998	4188	195973	1774489	714932	205654	157972	17804	33296	27736
2019	2042588	7998	67940	1966650	4528	201568	1836492	835020	232193	172734	19450	35824	29465
2020	2268622	13775	68622	2186225	4983	222665	2040974	945544	254868	186918	19661	37697	30718
2021	2410329	7240	71235	2331854	5247	229430	2175652	881819	249669	193567	20699	37661	28177
2022	2457740	6949	71520	2379271	5512	237113	2215115	1004431	272836	211995	22429	40127	28980
2023	2593006	7137	73535	2512334	5836	250971	2336199	970938	255885	212206	23790	40536	30859

注：1. 本表数据由深圳市市场监督管理局提供。

Note: Data in this table are provided by Market Supervision and Regulation Bureau of Shenzhen Municipality.

2. 2023年"私营企业"包含《关于市场主体统计分类的划分规定》(国统字〔2023〕14号)中的"私营有限责任公司""私营股份有限公司""个人独资公司""合伙企业"。

Since 2023,The private enterprises include private limited liability corporations, private share-holding limited corporations, sole proprietorship companies and partnership enterprises as defined in the Regulations on the Classification of Market Entity Statistics (Guotongzi [2023] No. 14).

1-8 “企业一套表”年报分区分行业调查单位（2023年）

NUMBER OF SURVEY UNITS OF“ENTERPRISE SET OF TABLE”BY SECTOR BY DISTRICT（2023）

单位：个 (unit)

地 区	District	调查单位 Survey units	工业 Industry	建筑业 Construction	批发零售业 Wholesale and Retail Sales	住宿餐饮业 Hotel and Catering Services	房地产开发经营业 Real Estate	服务业 Services
全 市	**Total**	**47680**	**14176**	**2066**	**15041**	**2800**	**925**	**12672**
福田区	Futian	6270	203	479	2724	628	96	2140
罗湖区	Luohu	3471	135	130	1526	309	90	1281
盐田区	Yantian	867	92	38	272	53	42	370
南山区	Nanshan	10322	1067	340	3614	800	176	4325
宝安区	Baoan	9628	5359	332	1926	318	135	1558
龙岗区	Longgang	7527	2502	411	2648	301	160	1505
龙华区	Longhua	5036	1893	157	1701	211	91	983
坪山区	Pingshan	1423	835	49	226	56	38	219
光明区	Guangming	2695	1962	57	356	59	61	200
大鹏新区	Dapeng	279	80	28	30	49	18	74
深汕特别合作区	Shenzhen-Shanwei Special Cooperation Zone	162	48	45	18	16	18	17

注： 本表中调查单位为年报应报数，与专业报表中的企业点位数存在口径差异。
Note: The number of survey units is the number of units to be reported in the annual report, it differs from the number of enterprise units in the professional report.

1-9　规模以上服务业企业分行业主要财务指标(2023年)

指标名称 Item		企业单位数（个）Number of Enterprises (unit)
总计	**Total**	**11467**
交通运输、仓储和邮政业	Transport,Storage and Post	2148
信息传输、软件和信息技术服务业	Information Transmission,Software and Information Technology	2550
房地产业	Real Estate	1923
租赁和商务服务业	Leasing and Business Services	2378
科学研究和技术服务业	Scientific Research and Technical Services	1254
水利、环境和公共设施管理业	Management of Water Conservancy,Enviroment and Public Facilities	139
居民服务、修理和其他服务业	Service to Households,Repair and Other Services	389
教育	Education	209
卫生和社会工作	Health and Social Service	152
文化、体育和娱乐业	Culture,Sports and Entertainment	325

注：　房地产业不含房地产开发经营。
Note：Real estate development and management is not included in the real estate.

FINANCE INDICATORS OF SERVICE ENTERPRISES ABOVE THE DESIGNATED SIZE BY SECTOR(2023)

营业收入 (亿元) Business Revenue （100 million yuan）	应付职工薪酬 (亿元) Benefit Payable of the Employee （100 million yuan）	期末用工人数 (人) Year-end Employed Persons (person)
22702	**4184**	**2339235**
4632	597	325826
10687	1734	552526
1753	442	446920
3289	708	530526
1515	419	187172
167	54	69141
202	87	143169
125	50	30618
151	44	25743
179	49	27594

1-10 规模以上服务业企业分区主要财务指标(2023年)

FINANCE INDICATORS OF SERVICE ENTERPRISES ABOVE THE DESIGNATED SIZE BY DISTRICT(2023)

地 区	Region	企业单位数（个）Number of Enterprises (unit)	营业收入（亿元）Business Revenue (100 million yuan)	应付职工薪酬（亿元）Benefit Payable of the Employee (100 million yuan)	期末用工人数（人）Year-end Employed Persons (person)
全 市	**Total**	**11467**	**22702**	**4184**	**2339235**
福田区	Futian	1868	3510	920	585412
罗湖区	Luohu	1227	1591	396	319295
盐田区	Yantian	389	366	60	39645
南山区	Nanshan	4036	10380	1869	704734
宝安区	Baoan	1393	3877	394	271301
龙岗区	Longgang	1284	1226	295	242254
龙华区	Longhua	816	1145	152	123283
坪山区	Pingshan	192	120	18	12186
光明区	Guangming	179	133	25	22390
大鹏新区	Dapeng	71	334	52	17395
深汕特别合作区	Shenzhen-Shanwei Special Cooperation Zone	12	19	3	1340

主要统计指标解释

行政区划 指国家对行政区域的划分。根据有关法规规定，我国的行政区域划分如下:(1)全国分为省、自治区、直辖市;(2)省、自治区分为自治州、县、自治县、市:(3)自治州分为县、自治县、市:(4)县、自治县分为乡、民族乡、镇:(5)直辖市和较大的市分为区、县;(6)国家在必要时设立的特别行政区。

平均增长速度 平均增长速度表明社会经济现象在一个较长的时期内逐期平均增长变化的程度，它不能根据各个环比增长速度直接求得，但与平均发展速度之间存在着一定的数量关系:平均增长速度一平均发展速度-1。

平均发展速度是一种根据环比发展速度计算的序时平均数,由于各时期对比的基础不同，所以计算平均发展速度不能采用一般的序时平均数的计算方法，计算方法分为水平法和累计法。水平法，又称几何平均法，即将环比发展速度按连乘法用几何平均数公式计算。累计法，也称方程法，根据一段时期内各年发展水平总和与基期水平的关系，列出方程式计算平均发展速度。水平法着重考虑最后一年所达到的发展水平;累计法着重考虑整个时期累计发展水平的总量。

企业(单位)登记注册类型 是以在工商行政管理机关登记注册的各类企业为划分对象，以工商行政管理部门对企业登记注册的类型为依据，将企业登记注册类型分为内资企业、港澳台商投资企业和外商投资企业三大类。内资企业包括国有企业、集体企业、股份合作企业、联营企业、有限责任公司、股份有限公司、私营公司和其他企业;港澳台商投资企业和外商投资企业分别包括合资经营企业、合作经营企业、独资经营企业和股份有限公司。对不在工商行政管理部门进行登记注册的行政机关、事业单位和社会团体，主要按其经费来源和管理方式进行划分。

Explanatory Notes on Main Statistical Indicators

Divisions of Administrative Areas refers to the division of administrative areas by the State. The relative laws stipulate that 1)the whole country is divided into provinces, autonomous regions and municipalities directly under the Central Government; 2) provinces and autonomous regions are further divided into autonomous prefectures, counties,autonomous counties and cities; 3) autonomous prefectures are further divided into counties, autonomous counties and cities; 4) counties and autonomous counties are further divided into townships, ethnic townships and towns; 5)municipalities directly under the Central Government and large cities are divided into districts and counties, 6) the State shall, when necessary, establish special administrative regions.

Average Annual Growth Rate shows the average growth rate of social and economic development during a longer period. It can not be directly calculated by chain based growth rate. The relation is:

Average Annual Growth Rate = Average Speed of Development – 1

Average speed of development is the time series average of speed which calculated by chain based. Because the reference bases during the different periods are not same, average speed of development can not be calculated by the general method. Level approach and accumulative approach for calculating average speed of development rate are applied.The "level approach", or the method of calculating the geometric average, is derived by the formula of geometric average of the chain-based speeds of development, or comparing the level of the last year of the interval with that of the beginning year; the other is called the "accumulative approach" or the "algebraic average", "equation" method,which is derived by the summation of the actual figure of each year in the interval divided by the figure in the base year. The level approach focuses on the level of the last year, while the accumulative approach emphasizes the aggregate development in the duration.

Registration Status of Enterprises Enterprises are classified into 3 categories, namely domestic-funded enterprises, enterprises with investment from Hong Kong, Macao and Taiwan, and enterprises with foreign investment,according to the registration status of an enterprise in industrial and commercial administration agencies. Domestic-funded enterprises include State-owned enterprises, collective-owned enterprises, cooperative enterprises, joint ownership enterprises, limited liability corporations, share-holding corporations Ltd., private enterprises and other enterprises. Included in the enterprises with investment from Hong Kong, Macao and Taiwan and enterprises with foreign investment are joint-venture enterprises, cooperative enterprises, sole investment enterprises and share-holding corporations Ltd. For government agencies, institutions and social organizations which are not registered in industrial and commercial administration agencies, they are classified mainly by their sources of funding and manner of management.

02 第二部分 国民经济核算

NATIONAL ECONOMIC ACCOUNTING

CHAPTER

2-1 国民经济核算主要指标（主要年份）

MAIN INDICATORS OF NATIONAL ECONOMIC ACCOUNTING （MAJOR YEAR）

项目	Item	2000	2010	2020	2022	2023
地区生产总值(亿元)	Gross Domestic Product (100 million yuan)	2219.20	10069.06	27759.02	32480.71	34606.40
第一产业	Primary Industry	15.57	6.11	25.59	24.76	24.71
第二产业	Secondary Industry	1108.76	4727.94	10380.65	12313.63	13015.32
第三产业	Tertiary Industry	1094.87	5335.01	17352.77	20142.32	21566.38
地区生产总值增长速度(%)	Growth Rates of Gross Domestic Product (%)	16.3	12.3	3.1	3.4	6.0
第一产业	Primary Industry	3.1	-11.2	-3.9	0.8	2.6
第二产业	Secondary Industry	18.5	13.8	1.8	3.0	6.5
第三产业	Tertiary Industry	13.8	10.7	3.9	3.7	5.6
地区生产总值构成(%)	Composition of Gross Domestic Product (%)	100.0	100.0	100.0	100.0	100.0
第一产业	Primary Industry	0.7	0.1	0.1	0.1	0.1
第二产业	Secondary Industry	50.0	46.9	37.4	37.9	37.6
第三产业	Tertiary Industry	49.3	53.0	62.5	62.0	62.3
地区生产总值贡献率(%)	Share of the Contribution of the Three Strata of Industry(%)	100.0	100.0	100.0	100.0	100.0
第一产业	Primary Industry	0.1	…	-0.1	…	…
第二产业	Secondary Industry	62.5	59.0	23.9	32.6	40.6
第三产业	Tertiary Industry	37.4	41.0	76.2	67.4	59.3
地区生产总值拉动率(%)	Contribution of the Three Strata of Industry to GDP Growth (%)	16.3	12.3	3.1	3.4	6.0
第一产业	Primary Industry	…	…	…	…	…
第二产业	Secondary Industry	10.2	7.3	0.7	1.1	2.4
第三产业	Tertiary Industry	6.1	5.0	2.3	2.3	3.5
人均地区生产总值(元)	Per Capita Gross Domestic Product (yuan)	33276	99095	159820	183801	195230
人均地区生产总值增长速度(%)	Growth Rates of Per Capita Gross Domestic Product (%)	5.8	7.8	0.2	3.3	5.6

注： 2008-2018年地区生产总值及相关指标已根据全国第四次经济普查结果进行修订（相关表同），2010-2020年人均地区生产总值及其增速已按全国第七次人口普查结果修订（相关表同）。

Note: The data of gross domestic product(GDP) and related data in 2008-2018 have been revised by the fourth national economic census(The same related).The data of per capita gross and its growth rate in 2010-2020 have been revised in accordance with the results of the 7th National Population Census (the same related).

2-2 地区生产总值
GROSS DOMESTIC PRODUCT

单位：万元 (10 000 yuan)

年 份 Year	地区生产总值 Gross Domestic Product	第一产业 Primary Industry	第二产业 Secondary Industry	第三产业 Tertiary Industry	#工业 Industry	#建筑业 Construction
1979	19638	7273	4017	8348	2313	1704
1980	27012	7803	7036	12173	3726	3310
1981	49576	13343	16019	20214	8311	7708
1982	82573	18960	31439	32174	9540	21899
1983	131212	22614	55848	52750	22466	33382
1984	234161	25932	106606	101623	51802	54804
1985	390222	26111	163586	200525	102137	61449
1986	416451	32907	163185	220359	106606	56579
1987	559015	46519	220463	292033	164445	56018
1988	869807	57005	359230	453572	274787	84443
1989	1156565	68615	505361	582589	400579	104782
1990	1716665	70220	769319	877126	644947	124372
1991	2366630	80836	1126084	1159710	928846	197238
1992	3173194	105914	1522432	1544848	1176087	346345
1993	4531445	108615	2420214	2002616	1810085	610129
1994	6346711	134152	3357972	2854587	2671299	686673
1995	8427933	124122	4223744	4080067	3372392	851352
1996	10505121	148796	5081045	5275280	4198625	882420
1997	13023008	147660	6209018	6666330	5222504	986514
1998	15449472	151764	7508019	7789689	6377088	1130931
1999	18246876	150445	9154443	8941988	7930052	1224391
2000	22192015	155656	11087644	10948715	9828530	1259114
2001	25229474	160413	12583983	12485078	11310767	1273216
2002	30172384	166587	14980113	15025684	13670904	1309209
2003	36401435	142048	18562162	17697225	17081204	1480958
2004	43502928	123264	22643124	20736540	21092158	1550966
2005	50357678	97385	27096861	23163432	25559271	1537590
2006	59206612	68851	31449697	27688064	29775384	1674313
2007	69252268	77374	35135153	34039741	33338681	1796472
2008	79414328	77952	39702375	39634001	37763310	2035734
2009	85144707	63527	40003477	45077703	37714165	2389132
2010	100690553	61069	47279430	53350054	44412171	2988839
2011	119228085	62231	56019374	63146480	52551689	3616537
2012	134962675	61302	60453948	74447425	56612498	4007427
2013	152342436	63504	66647456	85631476	62075756	4784966
2014	167953507	57579	72321670	95574258	67540427	4996571
2015	184368359	72084	76874089	107422186	71897943	5176630
2016	206857358	82840	83240899	123533619	77700983	5744316
2017	232802719	195721	93375209	139231789	87012431	6551483
2018	252660771	226072	99958664	152476035	92093512	8076830
2019	269923266	255772	104019993	165647501	95327413	8907806
2020	277590153	255873	103806547	173527733	95074922	8945897
2021	308201048	237469	116077958	191885622	106342420	10012743
2022	324807103	247602	123136334	201423166	112533430	10983897
2023	346064028	247078	130153171	215663780	118186140	12396503

注： 1. 本表按当年价格计算。2013-2017年，使用《国民经济行业分类》（GB/T 4754-2011），2018年开始使用《国民经济行业分类》（GB/T 4754-2017）。
Notes:Data of this table are calculated at current prices. The Industrial Classification of the National Economy（GB/T 4754-2011）is introduced in 2013 -2017，the Industrial Classification of the National Economy(GB/T 4754-2017)is introduced from 2018.
2. 根据研发支出纳入GDP核算及全国第三次农业普查结果，对1995-2016年地区生产总值进行了修订。
According to the new GDP Accounting Methodology and the Third National Agricultural Census,the data of GDP from 1995 to 2016 have been revised.

单位：万元 （10 000 yuan）

年 份 Year	地区生产总值 Gross Domestic Product #交通运输、仓储和邮政业 Transportation, Storage and Post Services	#批发和零售业 Wholesale and Retail Sales	#住宿和餐饮业 Hotels and Catering Services	#金融业 Financial Intermediation	#房地产业 Real Estate	人均地区生产总值（元） Gross Domestic Product Per Capita (yuan)
1979	1175	3111	1050	1586	467	606
1980	1798	4301	1452	2325	688	835
1981	2908	7104	2398	3883	1152	1417
1982	4890	10758	3631	6274	1850	2023
1983	7715	16868	5694	11183	3181	2512
1984	14866	29948	10108	22865	6301	3504
1985	25519	55943	18882	46522	14759	4809
1986	35475	59200	21278	50620	15420	4584
1987	54144	71776	30897	62962	17347	5618
1988	71317	114899	41883	119543	35016	7712
1989	90993	117160	42744	150856	53831	8838
1990	112692	152877	51823	240157	91396	11097
1991	147651	239760	59056	266849	155372	11997
1992	166595	333580	84904	332492	236652	12827
1993	190248	449485	144272	405899	328708	15005
1994	245271	583961	288170	596275	472171	16954
1995	400843	779177	405147	887865	673506	19558
1996	500073	1128234	432463	1118350	842883	22542
1997	487346	1339511	478192	1562531	955661	25772
1998	546558	1532951	538158	1809703	1062525	27885
1999	629825	1822078	573446	1965044	1193283	30088
2000	788014	2271487	613559	2215391	1585464	33276
2001	857909	2618467	633105	2393224	1818950	35390
2002	1057835	3174034	728976	2487213	2348995	41018
2003	1300797	3901304	713120	2620765	3184157	47743
2004	1893093	4601915	841186	2730844	4110367	55099
2005	2211684	5202044	971905	3056820	4449012	61844
2006	2576875	5738239	1166653	4626637	5202637	69702
2007	2991969	6608000	1262695	7657042	6130153	77660
2008	3077314	7729584	1655958	9693615	4897340	85088
2009	3059808	8629694	1707615	11089131	6840798	87360
2010	3528098	10686591	2032023	13406600	7596426	99095
2011	3867477	13293723	2339913	16071702	8702163	110389
2012	4121725	16484265	2539718	17784089	10995084	116407
2013	4653729	18699504	2726207	20395568	11991307	124208
2014	5029744	19788111	3166209	23150102	13273974	130448
2015	5439028	19931736	3365946	26619170	15765051	135271
2016	6304467	21484852	3566051	30175521	18030420	142494
2017	7056760	23047432	3915062	31602393	19373385	150739
2018	7383665	24387387	4162900	33518852	21693578	155320
2019	7835583	25129465	4572110	36097351	23553086	159883
2020	7268983	23883237	3695828	42362599	24842275	159820
2021	8416186	26632194	4291984	47364133	26970988	174542
2022	8890717	27788439	4104214	49295393	27590076	183801
2023	9798363	29230784	4678800	52534812	28144426	195230

2-3　地区生产总值三次产业构成
COMPOSITION OF GROSS DOMESTIC PRODUCT BY THREE INDUSTRIES

单位：%　　　　(%)

年 份 Year	地区生产总值 Gross Domestic Product	第一产业 Primary Industry	第二产业 Secondary Industry	第三产业 Tertiary Industry	#工业 Industry	#建筑业 Construction
1979	100	37.0	20.5	42.5	11.8	8.7
1980	100	28.9	26.0	45.1	13.8	12.3
1981	100	26.9	32.3	40.8	16.8	15.5
1982	100	22.9	38.1	39.0	11.6	26.5
1983	100	17.2	42.6	40.2	17.1	25.4
1984	100	11.1	45.5	43.4	22.1	23.4
1985	100	6.7	41.9	51.4	26.2	15.7
1986	100	7.9	39.2	52.9	25.6	13.6
1987	100	8.3	39.4	52.3	29.4	10.0
1988	100	6.6	41.3	52.1	31.6	9.7
1989	100	5.9	43.7	50.4	34.6	9.1
1990	100	4.1	44.8	51.1	37.6	7.2
1991	100	3.4	47.6	49.0	39.2	8.3
1992	100	3.3	48.0	48.7	37.1	10.9
1993	100	2.4	53.4	44.2	39.9	13.5
1994	100	2.1	52.9	45.0	42.1	10.8
1995	100	1.5	50.1	48.4	40.0	10.1
1996	100	1.4	48.4	50.2	40.0	8.4
1997	100	1.1	47.7	51.2	40.1	7.6
1998	100	1.0	48.6	50.4	41.3	7.3
1999	100	0.8	50.2	49.0	43.5	6.7
2000	100	0.7	50.0	49.3	44.3	5.7
2001	100	0.6	49.9	49.5	44.8	5.0
2002	100	0.6	49.6	49.8	45.3	4.3
2003	100	0.4	51.0	48.6	46.9	4.1
2004	100	0.3	52.0	47.7	48.5	3.6
2005	100	0.2	53.8	46.0	50.8	3.1
2006	100	0.1	53.1	46.8	50.3	2.8
2007	100	0.1	50.7	49.2	48.1	2.6
2008	100	0.1	50.0	49.9	47.6	2.6
2009	100	0.1	47.0	52.9	44.3	2.8
2010	100	0.1	46.9	53.0	44.1	3.0
2011	100	0.1	47.0	52.9	44.1	3.0
2012	100	…	44.8	55.2	41.9	3.0
2013	100	…	43.8	56.2	40.7	3.1
2014	100	…	43.1	56.9	40.2	3.0
2015	100	…	41.7	58.3	39.0	2.8
2016	100	…	40.3	59.7	37.6	2.8
2017	100	0.1	40.1	59.8	37.4	2.8
2018	100	0.1	39.6	60.3	36.4	3.2
2019	100	0.1	38.5	61.4	35.3	3.3
2020	100	0.1	37.4	62.5	34.3	3.2
2021	100	0.1	37.7	62.3	34.5	3.2
2022	100	0.1	37.9	62.0	34.6	3.4
2023	100	0.1	37.6	62.3	34.2	3.6

2-4 地区生产总值指数
INDICES OF GROSS DOMESTIC PRODUCT

（以1979年为100） （1979=100）

年份 Year	地区生产总值 Gross Domestic Product	第一产业 Primary Industry	第二产业 Secondary Industry	第三产业 Tertiary Industry	#工业 Industry	#建筑业 Construction	人均地区生产总值 Gross Domestic Product Per Capita
1980	162.7	103.0	175.8	209.5	163.3	197.0	163.0
1981	250.2	132.0	445.6	307.9	406.5	512.1	231.8
1982	396.4	182.2	730.5	504.9	415.5	1266.1	314.7
1983	627.5	192.8	1181.7	873.5	869.2	1713.0	389.3
1984	1003.3	198.8	2347.6	1392.7	2003.6	2932.6	486.6
1985	1249.4	196.8	4011.2	1550.9	4383.4	3378.4	499.0
1986	1283.1	231.8	4269.3	1537.1	4825.1	3324.3	457.7
1987	1609.0	242.0	5767.9	1882.1	7226.5	3287.7	524.1
1988	2186.6	225.1	8306.0	2547.1	10603.7	4398.9	628.3
1989	2595.5	280.0	11472.9	2678.4	15030.4	5423.9	642.8
1990	3439.1	298.5	16760.4	3286.1	22789.5	6508.7	720.5
1991	4677.1	312.8	23700.4	4358.6	31743.9	10023.4	768.4
1992	6229.9	313.7	30607.2	6090.4	38297.6	17530.9	816.2
1993	8155.5	316.0	42975.4	7448.8	52846.0	26192.0	875.2
1994	10677.8	296.3	58131.1	9463.8	74928.7	29569.3	924.5
1995	13227.0	289.9	70891.1	12018.9	92702.6	33803.6	994.8
1996	15536.5	295.4	82789.4	14254.2	110656.0	35406.1	1080.5
1997	18206.7	295.2	96546.4	16844.2	130287.0	39175.2	1167.7
1998	21083.9	302.6	113120.0	19266.0	153331.2	44746.7	1233.3
1999	24387.9	323.8	132489.3	21966.4	181117.4	49804.2	1303.3
2000	28366.1	333.9	156948.8	24995.1	219191.5	51114.1	1378.5
2001	32492.7	355.7	179593.2	28690.2	254028.8	52640.8	1477.2
2002	37622.4	377.5	211073.8	32751.6	302438.3	54803.2	1657.6
2003	44823.3	321.5	263911.8	37150.6	382601.3	60414.9	1905.3
2004	52624.3	262.5	319807.5	42131.5	471135.0	59558.7	2160.2
2005	60651.6	208.9	376945.9	47310.5	561072.0	59711.8	2414.0
2006	70788.8	145.1	439342.6	55400.7	656927.5	64324.1	2700.9
2007	81271.7	133.7	501631.7	64043.1	754110.7	66287.1	2953.8
2008	91305.8	110.8	562545.6	72137.3	849814.6	67028.2	3170.6
2009	101799.3	91.7	622328.6	81166.9	936427.7	80698.8	3385.1
2010	114361.4	81.4	708238.4	89871.0	1063704.6	95379.4	3647.7
2011	125915.7	76.4	790886.0	97720.3	1189135.3	104801.2	3778.3
2012	138715.4	79.4	851752.0	109856.3	1280605.7	112949.3	3877.6
2013	153448.9	59.2	933505.5	122540.6	1408563.9	118337.0	4054.8
2014	167128.2	53.5	1006605.7	134616.2	1523955.4	120425.7	4207.0
2015	182127.6	55.8	1081522.0	148435.5	1639665.2	124722.4	4330.8
2016	199154.6	55.5	1170216.3	163541.9	1772350.6	136418.2	4446.2
2017	216697.9	70.2	1275298.3	177717.5	1934879.4	144154.3	4566.7
2018	233491.6	75.3	1392712.4	189663.2	2106470.4	164369.5	4671.7
2019	249023.6	79.8	1453570.3	205409.3	2192417.1	177900.4	4800.8
2020	256620.3	76.7	1479462.5	213510.0	2225065.6	187842.5	4808.8
2021	274572.1	77.4	1585977.9	228204.3	2392260.9	195565.8	5061.0
2022	283986.5	78.0	1633337.6	236643.3	2459237.4	206281.8	5230.4
2023	300898.3	80.0	1739311.6	249995.0	2608915.2	228796.7	5524.9
年平均增长率(%) Average Annual Growth Rate(%)	**20.0**	**-0.5**	**24.8**	**19.5**	**26.0**	**19.2**	**9.5**

注：本表按可比价格计算。

Note: Data in this table are calculated at constant prices.

2-5 地区生产总值指数
INDICES OF GROSS DOMESTIC PRODUCT

（以上年为100） （Preceding Year=100）

年 份 Year	地区生产总值 Gross Domestic Product	第一产业 Primary Industry	第二产业 Secondary Industry	第三产业 Tertiary Industry	#工业 Industry	#建筑业 Construction	人均地区生产总值 Gross Domestic Product Per Capita
1980	162.7	103.0	175.8	209.5	163.3	197.0	163.0
1981	153.8	128.2	253.5	146.9	248.9	259.9	142.2
1982	158.4	138.0	163.9	164.0	102.2	247.2	135.8
1983	158.3	105.8	161.8	173.0	209.2	135.3	123.7
1984	159.9	103.1	198.7	159.4	230.5	171.2	125.0
1985	124.5	99.0	170.9	111.4	218.8	115.2	102.6
1986	102.7	117.8	106.4	99.1	110.1	98.4	91.7
1987	125.4	104.4	135.1	122.4	149.8	98.9	114.5
1988	135.9	93.0	144.0	135.3	146.7	133.8	119.9
1989	118.7	124.4	138.1	105.2	141.7	123.3	102.3
1990	132.5	106.6	146.1	122.7	151.6	120.0	112.1
1991	136.0	104.8	141.4	132.6	139.3	154.0	106.6
1992	133.2	100.3	129.1	139.7	120.6	174.9	106.2
1993	130.9	100.7	140.4	122.3	138.0	149.4	107.2
1994	130.9	93.8	135.3	127.1	141.8	112.9	105.6
1995	123.9	97.9	122.0	127.0	123.7	114.3	107.6
1996	117.5	101.9	116.8	118.6	119.4	104.7	108.6
1997	117.2	99.9	116.6	118.2	117.7	110.6	108.1
1998	115.8	102.5	117.2	114.4	117.7	114.2	105.6
1999	115.7	107.0	117.1	114.0	118.1	111.3	105.7
2000	116.3	103.1	118.5	113.8	121.0	102.6	105.8
2001	114.5	106.5	114.4	114.8	115.9	103.0	107.2
2002	115.8	106.1	117.5	114.2	119.1	104.1	112.2
2003	119.1	85.2	125.0	113.4	126.5	110.2	114.9
2004	117.4	81.7	121.2	113.4	123.1	98.6	113.4
2005	115.3	79.6	117.9	112.3	119.1	100.3	111.8
2006	116.7	69.5	116.6	117.1	117.1	107.7	111.9
2007	114.8	92.1	114.2	115.6	114.8	103.1	109.4
2008	112.3	82.9	112.1	112.6	112.7	101.1	107.3
2009	111.5	82.8	110.6	112.5	110.2	120.4	106.8
2010	112.3	88.8	113.8	110.7	113.6	118.2	107.8
2011	110.1	93.9	111.7	108.7	111.8	109.9	103.6
2012	110.2	103.9	107.7	112.4	107.7	107.8	102.6
2013	110.6	74.6	109.6	111.5	110.0	104.8	104.6
2014	108.9	90.4	107.8	109.9	108.2	101.8	103.8
2015	109.0	104.2	107.4	110.3	107.6	103.6	102.9
2016	109.3	99.6	108.2	110.2	108.1	109.4	102.7
2017	108.8	126.4	109.0	108.7	109.2	105.7	102.7
2018	107.7	107.3	109.2	106.7	108.9	114.0	102.3
2019	106.7	105.9	104.4	108.3	104.1	108.2	102.8
2020	103.1	96.1	101.8	103.9	101.5	105.6	100.2
2021	107.0	101.0	107.2	106.9	107.5	104.1	105.2
2022	103.4	100.8	103.0	103.7	102.8	105.5	103.3
2023	106.0	102.6	106.5	105.6	106.1	110.9	105.6

注： 1. 本表按可比价格计算。
Notes: Data in this table are calculated at constant prices.
2. 2011年由于国家统计局在我市开展房屋租赁业调查试点，涉及核算方法调整，因此本表2011年数据按上年同口径计算。
The data of 2011 in this table are calculated at the same caliber of last year, because of accounting method adjustments by National Bureau of Statistics survey pilot to carry out the rental industry in the city.

2-6 三次产业贡献率

SHARE OF THE CONTRIBUTIONS OF THE THREE STRATA OF INDUSTRY

单位：%　　　　(%)

年 份 Year	地区生产总值 Gross Domestic Product	第一产业 Primary Industry	第二产业 Secondary Industry	第三产业 Tertiary Industry	#工业 Industry	#建筑业 Construction
1980	100	1.9	12.3	85.8	6.5	5.8
1981	100	13.5	31.4	55.1	17.8	13.6
1982	100	14.0	19.8	66.2	0.4	19.4
1983	100	1.9	19.8	78.3	12.6	7.2
1984	100	0.6	31.6	67.8	19.3	12.3
1985	100	-0.3	68.7	31.6	61.9	6.8
1986	100	42.3	77.8	-20.1	83.9	-6.1
1987	100	1.3	46.7	52.0	47.2	-0.5
1988	100	-1.2	44.7	56.5	37.4	7.3
1989	100	5.5	78.8	15.7	69.3	9.5
1990	100	0.9	63.7	35.4	58.9	4.8
1991	100	0.5	57.0	42.5	46.3	10.7
1992	100	…	45.2	54.8	27.0	18.2
1993	100	0.1	65.3	34.6	48.4	16.9
1994	100	-0.3	61.1	39.2	56.1	5.0
1995	100	-0.1	50.9	49.2	44.7	6.3
1996	100	0.1	52.4	47.5	49.8	2.6
1997	100	…	52.4	47.6	47.1	5.3
1998	100	0.1	58.6	41.3	51.3	7.3
1999	100	0.3	59.6	40.1	53.9	5.8
2000	100	0.1	62.5	37.4	61.3	1.2
2001	100	0.3	49.6	50.1	48.4	1.2
2002	100	0.3	55.4	44.3	54.1	1.3
2003	100	-0.5	66.3	34.2	63.8	2.5
2004	100	-0.5	64.7	35.8	65.0	-0.3
2005	100	-0.4	64.3	36.1	64.2	0.1
2006	100	-0.4	53.3	47.1	51.9	1.4
2007	100	-0.1	51.5	48.6	50.9	0.6
2008	100	-0.1	52.5	47.6	52.3	0.2
2009	100	-0.1	49.2	50.9	45.3	4.0
2010	100	…	59.0	41.0	55.6	3.6
2011	100	…	54.2	45.8	51.5	2.9
2012	100	…	36.1	63.9	33.9	2.3
2013	100	-0.1	42.1	58.0	41.2	1.3
2014	100	…	40.5	59.5	40.0	0.5
2015	100	…	37.9	62.1	36.6	1.0
2016	100	…	36.6	63.4	33.8	2.8
2017	100	0.2	42.1	57.7	40.2	1.8
2018	100	0.1	49.1	50.8	44.3	4.9
2019	100	0.1	27.5	72.4	24.0	3.6
2020	100	-0.1	23.9	76.2	18.6	5.4
2021	100	…	38.5	61.5	36.8	1.9
2022	100	…	32.6	67.4	28.1	5.0
2023	100	…	40.6	59.3	35.0	5.9

注：　产业贡献率指各产业增加值增量与地区生产总值增量之比。

Note:Industrial contribution rate refers to the proportion of the increment of every industrial value added to the increment of GDP.

2-7 三次产业拉动力

CONTRIBUTION OF THE THREE STRATA OF INDUSTRY

单位：百分点 (percentage points)

年 份 Year	地区生产总值 Gross Domestic Product	第一产业 Primary Industry	第二产业 Secondary Industry	第三产业 Tertiary Industry	#工业 Industry	#建筑业 Construction
1980	62.7	1.2	7.7	53.8	4.1	3.6
1981	53.8	7.3	16.9	29.6	9.6	7.3
1982	58.4	8.2	11.5	38.7	0.2	11.3
1983	58.3	1.1	11.5	45.7	7.3	4.2
1984	59.9	0.4	18.9	40.6	11.6	7.3
1985	24.5	-0.1	16.9	7.7	15.2	1.7
1986	2.7	1.1	2.1	-0.5	2.3	-0.2
1987	25.4	0.3	11.9	13.2	12.0	-0.1
1988	35.9	-0.4	16.0	20.3	13.4	2.6
1989	18.7	1.0	14.8	2.9	13.0	1.8
1990	32.5	0.3	20.7	11.5	19.1	1.6
1991	36.0	0.2	20.5	15.3	16.7	3.8
1992	33.2	…	15.0	18.2	9.0	6.0
1993	30.9	…	20.2	10.7	15.0	5.2
1994	30.9	-0.1	18.9	12.1	17.3	1.6
1995	23.9	…	12.2	11.7	10.7	1.5
1996	17.5	…	9.2	8.3	8.7	0.5
1997	17.2	…	9.0	8.2	8.1	0.9
1998	15.8	…	9.3	6.5	8.1	1.2
1999	15.7	…	9.4	6.3	8.5	0.9
2000	16.3	…	10.2	6.1	10.0	0.2
2001	14.5	…	7.2	7.3	7.0	0.2
2002	15.8	…	8.8	7.0	8.5	0.2
2003	19.1	-0.1	12.7	6.5	12.2	0.5
2004	17.4	-0.1	11.3	6.2	11.3	-0.1
2005	15.3	-0.1	9.9	5.5	9.8	
2006	16.7	-0.1	8.9	7.9	8.7	0.2
2007	14.8	…	7.6	7.2	7.5	0.1
2008	12.3	…	6.5	5.8	6.5	
2009	11.5	…	5.7	5.8	5.2	0.5
2010	12.3	…	7.3	5.0	6.9	0.4
2011	10.1	…	5.5	4.6	5.2	0.3
2012	10.2	…	3.7	6.5	3.4	0.2
2013	10.6	…	4.5	6.1	4.4	0.1
2014	8.9	…	3.6	5.3	3.6	
2015	9.0	…	3.4	5.6	3.3	0.1
2016	9.3	…	3.4	5.9	3.2	0.3
2017	8.8	…	3.7	5.1	3.5	0.2
2018	7.7	…	3.8	3.9	3.4	0.4
2019	6.7	…	1.8	4.8	1.6	0.2
2020	3.1	…	0.7	2.3	0.6	0.2
2021	7.0	…	2.7	4.3	2.6	0.1
2022	3.4	…	1.1	2.3	1.0	0.2
2023	6.0	…	2.4	3.5	2.1	0.3

注： 1. 本表按可比价格计算。
Notes: The data in this table are calculated at constant prices.
2. 产业拉动指地区生产总值增长速度与各产业贡献率之乘积。
Industrial pulling rate is the growth rate of GDP multiplying industrial contribution rate.

2-8 各行业增加值（2014-2023年）

单位：万元

指标名称	Item	2014
合计	**Total**	**167953507**
农林牧渔业	Agriculture, Forestry, Animal Husbandry and Fishery	59854
工 业	Industry	67540427
建筑业	Construction	4996571
批发和零售业	Wholesale and Retail Sales	19788111
交通运输、仓储和邮政业	Transportation,Storage and Post	5029744
住宿和餐饮业	Hotels and Catering Services	3166209
信息传输、软件和信息技术服务业	Information Transmission, Software and Information Technology	9713998
金融业	Financial Intermediation	23150102
房地产业	Real Estate	13273974
租赁和商务服务业	Leasing and Business Services	5773644
科学研究和技术服务业	Scientific Research and Technical Service	4162195
水利、环境和公共设施管理业	Management of Water Conservancy, Environment and Public Facilities	504046
居民服务、修理和其他服务业	Services to Households, Repair and Other Services	1970833
教育	Education	3174106
卫生和社会工作	Health and Social Work	1997020
文化、体育和娱乐业	Culture,Sports and Entertainment	725120
公共管理、社会保障和社会组织	Public Management, Social Security and Social Organizations	2927553
第一产业	Primary Industry	57579
第二产业	Secondary Industry	72321670
第三产业	Tertiary Industry	95574258

VALUE ADDED BY SECTOR（2014-2023）

(10 000 yuan)

2015	2016	2017	2018	2019	2020	2021	2022	2023
184368359	**206857358**	**232802719**	**252660771**	**269923266**	**277590153**	**308201048**	**324807103**	**346064028**
74991	86264	203482	235445	263706	265053	246289	257584	258040
71897943	77700983	87012431	92093512	95327413	95074922	106342420	112533430	118186140
5176630	5744316	6551483	8076830	8907806	8945897	10012743	10983897	12396503
19931736	21484852	23047432	24387387	25129465	23883237	26632194	27788439	29230784
5439028	6304467	7056760	7383665	7835583	7268983	8416186	8890717	9798363
3365946	3566051	3915062	4162900	4572110	3695828	4291984	4104214	4678800
11652885	15068762	19405531	22478210	26504885	29501681	33160738	36562177	41686433
26619170	30175521	31602393	33518852	36097351	42362599	47364133	49295393	52534812
15765051	18030420	19373385	21693578	23553086	24842275	26970988	27590076	28144426
6230813	6809903	9312096	11001089	12023712	11552067	12708062	13600937	14626441
4953664	5327028	6990007	7499291	8190977	8376278	8554946	8645763	8557434
601118	629727	720215	726546	741873	662529	642522	646118	678980
2241841	2564369	2530361	2963313	3286622	3145125	3426872	3600141	3862331
3881708	5105603	5377651	5947724	6689816	7082162	7857820	7900034	8207668
2335719	3047488	3323329	3593120	4013085	4283900	5123722	6077887	6381581
798481	1002897	1036188	1190132	1116157	901192	1038091	937056	1046432
3401635	4208707	5344913	5709177	5669619	5746424	5411338	5393242	5788860
72084	82840	195721	226072	255772	255873	237469	247602	247078
76874089	83240899	93375209	99958664	104019993	103806547	116077958	123136334	130153171
107422186	123533619	139231789	152476035	165647501	173527733	191885622	201423166	215663780

2-9 各行业增加值比重（2019-2023年）
PROPORTION OF VALUE ADDED BY SECTOR（2019-2023）

单位：%　　　　　　　　　　　　　　　　　　　　　　　　　　　　　　（%）

指标名称	Item	2019	2020	2021	2022	2023
合计	**Total**	**100**	**100**	**100**	**100**	**100**
农林牧渔业	Agriculture, Forestry, Animal Husbandry and Fishery	0.1	0.1	0.1	0.1	0.1
工 业	Industry	35.3	34.3	34.5	34.6	34.2
建筑业	Construction	3.3	3.2	3.2	3.4	3.6
批发和零售业	Wholesale and Retail Sales	9.3	8.6	8.6	8.6	8.4
交通运输、仓储和邮政业	Transportation,Storage and Post	2.9	2.6	2.7	2.7	2.8
住宿和餐饮业	Hotels and Catering Services	1.7	1.3	1.4	1.3	1.4
信息传输、软件和信息技术服务业	Information Transmission, Software and Information Technology	9.8	10.6	10.8	11.3	12.0
金融业	Financial Intermediation	13.4	15.3	15.4	15.2	15.2
房地产业	Real Estate	8.7	8.9	8.8	8.5	8.1
租赁和商务服务业	Leasing and Business Services	4.5	4.2	4.1	4.2	4.2
科学研究和技术服务业	Scientific Research and Technical Service	3.0	3.0	2.8	2.7	2.5
水利、环境和公共设施管理业	Management of Water Conservancy, Environment and Public Facilities	0.3	0.2	0.2	0.2	0.2
居民服务、修理和其他服务业	Services to Households, Repair and Other Services	1.2	1.1	1.1	1.1	1.1
教育	Education	2.5	2.6	2.5	2.4	2.4
卫生和社会工作	Health and Social Work	1.5	1.5	1.7	1.9	1.8
文化、体育和娱乐业	Culture,Sports and Entertainment	0.4	0.3	0.3	0.3	0.3
公共管理、社会保障和社会组织	Public Management,Social Security and Social Organizations	2.1	2.1	1.8	1.7	1.7
第一产业	Primary Industry	0.1	0.1	0.1	0.1	0.1
第二产业	Secondary Industry	38.5	37.4	37.7	37.9	37.6
第三产业	Tertiary Industry	61.4	62.5	62.3	62.0	62.3

2-10 各行业增加值增长率（2019-2023年）
GROWTH RATE OF VALUE ADDED BY INDUSTRIES（2019-2023）

单位：%　　　　　　　　　　　　　　　　　　（%）

指标名称	Item	2019	2020	2021	2022	2023
合计	**Total**	**6.7**	**3.1**	**7.0**	**3.4**	**6.0**
农林牧渔业	Agriculture, Forestry, Animal Husbandry and Fishery	5.3	-3.4	0.8	1.0	2.8
工 业	Industry	4.1	1.5	7.5	2.8	6.1
建筑业	Construction	8.2	5.6	4.1	5.5	10.9
批发和零售业	Wholesale and Retail Sales	2.5	-1.4	10.1	3.5	3.8
交通运输、仓储和邮政业	Transportation,Storage and Post	7.5	-0.6	9.3	-1.5	9.1
住宿和餐饮业	Hotels and Catering Services	5.1	-21.0	12.9	-8.0	9.4
信息传输、软件和信息技术服务业	Information Transmission, Software and Information Technology	17.7	12.1	6.5	8.1	10.3
金融业	Financial Intermediation	8.9	8.7	7.4	5.0	5.8
房地产业	Real Estate	7.4	2.2	5.3	1.7	2.5
租赁和商务服务业	Leasing and Business Services	9.8	2.1	5.0	3.0	8.3
科学研究和技术服务业	Scientific Research and Technical Service	7.7	2.9	-0.2	0.3	-1.3
水利、环境和公共设施管理业	Management of Water Conservancy, Environment and Public Facilities	1.8	9.5	-4.1	1.7	4.2
居民服务、修理和其他服务业	Services to Households, Repair and Other Services	7.5	-1.3	8.1	2.5	5.3
教育	Education	12.1	2.7	8.3	-1.5	3.4
卫生和社会工作	Health and Social Work	7.5	6.5	18.2	17.4	4.0
文化、体育和娱乐业	Culture,Sports and Entertainment	-7.2	-17.4	15.6	-11.7	10.6
公共管理、社会保障和社会组织	Public Management,Social Security and Social Organizations	-1.0	3.2	-5.2	-1.4	0.8
第一产业	Primary Industry	5.9	-3.9	1.0	0.8	2.6
第二产业	Secondary Industry	4.4	1.8	7.2	3.0	6.5
第三产业	Tertiary Industry	8.3	3.9	6.9	3.7	5.6

2-11 各区地区生产总值

单位：万元

年 份 Year	福田区 Futian	罗湖区 Luohu	盐田区 Yantian	南山区 Nanshan	大宝安区 Original Baoan
2000	5027506	2937569	506406	5035461	4681824
2001	5656978	3175776	609770	5710571	5309682
2002	6688282	3717578	801778	6771890	6484846
2003	7972713	4271370	1039501	8285677	7847425
2004	9210878	4894426	1238610	9849216	9775229
2005	10340815	5301055	1474060	11363967	11736821
2006	11647097	5933161	1721439	12665819	15252352
2007	13133597	7108138	2021615	14658195	18240558
2008	15204504	8162693	2264261	16713631	20868748
2009	16359674	8848615	2520353	17294987	22321547
2010	18788014	10363416	2881114	20459279	26910483
2011	20934837	12024593	3270442	24432827	32882453
2012	23757257	13582520	3661787	28360020	35078623
2013	27146439	14942336	4104196	32230645	39435743
2014	29590406	16253301	4501469	34649427	44982436
2015	32561471	17275004	4864379	37155228	49480569
2016	37251259	19451634	5288452	44114622	57018305
2017	40078722	21277594	5737993	51815811	43136488
2018	42750878	22351587	6010459	57476580	
2019	45741421	23357022	6262046	62790561	
2020	47773652	23605637	6506277	65273993	
2021	53198609	25082322	7592835	77087401	
2022	55036464	26002619	8096385	81538614	
2023	57045487	28081882	8500233	85660200	

注： 1. 本表按当年价格计算。
Notes: Data of this table are calculated at current prices.
2. 2007年以来，深圳陆续设立功能新区及新行政区，表中大宝安区数据2007年及以前为原宝安区数据，2008-2012年包含宝安区和光明新区，2013-2016年包含宝安区、龙华新区和光明新区，2017年包含宝安区和光明新区。大龙岗区数据2008年及以前为原龙岗区数据，2009-2012年包含龙岗区和坪山新区，2013-2016年包含龙岗区、坪山新区和大鹏新区，2017年包含龙岗区和大鹏新区。
Since 2007, functional zones and new administrative districts have been established in Shenzhen.The data of Original Baoan were the data of Baoan in 2007 and before,included Baoan and Guangming in 2008-2012,included Baoan,Longhua and Guangming in 2013-2016,included Baoan and Guangming in 2017.The data of Original Longgang were the data of Longgang in 2008 and before,included Longgang and Pingshan in 2009-2012, included Longgang,Pingshan and Dapeng in 2013-2016,included Longgang and Dapeng in 2017.
3. 分区地区生产总值数据2016年以前未做研发支出纳入修订，亦未根据全国第四次经济普查结果进行修订。
Research and development expenditure wasn't included in GDP and the GDP data hasn't been revised by the fourth national economic census before 2016 in this table.

GROSS DOMESTIC PRODUCT BY DISTRICT

(10 000 yuan)

宝安区 Baoan	龙华区 Longhua	光明区 Guangming	大龙岗区 Original Longgang	龙岗区 Longgang	坪山区 Pingshan	大鹏新区 Dapeng	深汕特别合作区 Shenzhen-Shanwei Special Cooperation Zone
			3685749				
			4362097				
			5230810				
			6440549				
			7853069				
			9292360				
			10915756				
			12853603				
19007885		1860863	14654083				
20097230		2224317	15557666	13875047	1682619		
24039809		2870674	18330756	16054058	2276698		
29023850		3858603	21613446	18834935	2778511		
30032656		5045967	25274465	21821979	3452486		
20442625	13157156	5835962	27867330	21532826	3871849	2462655	
23681533	14980767	6320136	30041168	23210811	4237273	2593084	
26416174	16355110	6709285	33691983	26366531	4580534	2744918	
30650496	18989724	7378085	43733086	35302953	5319842	3110291	
34596420	21559365	8540068	42736583	39427108	6118943	3309475	341220
36217763	24011068	9176863		43889663	6980257	3406108	389545
38193404	24468329	10171144		47360879	7615240	3434344	528875
38470393	24910102	11273211		47695766	8056704	3410453	613967
44190624	28073164	13484287		46109693	9100863	3576412	704839
46861003	29519173	14032390		47433890	11281645	4056166	948756
52020081	30107201	15266430		50430297	13298877	4407431	1245909

2-12 各区地区生产总值指数

（以上年为100）

年 份 Year	福田区 Futian	罗湖区 Luohu	盐田区 Yantian	南山区 Nanshan	大宝安区 Original Baoan
2001	113.4	111.3	116.5	115.1	114.3
2002	113.7	111.8	126.6	115.6	118.7
2003	116.5	111.5	127.0	121.7	120.4
2004	112.9	111.4	116.5	117.1	122.9
2005	110.9	107.8	118.5	114.8	119.1
2006	114.0	113.4	116.2	112.7	121.0
2007	112.7	112.9	116.0	110.6	118.2
2008	110.3	109.1	110.9	112.1	113.3
2009	110.2	107.7	110.2	111.4	112.2
2010	110.8	108.7	110.5	112.2	115.1
2011	108.5	108.2	110.0	111.6	114.5
2012	109.0	108.6	110.0	111.6	108.4
2013	110.3	109.2	110.1	112.0	109.0
2014	108.9	108.0	108.9	109.0	109.1
2015	109.0	108.0	108.9	109.3	108.6
2016	108.8	108.9	108.8	109.6	108.6
2017	108.2	108.2	108.6	109.2	109.4
2018	107.4	107.1	107.0	105.1	
2019	107.2	105.7	105.9	108.0	
2020	103.6	101.3	105.4	105.1	
2021	108.6	106.1	110.9	109.6	
2022	102.8	102.7	104.0	103.3	
2023	102.8	107.2	105.3	105.1	

注：本表按可比价格计算。

Note: Data in this table are calculated at constant prices.

INDICES OF GROSS DOMESTIC PRODUCT BY DISTRICT

(Preceding Year=100)

宝安区 Baoan	龙华区 Longhua	光明区 Guangming	大龙岗区 Original Longgang	龙岗区 Longgang	坪山区 Pingshan	大鹏新区 Dapeng	深汕特别合作区 Shenzhen-Shanwei Special Cooperation Zone
			120.4				
			116.9				
			122.3				
			120.1				
			118.6				
			119.2				
			118.5				
			114.2				
			110.9				
		128.2	113.0		127.7		
		128.5	111.8		114.5		
		125.1	111.4		115.2		
111.6	104.0	115.5	110.7	111.2	113.1		
109.6	108.0	111.0	108.9	109.5	110.0	103.7	
109.0	108.0	109.4	109.6	110.5	109.4	104.0	
108.8	108.1	109.2	110.2	110.0	112.7	106.9	
109.3	108.6	109.9	109.7	109.9	112.2	106.7	117.2
108.6	109.6	107.2		111.0	110.0	106.0	107.1
106.0	101.3	108.0		108.1	108.5	104.3	133.1
102.0	103.0	106.0		101.2	104.6	100.2	110.5
111.3	109.8	116.1		93.9	111.7	105.2	117.1
102.7	102.9	105.6		102.6	114.0	104.5	126.2
108.5	102.0	109.0		106.3	118.0	104.5	130.0

2-13 各区分行业增加值（2023年）

单位：万元

行 业	Sector	福田区 Futian	罗湖区 Luohu	盐田区 Yantian	南山区 Nanshan
地区生产总值	**Gross Domestic Product**	**57045487**	**28081882**	**8500233**	**85660200**
农林牧渔业	Farming,Forestry,Animal Husbandry and Fishery	17613	4005	3416	11113
工业	Industry	4480000	1152052	1285369	23358597
建筑业	Construction	1198449	486883	230561	2202848
批发和零售业	Wholesale and Retail Trade	5292168	4206982	791501	4766875
交通运输、仓储和邮政业	Transport,Storage and Post	1880906	575981	1320013	1904372
住宿和餐饮业	Hotels and Catering Services	749658	476852	87148	644754
金融业	Financial Intermediation	24503638	10335560	840217	9995462
房地产业	Real Estate	4315700	3286644	1182753	5977730
其他服务业	Other Services	14607355	7556925	2759255	36798449
第一产业	Primary Industry	17613	4005	3416	11027
第二产业	Secondary Industry	5673388	1634235	1492970	25296691
第三产业	Tertiary Industry	51354486	26443642	7003847	60352482

注： 本表为初步核算数按当年价格计算。
Note: Data in this table are preliminary data calculated at current prices.

VALUE ADDED OF SECTOR BY DISTRICT （2023）

(10 000 yuan)

宝安区 Baoan	龙岗区 Longgang	龙华区 Longhua	坪山区 Pingshan	光明区 Guangming	大鹏新区 Dapeng	深汕特别合作区 Shenzhen-Shanwei Special Cooperation Zone
52020081	**50430297**	**30107201**	**13298877**	**15266430**	**4407431**	**1245909**
8713	15441	6230	13727	21550	8457	147774
22974401	30530278	12644136	8765835	10084033	2543917	367523
2088404	2863399	1379415	692329	822558	136794	294864
4623807	3951429	3500398	920699	1000030	155208	21686
2553587	705040	679628	59144	86757	26498	6438
1127023	608240	722284	79454	144332	28919	10137
2575891	1621268	1290837	444936	588861	226479	111662
5308876	2962719	3660028	598356	616778	135053	99789
10759380	7172481	6224245	1724397	1901530	1146107	186036
8713	15041	6230	13727	21550	7555	138199
24993458	33381348	14015895	9456772	10897605	2648508	662299
27017909	17033907	16085076	3828378	4347274	1751369	445410

2-14 各区分行业增加值增长率（2023年）

单位：%

行业	Sector	福田区 Futian	罗湖区 Luohu	盐田区 Yantian	南山区 Nanshan
地区生产总值	**Gross Domestic Product**	**2.8**	**7.2**	**5.3**	**5.1**
农林牧渔业	Farming,Forestry, Animal Husbandry and Fishery	1.4	-14.1	19.2	34.7
工业	Industry	4.3	10.3	5.8	6.2
建筑业	Construction	-2.3	-2.9	-4.2	7.7
批发和零售业	Wholesale and Retail Trade	-5.2	2.4	9.4	2.2
交通运输、仓储和邮政业	Transport,Storage and Post	2.3	-8.6	7.5	4.4
住宿和餐饮业	Hotels and Catering Services	12.8	10.6	14.2	11.7
金融业	Financial Intermediation	3.3	8.5	5.2	5.9
房地产业	Real Estate	1.2	14.1	-0.1	-4.9
其他服务业	Other Services	5.2	6.9	6.3	6.4
第一产业	Primary Industry	1.4	-14.1	20.0	34.7
第二产业	Secondary Industry	2.9	6.1	4.0	6.3
第三产业	Tertiary Industry	2.8	7.3	5.6	4.7

注：本表为初步核算数按可比价格计算。
Note: Data in this table are preliminary data calculated at constant prices.

GROWTH RATE OF VALUE ADDED OF SECTOR BY DISTRICT（2023）

(%)

宝安区 Baoan	龙岗区 Longgang	龙华区 Longhua	坪山区 Pingshan	光明区 Guangming	大鹏新区 Dapeng	深汕特别合作区 Shenzhen-Shanwei Special Cooperation Zone
8.5	**6.3**	**2.0**	**18.0**	**9.0**	**4.5**	**30.0**
4.3	10.5	8.4	17.9	-1.0	-11.6	-0.5
6.2	4.9	-2.8	24.8	8.4	4.0	77.2
15.4	17.9	19.2	-3.3	27.0	-16.1	26.4
5.3	11.3	4.6	22.4	19.2	-7.1	23.5
23.2	7.8	21.2	26.6	11.3	8.0	25.1
10.2	0.5	10.7	3.4	7.6	3.6	4.3
8.3	12.9	6.4	11.1	10.9	49.3	40.0
7.3	2.5	0.2	3.6	1.0	34.5	24.7
12.6	6.8	6.4	4.8	4.0	1.0	4.9
4.7	10.5	8.4	17.9	-1.0	-33.4	0.7
6.8	5.8	-1.2	22.1	9.5	2.6	51.3
10.3	7.4	5.1	9.4	7.9	7.8	17.7

2-15 战略性新兴产业发展情况（2023年）

STRATEGIC EMERGING INDUSTRY（2023）

单位：亿元 （100 million yuan）

指标 Indicators		增加值 Added Value	增长率（%）Growth Rate
合计	**Total**	**14489.68**	**8.8**
一、新一代电子信息	**New Generation Electronic Information Industry**	**5717.12**	**3.1**
1. 网络与通信	Network and Communication Industry	2059.11	0.4
2. 半导体与集成电路	Semiconductors and Integrated Circuits Industry	551.66	6.3
3. 超高清视频显示	Ultra HD Video Display Industry	1000.10	11.9
4. 智能终端	Intelligent Terminal Industry	2039.42	0.7
5. 智能传感器	intelligent Sensor Industry	66.84	5.7
二、数字与时尚	**Digital and Fashion Industry**	**4099.01**	**18.3**
6. 软件与信息服务	Software and Information Services Industry	3202.01	23.8
7. 数字创意	Digital Creativity Industry	442.64	-2.0
8. 现代时尚	Modern Fashion Industry	454.36	6.3
三、高端装备制造	**High-end Equipment Manufacturing Industry**	**571.20**	**6.2**
9. 工业母机	Industrial Machine Industry	259.58	5.5
10. 智能机器人	Intelligent Robot Industry	95.59	12.8
11. 激光与增材制造	Laser and Additive Manufacturing Industry	78.84	7.1
12. 精密仪器设备	Precision Instruments and Equipment Industry	137.20	2.6
四、绿色低碳	**Green Low Carbon Industry**	**2213.58**	**16.9**
13. 新能源	New Energy Industry	1034.60	13.5
14. 安全节能环保	Industry Safety, Energy Conservation and Environmental Protection	415.88	-4.1
15. 智能网联汽车	Intelligent Connected Vehicle Industry	763.10	38.2
五、新材料	**New Material Industry**	**352.57**	**15.2**
16. 新材料	New Material Industry	352.57	15.2
六、生物医药与健康	**Biomedicine Industry and Health Industry**	**752.99**	**-0.3**
17. 高端医疗器械	High-end Medical Devices Industry	364.99	10.5
18. 生物医药	Biomedicine Industry	186.10	-15.3
19. 大健康	Great Health Industry	201.90	-2.2
七、海洋经济	**Marine Economy Industry**	**783.20**	**-0.2**
20. 海洋经济	Marine Economy Industry	783.20	-0.2

注：1. 本表增长率按可比价格计算。

Notes: Growth Rate are calculated at constant prices in this table.

2. 战略性新兴产业为深圳相关产业发展规划的口径，与国家、广东省及内地城市有所不同。

The caliber of emerging industries is formulated in accordance with the relevant industrial development plan of Shenzhen which is different from that of the nation, Guangdong and other cities.

3. 表中产业按照《深圳市七大战略性新兴产业（20个产业集群）分类》规定的统计口径进行指标测算，与2020年及之前公布的数据在统计口径上有所不同，不可同比。

The industries in the table are measured according to the statistical caliber specified in the Classification of Seven Strategic Emerging Industries (20 Industrial Clusters) in Shenzhen. The statistical caliber is different from the data published before 2021, and the data are incomparable.

主要统计指标解释

国内生产总值（GDP） 指按市场价格计算的一个国家(或地区)所有常住单位在一定时期内生产活动的最终成果。国内生产总值有三种表现形态，即价值形态、收入形态和产品形态。从价值形态看，它是所有常住单位在一定时期内生产的全部货物和服务价值与同期投入的全部非固定资产货物和服务价值的差额，即所有常住单位的增加值之和；从收入形态看，它是所有常住单位在一定时期内创造并分配给常住单位和非常住单位的初次收入之和；从产品形态看，它是所有常住单位在一定时期内最终使用的货物和服务价值与货物和服务净出口价值之和。在实际核算中，国内生产总值有三种计算方法，即生产法、收入法和支出法。三种方法分别从不同的方面反映国内生产总值及其构成。

对于一个地区来说，称为地区生产总值或地区GDP。

三次产业 根据社会生产活动历史发展的顺序对产业结构的划分，产品直接取自自然界的部门称为第一产业，初级产品进行再加工的部门称为第二产业，为生产和消费提供各种服务的部门称为第三产业。它是世界上通用的产业结构分类，但各国的划分不尽一致。我国的三次产业划分是：

第一产业是指农、林、牧、渔业（不含农、林、牧、渔专业及辅助性活动）。

第二产业是指采矿业(不含开采专业及辅助性活动),制造业（不含金属制品、机械和设备修理业),电力、热力、燃气及水生产和供应业，建筑业。

第三产业即服务业，是指除第一产业、第二产业以外的其他行业。

Explanatory Notes on Main Statistical Indicators

Gross Domestic Product (GDP) refers to the final products at market prices produced by all resident units in a country during a certain period of time.Gross domestic product is expressed in three different perspectives,namely value,income and products respectively.GDP in its value perspective refers to the balance of total value of all goods and services produced by all resident units during a certain period of time,minus the total value of input of goods and services of the nature of non-fixed assets;in other words,it is the sum of the value-added of all resident units.GDP from the perspective of income includes the primary income created by all resident units and distributed to resident and non-resident units.GDP from the perspective of products refers to the value of all goods and services for final demand by all resident units plus the net exports of goods and services during a given period of time.In the practice of national accounting,gross domestic product is calculated from three approaches,namely production approach,income approach and expenditure approach,which reflect gross domestic product and its composition from different angles.

For a region, it is called as Gross Regional Product(GRP) or regional GDP.

Three Industries are the classification of industrial structure according to the historical sequence of development of social production. Primary industry refers to direct extraction of natural resources; secondary industry involves processing of primary products; and tertiary industry provides services of various kinds for production and consumption.Such classification is a common practice in the world, though grouping varies to some extent from country to country. In China the three industries are defined as follows:

Primary industry refers to agriculture，forestry，animal husbandry and fishery industries （not including services in support of agriculture，forestry，animal husbandry and fishery industries）.

Secondary industry refers to mining and quarrying（not including support activities for mining），manufacturing（not including repair service of metal products，machinery and equipment），production and supply of electricity，heat，gas and water，and construction.

Tertiary industry refers to all other economic activities not included in the primary or secondary industries.

03 第三部分 人口和劳动力

POPULATION AND LABOR FORCE

CHAPTER

3-1 人口及就业人员主要指标（主要年份）

MAIN INDICATORS OF EMPLOYED PERSONS（MAJOR YEAR）

项 目	Item	2010	2019	2020	2021	2022	2023
年末常住人口(万人)	**Permanent Population at Year-end (10 000 persons)**	**1037.20**	**1710.40**	**1763.38**	**1768.16**	**1766.18**	**1779.01**
常住户籍人口	**Permanent Registered Population**						
年末人口数（万人）	Total Population at Year-end(10 000 persons)	251.03	494.78	514.10	556.39	583.47	606.14
性别比(女=100)	Sex Ratio (female=100)	113.1	99.7	97.8	97.7	97.2	96.7
人口变动情况(‰)	**Status of Population Changes (‰)**						
出生率	Birth Rate	14.50	21.68	17.01	15.09	13.73	12.96
死亡率	Death Rate	0.92	1.29	1.27	1.16	1.26	1.38
自然增长率	Natural Growth Rate	13.58	20.39	15.74	13.93	12.47	11.58
就业人员人数(万人)	**Number of Employed Persons (10 000 persons)**	**781.45**	**1230.29**	**1239.61**	**1245.42**	**1193.41**	**1228.90**
第一产业	Primary Industry	0.38	1.25	1.23	1.21	0.65	0.62
第二产业	Secondary Industry	402.71	474.93	479.00	486.40	467.95	479.46
第三产业	Tertiary Industry	378.36	754.11	759.38	757.81	724.81	748.82
#在岗职工	Fully Employed Staff and Workers	251.09	475.04	488.66	499.17	497.33	472.85
城镇单位在岗职工工资总额(亿元)	**Total Wage Bill of Fully Employed Staff and Workers inUrban Units (100 million yuan)**	**1233.88**	**6110.96**	**6805.46**	**7752.34**	**8285.62**	**8351.06**
城镇单位在岗职工年平均工资(元)	**Average Wage of Fully Employed Staff and Workers in Urban Units (yuan)**	**50456**	**127757**	**139436**	**155563**	**164754**	**174640**

注：　1. 2010-2020年就业人员人数及分产业就业人员人数已根据深圳市第七次全国人口普查、就业登记和劳动力调查等相关数据进行修订（相关表同）。

Notes: The number of employed persons and the number of employed persons in different industries from 2010 to 2020 have been revised according to the relevant data of the seventh national census, employment registration, labor force survey, etc (the same related).

2. 从2020年年报起，对非一套表单位开展抽样调查，年平均工资为推算数，城镇集体单位在岗职工年平均工资受个别单位影响波动较大（相关表同）。

From 2020, a sample survey has been carried out on units that are not "enterprise set of table", the average wage are extrapolations,the average wage of fully employed staff and workers in urban units fluctuate greatly due to the influence of individual units（the same related）.

3. 2011-2019年常住人口数已根据第七次全国人口普查结果进行修订(相关表同)。

The number of permanent population from 2011 to 2019 has been revised based on the results of the seventh national census (the same related).

4. 2021年起，就业人员人数不再细分行业。

From 2021, the number of employed persons in different sectors will not be provided.

3-2 人口、出生、死亡及自然增长
POPULATION,BIRTH,DEATH AND NATURAL GROWTH

年 份 Year	年末常住人口数 (万人) Year-end Permanent Population (10 000 persons)	常住户籍人口 Permanent Registered Population	常住非户籍人口 Permanent Non-registered Population
1979	31.41	31.26	0.15
1980	33.29	32.09	1.20
1981	36.69	33.39	3.30
1982	44.95	35.45	9.50
1983	59.52	40.52	19.00
1984	74.13	43.52	30.61
1985	88.15	47.86	40.29
1986	93.56	51.45	42.11
1987	105.44	55.60	49.84
1988	120.14	60.14	60.00
1989	141.60	64.82	76.78
1990	167.78	68.65	99.13
1991	226.76	73.22	153.54
1992	268.02	80.22	187.80
1993	335.97	87.69	248.28
1994	412.71	93.97	318.74
1995	449.15	99.16	349.99
1996	482.89	103.38	379.51
1997	527.75	109.46	418.29
1998	580.33	114.60	465.73
1999	632.56	119.85	512.71
2000	701.24	124.92	576.32
2001	724.57	132.04	592.53
2002	746.62	139.45	607.17
2003	778.27	150.93	627.34
2004	800.80	165.13	635.67
2005	827.75	181.93	645.82
2006	871.10	196.83	674.27
2007	912.37	212.38	699.99
2008	954.28	228.07	726.21
2009	995.01	241.45	753.56
2010	1037.20	251.03	786.17
2011	1122.94	267.90	855.04
2012	1195.85	287.62	908.23
2013	1257.17	310.47	946.70
2014	1317.86	332.21	985.65
2015	1408.05	354.99	1053.06
2016	1495.35	384.52	1110.83
2017	1587.31	434.72	1152.59
2018	1666.12	454.70	1211.42
2019	1710.40	494.78	1215.62
2020	1763.38	514.10	1249.28
2021	1768.16	556.39	1211.77
2022	1766.18	583.47	1182.71
2023	1779.01	606.14	1172.87

3-2 续表1 CONTINUED

年 份 Year	在年末常住户籍人口中 Among Permanent Registered Population at Year-end		年平均人口 (万人) Average Annual Population (10 000 persons)	
	男性 (万人) Male (10 000 persons)	女性 (万人) Female (10 000 persons)	按常住人口计算 Permanent Population	按常住户籍人口计算 Permanent Registered Population
1979	14.26	17.00		
1980	14.69	17.40	32.35	31.68
1981	15.51	17.88	34.99	32.74
1982	16.67	18.78	40.82	34.42
1983	20.50	20.02	52.24	37.99
1984	22.01	21.51	66.83	42.02
1985	24.32	23.54	81.14	45.69
1986	26.13	25.32	90.86	49.66
1987	28.22	27.38	99.50	53.53
1988	30.49	29.64	112.79	57.87
1989	32.89	31.93	130.87	62.48
1990	34.92	33.73	154.69	66.74
1991	37.27	35.95	197.27	70.94
1992	41.19	39.03	247.39	76.72
1993	45.25	42.44	302.00	83.96
1994	48.62	45.35	374.34	90.83
1995	51.37	47.80	430.93	96.57
1996	53.64	49.75	466.02	101.27
1997	56.79	52.66	505.32	106.64
1998	59.73	54.87	554.04	112.03
1999	62.69	57.16	606.45	117.22
2000	65.21	59.71	666.90	122.39
2001	69.47	62.57	712.91	128.48
2002	73.59	65.86	735.60	135.75
2003	79.72	71.21	762.45	145.19
2004	87.58	77.55	789.54	158.03
2005	96.69	85.24	814.28	173.53
2006	104.75	92.08	849.42	189.38
2007	112.98	99.40	891.74	204.60
2008	121.22	106.85	933.33	220.22
2009	128.38	113.07	974.65	234.76
2010	133.21	117.82	1016.11	246.24
2011	141.61	126.29	1080.07	259.47
2012	151.15	136.47	1159.40	277.76
2013	161.93	148.54	1226.51	299.04
2014	172.16	160.05	1287.52	321.34
2015	182.91	172.08	1362.96	343.60
2016	196.64	187.88	1451.70	369.76
2017	220.26	214.46	1541.33	412.75
2018	228.60	226.10	1626.72	444.71
2019	247.00	247.79	1688.26	474.74
2020	254.21	259.89	1736.89	504.44
2021	275.00	281.39	1765.77	535.25
2022	287.63	295.84	1767.17	569.93
2023	298.01	308.13	1772.60	594.80

3-2 续表2 CONTINUED

年 份 Year	出生人口数 (人) Population of Birth (person)	出生率 (‰) Birth Rate (‰)	死亡人口数 (人) Population of Death (person)	死亡率 (‰) Death Rate (‰)	自然增长人数 (人) Population of Natural Growth (person)	自然增长率 (‰) Natural Growth Rate (‰)
1979	7962	24.60	1856	5.70	6106	18.90
1980	6775	21.40	1773	5.60	5002	15.80
1981	7544	23.00	1732	5.30	5812	17.80
1982	6974	20.30	1707	5.00	5267	15.30
1983	5295	13.90	1793	4.70	3502	9.20
1984	5005	11.50	1606	3.69	3399	8.09
1985	5606	12.27	1533	3.36	4073	8.91
1986	6143	12.37	1794	3.61	4349	8.76
1987	6399	11.95	1822	3.40	4577	8.55
1988	8290	14.32	1720	2.97	6570	11.35
1989	8615	13.79	1713	2.74	6902	11.05
1990	10755	16.11	1859	2.79	8896	13.33
1991	11408	16.08	1607	2.27	9801	13.81
1992	11277	14.07	1840	2.40	9437	11.67
1993	12054	14.36	1619	1.93	10435	12.43
1994	12509	13.77	1590	1.75	10919	12.02
1995	12776	13.23	1719	1.78	11057	11.45
1996	13170	13.00	2116	2.09	11054	10.91
1997	13447	12.64	2268	2.13	11179	10.51
1998	13049	11.65	2341	2.09	10708	9.56
1999	14745	12.58	3479	2.97	11266	9.61
2000	17967	14.68	3120	2.55	14847	12.13
2001	18060	14.06	2223	1.73	15837	12.33
2002	22536	16.60	1978	1.46	20558	15.14
2003	*15986	10.63	2301	1.53	13685	9.10
2004	19749	11.58	2335	1.37	17414	10.21
2005	24407	12.64	2717	1.41	21690	11.23
2006	26407	12.53	2316	1.10	24091	11.44
2007	34358	14.54	2570	1.09	31788	13.45
2008	36762	14.12	2551	0.98	34211	13.14
2009	37098	13.70	2323	0.86	34775	12.84
2010	40342	14.50	2552	0.92	37790	13.58
2011	41805	15.42	2974	1.10	38831	14.32
2012	61390	19.38	4360	1.38	57030	18.00
2013	59526	18.84	3390	1.07	56136	17.77
2014	67594	19.89	8192	2.41	59402	17.48
2015	71515	19.64	4656	1.28	66859	18.36
2016	87167	22.33	5249	1.34	81918	20.99
2017	116564	25.45	7012	1.53	109552	23.92
2018	105864	21.58	6333	1.29	99531	20.29
2019	117153	21.68	6969	1.29	110184	20.39
2020	98708	17.01	7375	1.27	91333	15.74
2021	92942	15.09	7143	1.16	85799	13.93
2022	88186	13.73	8083	1.26	80103	12.47
2023	85613	12.96	9112	1.38	76501	11.58

注：自2003年起“出生人口数”“出生率”“死亡人口数”“死亡率”“自然增长人数”“自然增长率”为市卫健委提供。

Note: Since 2003,Population of Birth,Birth Rate,Population of Death,Death Rate,Population of Natural Growth and Natural Growth and Natural Growth Rate are calculated by the statistical coverage from Shenzhen Family Planning Office.

3-3 人口指数
INDICES OF POPULATION

年 份 Year	以1979年为100 1979=100 年末常住人口 Permanent Population (Year-end)	常住户籍人口 Permanent Registered Population	常住非户籍人口 Permanent Non-registered Population	以上年为100 Preceding Year=100 年末常住人口 Permanent Population (Year-end)	常住户籍人口 Permanent Registered Population	常住非户籍人口 Permanent Non-registered Population
1980	106.0	102.7	800.0	106.0	102.7	800.0
1981	116.8	106.8	2200.0	110.2	104.1	275.0
1982	143.1	113.4	6333.3	122.5	106.2	287.9
1983	189.5	129.6	12666.7	132.4	114.3	200.0
1984	236.0	139.2	20406.7	124.5	107.4	161.1
1985	280.6	153.1	26860.0	118.9	110.0	131.6
1986	297.9	164.6	28073.3	106.1	107.5	104.5
1987	335.7	177.9	33226.7	112.7	108.1	118.4
1988	382.5	192.4	40000.0	113.9	108.2	120.4
1989	450.8	207.4	51186.7	117.9	107.8	128.0
1990	534.2	219.6	66086.7	118.5	105.9	129.1
1991	721.9	234.2	102360.0	135.2	106.7	154.9
1992	853.3	256.6	125200.0	118.2	109.6	122.3
1993	1069.6	280.5	165520.0	125.4	109.3	132.2
1994	1313.9	300.6	212493.3	122.8	107.2	128.4
1995	1430.0	317.2	233326.7	108.8	105.5	109.8
1996	1537.4	330.7	253006.7	107.5	104.3	108.4
1997	1680.2	350.2	278860.0	109.3	105.9	110.2
1998	1847.6	366.6	310486.7	110.0	104.7	111.3
1999	2013.9	383.4	341806.7	109.0	104.6	110.1
2000	2232.5	399.6	384213.3	110.9	104.2	112.4
2001	2306.8	422.4	395020.0	103.3	105.7	102.8
2002	2377.0	446.1	404780.0	103.0	105.6	102.5
2003	2477.8	482.8	418226.7	104.2	108.2	103.3
2004	2549.5	528.2	423780.0	102.9	109.4	101.3
2005	2635.3	582.0	430546.7	103.4	110.2	101.6
2006	2772.3	629.7	449490.8	105.2	108.2	104.4
2007	2902.6	679.4	466571.5	104.7	107.9	103.8
2008	3036.1	729.7	483834.6	104.6	107.4	103.7
2009	3166.7	772.8	502220.3	104.3	105.9	103.8
2010	3299.7	803.7	523815.8	104.2	104.0	104.3
2011	3573.6	857.5	569911.6	108.3	106.7	108.8
2012	3805.9	921.0	605246.1	106.5	107.4	106.2
2013	4000.0	994.7	630666.4	105.1	108.0	104.2
2014	4192.0	1064.3	656523.7	104.8	107.0	104.1
2015	4477.1	1137.7	701167.3	106.8	106.9	106.8
2016	4754.7	1232.1	739731.5	106.2	108.3	105.5
2017	5025.7	1371.3	767841.3	105.7	111.1	103.8
2018	5277.0	1434.4	807001.2	105.0	104.6	105.1
2019	5419.5	1560.6	809422.2	102.7	108.8	100.3
2020	5587.5	1621.5	832086.0	103.1	103.9	102.8
2021	5604.3	1754.5	807123.4	100.3	108.2	97.0
2022	5598.7	1840.5	787752.4	99.9	104.9	97.6
2023	5637.9	1912.3	781450.4	100.7	103.9	99.2
年平均增长率(%) Average Annual Growth Rate(%)	**9.6**	**6.9**	**22.6**			

注： 本表指数按可比口径计算。

Note:The indexes in this table are calculated by comparable coverage.

3-4 各区年末常住人口数（2017-2023年）
PERMANENT POPULATION AT YEAR-END BY DISTRICT（2017-2023）

单位：万人 (10 000 persons)

区别	District	2017	2018	2019	2020	2021	2022	2023
全市	**Total**	**1587.31**	**1666.12**	**1710.40**	**1763.38**	**1768.16**	**1766.18**	**1779.01**
福田区	Futian	151.20	152.89	153.23	155.41	156.23	151.47	152.10
罗湖区	Luohu	107.04	109.01	111.41	114.75	114.82	101.80	103.46
盐田区	Yantian	21.94	21.82	21.55	21.43	21.54	21.15	21.24
南山区	Nanshan	164.02	170.76	173.70	180.42	181.41	181.00	181.86
宝安区	Baoan	423.76	443.21	447.13	449.11	448.29	454.53	456.54
龙岗区	Longgang	340.31	366.06	384.53	399.90	401.53	407.36	409.81
龙华区	Longhua	220.24	234.65	242.71	254.32	253.51	249.00	251.84
坪山区	Pingshan	49.81	51.66	52.78	55.43	56.65	60.87	61.61
光明区	Guangming	86.92	93.85	101.22	110.35	111.57	115.09	115.90
大鹏新区	Dapeng	15.43	15.66	15.67	15.69	15.94	16.63	16.72
深汕特别合作区	Shenzhen-Shanwei Special Cooperation Zone	6.64	6.55	6.47	6.57	6.68	7.28	7.93

3-5 年末就业人员人数及指数
INDICES AND NUMBER OF EMPLOYED PERSONS AT YEAR-END

单位：万人 (10 000 persons)

年 份 Year	年末就业人员合计 Number of Employed Persons at year-end	其中：在岗职工 Fully Employed Staff and Workers	年末就业人员指数（以上年为100） Indices of Number of Employed Persons at year-end (preceding year =100)	其中：在岗职工 Fully Employed Staff and Workers
1979	13.95	4.02		
1980	14.89	4.86	106.7	120.9
1981	15.36	5.31	103.2	109.3
1982	18.49	8.28	120.4	155.9
1983	22.37	12.57	121.0	151.8
1984	27.26	18.33	121.9	145.8
1985	32.61	22.66	119.6	123.6
1986	36.04	25.88	110.5	114.2
1987	44.30	32.29	122.9	124.8
1988	54.53	41.74	123.1	129.3
1989	93.65	48.24	171.7	115.6
1990	109.22	55.41	116.6	114.9
1991	149.32	64.89	136.7	117.1
1992	175.97	71.10	117.8	109.6
1993	220.81	78.11	125.5	109.9
1994	273.00	82.29	123.6	105.4
1995	298.51	88.75	109.3	107.9
1996	322.12	89.13	107.9	100.4
1997	353.53	91.18	109.8	102.3
1998	390.33	91.93	110.4	102.3
1999	426.89	92.52	109.4	100.6
2000	474.97	93.36	111.3	100.9
2001	491.30	94.88	103.4	101.6
2002	509.74	101.76	103.8	107.2
2003	535.89	108.20	105.1	106.3
2004	562.17	135.88	104.9	116.4
2005	576.26	165.38	102.5	121.7
2006	609.76	184.25	105.8	111.4
2007	647.11	193.04	106.1	104.8
2008	682.35	198.35	105.4	102.8
2009	723.61	220.16	106.0	111.0
2010	781.45	251.09	108.0	114.0
2011	825.41	261.43	105.6	104.1
2012	902.02	277.90	109.3	106.3
2013	953.33	445.84	105.7	160.4
2014	1009.60	448.93	105.9	100.7
2015	1083.35	447.41	107.3	99.7
2016	1141.42	442.55	105.4	98.9
2017	1207.79	447.32	105.8	101.1
2018	1214.49	466.91	100.6	104.4
2019	1230.29	475.04	101.3	101.7
2020	1239.61	488.66	100.8	102.9
2021	1245.42	499.17	100.5	102.2
2022	1193.41	497.33	95.8	99.6
2023	1228.90	472.85	103.0	95.1

3-6 分行业城镇单位就业人员人数（2023年末）
NUMBER OF EMPLOYED PERSONS IN URBAN UNITS BY SECTOR（End of 2023）

单位：人 (person)

项 目	Item	就业人员 Number of Employed Persons	在岗职工 Fully Employed Staff and Workers
合 计	**Total**	**4897275**	**4728547**
按国民经济行业分	**Grouped by Economic Sector**		
1. 农、林、牧、渔业	Agriculture, Forestry, Animal Husbandry and Fishery	187	187
2. 采矿业	Mining	5035	5024
3. 制造业	Manufacturing	1835442	1826451
4. 电力、热力、燃气及水生产和供应业	Production and Supply of Electricity,Heat，Gas and Water	40798	40710
5. 建筑业	Construction	331015	265723
6. 批发和零售业	Wholesale and Retail Trades	288939	281399
7. 交通运输、仓储和邮政业	Transportation, Storage and Post	207773	206808
8. 住宿和餐饮业	Hotels and Catering Services	128376	97194
9. 信息传输、软件和信息技术服务业	Information Transmission, Software and Information Technology	385554	383934
10. 金融业	Financial Intermediation	233338	213645
11. 房地产业	Real Estate	304912	302429
12. 租赁和商务服务业	Leasing and Business Services	349487	334577
13. 科学研究和技术服务业	Scientific Research and Technical Service	142247	139943
14. 水利、环境和公共设施管理业	Management of Water Conservancy,Environment and Public Facilities	31439	31224
15. 居民服务、修理和其他服务业	Services to Households, Repair and Other Services	41104	38587
16. 教育	Education	181873	175566
17. 卫生和社会工作	Health and Social Work	148266	146085
18. 文化、体育和娱乐业	Culture, Sports and Entertainment	23658	23200
19. 公共管理、社会保障和社会组织	Public Management, Social Security and Social Organizations	217832	215861

注： 根据国家劳动统计报表制度的统一规定，从2013年年报起，原属于乡镇企业且符合城镇非私营单位条件的“四上”企业纳入城镇非私营单位就业人员及工资统计范围。后同。

Notes: According to the provision of national labor statistics reporting form system, since the year reporting of 2013, the scope of statistics on employed persons in urban corporate unit excluding private units and labor wage covers four above designated size enterprises (refers to industrial enterprises above designated size,construction enterprises by qualification criteria, enterprises above designated size of wholesale trade, retail trade, hotels and catering services), which originally has been included township enterprises and in accordance with the condition of urban corporate unit excluding private units. The same applies to the following tables.

主要统计指标解释

总人口 指一定时点、一定地区范围内有生命的个人的总和。按不同的统计范围可分为常住人口和户籍人口；统计时点通常为每年12月31日24时。

出生率 指某一人口在一定时期(通常为一年)内活产婴儿数与同期总人口的生存人口数(或同期平均总人口、年中人口数)之比。通常以千分比表示。本资料中的出生率指年出生率，其计算公式为：

$$出生率 = \frac{年出生人数}{年平均人数} \times 1000‰$$

式中：出生人数指活产婴儿，即胎儿脱离母体时(不管怀孕月数),有过呼吸或其他生命现象。年平均人数指年初、年底人口数的平均数，也可用年中人口数代替。

死亡率 也称粗死亡率。指一定时期(通常为一年)内全部死亡人数与同期平均总人口之比，反映该时期人口的死亡强度。通常以千分比表示。本资料中的死亡率指年死亡率，其计算公式为：

$$死亡率 = \frac{年死亡人数}{年平均人数} \times 1000‰$$

自然增长率 指一定时期(通常为一年)内人口自然增加数(出生人口减死亡人口)与同期平均总人口之比。通常以千分比表示。计算公式为：

$$人口自然增长率 = \frac{本年出生人数 - 本年死亡人数}{年平均人数} \times 1000‰$$

=人口出生率-人口死亡率

Explanatory Notes on Main Statistical Indicators

Total Population refers to the total number of people alive within a given area at a certain point of time. It can be divided into the permanent population and the population with residence registration according to different statistical coverage. The reference time of the statistics on total population is usually taken at midnight of December 31.

Birth Rate (or Crude Birth Rate) refers to the ratio of the number of births to the average population (or mid-period population) during a certain period of time (usually a year), expressed in ‰. Birth rate in the chapter refers to annual birth rate. The following formula is used:

$$\text{Birth Rate} = \frac{\text{Number of Births}}{\text{Annual Average Population}} \times 1000‰$$

Number of births in the formula refers to live births, i.e. when a baby has breathed or showed any vital phenomena regardless of the length of pregnancy.

Annual average population is the average of the number of population at the beginning of the year and that at the end of the year. Sometimes it is substituted by the mid-year population.

Death Rate (or Crude Death Rate) refers to the ratio of the number of deaths to the average population (or mid-period population) during a certain period of time (usually a year), expressed in ‰. Death rate in the chapter refers to annual death rate. The following formula is used:

$$\text{Death Rate} = \frac{\text{Number of Deaths}}{\text{Annual Average Population}} \times 1000‰$$

Natural Growth Rate of Population refers to the ratio of natural increase in population (number of births minus number of deaths) in a certain period of time (usually a year) to the average population (or mid-period population) of the same period, expressed in ‰. The following formula is applied:

$$\begin{matrix}\text{Natural Growth} \\ \text{Rate of Population}\end{matrix} = \frac{\text{Number of Births} - \text{Number of Deaths}}{\text{Annual Average Population}} \times 1000‰$$

Natural Growth Rate of Population = Birth Rate-Death Rate

04 第四部分

工业和能源

INDUSTRY AND ENERGY

CHAPTER

4-1 规模以上工业主要指标（主要年份）

MAIN INDICATORS OF INDUSTRY ENTERPRISES ABOVE DESIGNATED SIZE（MAJOR YEAR）

项 目	Item	2010	2018	2019	2020	2021	2022	2023
企业单位数(个)	Number of Enterprises(unit)	8249	9006	10337	11255	13027	13790	14188
工业总产值(亿元)	Gross Industrial Output Value(100 million yuan)	18526.82	35439.02	37326.16	38460.79	42453.96	46259.43	49192.69
主营业务收入(亿元)	Main Business Revenue(100 million yuan)	18813.72	34181.92	35763.76	37609.16	41330.76	45215.90	48173.34
资产总计(亿元)	Total Assets(100 million yuan)	18132.47	37621.58	41854.65	45463.64	52546.79	60367.01	66564.96
负债总计(亿元)	Total Liabilities(100 million yuan)	9439.26	22324.66	24730.08	25971.43	28943.34	34525.85	38462.98
利润总额(亿元)	Total Profits(100 million yuan)	1599.02	2072.36	2521.89	2781.07	3461.99	3315.56	3794.23
总资产贡献率(%)	Ratio of Total Assets to Industrial Output Value(%)	12.32	8.63	8.84	8.48	8.69	7.47	7.58
资产负债率(%)	Rate of Liabilities to Capital(%)	52.06	59.34	59.09	57.13	55.08	57.19	57.78
全员劳动生产率(元/人)	Total Labor Productivity（yuan/person）	127608	267507	293142	287545	313140	332985	

4-2 规模以上工业总产值及指数

GROSS OUTPUT VALUE OF INDUSTRY ABOVE DESIGNATED SIZE AND THEIR INDICIES

单位：万元 (10 000 yuan)

年 份 Year	规模以上工业总产值 Gross Output Value of Industry Above Designated Size	指数 (1979年=100) Indices (1979=100)	指数 (以上年为100) Indices (Preceding Year=100)
1979	6061		
1980	8444	139.3	139.3
1981	24282	400.6	287.6
1982	36212	597.4	149.1
1983	72041	1188.5	198.9
1984	166803	2751.8	231.5
1985	241213	4396.3	159.8
1986	330454	5856.9	133.2
1987	547722	9497.8	162.2
1988	993775	14684.2	154.6
1989	1440533	21527.8	146.6
1990	2104696	29487.0	137.0
1991	3077749	40721.5	138.1
1992	4198920	56969.4	139.9
1993	6550051	77820.2	136.6
1994	9939113	101944.5	131.0
1995	11106974	126921.1	124.5
1996	12992240	150648.1	118.7
1997	15175861	177140.0	117.6
1998	20519485	209910.9	118.5
1999	23006355	262808.4	125.2
2000	29502786	326933.6	124.4
2001	36141861	384800.8	117.7
2002	43180816	484464.2	125.9
2003	63514355	651604.3	134.5
2004	80205911	813202.2	124.8
2005	98675451	984787.9	121.1
2006	119286001	1187654.2	120.6
2007	139580064	1397869.0	117.7
2008	158601076	1522279.3	108.9
2009	154162429	1537502.1	101.0
2010	185268200	1735839.9	112.9
2011	204307516	1914631.4	110.3
2012	213637447	2063972.6	107.8
2013	230952085	2200194.8	106.6
2014	247775911	2380610.8	108.2
2015	255424444	2475835.2	104.0
2016	272922943	2616957.8	105.7
2017	321191539	2876036.6	109.9
2018	354390190	3137755.9	109.1
2019	373261578	3238164.1	103.2
2020	384607880	3267307.6	100.9
2021	424539555	3473148.0	106.3
2022	462594337	3646805.4	105.0
2023	491926853	3821852.1	104.8
年平均增长率（%） Average Annual Growth Rate (%)		**27.1**	

注： 1. 1979-1997年为镇及镇以上工业总产值，1998年及以后为规模以上工业总产值。
Notes:Data in 1979-1997 are gross output value of industry of town level and above. Data from 1998 are gross output value of industry above designated size.
2. 规模以上工业总产值按当年价格计算，指数按可比口径计算。
Gross Output Value of Industry Above Designated Size are calculated at current prices，whereas their indices are calculated at constant prices.

4-3 规模以上工业总产值构成（2023年）

COMPOSITION OF GROSS OUTPUT VALUE OF INDUSTRY ABOVE DESIGNATED SIZE（2023）

单位：% (%)

项　目	Item	全 市 Total
总　计	**Total**	**100**
一、按登记注册类型分	**Grouped by Registration**	
1. 内资企业	Domestic Invested Enterprises	67.2
其中：有限责任公司	Limited Liability Corporations	51.3
股份有限公司	Share-holding Corporations Ltd.	15.5
个人独资企业	Sole Proprietorship Enterprises	0.1
合伙企业	Partnership Enterprises	0.1
2. 港、澳、台投资企业	Enterprises with Investment from Hong Kong, Macao and Taiwan	15.0
3. 外商投资企业	Foreign Invested Enterprises	17.7
二、按企业规模分	**Grouped by Size of Enterprises**	
1. 大型企业	Large Enterprises	55.7
2. 中型企业	Medium-sized Enterprises	16.5
3. 小微型企业	Small and Micro Enterprises	27.8
三、按工业行业大类分	**Grouped by Sector**	
煤炭开采和洗选业	Mining and Washing of Coal	0.0
石油和天然气开采业	Extraction of Petroleum and Natural Gas	1.3
黑色金属矿采选业	Mining and Processing of Ferrous Metal Ores	0.0
有色金属矿采选业	Mining and Processing of Nonferrous Metal Ores	0.0
非金属矿采选业	Mining and Processing of Nonmetal Ores	0.0
开采专业及辅助性活动	Mining and Auxiliary Activities	0.1
其他采矿业	Mining and Processing of Other Ores	0.0
农副食品加工业	Processing of Food from Agricultural Products	0.5
食品制造业	Manufacture of Foods	0.2
酒、饮料和精制茶制造业	Manufacture of Wine,Beverages and Refined Tea	0.4
烟草制品业	Manufacture of Tobacco	0.7
纺织业	Manufacture of Textile	0.2
纺织服装、服饰业	Manufacture of Textile Wearing Apparel,Footware and Caps	0.5
皮革、毛皮、羽毛及其制品和制鞋业	Manufacture of Leather,Fur, Feather and Related Products	0.2

4-3 续表 CONTINUED

单位：% (%)

项　目	Item	全 市 Total
木材加工和木、竹、藤、棕、草制品业	Processing of Timber, Manufacture of Wood, Bamboo, Rattan, Palm and Straw Products	...
家具制造业	Manufacture of Furniture	0.2
造纸和纸制品业	Manufacture of Paper and Paper Products	0.3
印刷和记录媒介复制业	Printing and Record Medium Reproduction	0.5
文教、工美、体育和娱乐用品制造业	Manufacture of Cultural, Educational and Sports Articles	4.7
石油、煤炭及其他燃料加工业	Processing of Petroleum, Coal and Other Fuels	0.1
化学原料和化学制品制造业	Manufacture of Raw Chemical Materials and Chemical Products	0.7
医药制造业	Manufacture of Medicines	0.9
化学纤维制造业	Manufacture of Chemical Fibers	...
橡胶和塑料制品业	Manufacture of Rubber	1.6
非金属矿物制品业	Manufacture of Non-metallic Mineral Products	1.3
黑色金属冶炼和压延加工业	Smelting and Pressing of Ferrous Metals	0.1
有色金属冶炼和压延加工业	Smelting and Pressing of Nonferrous Metals	0.6
金属制品业	Manufacture of Metal Products	2.1
通用设备制造业	Manufacture of General-purpose Machinery	2.7
专用设备制造业	Manufacture of Special-purpose Machinery	5.0
汽车制造业	Manufacture of Automobiles	7.1
铁路、船舶、航空航天和其他运输设备制造业	Manufacture of Railways Ships Aerospace and Other Transport Equipment	0.4
电气机械和器材制造业	Manufacture of Electrical Machinery and Apparatus	8.1
计算机、通信和其他电子设备制造业	Manufacture of Communication Equipment,Computers and Other Electronic Equipment	52.6
仪器仪表制造业	Manufacture of Measuring Instruments	1.4
其他制造业	Other Manufacturing	0.6
废弃资源综合利用业	Recycling and Disposal of Waste	0.3
金属制品、机械和设备修理业	Manufacture of Metal Products,Machinery and Equipment Repair	...
电力、热力生产和供应业	Production and Supply of Electric Power and Heat Power	3.0
燃气生产和供应业	Production and Supply of Gas	1.3
水的生产和供应业	Production and Supply of Water	0.3

4-4 规模以上工业企业主要指标（2023年）

单位：万元

类 别	Item	企业单位数（个）Number of Enterprises (unit)	工业总产值 Gross Industrial Output Value
总　　计	**Total**	**14188**	**491926853**
一、按登记注册类型分	**Grouped by Registration**		
1. 内资企业	Domestic Invested Enterprises	12079	330789890
其中：有限责任公司	Limited Liability Corporations	11132	252582618
股份有限公司	Share-holding Corporations Ltd.	809	76171626
个人独资企业	Sole Proprietorship Enterprises	57	398800
合伙企业	Partnership Enterprises	63	331192
2. 港、澳、台投资企业	Enterprises with Investment from Hong Kong, Macao and Taiwan	1498	73948905
3. 外商投资企业	Foreign Invested Enterprises	610	87184923
二、按企业规模分	**Grouped by Size of Enterprises**		
1. 大型企业	Large Enterprises	305	273893389
2. 中型企业	Medium-sized Enterprises	1247	81143546
3. 小微型企业	Small and Micro Enterprises	12636	136889919
三、按工业行业大类分	**Grouped by Sector**		
煤炭开采和洗选业	Mining and Washing of Coal		
石油和天然气开采业	Extraction of Petroleum and Natural Gas		
黑色金属矿采选业	Mining and Processing of Ferrous Metal Ores		
有色金属矿采选业	Mining and Processing of Nonferrous Metal Ores		
非金属矿采选业	Mining and Processing of Nonmetal Ores		
开采专业及辅助性活动	Mining and Auxiliary Activities	3	424630
其他采矿业	Mining and Processing of Other Ores		
农副食品加工业	Processing of Food from Agricultural Products	57	2364576
食品制造业	Manufacture of Foods	50	839832
酒、饮料和精制茶制造业	Manufacture of Wine,Beverages and Refined Tea	16	1830763
烟草制品业	Manufacture of Tobacco	88	3362021
纺织业	Manufacture of Textile	65	1094890
纺织服装、服饰业	Manufacture of Textile Wearing Apparel,Footware and Caps	161	2624248

MAIN INDICATORS OF INDUSTRIAL ENTERPRISES ABOVE DESIGNATED SIZE（2023）

(10 000 yuan)

负债合计 Total Liabilities	营业收入 Business Revenue	营业成本 Business Cost	销售费用 Prime Operating Expense	管理费用 Management Expenses	财务费用 Financial Expenses	利润总额 Total Profits
384629838	**494512582**	**392552293**	**20137641**	**19863070**	**1418299**	**37942299**
267970228	325408712	251629184	15730940	14742286	1544918	25217438
199786961	253546002	197501676	12012388	11576613	1517754	18937575
65800066	69964339	52669863	3681945	3020247	30236	6040277
219304	381560	312726	7535	22518	320	25759
246240	342053	278822	10400	22399	1794	11088
50099899	76094963	60593417	2102592	2911634	-83473	8768249
66557801	93005770	80326892	2304016	2208954	-43146	3956568
240728035	270173848	205967886	11991791	9703748	649746	27889263
57454052	84169373	67239318	3688660	3546708	271752	5817628
86447750	140169360	119345089	4457190	6612615	496801	4235409
235561	424630	321424	381	6788	28	77566
1017448	2963033	2752599	79663	72690	2033	92020
598538	989449	731194	113802	69378	-761	119788
858147	2169669	1518406	401653	56947	-5669	166115
1073650	3326594	1914130	136055	158528	-17509	423526
598567	1242700	882866	162031	69643	1479	105278
1573708	2326672	1263636	617551	243898	9735	128778

4-4 续表

单位：万元

类 别	Item	企业单位数(个) Number of Enterprises (unit)	工业总产值 Gross Industrial Output Value
皮革、毛皮、羽毛及其制品和制鞋业	Manufacture of Leather,Fur,Feather and Related Products	75	839906
木材加工和木、竹、藤、棕、草制品业	Processing of Timber, Manufacture of Wood, Bamboo, Rattan, Palm and Straw Products	20	156834
家具制造业	Manufacture of Furniture	106	833088
造纸和纸制品业	Manufacture of Paper and Paper Products	228	1258772
印刷和记录媒介复制业	Printing and Record Medium Reproduction	223	2644924
文教、工美、体育和娱乐用品制造业	Manufacture of Cultural,Educational and Sports Articles	414	23167271
石油、煤炭及其他燃料加工业	Processing of Petroleum, Coal and Other Fuels	7	425062
化学原料和化学制品制造业	Manufacture of Raw Chemical Materials and Chemical Products	279	3566817
医药制造业	Manufacture of Medicines	115	4260567
化学纤维制造业	Manufacture of Chemical Fibers		
橡胶和塑料制品业	Manufacture of Rubber	976	7901073
非金属矿物制品业	Manufacture of Non-metallic Mineral Products	215	6153286
黑色金属冶炼和压延加工业	Smelting and Pressing of Ferrous Metals	33	394138
有色金属冶炼和压延加工业	Smelting and Pressing of Nonferrous Metals	133	3075214
金属制品业	Manufacture of Metal Products	855	10521005
通用设备制造业	Manufacture of General-purpose Machinery	995	13167202
专用设备制造业	Manufacture of Special-purpose Machinery	1336	24840923
汽车制造业	Manufacture of Automobiles	119	34732751
铁路、船舶、航空航天和其他运输设备制造业	Manufacture of Railways Ships Aerospace and Other Transport Equipment	110	2111445
电气机械和器材制造业	Manufacture of Electrical Machinery and Apparatus	2002	39760608
计算机、通信和其他电子设备制造业	Manufacture of Communication Equipment, Computers and Other Electronic Equipment	4579	258783598
仪器仪表制造业	Manufacture of Measuring Instruments	573	6701650
其他制造业	Other Manufacturing	186	3145453
废弃资源综合利用业	Recycling and Disposal of Waste	23	1432524
金属制品、机械和设备修理业	Manufacture of Metal Products,Machinery and Equipment Repair	19	227140
电力、热力生产和供应业	Production and Supply of Electric Power and Heat Power	38	14861386
燃气生产和供应业	Production and Supply of Gas	38	6349069
水的生产和供应业	Production and Supply of Water	49	1557610

CONTINUED

(10 000 yuan)

负债合计 Total Liabilities	营业收入 Business Revenue	营业成本 Business Cost	销售费用 Prime Operating Expense	管理费用 Management Expenses	财务费用 Financial Expenses	利润总额 Total Profits
320505	904738	734266	12761	106200	1627	38689
135449	147174	119933	4294	10289	2517	5665
732343	865115	692445	56113	65967	9565	26980
895295	1232649	1055465	37053	94844	6695	16976
2458451	2655759	2166350	86930	211012	13602	359465
10534325	24687808	22925206	329786	743209	75317	591078
132841	404803	393087	6081	3918	1241	-2538
3500362	4084442	2967423	387245	240459	37143	350536
4721270	4092840	2200813	758788	323790	12763	843907
4863159	8050464	6622379	218361	612489	1034	350205
6902572	5596659	4786187	214866	237727	44026	226088
416778	408213	373698	7082	11924	2673	4928
1798239	3114610	2963429	37748	53344	4775	19776
4732466	10580697	9279096	153882	496412	20900	365027
10441179	13813683	10555631	777882	819930	35617	1032182
17773066	23375476	15904943	1818071	1295748	-70108	3372897
31776400	38598960	34918821	324019	655822	7642	405252
1618887	1951665	1545223	73471	110690	-9549	173453
30066060	39168723	32010885	1637411	1837301	33995	1983597
211994215	255567396	199927616	10806804	10059458	878000	19439762
5603971	7210285	5278579	524144	469983	33068	476296
1787758	3166310	2420676	131503	216463	-36398	231614
699404	1431117	1388520	4980	15805	3238	12387
122620	266576	213000	4328	23404	-154	18565
10152745	14728107	12510483	34539	193939	139571	1792333
2889171	6871545	6186369	110097	71859	12473	531446
3697405	1715756	1116439	57482	125858	105820	335701

4-5 规模以上工业企业主要经济效益指标（2023年）

指标名称	Item	成本费用利润率 (%) Ratio of Profits to Cost (%)
总　　计	**Total**	**8.09**
一、按登记注册类型分	**Grouped by Registration**	
1. 内资企业	Domestic Invested Enterprises	8.10
其中：有限责任公司	Limited Liability Corporations	7.74
股份有限公司	Share-holding Corporations Ltd.	9.28
个人独资企业	Sole Proprietorship Enterprises	7.22
合伙企业	Partnership Enterprises	3.33
2. 港、澳、台投资企业	Enterprises with Investment from Hong Kong, Macao and Taiwan	12.91
3. 外商投资企业	Foreign Invested Enterprises	4.43
二、按企业规模分	**Grouped by Size of Enterprises**	
1. 大型企业	Large Enterprises	11.01
2. 中型企业	Medium-sized Enterprises	7.40
3. 小微型企业	Small and Micro Enterprises	3.10
三、按工业行业大类分	**Grouped by Sector**	
煤炭开采和洗选业	Mining and Washing of Coal	
石油和天然气开采业	Extraction of Petroleum and Natural Gas	
黑色金属矿采选业	Mining and Processing of Ferrous Metal Ores	
有色金属矿采选业	Mining and Processing of Nonferrous Metal Ores	
非金属矿采选业	Mining and Processing of Nonmetal Ores	
开采专业及辅助性活动	Mining and Auxiliary Activities	21.95
其他采矿业	Mining and Processing of Other Ores	
农副食品加工业	Processing of Food from Agricultural Products	3.15
食品制造业	Manufacture of Foods	12.92
酒、饮料和精制茶制造业	Manufacture of Wine, Beverages and Refined Tea	8.39
烟草制品业	Manufacture of Tobacco	18.12
纺织业	Manufacture of Textile	9.13
纺织服装、服饰业	Manufacture of Textile Wearing Apparel,Footware and Caps	5.77

MAIN INDICATORS ON ECONOMIC BENEFIT OF INDUSTRIAL ENTERPRISES ABOVE DESIGNATED SIZE（2023）

流动资产周转率 (次) Turnover of Current Assets (time)	资产负债率 (%) Assets-Liability Ratio (%)	总资产贡献率 (%) Ratio of Total Assets to Industrial Output Value (%)
1.12	**57.78**	**7.58**
1.06	58.50	7.44
1.18	64.68	8.54
0.77	45.49	5.09
1.38	67.99	11.24
1.05	66.92	5.75
1.29	51.88	11.14
1.26	59.93	5.06
1.08	59.62	8.61
1.05	48.95	7.27
1.25	59.83	4.93
0.74	24.35	8.71
2.15	54.72	6.65
1.13	47.04	11.71
2.51	63.45	21.85
1.61	46.92	47.62
1.49	49.05	11.19
1.02	49.18	7.59

4-5 续表

指标名称	Item	成本费用利润率(%) Ratio of Profits to Cost(%)
皮革、毛皮、羽毛及其制品和制鞋业	Manufacture of Leather,Fur, Feather and Related Products	4.43
木材加工和木、竹、藤、棕、草制品业	Processing of Timber, Manufacture of Wood, Bamboo, Rattan, Palm and Straw Products	3.93
家具制造业	Manufacture of Furniture	3.18
造纸和纸制品业	Manufacture of Paper and Paper Products	1.39
印刷和记录媒介复制业	Printing and Record Medium Reproduction	13.98
文教、工美、体育和娱乐用品制造业	Manufacture of Cultural,Educational and Sports Articles	2.44
石油、煤炭及其他燃料加工业	Processing of Petroleum, Coal and Other Fuels	-0.62
化学原料和化学制品制造业	Manufacture of Raw Chemical Materials and Chemical Products	9.18
医药制造业	Manufacture of Medicines	23.32
化学纤维制造业	Manufacture of Chemical Fibers	
橡胶和塑料制品业	Manufacture of Rubber	4.52
非金属矿物制品业	Manufacture of Non-metallic Mineral Products	4.17
黑色金属冶炼和压延加工业	Smelting and Pressing of Ferrous Metals	1.21
有色金属冶炼和压延加工业	Smelting and Pressing of Nonferrous Metals	0.64
金属制品业	Manufacture of Metal Products	3.57
通用设备制造业	Manufacture of General-purpose Machinery	7.91
专用设备制造业	Manufacture of Special-purpose Machinery	16.22
汽车制造业	Manufacture of Automobiles	1.07
铁路、船舶、航空航天和其他运输设备制造业	Manufacture of Railways Ships Aerospace and Other Transport Equipment	9.53
电气机械和器材制造业	Manufacture of Electrical Machinery and Apparatus	5.29
计算机、通信和其他电子设备制造业	Manufacture of Communication Equipment,Computers and Other Electronic Equipment	7.87
仪器仪表制造业	Manufacture of Measuring Instruments	6.95
其他制造业	Other Manufacturing	7.90
废弃资源综合利用业	Recycling and Disposal of Waste	0.87
金属制品、机械和设备修理业	Manufacture of Metal Products,Machinery and Equipment Repair	7.49
电力、热力生产和供应业	Production and Supply of Electric Power and Heat Power	13.76
燃气生产和供应业	Production and Supply of Gas	8.27
水的生产和供应业	Production and Supply of Water	23.51

CONTINUED

流动资产周转率 (次) Turnover of Current Assets (time)	资产负债率 (%) Assets-Liability Ratio (%)	总资产贡献率 (%) Ratio of Total Assets to Industrial Output Value (%)
1.87	52.74	10.74
0.96	63.72	4.28
1.10	64.83	5.19
1.24	55.43	2.64
0.82	49.91	8.63
2.01	77.73	5.72
2.97	91.39	0.12
0.92	48.68	6.84
0.64	36.49	8.06
1.00	38.04	4.32
0.73	68.75	4.18
0.89	84.29	2.13
1.60	72.37	2.07
1.55	54.91	6.62
0.89	51.46	7.01
0.83	47.78	10.76
1.26	85.00	3.29
0.80	44.58	6.10
0.99	51.18	4.67
1.08	58.37	6.80
0.84	48.97	6.29
0.88	40.06	6.55
2.00	87.51	2.66
1.19	46.56	9.73
2.67	55.02	12.96
2.82	48.78	10.75
0.77	52.27	6.56

4-6 规模以上内资工业企业主要经济指标 （2023年）

单位：万元

项 目	Item	企业单位数（个） Number of Enterprises (unit)
总　　计	**Total**	**12079**
一、按登记注册类型分	**Grouped by Registration**	
1. 内资企业	Domestic Invested Enterprises	12079
其中：有限责任公司	Limited Liability Corporations	11132
股份有限公司	Share-holding Corporations Ltd.	809
个人独资企业	Sole Proprietorship Enterprises	57
合伙企业	Partnership Enterprises	63
2. 港、澳、台投资企业	Enterprises with Investment from Hong Kong, Macao and Taiwan	
3. 外商投资企业	Foreign Invested Enterprises	
二、按企业规模分	**Grouped by Size of Enterprises**	
1. 大型企业	Large Enterprises	176
2. 中型企业	Medium-sized Enterprises	883
3. 小微型企业	Small and Micro Enterprises	11020
三、按工业行业大类分	**Grouped by Sector**	
煤炭开采和洗选业	Mining and Washing of Coal	
石油和天然气开采业	Extraction of Petroleum and Natural Gas	
黑色金属矿采选业	Mining and Processing of Ferrous Metal Ores	
有色金属矿采选业	Mining and Processing of Nonferrous Metal Ores	
非金属矿采选业	Mining and Processing of Nonmetal Ores	
开采专业及辅助性活动	Mining and Auxiliary Activities	
其他采矿业	Mining and Processing of Other Ores	
农副食品加工业	Processing of Food from Agricultural Products	43
食品制造业	Manufacture of Foods	38
酒、饮料和精制茶制造业	Manufacture of Wine,Beverages and Refined Tea	8
烟草制品业	Manufacture of Tobacco	88
纺织业	Manufacture of Textile	44
纺织服装、服饰业	Manufacture of Textile Wearing Apparel,Footware and Caps	104

MAIN ECONOMIC INDICATORS OF DOMESTIC INDUSTRIAL ENTERPRISES ABOVE DESIGNATED SIZE（2023）

（10 000 yuan）

工业总产值 Gross Output Value of Industry	资产总计 Total Assets	流动资产 Current Assets	营业收入 Business Revenue	利润总额 Total Profits
330789890	**458034218**	**308192378**	**325408712**	**25217438**
330789890	458034218	308192378	325408712	25217438
252582618	308889800	214688824	253546002	18937575
76171626	144656220	91217723	69964339	6040277
398800	322541	277304	381560	25759
331192	367985	325116	342053	11088
152983330	251968207	155438256	143890152	17882298
60913884	84231992	58735866	62773156	3869690
116892676	121834019	94018255	118745404	3465450
1055543	679913	517042	1141460	28070
503453	850464	538342	625622	98353
52636	76805	61808	87296	1294
3362021	2288305	2061031	3326594	423526
788368	925595	614559	918594	94349
1851654	2326065	1568016	1620883	134452

4-6 续表

单位：万元

项 目	Item	企业单位数 (个) Number of Enterprises (unit)
皮革、毛皮、羽毛及其制品和制鞋业	Manufacture of Leather,Fur,Feather and Related Products	52
木材加工和木、竹、藤、棕、草制品业	Processing of Timber, Manufacture of Wood, Bamboo, Rattan, Palm and Straw Products	19
家具制造业	Manufacture of Furniture	89
造纸和纸制品业	Manufacture of Paper and Paper Products	175
印刷和记录媒介复制业	Printing and Record Medium Reproduction	167
文教、工美、体育和娱乐用品制造业	Manufacture of Cultural,Educational and Sports Articles	302
石油、煤炭及其他燃料加工业	Processing of Petroleum, Coal and Other Fuels	5
化学原料和化学制品制造业	Manufacture of Raw Chemical Materials and Chemical Products	233
医药制造业	Manufacture of Medicines	87
化学纤维制造业	Manufacture of Chemical Fibers	
橡胶和塑料制品业	Manufacture of Rubber	751
非金属矿物制品业	Manufacture of Non-metallic Mineral Products	194
黑色金属冶炼和压延加工业	Smelting and Pressing of Ferrous Metals	29
有色金属冶炼和压延加工业	Smelting and Pressing of Nonferrous Metals	116
金属制品业	Manufacture of Metal Products	722
通用设备制造业	Manufacture of General-purpose Machinery	860
专用设备制造业	Manufacture of Special-purpose Machinery	1168
汽车制造业	Manufacture of Automobiles	97
铁路、船舶、航空航天和其他运输设备制造业	Manufacture of Railways Ships Aerospace and Other Transport Equipment	83
电气机械和器材制造业	Manufacture of Electrical Machinery and Apparatus	1733
计算机、通信和其他电子设备制造业	Manufacture of Communication Equipment, Computers and Other Electronic Equipment	4080
仪器仪表制造业	Manufacture of Measuring Instruments	483
其他制造业	Other Manufacturing	158
废弃资源综合利用业	Recycling and Disposal of Waste	23
金属制品、机械和设备修理业	Manufacture of Metal Products,Machinery and Equipment Repair	16
电力、热力生产和供应业	Production and Supply of Electric Power and Heat Power	30
燃气生产和供应业	Production and Supply of Gas	33
水的生产和供应业	Production and Supply of Water	47

CONTINUED

（10 000 yuan）

工业总产值 Gross Output Value of Industry	资产总计 Total Assets	流动资产 Current Assets	营业收入 Business Revenue	利润总额 Total Profits
315158	224250	211545	318795	5989
153797	212585	147697	144132	5646
687968	980093	660301	719178	26977
916939	1346319	723157	895551	14542
1978554	3296400	2256167	1956622	271594
14894672	6813266	5969747	15707146	281569
423431	135994	127081	403173	-2930
2631506	5927442	3551815	3038266	279209
2674322	9031424	4329261	2628645	721668
5087667	6547157	4651979	4998588	177328
5003970	7337218	5439525	4463534	112401
301312	413618	389244	297466	4070
2570374	1901030	1410347	2608206	23044
9015535	7112445	5615047	9040325	295472
10096894	16585163	12566386	10477850	763026
18334184	27443530	22288211	17050869	1783925
3396597	6026783	3612890	3350164	30752
1507013	2162950	1577203	1282781	106494
31697581	40657488	30527910	30654114	1541062
185184001	271636565	180925546	180711191	16047771
5070798	9516029	7075225	5430223	379206
1750577	1718467	1174257	1761004	100353
1432524	799186	717098	1431117	12387
116658	152458	134567	159699	14056
12761503	14946568	3516170	12563870	1123565
3843712	1575783	969200	4112355	215789
977780	5637589	1856670	1135891	47568

4-7 规模以上股份有限工业企业主要经济指标（2023年）

单位：万元

项目	Item	企业单位数（个）Number of Enterprises (unit)
总　　计	**Total**	**809**
一、按登记注册类型分	**Grouped by Registration**	
1. 内资企业	Domestic Invested Enterprises	809
其中：有限责任公司	Limited Liability Corporations	
股份有限公司	Share-holding Corporations Ltd.	809
个人独资企业	Sole Proprietorship Enterprises	
合伙企业	Partnership Enterprises	
2. 港、澳、台投资企业	Enterprises with Investment from Hong Kong, Macao and Taiwan	
3. 外商投资企业	Foreign Invested Enterprises	
二、按企业规模分	**Grouped by Size of Enterprises**	
1. 大型企业	Large Enterprises	84
2. 中型企业	Medium-sized Enterprises	221
3. 小微型企业	Small and Micro Enterprises	504
三、按工业行业大类分	**Grouped by Sector**	
其中：煤炭开采和洗选业	Mining and Washing of Coal	
石油和天然气开采业	Extraction of Petroleum and Natural Gas	
黑色金属矿采选业	Mining and Processing of Ferrous Metal Ores	
有色金属矿采选业	Mining and Processing of Nonferrous Metal Ores	
非金属矿采选业	Mining and Processing of Nonmetal Ores	
开采专业及辅助性活动	Mining and Auxiliary Activities	
其他采矿业	Mining and Processing of Other Ores	
农副食品加工业	Processing of Food from Agricultural Products	2
食品制造业	Manufacture of Foods	2
酒、饮料和精制茶制造业	Manufacture of Wine,Beverages and Refined Tea	
烟草制品业	Manufacture of Tobacco	4
纺织业	Manufacture of Textile	

MAIN ECONOMIC INDICATORS OF SHARE-HOLDING INDUSTRIAL ENTERPRISES LIMITED ABOVE DESIGNATED SIZE（2023）

（10 000 yuan）

工业总产值 Gross Output Value of Industry	资产总计 Total Assets	流动资产 Current Assets	营业收入 Business Revenue	利润总额 Total Profits
76171626	**144656220**	**91217723**	**69964339**	**6040277**
76171626	144656220	91217723	69964339	6040277
76171626	144656220	91217723	69964339	6040277
47700160	77312630	48673826	40037314	3864278
17615011	38992514	25662551	18426487	1590963
10856455	28351076	16881346	11500538	585037
53735	142428	96623	56971	1049
33214	51267	31911	30560	8339
425432	256203	231905	406679	125400

4-7 续表

单位：万元

项 目	Item	企业单位数（个）Number of Enterprises (unit)
纺织服装、服饰业	Manufacture of Textile Wearing Apparel,Footware and Caps	9
皮革、毛皮、羽毛及其制品和制鞋业	Manufacture of Leather,Fur,Feather and Related Products	
木材加工和木、竹、藤、棕、草制品业	Processing of Timber, Manufacture of Wood, Bamboo, Rattan, Palm and Straw Products	2
家具制造业	Manufacture of Furniture	3
造纸和纸制品业	Manufacture of Paper and Paper Products	3
印刷和记录媒介复制业	Printing and Record Medium Reproduction	8
文教、工美、体育和娱乐用品制造业	Manufacture of Cultural,Educational and Sports Articles	6
石油、煤炭及其他燃料加工业	Processing of Petroleum, Coal and Other Fuels	
化学原料和化学制品制造业	Manufacture of Raw Chemical Materials and Chemical Products	27
医药制造业	Manufacture of Medicines	11
化学纤维制造业	Manufacture of Chemical Fibers	
橡胶和塑料制品业	Manufacture of Rubber	27
非金属矿物制品业	Manufacture of Non-metallic Mineral Products	15
黑色金属冶炼和压延加工业	Smelting and Pressing of Ferrous Metals	
有色金属冶炼和压延加工业	Smelting and Pressing of Nonferrous Metals	3
金属制品业	Manufacture of Metal Products	26
通用设备制造业	Manufacture of General-purpose Machinery	47
专用设备制造业	Manufacture of Special-purpose Machinery	116
汽车制造业	Manufacture of Automobiles	8
铁路、船舶、航空航天和其他运输设备制造业	Manufacture of Railways Ships Aerospace and Other Transport Equipment	8
电气机械和器材制造业	Manufacture of Electrical Machinery and Apparatus	117
计算机、通信和其他电子设备制造业	Manufacture of Communication Equipment, Computers and Other Electronic Equipment	301
仪器仪表制造业	Manufacture of Measuring Instruments	49
其他制造业	Other Manufacturing	7
废弃资源综合利用业	Recycling and Disposal of Waste	
金属制品、机械和设备修理业	Manufacture of Metal Products,Machinery and Equipment Repair	
电力、热力生产和供应业	Production and Supply of Electric Power and Heat Power	2
燃气生产和供应业	Production and Supply of Gas	
水的生产和供应业	Production and Supply of Water	2

CONTINUED

(10 000 yuan)

工业总产值 Gross Output Value of Industry	资产总计 Total Assets	流动资产 Current Assets	营业收入 Business Revenue	利润总额 Total Profits
433173	1021977	458177	401377	30925
67382	99427	50280	64975	7076
125072	216199	136161	122519	16312
123794	645199	164393	92853	6672
677252	1700067	1074330	611115	253448
1620145	981983	727822	1668242	154089
812161	3433766	1745638	1113677	153193
549453	2474511	873098	510476	76535
800574	2596913	1532396	796680	43778
1659556	2985089	1654717	1230035	73858
705141	381020	249890	716374	476
1470663	2331197	1621183	1564641	140782
2165029	4904712	3509432	2614511	313619
8086063	15190913	11926830	7697385	1263049
1331694	1706225	1327121	1349432	86284
714432	798324	595382	470016	67183
7451942	16533690	9966836	7696775	798030
44642461	77148025	48299330	37933091	2185365
1640990	5096614	3454985	1987405	134439
189515	734802	369443	229135	5920
191280	1753067	373258	276591	81689
45221	1035956	500326	49550	-20217

4-8 规模以上私营工业企业主要经济指标（2023年）

单位：万元

项 目	Item	企业单位数（个）Number of Enterprises (unit)
总 计	**Total**	**10539**
一、按登记注册类型分	**Grouped by Registration**	
1. 内资企业	Domestic Invested Enterprises	10539
其中：有限责任公司	Limited Liability Corporations	9975
股份有限公司	Share-holding Corporations Ltd.	444
个人独资企业	Sole Proprietorship Enterprises	57
合伙企业	Partnership Enterprises	63
2. 港、澳、台投资企业	Enterprises with Investment from Hong Kong, Macao and Taiwan	
3. 外商投资企业	Foreign Invested Enterprises	
二、按企业规模分	**Grouped by Size of Enterprises**	
1. 大型企业	Large Enterprises	103
2. 中型企业	Medium-sized Enterprises	647
3. 小微型企业	Small and Micro Enterprises	9789
三、按工业行业大类分	**Grouped by Sector**	
其中：煤炭开采和洗选业	Mining and Washing of Coal	
石油和天然气开采业	Extraction of Petroleum and Natural Gas	
黑色金属矿采选业	Mining and Processing of Ferrous Metal Ores	
有色金属矿采选业	Mining and Processing of Nonferrous Metal Ores	
非金属矿采选业	Mining and Processing of Nonmetal Ores	
开采专业及辅助性活动	Mining and Auxiliary Activities	
其他采矿业	Mining and Processing of Other Ores	
农副食品加工业	Processing of Food from Agricultural Products	38
食品制造业	Manufacture of Foods	33
酒、饮料和精制茶制造业	Manufacture of Wine,Beverages and Refined Tea	7
烟草制品业	Manufacture of Tobacco	79
纺织业	Manufacture of Textile	41
纺织服装、服饰业	Manufacture of Textile Wearing Apparel,Footware and Caps	87

注：“私营工业企业”包含《关于市场主体统计分类的划分规定》(国统字〔2023〕14号)中的“私营有限责任公司”“私营股份有限公司”“个人独资公司”“合伙企业”。

Note: The private industrial enterprises include private limited liability corporations, private share-holding limited corporations, sole proprietorship companies and partnership enterprises as defined in the Regulations on the Classification of Market Entity Statistics (Guotongzi [2023] No. 14).

MAIN ECONOMIC INDICATORS OF PRIVATE INDUSTRIAL ENTERPRISES ABOVE DESIGNATED SIZE（2023）

（10 000 yuan）

工业总产值 Gross Output Value of Industry	资产总计 Total Assets	流动资产 Current Assets	营业收入 Business Revenue	利润总额 Total Profits
229019101	**296030893**	**214073182**	**230601045**	**18520743**
229019101	296030893	214073182	230601045	18520743
206839544	250464132	185802692	206985515	16895041
21449566	44876236	27668071	22891917	1588855
398800	322541	277304	381560	25759
331192	367985	325116	342053	11088
94653201	157297024	103817975	93294131	13915483
42240989	48830984	36425887	43300372	1906996
92124912	89902885	73829320	94006542	2698264
679933	556418	414431	710436	19056
352278	676812	416089	476998	83251
52016	68734	57077	86688	2608
1755057	1170635	1053105	1765552	180491
419557	684560	427330	555809	59871
1257464	1342527	1128667	1050399	78162

4-8 续表

单位：万元

项 目 Item		企业单位数（个） Number of Enterprises (unit)
皮革、毛皮、羽毛及其制品和制鞋业	Manufacture of Leather,Fur,Feather and Related Products	48
木材加工和木、竹、藤、棕、草制品业	Processing of Timber, Manufacture of Wood, Bamboo, Rattan, Palm and Straw Products	17
家具制造业	Manufacture of Furniture	74
造纸和纸制品业	Manufacture of Paper and Paper Products	164
印刷和记录媒介复制业	Printing and Record Medium Reproduction	148
文教、工美、体育和娱乐用品制造业	Manufacture of Cultural,Educational and Sports Articles	275
石油、煤炭及其他燃料加工业	Processing of Petroleum, Coal and Other Fuels	5
化学原料和化学制品制造业	Manufacture of Raw Chemical Materials and Chemical Products	205
医药制造业	Manufacture of Medicines	66
化学纤维制造业	Manufacture of Chemical Fibers	
橡胶和塑料制品业	Manufacture of Rubber	676
非金属矿物制品业	Manufacture of Non-metallic Mineral Products	162
黑色金属冶炼和压延加工业	Smelting and Pressing of Ferrous Metals	25
有色金属冶炼和压延加工业	Smelting and Pressing of Nonferrous Metals	105
金属制品业	Manufacture of Metal Products	652
通用设备制造业	Manufacture of General-purpose Machinery	759
专用设备制造业	Manufacture of Special-purpose Machinery	1016
汽车制造业	Manufacture of Automobiles	82
铁路、船舶、航空航天和其他运输设备制造业	Manufacture of Railways Ships Aerospace and Other Transport Equipment	72
电气机械和器材制造业	Manufacture of Electrical Machinery and Apparatus	1528
计算机、通信和其他电子设备制造业	Manufacture of Communication Equipment, Computers and Other Electronic Equipment	3546
仪器仪表制造业	Manufacture of Measuring Instruments	412
其他制造业	Other Manufacturing	142
废弃资源综合利用业	Recycling and Disposal of Waste	18
金属制品、机械和设备修理业	Manufacture of Metal Products,Machinery and Equipment Repair	11
电力、热力生产和供应业	Production and Supply of Electric Power and Heat Power	10
燃气生产和供应业	Production and Supply of Gas	18
水的生产和供应业	Production and Supply of Water	17

CONTINUED

(10 000 yuan)

工业总产值 Gross Output Value of Industry	资产总计 Total Assets	流动资产 Current Assets	营业收入 Business Revenue	利润总额 Total Profits
221486	138948	136817	221087	3614
105359	147512	113134	100715	3559
488286	687680	470830	506320	5078
856172	1296364	684350	834321	16726
1089285	1078886	842793	1125964	27987
11429069	5532443	4986524	12121861	127680
423431	135994	127081	403173	-2930
2133299	3546684	2399406	2108483	175092
1582357	5124829	2729066	1541999	384948
4069822	3979237	3191580	4035198	140120
3106451	4191989	3649017	3001597	26769
270246	385741	367365	261107	1552
2359677	1494465	1184612	2361958	22171
7289950	4641548	3926214	7240466	146183
8219169	12672674	9653069	8404902	601333
11078025	14376941	11925015	10400180	739025
1847718	2507566	1832119	1814610	-40563
721961	1229932	869955	709381	34838
25125641	29473257	22715790	24060379	1065291
135122629	190569296	132856337	137448449	14129687
3545936	5176564	4122313	3537652	285380
1560752	1404184	963172	1573836	92355
151092	152960	93587	171970	9412
74192	99175	88287	74849	11421
338749	691305	256190	365452	53333
1161504	395125	247421	1400090	24946
121105	396210	140953	123409	12557

4-9 规模以上港澳台投资和外商投资工业企业主要经济指标 （2023年）

单位：万元

项 目	Item	企业单位数（个）Number of Enterprises (unit)
总 计	**Total**	**2108**
一、按登记注册类型分	Grouped by Registration	
1. 内资企业	Domestic Invested Enterprises	
其中：有限责任公司	Limited Liability Corporations	
股份有限公司	Share-holding Corporations Ltd.	
个人独资企业	Sole Proprietorship Enterprises	
合伙企业	Partnership Enterprises	
2. 港、澳、台投资企业	Enterprises with Investment from Hong Kong, Macao and Taiwan	1498
3. 外商投资企业	Foreign Invested Enterprises	610
二、按企业规模分	**Grouped by Size of Enterprises**	
1. 大型企业	Large Enterprises	129
2. 中型企业	Medium-sized Enterprises	364
3. 小微型企业	Small and Micro Enterprises	1615
三、按工业行业大类分	**Grouped by Sector**	
其中：煤炭开采和洗选业	Mining and Washing of Coal	
石油和天然气开采业	Extraction of Petroleum and Natural Gas	
黑色金属矿采选业	Mining and Processing of Ferrous Metal Ores	
有色金属矿采选业	Mining and Processing of Nonferrous Metal Ores	
非金属矿采选业	Mining and Processing of Nonmetal Ores	
开采专业及辅助性活动	Mining and Auxiliary Activities	2
其他采矿业	Mining and Processing of Other Ores	
农副食品加工业	Processing of Food from Agricultural Products	14
食品制造业	Manufacture of Foods	12
酒、饮料和精制茶制造业	Manufacture of Wine,Beverages and Refined Tea	8
烟草制品业	Manufacture of Tobacco	
纺织业	Manufacture of Textile	21
纺织服装、服饰业	Manufacture of Textile Wearing Apparel,Footware and Caps	57

MAIN ECONOMIC INDICATORS OF INDUSTRIAL ENTERPAISES WITH FUNDS FROM HONGKONG,MACAO,TAIWAN AND FOREIGN-FUNDED ENTERPRISES ABOVE DESIGNATED SIZE（2023）

（10 000 yuan）

工业总产值 Gross Output Value of Industry	资产总计 Total Assets	流动资产 Current Assets	营业收入 Business Revenue	利润总额 Total Profits
161133827	**207613681**	**132793581**	**169100733**	**12724818**
73948905	96561168	58872835	76094963	8768249
87184923	111052513	73920746	93005770	3956568
120910059	151799854	93875904	126283696	10006966
20229662	33152889	21117532	21396217	1947938
19994107	22660937	17800146	21420820	769915
82875	221695	166418	82875	22442
1309033	1179445	858424	1821573	63950
336379	421927	339926	363826	21435
1778127	1275582	803015	2082372	164821
306523	294685	217807	324106	10929
772594	873579	702856	705789	-5675

4-9 续表

单位：万元

项 目 Item		企业单位数 （个） Number of Enterprises (unit)
皮革、毛皮、羽毛及其制品和制鞋业	Manufacture of Leather,Fur,Feather and Related Products	23
木材加工和木、竹、藤、棕、草制品业	Processing of Timber, Manufacture of Wood, Bamboo, Rattan, Palm and Straw Products	
家具制造业	Manufacture of Furniture	17
造纸和纸制品业	Manufacture of Paper and Paper Products	53
印刷和记录媒介复制业	Printing and Record Medium Reproduction	56
文教、工美、体育和娱乐用品制造业	Manufacture of Cultural,Educational and Sports Articles	112
石油、煤炭及其他燃料加工业	Processing of Petroleum, Coal and Other Fuels	2
化学原料和化学制品制造业	Manufacture of Raw Chemical Materials and Chemical Products	46
医药制造业	Manufacture of Medicines	28
化学纤维制造业	Manufacture of Chemical Fibers	
橡胶和塑料制品业	Manufacture of Rubber	225
非金属矿物制品业	Manufacture of Non-metallic Mineral Products	21
黑色金属冶炼和压延加工业	Smelting and Pressing of Ferrous Metals	4
有色金属冶炼和压延加工业	Smelting and Pressing of Nonferrous Metals	17
金属制品业	Manufacture of Metal Products	132
通用设备制造业	Manufacture of General-purpose Machinery	135
专用设备制造业	Manufacture of Special-purpose Machinery	168
汽车制造业	Manufacture of Automobiles	22
铁路、船舶、航空航天和其他运输设备制造业	Manufacture of Railways Ships Aerospace and Other Transport Equipment	27
电气机械和器材制造业	Manufacture of Electrical Machinery and Apparatus	269
计算机、通信和其他电子设备制造业	Manufacture of Communication Equipment, Computers and Other Electronic Equipment	499
仪器仪表制造业	Manufacture of Measuring Instruments	90
其他制造业	Other Manufacturing	28
废弃资源综合利用业	Recycling and Disposal of Waste	
金属制品、机械和设备修理业	Manufacture of Metal Products,Machinery and Equipment Repair	3
电力、热力生产和供应业	Production and Supply of Electric Power and Heat Power	8
燃气生产和供应业	Production and Supply of Gas	5
水的生产和供应业	Production and Supply of Water	2

CONTINUED

(10 000 yuan)

工业总产值 Gross Output Value of Industry	资产总计 Total Assets	流动资产 Current Assets	营业收入 Business Revenue	利润总额 Total Profits
524748	383479	272731	585943	32701
145121	149460	125984	145936	3
341833	268864	269321	337097	2435
666370	1629798	991039	699137	87872
8272599	6739736	6333508	8980662	309510
1631	9365	9254	1631	392
935312	1262985	869613	1046177	71327
1586246	3908708	2088424	1464196	122239
2813406	6238034	3362337	3051875	172877
1149316	2702162	2188716	1133124	113687
92826	80812	70542	110746	859
504839	583609	537801	506404	-3268
1502334	1504686	1224427	1537236	69511
3070308	3704563	2928366	3335833	269156
6506739	9753736	6003774	6324606	1588972
31336154	31355188	27080047	35248797	374500
604432	1468082	874562	668884	66959
8063028	18087023	9172030	8514609	442535
73599597	91539573	56593246	74856205	3391990
1630852	1927383	1488839	1780062	97091
1394876	2744459	2434722	1405306	131262
110482	110896	88519	106877	4508
2099883	3507873	1992186	2164237	668768
2505357	4346913	1469909	2759190	315657
579830	1435754	357916	579865	288133

4-10 规模以上大中型工业企业主要经济指标（2023年）

单位：万元

项　目	Item	企业单位数（个）Number of Enterprises (unit)
总　　计	**Total**	**1552**
一、按登记注册类型分	**Grouped by Registration**	
1. 内资企业	Domestic Invested Enterprises	1059
其中：有限责任公司	Limited Liability Corporations	744
股份有限公司	Share-holding Corporations Ltd.	305
个人独资企业	Sole Proprietorship Enterprises	2
合伙企业	Partnership Enterprises	
2. 港、澳、台投资企业	Enterprises with Investment from Hong Kong, Macao and Taiwan	313
3. 外商投资企业	Foreign Invested Enterprises	180
二、按企业规模分	**Grouped by Size of Enterprises**	
1 . 大型企业	Large Enterprises	305
2 . 中型企业	Medium-sized Enterprises	1247
3 . 小微型企业	Small and Micro Enterprises	
三、按工业行业大类分	**Grouped by Sector**	
其中：煤炭开采和洗选业	Mining and Washing of Coal	
石油和天然气开采业	Extraction of Petroleum and Natural Gas	
黑色金属矿采选业	Mining and Processing of Ferrous Metal Ores	
有色金属矿采选业	Mining and Processing of Nonferrous Metal Ores	
非金属矿采选业	Mining and Processing of Nonmetal Ores	
开采专业及辅助性活动	Mining and Auxiliary Activities	2
其他采矿业	Mining and Processing of Other Ores	
农副食品加工业	Processing of Food from Agricultural Products	7
食品制造业	Manufacture of Foods	11
酒、饮料和精制茶制造业	Manufacture of Wine,Beverages and Refined Tea	5
烟草制品业	Manufacture of Tobacco	33
纺织业	Manufacture of Textile	7
纺织服装、服饰业	Manufacture of Textile Wearing Apparel,Footware and Caps	33

MAIN ECONOMIC INDICATORS OF LARGE AND MEDIUM-SIZED INDUSTRIAL ENTERPRISES ABOVE DESIGNATED SIZE（2023）

（10 000 yuan）

工业总产值 Gross Output Value of Industry	资产总计 Total Assets	流动资产 Current Assets	营业收入 Business Revenue	利润总额 Total Profits
355036935	**521152943**	**329167558**	**354343221**	**33706891**
213897214	336200199	214174123	206663308	21751988
147654650	216519822	138394879	147426978	16102662
65315171	116305144	74336377	58463801	5455241
41545	12260	10508	39397	1531
61633089	83083581	48145174	62977075	8346112
79506632	101869162	66848262	84702838	3608791
273893389	403768061	249314160	270173848	27889263
81143546	117384882	79853398	84169373	5817628
394699	830666	462669	394699	71415
1174524	775601	454962	1458387	63232
569126	1035300	683882	714698	98879
1648644	1177886	737785	1919375	129520
2665026	1696555	1502334	2621073	354865
733360	882246	570069	862456	77658
1694229	2020615	1290481	1415245	105920

4-10 续表

单位：万元

项　目 Item		企业单位数 （个） Number of Enterprises (unit)
皮革、毛皮、羽毛及其制品和制鞋业	Manufacture of Leather,Fur,Feather and Related Products	10
木材加工和木、竹、藤、棕、草制品业	Processing of Timber, Manufacture of Wood, Bamboo, Rattan, Palm and Straw Products	
家具制造业	Manufacture of Furniture	8
造纸和纸制品业	Manufacture of Paper and Paper Products	8
印刷和记录媒介复制业	Printing and Record Medium Reproduction	22
文教、工美、体育和娱乐用品制造业	Manufacture of Cultural,Educational and Sports Articles	59
石油、煤炭及其他燃料加工业	Processing of Petroleum, Coal and Other Fuels	
化学原料和化学制品制造业	Manufacture of Raw Chemical Materials and Chemical Products	17
医药制造业	Manufacture of Medicines	24
化学纤维制造业	Manufacture of Chemical Fibers	
橡胶和塑料制品业	Manufacture of Rubber	80
非金属矿物制品业	Manufacture of Non-metallic Mineral Products	21
黑色金属冶炼和压延加工业	Smelting and Pressing of Ferrous Metals	2
有色金属冶炼和压延加工业	Smelting and Pressing of Nonferrous Metals	3
金属制品业	Manufacture of Metal Products	56
通用设备制造业	Manufacture of General-purpose Machinery	90
专用设备制造业	Manufacture of Special-purpose Machinery	158
汽车制造业	Manufacture of Automobiles	23
铁路、船舶、航空航天和其他运输设备制造业	Manufacture of Railways Ships Aerospace and Other Transport Equipment	15
电气机械和器材制造业	Manufacture of Electrical Machinery and Apparatus	200
计算机、通信和其他电子设备制造业	Manufacture of Communication Equipment, Computers and Other Electronic Equipment	554
仪器仪表制造业	Manufacture of Measuring Instruments	52
其他制造业	Other Manufacturing	29
废弃资源综合利用业	Recycling and Disposal of Waste	
金属制品、机械和设备修理业	Manufacture of Metal Products,Machinery and Equipment Repair	5
电力、热力生产和供应业	Production and Supply of Electric Power and Heat Power	7
燃气生产和供应业	Production and Supply of Gas	2
水的生产和供应业	Production and Supply of Water	8

CONTINUED

(10 000 yuan)

工业总产值 Gross Output Value of Industry	资产总计 Total Assets	流动资产 Current Assets	营业收入 Business Revenue	利润总额 Total Profits
519259	403747	285676	583076	33091
377605	559259	314794	391436	19694
250073	753772	217472	221135	7732
1543238	3517071	2168420	1489036	355398
11522750	9661183	8806935	12283775	514288
1192701	3818116	1925299	1625141	190522
3437921	11163057	5233447	3296970	811033
2672186	7409563	3595282	2751405	183171
3132483	5642100	4049611	2665723	184848
120661	259859	248597	111576	-1815
751591	180364	143558	746207	4880
2632706	3181347	2279360	2727434	220948
7174307	12964796	9555978	7709431	727689
17427769	26524735	19510868	16070427	3001022
33603732	35960199	29592518	37448099	372310
1332556	2277851	1509834	1202736	135370
24475445	41128000	25116866	23335212	1504411
206827982	307136991	194127123	201944600	18291529
2800664	6416709	4489599	3219571	176805
2136939	3715406	2961532	2190617	183827
162236	146003	118965	158506	9454
12461584	13554442	4029126	12928901	1512906
1968025	3589939	1037770	2221835	237179
1125772	4865941	1274330	1261927	301893

4-11 规模以上工业主要产品产量
PRODUCTION OF MAIN INDUSTRIAL PRODUCTS ABOVE DISIGNATED SIZE

年份 Year	自来水生产量(万立方米) Tap Water (10 000 cu.m)	发电量(万千瓦小时) Electricity (10 000 kW·h)	小麦粉(吨) Flour (ton)	啤酒(千升) Beer (kiloliter)	卷烟(万支) Cigarettes (10 000 pieces)	化学纤维(吨) Chemical Fiber (ton)	布(万米) Cloth (10 000 m)
1979		609					
1980		437					
1981		608					
1982		1152					
1983		1322					
1984		1261			27570		
1985		1012			45500		
1986	7051	3130			52225		
1987	8617	4408			75000	3731	280
1988	13060	2508	16794		252255	4190	925
1989	19962	1124	17285		303825	4451	380
1990	19736	31065	21155		380820	5050	631
1991	24446	107727	35151		430000	7694	1872
1992	23785	195007	44302	57256	442500	7637	30484
1993	30335	416568	72252	76715	472575	14194	3907
1994	43425	1739463	75536	82128	472915	19768	2674
1995	50151	1652038	92977	101425	522800	22348	4413
1996	53691	1873881	219700	125302	594120	17576	106
1997	60408	1960433	273300	131346	629205	20243	2375
1998	62585	2150147	250000	152279	756095	13271	1716
1999	66816	2380518	287400	150880	943600	14543	3200
2000	75547	2618545	229000	250417	1044490	14368	2356
2001	93047	2737802	360000	275180	1145465	13805	1940
2002	113315	3515696	346000	334590	1175810	13821	2247
2003	123709	4846256	328200	396150	1207066	14281	1317
2004	119510	5220982	313300	477766	1277700	15083	2697
2005	148221	5685750	350325	581161	1373606	8497	3885
2006	141218	5472103	351289	574554	1454359	4913	2210
2007	148349	5578728	360171	561371	1605650	8382	2857
2008	150221	5844154	368498	473027	1656000	1115	2541
2009	137824	5677546	339457	524696	1753150	2284	464
2010	153218	5778497	324406	597184	1817025	7627	1904
2011	155802	6784694	306664	653279	1877085	3310	716
2012	159944	7001845	442134	623503	1919220	4548	775
2013	159177	6796228	457511	558856	1951555	4988	1398
2014	162415	6959097	355599	513932	1937700	6037	1474
2015	148257	6819392	365403	445595	1890210	5621	687
2016	171064	6942888	369579	423210	1860920	4579	664
2017	176876	8415444	426107	362720	1835540	6426	482
2018	181262	8326420	435913	338127	1868710	6489	300
2019	184196	8183380	418356	270571	1836000	4305	578
2020	178514	8183741	394198	239013	1743665	5488	408
2021	190864	8893254	355166	492402	1760000	3439	707
2022	185365	8930285	313679	424833	1760000		94
2023	184945	9154088	328021	1012529	1767830		551

4-11 续表1 CONTINUED

年 份 Year	印染布 (万米) Printed and Dyed Fabric (10 000m)	服 装 (万件) Garments (10 000 pieces)	塑料制品 (吨) Plastic Products (ton)	铝材 (吨) Aluminium (ton)	两轮脚踏自行车 (万辆) Bicycles (10 000 sets)	照相机 (万台) Cameras (10 000 sets)
1979						
1980						
1981						
1982						
1983						
1984	4321	649	16419		2.03	
1985	5271	1004			4.31	
1986	5731	7988	16419	5566	14.13	160.15
1987	6655	8008	28572	6805	41.29	44.24
1988	6708	12828	44359	6808	60.39	348.25
1989	8344	9931	73945	7399	82.01	159.96
1990	9212	29333	103779	10799	128.20	519.95
1991	14869	16437	233094	14361	257.78	423.12
1992	16161	18857	244000	18985	272.08	813.76
1993	22918	27026	290508	21540	288.41	1247.89
1994	7627	36314	375757	19618	238.94	1277.61
1995	20991	25938	449183	19633	215.56	252.57
1996	22543	38196	411132	25356	140.52	1636.74
1997	18522	32089	387692	23874	123.38	1531.48
1998	20191	32119	256327	19632	156.96	2346.95
1999	16670	25667	378099	24408	210.99	1551.80
2000	13614	24242	464617	27271	239.60	942.83
2001	13338	14509	722024	29379	172.66	642.03
2002	14082	14344	611619	46746	319.67	312.83
2003	15502	18559	669683	56805	636.70	428.95
2004	12873	17536	644751	43274	586.47	341.25
2005	11351	25281	760206	43823	665.75	1207.88
2006	8917	32104	1276641	61578	742.84	1082.41
2007	3531	31611	1119397	61606	593.53	880.47
2008	1865	31711	1296995	77847	615.28	887.06
2009	1322	35441	1396805	48087	398.60	793.86
2010	1593	27217	1190914	53653	486.50	785.71
2011	498	19212	1337546	35014	438.43	631.57
2012	440	17408	1024870	13930	379.08	493.35
2013	325	15130	888056	8580	347.82	404.51
2014	1155	17005	836216	10454	310.95	317.91
2015	1291	21628	728073	6292	279.77	223.61
2016	1992	20023	711435	4171	224.41	220.00
2017	2065	17628	700522	4382	258.41	180.33
2018	1913	14021	726046	3995	178.91	205.17
2019	1478	13780	968463	18993	179.77	395.48
2020	1214	7736	946571	17105	196.87	343.95
2021	1587	9322	973094	18996	360.83	380.95
2022	1131	8383	848711	20204	363.85	363.11
2023	764	6650	872106	30314	333.28	408.80

4-11 续表2 CONTINUED

年 份 Year	家用电风扇 (万台) Electric Fans (10 000 sets)	电话单机 (万部) Telephone Sets (10 000 units)	微型计算机设备 (台) Micro Computers (unit)	打印机 (万台) Printers (10 000 sets)	彩色电视机 (万台) Color TV Sets (10 000 sets)
1979					
1980					
1981					0.70
1982					0.62
1983			71.00		1.23
1984	0.57	9.77	4357		18.25
1985	40.87	123.22	1575		48.10
1986	66.60	144.75	6617		61.39
1987	248.01	498.94	2728		101.64
1988	368.60	815.76	2788		155.90
1989	323.31	926.10	15955		137.38
1990	379.30	1019.21	17622		228.67
1991	407.58	1360.80	62440		288.08
1992	152.73	1461.59	31357		272.12
1993	433.59	2292.50	27836		269.33
1994	1132.43	2592.38	51877		251.42
1995	907.35	3902.49	194131	194.84	373.50
1996	818.76	4080.80	312687	193.06	540.62
1997	845.18	4506.65	568681	433.50	519.63
1998	650.48	2741.97	464614	584.76	491.85
1999	544.74	2711.82	834476	315.68	834.13
2000	901.04	2809.58	1074486	507.62	753.97
2001	753.09	2965.67	1642151	695.00	659.50
2002	1129.22	4091.29	3076052	469.20	1297.35
2003	1202.76	4947.64	4866723	570.30	1820.33
2004	1127.19	4894.31	7350491	592.73	1857.02
2005	958.54	6579.87	11435877	984.50	1964.43
2006	1425.82	7444.34	13633633	835.33	2071.14
2007	1403.87	7055.94	8947600	1041.78	1803.85
2008	1559.63	6283.11	9662828	1452.97	2003.47
2009	1457.34	5312.90	18023372	1493.84	1910.03
2010	1393.28	5559.25	34032969	1973.98	2043.61
2011	1975.53	3229.52	41718350	1810.97	2203.07
2012	1771.45	3382.70	52285567	2266.73	3237.51
2013	1809.56	3139.46	19100994	1721.10	3320.12
2014	1790.29	2711.63	26073252	1607.62	3714.14
2015	1639.74	2362.04	27793649	1304.84	3545.93
2016	1469.59	1801.72	29567574	1203.61	3883.49
2017	1248.95	1372.17	27067302	874.06	3695.43
2018	1492.01	1387.07	23975801	811.67	4519.50
2019	1701.18	1272.61	29465022	539.26	4951.98
2020	1457.79	952.55	25396050	411.16	5315.68
2021	1536.98	761.54	26057342	585.13	4722.76
2022	1272.24	634.51	25499218	550.31	4833.19
2023	708.79	519.18	36427691	384.88	4537.63

4-11 续表3 CONTINUED

年 份 Year	电子元件 (万只) Electronic Units (10 000 units)	硬盘存储器 (万台) Hard Drives (10 000 sets)	集成电路 (万块) Semiconductor Integrated Circuit (10 000 units)	程控交换机 (万线) Telephone Exchanges (10 000 lines)
1979				
1980				
1981				
1982				
1983				
1984				
1985				
1986	15584			
1987	7823			
1988	73316			
1989	112921		513	
1990	309649		998	
1991	332657		1357	
1992	522291		1164	
1993	708147		1520	105.30
1994	1561900		2263	209.70
1995	9681839	199.47	14558	269.13
1996	1403557	440.86	22471	331.74
1997	1491620	841.39	14346	647.35
1998	1390107	770.54	23976	1515.69
1999	262057	699.36	64232	1962.38
2000	527216	867.07	87598	3535.33
2001	746630	1116.60	96122	2994.30
2002	1334537	480.04	134966	1856.47
2003	1294335	766.60	182340	2919.57
2004	549722	831.71	255504	1976.65
2005	2600991	2267.05	268006	2644.04
2006	10104734	2035.33	604302	1625.75
2007	11445606	3746.12	619532	1747.76
2008	9138530	5225.41	828381	1960.98
2009	10557452	5509.84	737265	1745.46
2010	21862763	6866.21	1240820	1526.23
2011	21382825	7149.85	1589988	2155.78
2012	17486985	8218.81	1424912	1213.55
2013	17415795	6850.58	1455794	1645.30
2014	14921810	6264.78	1481497	1527.43
2015	11191275	4440.19	1311268	1179.82
2016	12516547	4194.02	1810728	1030.74
2017	14055332	2146.46	2185951	752.01
2018	15911724	690.09	2551057	845.31
2019	28304413	261.20	3104156	623.88
2020	33261315	378.71	3047726	529.19
2021	47429122	743.10	4332065	517.55
2022	39696569	693.10	3953988	805.00
2023	51139868	634.42	5815593	415.67

4-12 全社会能耗水平
ENERGY CONSUMPTION LEVEL OF THE WHOLE SOCIETY

年份 Year	单位GDP能耗 Energy Consumption per Unit of GDP		单位工业增加值能耗 Energy Consumption per Unit of Value-added of Industry		单位GDP电耗 Electricity Consumption per Unit of GDP	
	指标值（吨标准煤/万元） Equivalent value (ton of SCE/10 000 yuan)	增长速度 Growth Rate (%)	指标值（吨标准煤/万元） Equivalent value (ton of SCE/10 000 yuan)	增长速度 Growth Rate (%)	指标值（千瓦时/万元） Equivalent value (kW·h/10 000 yuan)	增长速度 Growth Rate (%)
2005	0.593		0.598		889.10	
2006	0.576	-2.81	0.572	-3.04	844.10	-5.06
2007	0.560	-2.76	0.551	-3.76	848.80	0.54
2008	0.544	-2.90	0.530	-4.46	785.50	-7.46
2009	0.529	-2.76	0.511	-3.59	712.37	-9.33
2010	0.513	-2.94	0.492	-3.72	720.33	1.12
2011	0.472	-4.39		-24.02		-4.69
2012	0.451	-4.51		-12.68		-3.28
2013	0.428	-5.12		-9.49		-8.30
2014		-4.35		-8.45		-0.65
2015		-3.26		-11.07		-5.01
2016		-4.21		-4.98		-4.17
2017		-4.23		-0.75		-4.82
2018		-4.20		-11.24		-3.62
2019		-3.54		-3.89		-0.39
2020		-5.54		-6.29		-1.93
2021		1.00		2.10		5.20
2022		-5.80		-7.30		-5.90
2023		-0.70		-8.20		-0.80

注：1. 单位GDP能耗数据2005-2009年采用的GDP为2005年可比价，2010-2015年采用的是2010年可比价，2016-2020年采用的是2015年可比价，2021年及以后采用的是2020年可比价。
Notes: The data of Energy Consumption per Unit of GDP from 2005 to 2009 are calculated at 2005 constant prices of GDP,from 2010 to 2015 at 2010 constant prices of GDP,from2016 to 2020 at 2015 constant prices of GDP, from 2021 at 2020 constant prices of GDP.
2. 本表为当年节能考核确认数。
Date in the table is the confirmed figure of energy savin assessment in the current year.

4-13　主要能源按工业行业分组消费量（2023年）
CONSUMPTION OF ENERGY BY SECTOR（2023）

单位：吨　　　　(ton)

项 目	Item	原煤 Coal	原油 Crude Oil	汽油 Gasoline	煤油 Kerosene
全部规模以上工业企业	**Total Consumption**	**9433138.00**	**322801.32**	**27771.46**	**499.42**
一、按轻、重工业分	**Grouped by Light and Heavy Industry**	**9433138.00**	**322801.32**	**27771.46**	**499.42**
1．轻工业	Light Industry			6984.49	412.00
2．重工业	Heavy Industry	9433138.00	322801.32	20786.97	87.42
二、按工业行业大类分	**Grouped by Sector**	**9433138.00**	**322801.32**	**27771.46**	**499.42**
(一)采矿业	Mining and Quarrying		322801.32		
煤炭开采和洗选业	Mining and Washing of Coal				
石油和天然气开采业	Extraction of Petroleum and Natural Gas		284487.00		
黑色金属矿采选业	Mining and Processing of Ferrous Metal Ores				
有色金属矿采选业	Mining and Processing of Nonferrous Metal Ores				
非金属矿采选业	Mining and Processing of Nonmetal Ores				
开采专业及辅助性活动	Mining and Auxiliary Activities		38314.32		
其他采矿业	Mining and Processing of Other Ores				
(二)制造业	Manufacturing			27575.14	499.42
农副食品加工业	Processing of Food from Agricultural Products			121.12	
食品制造业	Manufacture of Foods			40.02	
酒、饮料和精制茶制造业	Manufacture of Wine, Beverages and Refined Tea			28.80	
烟草制品业	Manufacture of Tobacco			12.59	
纺织业	Manufacture of Textile			200.81	
纺织服装、服饰业	Manufacture of Textile Wearing Apparel,Footware and Caps			133.96	
皮革、毛皮、羽毛及其制品和制鞋业	Manufacture of Leather, Fur, Feather and Related Products			106.62	
木材加工和木、竹、藤、棕、草制品业	Processing of Timber, Manufacture of Wood, Bamboo, Rattan, Palm and Straw Products			81.22	
家具制造业	Manufacture of Furniture			317.02	
造纸和纸制品业	Manufacture of Paper and Paper Products			346.45	

注：本表使用《国民经济行业分类》（GB/T 4754-2017）。
Note: Data in this table are classified according to the Industry Classification for National Economic Activities(GB/T 4754-2017).

4-13 续表1 CONTINUED

单位：吨 (ton)

项 目	Item	原煤 Coal	原油 Crude Oil	汽油 Gasoline	煤油 Kerosene
印刷和记录媒介复制业	Printing and Record Medium Reproduction			980.23	
文教、工美、体育和娱乐用品制造业	Manufacture of Cultural, Educational and Sports Articles			945.07	
石油、煤炭及其他燃料加工业	Petroleum, Coal and Other Fuel Processing Industry				
化学原料和化学制品制造业	Manufacture of Raw Chemical Materials and Chemical Products			1036.58	412.00
医药制造业	Manufacture of Medicines			99.45	
化学纤维制造业	Manufacture of Chemical Fibers				
橡胶和塑料制品业	Manufacture of Rubber			1706.95	
非金属矿物制品业	Manufacture of Non-metallic Mineral Products			246.65	0.02
黑色金属冶炼和压延加工业	Smelting and Pressing of Ferrous Metals			62.52	11.50
有色金属冶炼和压延加工业	Smelting and Pressing of Nonferrous Metals			365.63	
金属制品业	Manufacture of Metal Products			1948.40	18.74
通用设备制造业	Manufacture of General-purpose Machinery			2063.89	38.11
专用设备制造业	Manufacture of Special-purpose Machinery			2458.34	
汽车制造业	Manufacture of Automobiles			1097.64	19.05
铁路、船舶、航空航天和其他运输设备制造业	Manufacture of Railways Ships Aerospace and Other Transport Equipment			179.47	
电气机械和器材制造业	Manufacture of Electrical Machinery and Apparatus			3670.48	
计算机、通信和其他电子设备制造业	Manufacture of Communication Equipment, Computers and Other Electronic Equipment			8036.27	
仪器仪表制造业	Manufacture of Measuring Instruments			981.11	
其他制造业	Other Manufacturing			284.13	
废弃资源综合利用业	Recycling and Disposal of Waste			7.27	
金属制品、机械和设备修理业	Manufacture of Metal Products,Machinery and Equipment Repair			16.45	
(三)电力、热力、燃气及水生产和供应业	Production and Supply of Electricity, Heat, Gas and Water	9433138.00		196.32	
电力、热力生产和供应业	Production and Supply of Electric Power and Heat Power	9433138.00			
燃气生产和供应业	Production and Supply of Gas				
水的生产和供应业	Production and Supply of Water			196.32	

4-13 续表2 CONTINUED

单位：吨 (ton)

项目	Item	柴油 Diesel Oil	燃料油 Fuel Oil	液化石油气 Liquefied Petroleum Gas	天然气（万立方米）Natural Gas (10 000 cu.m)	电力（万千瓦时）Electricity (10 000 kW·h)
全部规模以上工业企业	**Total Consumption**	**193275.09**	**0.64**	**3041.16**	**351340.35**	**3794005.52**
一、按轻、重工业分	**Grouped by Light and Heavy Industry**	**193275.09**	**0.64**	**3041.16**	**351340.35**	**3794005.52**
1．轻工业	Light Industry	7099.77		1504.95	10633.44	709790.92
2．重工业	Heavy Industry	186175.32	0.64	1536.21	340706.91	3084214.60
二、按工业行业大类分	**Grouped by Sector**	**193275.09**	**0.64**	**3041.16**	**351340.35**	**3794005.52**
(一)采矿业	Mining and Quarrying	102432.46			6956.00	1642.45
煤炭开采和洗选业	Mining and Washing of Coal					
石油和天然气开采业	Extraction of Petroleum and Natural Gas	87758.00			6956.00	1526.56
黑色金属矿采选业	Mining and Processing of Ferrous Metal Ores					
有色金属矿采选业	Mining and Processing of Nonferrous Metal Ores					
非金属矿采选业	Mining and Processing of Nonmetal Ores					
开采专业及辅助性活动	Mining and Auxiliary Activities	14674.46				115.89
其他采矿业	Mining and Processing of Other Ores					
(二)制造业	Manufacturing	87704.47	0.64	3041.16	18869.62	3123451.81
农副食品加工业	Processing of Food from Agricultural Products	355.12		72.20	691.92	17521.43
食品制造业	Manufacture of Foods	225.15		102.23	1016.50	14721.88
酒、饮料和精制茶制造业	Manufacture of Wine, Beverages and Refined Tea	3.16		83.13	1214.77	10947.07
烟草制品业	Manufacture of Tobacco				105.06	3715.21
纺织业	Manufacture of Textile	203.27		116.74	681.58	10976.90
纺织服装、服饰业	Manufacture of Textile Wearing Apparel,Footware and Caps	36.44		6.24	53.24	12697.57
皮革、毛皮、羽毛及其制品和制鞋业	Manufacture of Leather, Fur, Feather and Related Products	56.59			13.18	7593.54
木材加工和木、竹、藤、棕、草制品业	Processing of Timber, Manufacture of Wood, Bamboo, Rattan, Palm and Straw Products	182.57			12.08	902.02
家具制造业	Manufacture of Furniture	128.38			6.52	6945.46
造纸和纸制品业	Manufacture of Paper and Paper Products	1159.48		310.50	726.97	16948.04

4-13 续表3 CONTINUED

单位：吨　　　　(ton)

项 目	Item	柴 油 Diesel Oil	燃料油 Fuel Oil	液化石油气 Liquefied Petroleum Gas	天然气 （万立方米） Natural Gas (10 000 cu.m)	电 力 （万千瓦时） Electricity (10 000 kW·h)
印刷和记录媒介复制业	Printing and Record Medium Reproduction	905.03			162.15	53467.82
文教、工美、体育和娱乐用品制造业	Manufacture of Cultural, Educational and Sports Articles	248.18		147.15	256.84	33925.82
石油、煤炭及其他燃料加工业	Petroleum, Coal and Other Fuel Processing Industry	8.10				73.54
化学原料和化学制品制造业	Manufacture of Raw Chemical Materials and Chemical Products	2406.38		1.40	126.22	58688.95
医药制造业	Manufacture of Medicines	99.21			1546.80	38731.49
化学纤维制造业	Manufacture of Chemical Fibers					1.00
橡胶和塑料制品业	Manufacture of Rubber	2710.70		474.38	1113.35	222073.81
非金属矿物制品业	Manufacture of Non-metallic Mineral Products	58824.25		39.47	1070.44	81208.78
黑色金属冶炼和压延加工业	Smelting and Pressing of Ferrous Metals	95.28			855.00	5657.08
有色金属冶炼和压延加工业	Smelting and Pressing of Nonferrous Metals	373.27		2.96	862.33	18925.73
金属制品业	Manufacture of Metal Products	2571.33		1002.87	1052.44	166710.75
通用设备制造业	Manufacture of General-purpose Machinery	1426.50		381.48	104.65	85677.57
专用设备制造业	Manufacture of Special-purpose Machinery	899.26		35.81	121.23	158168.19
汽车制造业	Manufacture of Automobiles	106.18		6.31	752.70	98867.73
铁路、船舶、航空航天和其他运输设备制造业	Manufacture of Railways Ships Aerospace and Other Transport Equipment	5467.64		143.98	704.09	24008.82
电气机械和器材制造业	Manufacture of Electrical Machinery and Apparatus	2631.14	0.64	88.24	2184.20	306816.88
计算机、通信和其他电子设备制造业	Manufacture of Communication Equipment, Computers and Other Electronic Equipment	3181.49		26.07	2949.51	1595975.83
仪器仪表制造业	Manufacture of Measuring Instruments	71.71			215.08	42083.82
其他制造业	Other Manufacturing	91.01			270.78	22998.20
废弃资源综合利用业	Recycling and Disposal of Waste	2749.17				5054.13
金属制品、机械和设备修理业	Manufacture of Metal Products,Machinery and Equipment Repair	488.48				1366.75
(三)电力、热力、燃气及水生产和供应业	Production and Supply of Electricity, Heat, Gas and Water	3138.16			325514.73	668911.26
电力、热力生产和供应业	Production and Supply of Electric Power and Heat Power	2683.68			322500.23	495812.88
燃气生产和供应业	Production and Supply of Gas	353.47			3014.49	19582.68
水的生产和供应业	Production and Supply of Water	101.01				153515.70

4-14 综合能源平衡表（2016-2023年）
OVERALL ENERGY BALANCE SHEET（2016-2023）

单位：万吨标准煤 (10 000 tons of SCE)

项 目	Item	2016	2017	2018	2019	2020	2021	2022	2023
可供本地区消费的能源量	**Total Energy Available for Consumption by Locality**	**4080.91**	**4272.64**	**4404.73**	**4534.14**	**4413.70**	**4756.67**	**4629.87**	**4875.25**
年初库存量	Stock at the Year-beginning	183.55	148.19	133.80	129.26	112.95	148.28	128.72	103.76
一次能源生产量	Primary Energy Output	2999.29	2919.57	2725.43	2928.57	3101.99	3225.12	3538.27	3718.62
外省调入量	Allocation from Other Provinces	3575.25	3728.24	3931.60	3950.64	3884.17	4180.97	2610.32	2754.72
进口量	Imports	350.08	426.57	513.23	482.13	459.46	511.48	480.56	494.00
境内轮船和飞机在境外加油量	Petroleum Consumed by Chinese Airplanes and Ships Abroad	12.01	15.12	37.64	62.02	56.42	54.15	47.98	53.87
本省调出量(-)	Allocation over Other Provinces (-)	-2829.85	-2785.17	-2764.63	-2843.35	-3004.16	-3189.36	-2020.48	-2130.03
出口量(-)	Exports(-)	-35.91	-29.16	-28.42	-22.46	-19.30	-15.52	-14.44	-14.44
境外轮船和飞机在境内加油量(-)	Petroleum Consumed by Foreign Airplanes and Ships in China(-)	-24.80	-15.05	-14.95	-39.91	-29.07	-29.47	-37.30	-37.30
年末库存量(-)	Stock at Year-end(-)	148.72	-135.67	-128.98	-112.77	-148.76	-128.98	-103.76	-67.95
加工转换投入(-)产出(+)量	**Input Output in Processing and Transformation**	**-0.18**	**-0.22**	**-0.13**	**-0.14**	**-0.08**	**-0.04**	**-0.10**	**-0.11**
火力发电	Thermal Power								
供热	Heating	-0.18	-0.22	-0.13	-0.14	-0.08	-0.04	-0.10	-0.11
洗选煤	Coal Washing								
炼焦	Coking								
炼油	Petroleum Refining								
制气	Gas Production								
回收能	Recovery of Energy								

4-14 续表 CONTINUED

单位：万吨标准煤 (10 000 tons of SCE)

项 目	Item	2016	2017	2018	2019	2020	2021	2022	2023
损失量	**Losses**	**84.29**	**99.70**	**95.75**	**84.15**	**70.43**	**70.01**	**101.52**	**112.15**
#运输和输配损失	Losses in Transmission	84.29	99.70	95.75	84.15	70.43	70.01	101.52	112.15
终端消费量	**End-use**	**3996.43**	**4172.72**	**4308.85**	**4449.85**	**4343.19**	**4686.63**	**4528.25**	**4762.98**
第一产业	Primary Industry	15.08	8.11	12.11	14.73	11.38	14.82	15.65	15.91
农、林、牧、渔业	Farming,Forestry,Animal Husbandry and Fishery	15.08	8.11	12.11	14.73	11.38	14.82	15.65	15.91
第二产业	Secondary Industry	1632.88	1603.45	1522.51	1684.01	1580.66	1656.95	1685.78	1541.75
工业	Industry	1580.90	1567.96	1493.02	1644.88	1531.76	1596.08	1597.50	1441.64
#用作原材料、燃料	As Raw Materials and Fuel	0.94	0.23	0.98	0.81	119.59	0.56	0.00	0.62
建筑业	Construction	51.99	35.50	29.49	39.13	48.91	60.87	88.28	100.11
第三产业	Tertiary Industry	1662.84	1817.08	2008.86	1927.54	1905.88	2110.08	1892.98	2200.05
交通运输仓储及邮电通信业	Transport,Storage,Postal and Telecommunication Services	808.80	881.62	960.72	928.19	806.06	864.02	829.69	917.88
批发和零售贸易业、餐饮业	Wholesale and Retail Trade and Catering	456.94	468.50	546.63	452.77	461.92	513.10	448.13	507.05
其他	Services Others	397.10	466.96	501.52	546.57	637.90	732.96	615.17	775.12
生活消费	Residential Consumption	685.63	744.09	765.37	823.57	845.27	904.78	933.84	1005.27
城镇	Urban Areas	685.63	742.80	765.37	823.57	845.27	904.78	933.84	1005.27
乡村	Rural Areas		1.29						
消费量合计	**Total Energy Consumption**	**4080.91**	**4272.64**	**4404.73**	**4534.14**	**4413.70**	**4756.67**	**4629.87**	**4875.25**

4-15 各区单位GDP能耗增长速度（2013-2023年）

GROWTH RATE OF ENERGY CONSUMPTION PER UNIT OF GDP BY DISTRICT（2013-2023）

单位：%　　　　　　　　　　　　　　　　　　　　　　　　　　　　　　　　　　　　　　(%)

地　区	Region	2013	2014	2015	2016	2017	2018	2019	2020	2021	2022	2023
全　市	**Total**	**-5.12**	**-4.35**	**-3.26**	**-4.21**	**-4.23**	**-4.20**	**-3.54**	**-5.54**	**1.00**	**-5.80**	**-0.70**
福田区	Futian	-4.24	-3.54	-2.50	-3.73	-3.80	-3.73	-4.21	-4.23	0.96	-5.56	-4.67
罗湖区	Luohu	-3.81	-3.30	-2.49	-3.73	-3.80	-3.73	-4.63	-4.21	-0.70	-5.87	-1.68
盐田区	Yantian	-5.27	-4.51	-3.47	-4.37	-4.48	-4.32	-4.50	-5.65	-2.02	-3.36	0.00
南山区	Nanshan	-5.27	-4.51	-3.42	-4.37	-4.48	-4.32	-2.36	-6.54	0.41	-5.82	-3.43
宝安区	Baoan	-6.02	-5.10	-3.83	-4.45	-4.45	-4.32	-4.94	-5.23	-1.50	-11.35	1.94
龙岗区	Longgang	-5.71	-4.81	-3.88	-4.45	-4.40	-4.32	-3.21	-6.63	5.95	-5.63	3.10
龙华区	Longhua	-4.97	-4.30	-3.23	-4.44	-4.40	-4.32	-3.65	-5.90	1.73	-3.52	3.73
坪山区	Pingshan	-5.09	-4.38	-3.35	-4.20	-4.30	-4.20	-5.94	-5.35	3.26	-5.41	-9.75
光明区	Guangming	-5.19	-4.39	-3.21	-4.20	-4.30	-4.20	-3.15	-5.80	-2.89	-4.28	-6.70
大鹏新区	Dapeng	-5.08	-4.32	-3.15	-4.32	-4.40	-4.32	-4.01	-5.80	-3.11	-4.03	-1.72
深汕特别合作区	Shenzhen-Shanwei Special Cooperation Zone					-8.32	-2.33	25.20	7.36	-1.93	-9.77	-18.77

注：　2012年宝安区数据含龙华新区，龙岗区数据含大鹏新区。

Note：The data of Longhua are included in Baoan;The data of Dapeng are included in Longgang in 2012.

4-16 规模以上工业能源加工转换效率

EFFICIENCY OF ENERGY CONVERSION OF INDUSTRIAL ENTERPRISES ABOVE DESIGNATED SIZE

单位：% (%)

年 份 Year	火力发电 Thermal Power Generation	供热 Heating
2005	40.23	
2006	40.16	
2007	39.74	
2008	40.26	
2009	41.78	
2010	43.54	
2011	43.26	69.18
2012	42.54	70.22
2013	41.53	
2014	42.18	
2015	42.30	69.53
2016	43.10	63.90
2017	43.50	68.00
2018	42.60	59.40
2019	41.30	71.40
2020	42.50	77.30
2021	42.30	91.20
2022	42.83	90.62
2023	43.91	96.24

4-17 能源消费弹性系数
ELASTICITY RATIO OF ENERGY CONSUMPTION

年 份 Year	能源消费 比上年增长 (%) Growth Rate of Energy Consumption over Preceding Year (%)	电力消费 比上年增长 (%) Growth Rate of Electricity Consumption over Preceding Year (%)	地区生产总值 比上年增长 (%) Growth Rate of Gross Domestic Product(GDP) over Preceding Year (%)	能源消费弹性系数 Elasticity Ratio of Energy Consumption	电力消费弹性系数 Elasticity Ratio of Electricity Consumption
2005	9.8	12.8	15.3	0.64	0.84
2006	13.3	10.7	16.7	0.80	0.64
2007	11.6	16.5	14.8	0.79	1.12
2008	8.8	2.8	12.3	0.72	0.23
2009	7.8	0.3	11.5	0.68	0.03
2010	9.1	13.3	12.3	0.74	1.08
2011	4.5	4.9	10.1	0.45	0.49
2012	2.7	3.7	10.2	0.26	0.37
2013	2.5	1.1	10.6	0.24	0.10
2014	3.3	8.1	8.9	0.37	0.91
2015	5.3	2.3	9.0	0.59	0.26
2016	4.4	4.4	9.3	0.47	0.47
2017	4.2	3.6	8.8	0.48	0.40
2018	3.1	3.7	7.7	0.40	0.48
2019	2.9	6.3	6.7	0.43	0.94
2020	-2.7	1.1	3.1	-0.87	0.35
2021	7.8	12.2	7.0	1.11	1.74
2022	-2.7	-2.8	3.4	-0.79	-0.82
2023	5.3	5.1	6.0	0.88	0.85

主要统计指标解释

工业 指从事自然资源的开采，对采掘品和农产品进行加工和再加工的物质生产部门。具体包括：(1)对自然资源的开采，如采矿、晒盐、森林采伐等(但不包括禽兽捕猎和水产捕捞)；(2)对农副产品的加工、再加工，如粮油加工、食品加工、轧花、缫丝、纺织、制革等；(3)对采掘品的加工、再加工，如炼铁、炼钢、化工生产、石油加工、机器制造、木材加工等，以及电力、自来水、煤气的生产和供应等；(4)对工业品的修理、翻新，如机器设备的修理、交通运输工具(包括小卧车)的修理等。

1984年以前农村的村及村以下办工业归属农业，1984年以后划归工业。

工业总产值 是以货币表现的工业企业在一定时期内生产的已出售或可供出售工业产品总量，它反映一定时间内工业生产的总规模和总水平。它包括：在本企业内不再进行加工，经检验、包装入库(规定不需包装的产品除外)的成品价值，对外加工费收入，自制半成品、在产品期末期初差额价值。工业总产值采用“工厂法”计算，即以工业企业作为一个整体，按企业工业生产活动的最终成果来计算，企业内部不允许重复计算，不能把企业内部各个车间(分厂)生产的成果相加。但在企业之间、行业之间、地区之间存在着重复计算。

轻重工业总产值的划分也是按“工厂法”计算的，即一个工业企业在正常情况下生产的主要产品的性质属于轻工业，则该企业的全部总产值作为轻工业总产值；一个工业企业生产的主要产品的性质属于重工业，则该企业的全部总产值作为重工业总产值。

资产总计 指企业拥有或控制的能以货币计量的经济资源，包括各种财产、债权和其他权利。资产按其流动性(即资产的变现能力和支付能力)划分为：流动资产、长期投资、固定资产、无形资产、递延资产和其他资产。

负债合计 指企业所承担的能以货币计量，将以资产或劳务偿付的债务，偿还形式包括货币、资产或提供劳务。负债一般按偿还期长短分为流动负债和长期负债。

主营业务收入 是企业销售产品的销售收入和提供劳务等经营业务取得的业务收入。

主营业务成本 是指企业销售产品和提供劳务等主要经济业务的实际成本。

管理费用 指企业为组织和管理企业生产经营所发生的管理费用，包括企业的董事会和行政管理部门在 企业经营管理中发生的，或者应当由企业统一负担的各项管理费用。包括行政管理部门职工工资、福利费、差旅费、办公费、会议费、印刷费、水电费、社保费、招待费、技术转让费等。

财务费用 指企业为筹集生产经营所需资金而发生的费用，包括企业生产经营期间发生的利息支出(减利息收入)、汇兑损失(减汇兑收益)以及相关的手续费等。

利润总额 指企业在生产经营过程中各种收入扣除各种耗费后的盈余，反映企业在报告期内实现的亏盈总额，包括营业利润、补贴收入、投资净收益和营业外收支净额。

成本费用利润率 是指工业企业投入生产成本及费用的经济效益，同时也反映企业降低成本所取得的经济效益。计算公式为：

$$成本费用利润率(\%) = \frac{利润总额}{成本费用总额} \times 100\%$$

成本费用总额为主营业务成本和营业费用、管理费用、财务费用三项期间费用。

流动资产周转率 是指一定时期内流动资产完成的周转次数，反映投入工业企业流动资金的周转速度，一般以一年时间内周转多少次表示。计算公式为：

$$\text{流动资产周转率（次）}=\frac{\text{主营业务收入}}{\text{流动资产平均余额}}$$

全员劳动生产率 是指反映企业的生产效率和劳动投入的经济效益。一般用平均每人一年创造的工业增加值表示。计算公式为：

$$\text{全员劳动生产率（元/人）}=\frac{\text{工业增加值}}{\text{全部职工平均人数}}\times 100\%$$

全部职工平均人数为企业在报告期内全部从业人员的平均人数，计算公式为：

$$\text{全部从业人员年平均人数}=\frac{\text{1至12月全部从业人员平均人数之和}}{12}$$

或：

$$\text{全部从业人员年平均人数}=\frac{\text{1至12月各月月初、月末全部从业人员之和}}{24}$$

资产负债率 是指反映企业经营风险的大小，反映企业利用债权人提供的资金从事经营活动的能力。计算公式为：

$$\text{资产负债率（\%）}=\frac{\text{负债总计}}{\text{资产总计}}\times 100\%$$

资产及负债均为报告期末数。

总资产贡献率 是指企业一定时期内全部资产获利能力，是企业经营业绩和管理水平的集中体现，是评价和考核企业盈利能力的核心指标。计算公式为：

$$\text{总资产贡献率（\%）}=\frac{\text{利润总额}+\text{税金}+\text{利息支出}}{\text{平均资产总额}}\times 100\%$$

税金总额为产品销售税金及附加与应交增值税之和，平均资产总额为期初、期末资产总计的算术平均值。

单位国内生产总值能耗 指一定时期内，一个国家或地区每生产一个单位的国内生产总值所消耗的能源。计算公式为：

$$\text{单位国内生产总值能耗}=\frac{\text{能源消费总量}}{\text{国内生产总值}}$$

单位国内生产总值电耗 指一定时期内，一个国家或地区每生产一个单位的国内生产总值所消耗的电力。计算公式为：

$$\text{单位国内生产总值电耗}=\frac{\text{全社会用电量}}{\text{国内生产总值}}$$

单位工业增加值能耗 指一定时期内，一个国家或地区每生产一个单位的工业增加值所消耗的能源。计算公式为：

$$\text{单位工业增加值能耗}=\frac{\text{工业能源消费量}}{\text{工业增加值}}$$

能源消费总量 指一定时期内全国（地区）生产和生活消费的各种能源的总和，是观察能源消费水平、构成和增长速度的总量指标，能源消费总量包括原煤和原油及其制品、天然气、电力。不包括低热值燃料、生物质能和太阳能等的利用。能源消费总量分为三部分，即终端能源消费量、能源加工转换损失量和损失量。

(1) 终端能源消费量 指一定时期内全国（地区）生产和生活消费的各种能源在扣除了用于加工转换二次能源消费量和损失量以后的数量。

(2) 能源加工转换损失量 指一定时期内全国（地区）投入加工转换的各种能源数量之和与产出各种能源产品之和的差额。它是观察能源在加工转换过程中损失量变化的指标。

(3) 能源损失量 指一定时期内能源在输送、分配、储存过程中发生的损失和由客观原因造成的各种损失量。不包括各种气体能源放空、放散量。

能源消费弹性系数 是反映能源消费增长速度与国民经济增长速度之间比例关系的指标。计算公式：

$$能源消费弹性系数=\frac{能源消费增长速度}{国民经济增长速度}$$

电力消费弹性系数 是反映电力消费增长速度与国民经济增长速度之间比例关系的指标。计算公式：

$$电力消费弹性系数=\frac{电力消费量增长速度}{国民经济增长速度}$$

能源加工转换效率 指一定时期内能源经过加工、转换后，产出的各种能源产品的数量与同期内投入加工转换的各种能源数量的比率。它是观察能源加工转换装置和生产工艺先进与落后、管理水平高低等的重要指标。计算公式：

$$能源加工转换效率=\frac{能源加工、转换产出量}{能源加工、转换投入量}\times 100\%$$

Explanatory Notes on Main Statistical Indicators

Industry refers to the material production sector which is engaged in extraction of natural resources and processing and reprocessing of minerals and agricultural products, including (1) extraction of natural resources, such as mining, salt production, and logging (but excluding hunting and fishing); (2) processing and reprocessing of farm and sideline produces, such as rice husking, flour milling, wine making, oil pressing, cotton ginning, silk reeling, spinning and weaving, and leather making; (3) manufacture of industrial products, such as steel making, iron smelting, chemicals manufacturing, petroleum processing, machine building, timber processing; and production and supply of electricity, water and gas; (4) repair and renovation of industrial products, such as the repair of machinery and means of transport(including cars).

Prior to 1984, industrial enterprises run by villages and cooperative organizations under village were classified into agriculture. Since 1984, these enterprises have been grouped into industry.

Gross Industrial Output Value refers to the total volume of industrial products sold or available for sale in monetary terms during a given period, which reflects the total achievements and overall scale of industrial production during a given period. It includes the value of the finished products in the enterprises, which are not to be further processed and have been inspected, packed and put in storage (where applicable), the income from external processing and the value gain of semi-finished products at the end of the reference period over the beginning. The gross industrial output value is calculated by the factory approach, i.e. the whole industrial enterprise is regarded as the basic accounting unit in calculating the gross industrial output value. No double calculations are to be made within the same enterprise and the output value of different workshops (branch factories) should not be added. However, this approach does not exclude the possibility of double calculations between enterprises, sectors and regions. Output value of light and heavy industries is also classified by the factory approach. Under normal conditions, if the major products of an industrial enterprise belong to light industry products, the gross output value of that enterprise is classified wholly into light industry; the same principle applies to heavy industry.

Output value of light and heavy industries is also classified by the factory approach.Under normal conditions,if the major products of an industrial enterprise belong to light industry products,the gross output value of that enterprise is classified wholly into light industry;the same principle applies to heavy industry.

Total Assets refer to all economic resources, in monetary terms that is owned or controlled by enterprises including properties, creditors' equity and other economic rights of all forms. Classified by the degree of equitability,total assets include circulating assets, long-term investment, fixed assets, intangible assets and deferred assets, and other assets.

Total Liabilities refer to payable liabilities of enterprises that have to be repaid in terms of money, assets or labor services. In terms of payment, it can be classified as liquid liabilities, long-term liabilities and deferred taxes,etc.

Prime Operating Revenue refers to the revenue from the principal business, including the sales of products and from rendering of industrial services by industrial enterprises.

Prime Operating Cost refers to the actual cost of products sold and industrial services provided by industrial enterprises.

Management Cost refers to the costs of organizing and managing enterprise operation, including the operational cost of the board of directors and the executive body in management that shall be borne by the enterprise. Management costs include staff wages, welfare, the costs of administration, meeting, printing, water and electricity, social security, reception, technology transfer, etc.

Financial Cost refers to the cost from raising fund for production and operation, including expenditure of interests, loss of momentary exchange and related charges.

Total Profits refer to the profits gained by the enterprises.

Ratio of Profits to Industrial Costs refers to the ratio of profits realized in a given period to the total production costs of industrial enterprises in the same period, which also reflects the economic benefit attained by the enterprises from reduced costs. This ratio is calculated as follows:

$$\text{Ratio of Profits to Industrial Costs}(\%) = \left(\frac{\text{Total Profits}}{\text{Total Costs}}\right) \times 100\%$$

where Total costs are the sum of cost of products sold, marketing cost, management cost and financial cost.

Turnover of Current Assets refers to the number of times in which turnover of circulating funds is completed in a given period of time,which reflects the speed of the turnover of circulating funds. It is expressed as times of turnover within a year and is calculated as follows:

$$\text{Turnover of Current Assets} = \left(\frac{\text{Sales Revenue of Products}}{\text{Average Balance of Current Assets}}\right) \times 100\%$$

Value-added Labor Productivity reflects the production efficiency of the enterprise and economic benefit of its labor input. It is usually expressed as the industrial value-added created by an average member of an industrial enterprise in a year. The formula used is:

$$\begin{matrix}\text{Value} - \text{added Labor Productivity} \\ \text{(yuan/person)}\end{matrix} = \left(\frac{\text{Value} - \text{added of Industry}}{\text{Average Number of Staff and Workers}}\right) \times 100\%$$

Average Number of Staff and Workers refers to the average number of all employed persons by an industrial enterprise within the reference period. The formula used is:

$$\text{Average Number of Staff and Workers} = \frac{\text{Sum of Average Monthly Numbers from January to December}}{12}$$

Or

$$\begin{matrix}\text{Average Number of} \\ \text{staff and Workers}\end{matrix} = \frac{\text{Sum of Average Numbers at the Beginning and End of Each Month feom January to December}}{24}$$

Assets-Liability Ratio reflects both the operation risk and the capability of the enterprise in making use of the capital from the creditors. It is calculated as follows: where both assets and debts are figures at the end of the reference period.

$$\text{Assets} - \text{Liability Ratio}(\%) = \left(\frac{\text{Total Debts}}{\text{Total Assets}}\right) \times 100\%$$

Ratio of Total Assets to Industrial Output Value refers to the profit-making capability of all assets of the enterprise. As a core indicator for the evaluation and assessment of the profit-making potential of the enterprise, it is a focused reflection of the performance and management efficiency of the enterprise. This ratio is calculated as follows: where Total Taxes are the sum of tax and extra charges on the sales of products and value-added tax payable; and Average Assets are the arithmetic mean of beginning assets and ending assets.

$$\begin{matrix}\text{Ratio of Total Assets to} \\ \text{Industrial Ouput Yalue}\end{matrix} = \left(\frac{\text{Total Profits} + \text{Total Taxes} + \text{Interst Expenditure}}{\text{Average Assets}}\right) \times 100\%$$

Energy Consumption per Unit of GDP refers to the energy consumption per unit of Gross Domestic Product in a country or the Gross Regional Product in a region in the same reference period. The formula is:

$$\text{Energy Consumption per Unit of GDP} = \frac{\text{Total Energy Consumption}}{\text{Cross Domestic Product}}$$

Electricity Consumption per Unit of GDP refers to the electricity consumption per unit of Gross Domestic Product in a country or the Gross Regional Product in a region in the same reference period. The formula is:

$$\text{Electricity Consumption per Unit of GDP} = \frac{\text{Total Electricity Consumption}}{\text{Cross Domestic Product}}$$

Energy Consumption per Unit of Industrial Value-added refers to the energy consumption per unit of industrial value-added in a country or region in the same reference period. The formula is:

$$\text{Energy Consumption per Unit of Industrial Value-added} = \frac{\text{Total Energy Consumption}}{\text{Industrial Value-added}}$$

Total Domestic Energy Consumption refers to the total consumption of energy of various kinds by production sectors and households in the country (region) in a given period of time. It is a comprehensive indicator of the scale, composition and development speed of energy consumption. The total energy consumption includes that of coal, crude oil and their products, natural gas and electricity, but excludes the consumption of fuel of low calorific value, bioenergy and solar energy. Total domestic energy consumption can be divided into three parts:

(1) Final Energy Consumption: This refers to the total energy consumption by production sectors and households in the country (region) in a given period of time, excluding primary energy consumption and loss in the process of conversion into secondary energy.

(2) Loss During the Process of Energy Conversion: This refers to the total input of various kinds of energy for conversion minus the total output of various kinds of energy in the country (region) in a given period of time. It is an indicator of the loss that occurs during the process of energy conversion.

(3) Loss: This refers to the total loss of energy during the course of energy transmission, distribution and storage and the loss caused by any objective reason in a given period of time, excluding the loss of various kinds of gas due to gas discharges and stocktaking.

Elasticity Ratio of Energy Consumption is an indicator of the relationship between the growth rate of energy consumption and the growth rate of the national economy. The formula is:

$$\text{Elasticity Ratio of Energy Consumption} = \frac{\text{Growth Rate of Energy Consumption}}{\text{Growth Rate of National Economy}}$$

Elasticity Ratio of Electricity Consumption is an indicator of the relationship between the growth rate of electricity consumption and the growth rate of the national economy. The formula is:

$$\text{Elasticity Ratio of Electricity Consumption} = \frac{\text{Growth Rate of Electricity Consumption}}{\text{Growth Rate of National Economy}}$$

Efficiency of Energy Processing and Conversion refers to the ratio of the total output of energy products of various kinds after processing and conversion to the total input of energy of various kinds for processing and conversion in the same reference period. It is an important indicator of the current conditions of energy processing and conversion equipment, production technique and management. The formula is:

$$\text{Efficiency of Energy Processing \& Conversion} = \frac{\text{Output of Energy after Processing \& Conversion}}{\text{input of Energy for Processing \& Conversion}} \times 100\%$$

05 第五部分 建筑业

CONSTRUCTION

CHAPTER

5-1 建筑企业主要经济指标（2018-2023年）

MAIN ECONOMIC INDICATORS ON CONSTRUCTION ENTERPRISES（2018-2023）

指　标	Indicators	2018	2019	2020	2021	2022	2023
建筑业企业个数（个）	Number of Construction Enterprises(unit)	1041	1256	1390	1509	1816	2066
建筑业总产值（亿元）	Gross Output Value of Construction (100 million yuan)	3471.02	4361.44	4777.69	5420.68	6244.75	7113.35
房屋建筑施工面积（万平方米）	Floor Space of Buildings Under Construction (10 000 sq.m)	10782.00	15901.54	17192.66	22531.68	27515.32	37915.31
年末从业人员（万人）	Number of Year-end Employed Persons (10 000 persons)	67.79	79.93	87.60	99.54	121.07	98.35
自有机械净值（亿元）	Net value of Machinery and Equipment Owned (100 million yuan)	41.76	64.91	31.49	77.64	50.87	33.81
自有机械设备台数（万台）	Number of Machinery and Equipment Owned (10 000 sets)	2.18	2.29	2.90	4.36	4.68	2.65
自有机械设备总功率（万千瓦）	Total Power of Machine and Equipment Owned (10 000 kW)	102.59	130.49	121.63	191.07	156.80	103.62
资产合计（亿元）	Total Assets(100 million yuan)	5131.89	6321.58	7901.56	8493.11	9797.19	10611.88
固定资产原价（亿元）	Original Value of Fixed Assets(100 million yuan)	241.80	235.06	283.94	286.78	323.98	373.84
本年固定资产折旧（亿元）	Depreciation of Fixed Assets in the year (100 million yuan)	14.44	15.72	18.14	17.92	27.23	25.95
本年应付职工薪酬（亿元）	Total Wages in the Year(100 million yuan)	578.66	604.15	695.81	666.80	714.62	796.61
税金及附加（亿元）	Taxes and Extra Charges on Project Settle Accounts(100 million yuan)	18.72	16.99	18.43	22.49	19.78	16.52
应交增值税（亿元）	Income Taxes Payable(100 million yuan)	69.97	87.82	80.45	91.84	118.11	122.71
营业利润（亿元）	Operating Profit(100 million yuan)	119.01	150.45	121.76	45.62	51.64	113.26
利润总额（亿元）	Total Profits(100 million yuan)	121.04	154.69	123.95	50.69	57.61	102.34

5-2 建筑业企业生产情况（2019-2023年）

PRODUCTION SITUATIONS OF CONSTRUCTION ENTERPRISE（2019-2023）

指 标	Indicators	2019	2020	2021	2022	2023
企业个数（个）	Number of Enterprises(unit)	1256	1390	1509	1816	2066
签订的合同额(万元)	Contractual Value(10 000 yuan)	116853342	128281083	166597626	213290142	242967664
建筑业总产值(万元)	Gross Output Value of Construction (10 000 yuan)	43614387	47776925	54206805	62447500	71133472
竣工产值(万元)	Output Value of buildings Completed (10 000 yuan)	12687608	12251151	15587293	20605202	18014655
房屋建筑施工面积（万平方米）	Floor Space of Buildings Under Construction(10 000 sq.m)	15901.54	17192.66	22531.68	27515.32	37915.31
#本年新开工面积	Floor Space of Newly-started Buildings in this Year	5230	5775	5545	8939	11067
自有施工机械设备年末净值(万元)	Net value of Machinery and Equipment Owned(10 000 yuan)	649096	314873	776396	508654	338104
自有施工机械设备年末总台数（台）	Number of Machinery and Equipment (year-end)(unit)	22903	28986	43596	46829	26495
自有施工机械设备年末总功率（万千瓦）	Total Power of Machinery and Equipme (10 000 kW)	130.49	121.63	191.07	156.80	103.62

5-3 建筑业企业财务状况(2019-2023年)
FINANCIAL SITUATIONS OF CONSTRUCTION ENTERPRISE(2019-2023)

单位：万元 (10 000 yuan)

指 标	Indicators	2019	2020	2021	2022	2023
年末资产负债	**Asset and Liabilities at Year-end**					
流动资产	Current Assets	53483041	68731426	71776564	82701995	89959171
#存货	Inventory	5588748	5828481	6041963	5968689	6682016
固定资产原价	Original Value of Fixed Assets	2350584	2839447	2867776	3239751	3738368
累计折旧	Accumulative Total Depreciation	1094454	1229792	1274820	1502235	1673388
#本年折旧	Depreciation Within the Year	157159	181398	179227	272338	259492
在建工程	Project under Construction	403952	390887	301905	372471	402266
资产合计	Total Assets	63215821	79015648	84931068	97971870	106118789
流动负债	Liquid Liabilities	41132150	54546680	57454423	68741444	72463870
非流动负债	Non-Liquid Liabilities	3181115	4988860	5640014	5593713	5947304
负债合计	Total Liabilities	45161902	60006016	64093757	76244663	82395493
所有者权益	Creditors'Equity	18053918	19009631	20837312	21728792	23717783
损益及分配	**Expenditure,Income and Distribution**					
营业收入	Revenue of Project Settlement Accounts	45308647	51569059	59715800	68256791	74130393
营业成本	Costs of Project Settlement Accounts	40857936	47189053	55069505	63233578	68390699
税金及附加	Taxes and Extra Charges on Project Settle Accounts	169870	184336	224862	197809	165223
营业利润	Operating Surplus	1504490	1217639	456170	516407	1132648
利润总额	Total Profits	1546952	1239506	506876	576135	1023418
应交增值税	Income Taxes Payable	878245	804460	918438	1181105	1227084

主要统计指标解释

建筑业总产值 是以货币表现的建筑业企业在一定时期内生产的建筑业产品和服务的总和。建筑业总产值包括三部分内容：

(1)建筑工程产值：指列入建筑工程预算内的各种工程价值。

(2)设备安装工程产值：指设备安装工程价值，但不包括设备本身的价值。

(3)其他产值：建筑业总产值中除建筑工程、安装工程以外的产值。包括房屋构筑物修理产值、非标准设备制造产值、总包企业向分包企业收取的管理费以及不能明确划分的施工活动所完成的产值。

①房屋构筑物修理产值：指房屋和构筑物的修理所完成的价值，但不包括被修理房屋构筑物的本身价值和生产设备的修理价值。

②非标准设备制造产值：指加工制造没有定型的非标准生产设备的加工费和原材料价值以及附属加工厂为本企业承建工程制作的非标准设备的价值。

房屋施工面积 指在报告期内施工的全部房屋建筑面积，它包括本期新开工的房屋面积、上期跨入 本期继续施工的房屋面积、上期停缓建在本期恢复施工的房屋面积、本期竣工的房屋 面积以及本期施工后又停缓建的房屋面积。

工程结算税金及附加 指因从事建筑业生产活动，取得工程价款结算收入而按规定应该交纳的营业税、城市维护建设税等以及随同营业税金一并计算交纳的教育费附加等。

利润总额 指企业在生产经营过程中各种收入扣除各种耗费后的盈余，反映企业在报告期内实现的亏盈总额，包括营业利润、补贴收入、投资净收益和营业外收支净额。

Explanatory Notes on Main Statistical Indicators

Gross Output Value of Construction refers to the sum in monetary terms of construction products and services completed by construction enterprises during a given period of time. It includes:

(1) Output value of construction projects, which is the value of various projects covered by the project budgets;

(2) Output value of equipment installation projects refers to the value of the installation of equipment. It does not include the value of the equipment itself.

(3) Other output values, which are output values other than output value of construction projects and output value of installation projects, including output value of house and building repair, output value of non-standard equipment manufacture, management expenses received by overall contractor enterprises from subcontractor enterprises and output value completed in unclassified construction activities.

① Output value of house and building repair is the value created through the repairs of houses and buildings,excluding the value of houses or buildings being repaired and the value of the repair of production equipment.

② Output value of non-standard equipment manufacture is the value of non-standard production equipment with unique specifications (including raw materials and manufacturing costs) , and equipment manufactured by subsidiary workshops for construction projects contracted by construction enterprises.

Floor Space of Buildings under Construction refers to the floor space of buildings under construction during the reference period, including newly started buildings, buildings started earlier and continued into the reference period, buildings suspended in preceding periods but resumed during the reference period, buildings completed during the reference period, and buildings started and then suspended during the reference period.

Taxes and Extra Charges on Project Settlement Accounts refer to business tax, city maintenance and construction tax and extra charges for education calculated and paid with business tax, which should be borne by the enterprises obtaining project settlement incomes from the production activities of construction.

Total Profits refer to the surplus of various incomes in the production and operation of the enterprises after deducting all expenses. This reflects the total profits or losses realized by the enterprises in the reference period, including profits from operation, income from subsidies, net investment earnings and net income from activities other than operations.

06 第六部分 运输和邮电

TRANSPORT,POSTAL AND TELECOMMUNICATION SERVICES

CHAPTER

6-1 全社会客货运输（吞吐）量（2019-2023年）

PASSENGER AND FREIGHT TRAFFIC（2019-2023）

项 目	Item	2019	2020	2021	2022	2023
一、货运量（万吨）	**Freight Traffic (10 000 tons)**	**43529**	**41483**	**43960**	**41023**	**43261**
1. 铁路	Railways	120	140	153	281	361
2. 公路	Highways	34713	32963	34810	30612	31887
3. 水运	Waterways	8579	8243	8856	10005	10864
4. 民航	Civil Aviation	117	137	141	125	149
二、机场货物吞吐量（万吨）	**Cargo Handled at Airport (10 000 tons)**	**128**	**140**	**157**	**151**	**160**
三、货物周转量（亿吨公里）	**Freight Ton-kilometers(100 million ton-km)**	**2242**	**2014**	**2197**	**2238**	**2452**
1. 铁路	Railways	1.32	1.46	1.92	0.74	1
2. 公路	Highways	454.39	438.15	498.20	450.83	495
3. 水运	Waterways	1766.88	1550.54	1670.90	1761.45	1925
4. 民航	Civil Aviation	19.63	24.10	25.64	24.71	30
四、客运量（万人）	**Passenger Traffic (10 000 persons)**	**21284**	**13750**	**13373**	**10482**	**20639**
1. 铁路	Railways	8741	4667	5014	3596	9483
2. 公路	Highways	6373	5105	4441	4424	5248
3. 水运	Waterways	535	160	195	99	440
4. 民航	Civil Aviation	5635	3817	3723	2363	5469
五、机场旅客吞吐量（万人）	**Passenger Departing at Airport (10 000 persons)**	**5293**	**3792**	**3636**	**2156**	**5273**
六、旅客周转量（亿人公里）	**Passenger-kilometers(100 million passenger-km)**	**1317.95**	**787.84**	**747.92**	**422.15**	**989.45**
1. 铁路	Railways	250.95	140.84	163.15	38.75	82.13
2. 公路	Highways	132.59	59.36	30.93	22.43	27.63
3. 水运	Waterways	2.35	0.71	0.93	0.53	2.45
4. 民航	Civil Aviation	932.06	586.93	552.91	360.44	877.24
七、港口	**Ports**					
1. 泊位数（个）	Berths (unit)	157	168	164	174	174
#万吨级	10 000 Ton Class	76	76	75	78	78
2. 货物吞吐量（万吨）	Volume of Freight Handled in Ports(10 000 tons)	25785	26506	27838	27243	28664
#蛇口港区	Shekou Seaport	7626	7862	7436	7424	6685
赤湾港区	Chiwan Seaport	5034	5322	6378	6570	6728
妈湾港区	Mawan Seaport	1275	1031	1041	920	808
盐田港区	Yantian Seaport	7323	7924	8330	7692	7733
大铲湾港区	Dachanwan Seaport	2016	1981	2228	2265	2672

注：2007年、2009年、2012年、2014年、2020年货运量、货物周转量、客运量、旅客周转量分别有口径调整。
Note:The statistical ranges of Freight Traffic,Freight Ton-kilometers,Passenger Traffic and Passenger-kilometers are changed in 2007,2009,2012,2014 and 2020.

6-2 全社会客货运输和邮电业务量

PASSENGER AND FREIGHT TRAFFIC, REVENUE FROM POSTAL AND TELECOMMUNICATIONS SERVICES

年 份 Year	机场货邮吞吐量 （万吨） Cargo Handled at Airport (10 000 tons)	机场旅客吞吐量 （万人） Passenger Departing at Airport (10 000 persons)	货运量 (万吨) Freight Traffic (10 000 tons)	货物周转量 (亿吨公里) Freight Ton-kilometers (100 million ton-km)	客运量 (万人) Passenger Traffic (10 000 persons)
1986			1521	15	3973
1987			1627	14	4268
1988			1704	22	5858
1989			1383	36	6349
1990			1349	26	8833
1991		2	1486	44	6400
1992	2	166	1801	55	8153
1993	4	255	2050	74	10218
1994	6	319	2604	78	8531
1995	8	412	3542	223	8261
1996	9	435	3647	233	8281
1997	10	444	3853	232	8515
1998	11	515	4050	213	8484
1999	16	525	4274	197	8754
2000	21	642	4697	206	9346
2001	25	777	5147	204	9869
2002	33	935	5683	211	10632
2003	41	1084	6478	244	10471
2004	50	1424	7168	283	12019
2005	55	1574	8249	322	12602
2006	56	1836	11429	731	13965
2007	62	2062	13678	794	15056
2008	60	2140	19570	1094	154283
2009	61	2449	22367	1137	146316
2010	81	2671	26174	1654	156203
2011	83	2825	28901	1956	168447
2012	85	2957	28678	1981	184982
2013	91	3227	27512	1999	12059
2014	96	3627	29382	2386	15103
2015	101	3972	32475	2253	16511
2016	113	4198	31163	2247	16979
2017	116	4561	32269	2303	18160
2018	122	4935	32764	2174	19864
2019	128	5293	43529	2242	21284
2020	140	3792	41483	2014	13750
2021	157	3636	43960	2197	13373
2022	151	2156	41023	2238	10482
2023	160	5273	43261	2452	20639

注：2023年起，客运量、货运量调整口径，2022年相应指标按可比口径调整（以下相关表同）。

Note: Since 2023, the statistics for passenger traffic and freight traffic have been adjusted. The figures for 2022 have also been adjusted for data comparability.The same applies to the relevant following tables.

6-2 续表 CONTINUED

年 份 Year	旅客周转量 (亿人公里) Passenger-kilometers (100 million passenger-km)	港口货物吞吐量 (万吨) Volume of Freight Handled in Ports (10 000 tons)	港口集装箱吞吐量 (万标箱) Volume of Container Handled in Ports (10 000 TEU)	# 出口 Exports	邮电业务总量 (万元) Business Volume of Postal and Telecommunication Services (10 000 yuan)
1979		10			138
1980		30			190
1981		70			340
1982		91			420
1983		141			567
1984		210			923
1985		327			1761
1986	9	302			2633
1987	14	485			4880
1988	19	734	1		14826
1989	22	956	2		21293
1990	27	1292	2		55356
1991	19	1563	5		84927
1992	41	1956	11		114492
1993	48	2541	13		174045
1994	79	3002	18	11	259432
1995	82	3080	28	16	368945
1996	83	3021	59	32	462261
1997	83	3357	115	63	610111
1998	82	3444	195	104	764658
1999	87	4663	299	158	982686
2000	99	5697	400	210	1336000
2001	112	6643	508	266	1419000
2002	131	8767	762	396	1644200
2003	145	11220	1065	552	1980300
2004	186	13537	1366	713	2660100
2005	226	15351	1620	841	3208000
2006	268	17598	1847	961	3795000
2007	311	19994	2110	1101	5135400
2008	485	21125	2142	1087	6117500
2009	544	19365	1825	937	6765200
2010	635	22098	2251	1154	2937000
2011	693	22325	2257	1169	3562600
2012	802	22807	2294	1173	5635800
2013	632	23398	2328	1208	6229900
2014	806	22324	2404	1247	7619900
2015	953	21706	2420	1236	10403200
2016	1027	21410	2398	1239	17150200
2017	1092	24136	2521	1278	16455500
2018	1181	25127	2574	1313	27824427
2019	1318	25785	2577	1301	40390310
2020	788	26506	2655	1360	44702800
2021	748	27838	2877	1456	12160886
2022	422	27243	3004	1478	12815040
2023	989	28664	2988	1477	14600853

注：邮电业务总量1989年以前按1980年不变价格计算，1990-1999年按1990年不变价格计算，2000-2009年按2000年不变价格计算。邮政业务总量2010-2020年按2010年不变价格计算，2021年起按2020年不变价格计算。电信业务总量2010-2016年按2010年不变价格计算，2017-2020年按2015年不变价计算，2021年起按上年不变价计算。

Note: Business Volume of Postal and Telecommunication Services calculated at 1980 constant prices before 1989, from 1990 to 1999 at 1990 constant prices; 2000-2009 at 2000 constant prices; Business Volume of Postal Services calculated at 2010 constant prices from 2010 to 2020,calculated at 2020 constant prices from 2021; Business Volume of Telecommunication Services calculated at 2010 constant prices from 2010 to 2016, calculated at 2015 constant prices from 2017 to 2020,calculated at 2020 constant prices from 2021.

6-3 全社会客货运输和邮电业务量指数

INDICES OF PASSENGER AND FREIGHT TRAFFIC, REVENUE FROM POSTAL AND TELECOMMUNICATIONS SERVICES

（以上年为100）　　　　(preceding year=100)

年份 Year	货运量 Freight Traffic	货物周转量 Freight Ton-kilometers	客运量 Passenger Traffic	旅客周转量 Passenger-kilometers	港口货物吞吐量 Volume of Freight Handled in Ports	邮电业务总量 Business Volume of Postal and Telecommunication Services
1980					300.0	137.7
1981					233.3	178.9
1982					130.0	123.5
1983					154.9	135.0
1984					148.9	162.8
1985					155.7	190.8
1986					92.4	149.5
1987	107.0	94.0	93.1	165.2	160.6	185.3
1988	104.7	153.6	137.3	133.9	151.3	303.8
1989	81.2	164.7	108.4	115.7	130.2	143.6
1990	97.5	72.0	139.1	123.0	135.1	151.7
1991	110.2	169.2	72.5	69.7	121.0	153.4
1992	121.2	125.3	127.1	219.4	125.1	134.8
1993	113.8	136.3	125.6	116.6	129.9	152.0
1994	127.0	104.8	81.5	161.2	118.1	149.1
1995	136.0	285.8	96.8	103.9	102.6	142.2
1996	103.0	104.5	100.2	100.8	98.1	125.3
1997	105.6	99.5	102.8	100.1	111.1	132.0
1998	105.1	91.8	99.6	99.3	102.6	125.3
1999	105.6	92.8	103.2	105.2	135.4	128.5
2000	109.9	104.3	106.8	114.8	122.2	136.0
2001	109.6	99.3	105.6	112.4	116.6	106.2
2002	110.4	103.2	107.7	117.3	132.0	115.9
2003	114.0	115.5	98.5	110.8	128.0	120.4
2004	110.6	116.0	114.8	128.1	120.7	134.3
2005	115.1	114.0	104.8	121.3	113.4	120.6
2006	113.3	117.2	110.8	118.8	114.6	118.3
2007	119.7	108.6	107.8	116.0	113.6	123.4
2008	108.9	93.9	105.6	116.3	105.7	119.1
2009	114.3	103.9	94.8	112.1	91.7	110.6
2010	117.0	145.5	106.8	116.7	114.1	120.7
2011	110.4	118.2	107.8	113.6	101.0	121.3
2012	99.2	101.3	109.8	115.7	102.2	118.6
2013	103.5	106.1	109.0	107.1	102.6	126.5
2014	106.8	119.4	125.2	127.5	95.4	122.3
2015	110.5	94.4	109.3	118.3	97.2	130.4
2016	96.0	99.7	102.8	107.7	98.6	164.1
2017	103.5	102.5	107.0	106.4	112.7	153.3
2018	101.5	94.4	109.4	108.1	104.1	166.9
2019	104.4	101.0	107.1	111.6	102.6	145.2
2020	95.3	89.9	64.6	59.8	102.8	123.1
2021	106.0	109.1	97.3	94.9	105.0	116.1
2022	93.0	101.9	78.1	68.6	97.9	105.4
2023	105.5	109.6	196.9	234.4	105.2	113.9

注：本表指数均按可比口径计算。
Note: The index in this table are calculated at comparable caliber.

6-4　全社会民用车辆和运输船舶拥有量（2017-2023年）
NUMBER OF CIVIL MOTOR VEHICLES AND TRANSPORT VESSELS OWNED（2017-2023）

项　目	Item	2017	2018	2019	2020	2021	2022	2023
民用车辆总计(辆)	**Total Civil Motor Vehicles (unit)**	**3265998**	**3366643**	**3482011**	**3588883**	**3791241**	**4001402**	**4167877**
一、民用汽车(辆)	Civil Automobile (unit)	3214434	3313358	3430227	3532623	3726797	3934683	4102723
1. 载客汽车(辆)	Buses and Cars (unit)	2827106	2880095	2971331	3042611	3188583	3381247	3541150
载客量(客位)	Number of Seats in Buses and Cars (seat)	17088098	16819056	17089673	17447590	18038309	18817797	19564500
#大型(辆)	Large Scales (unit)	44571	36866	35014	33029	31300	29345	28647
载客量(客位)	Number of Seats(seat)	2312149	1888382	1805608	1744193	1674392	1515819	1487416
2. 载货汽车(辆)	Ordinary Trucks (unit)	372024	417475	442821	472561	519695	534447	542436
载重量(吨位)	Capacity(ton)	915073	966090	1036982	1220087	1348763	1380657	1394352
#重型(辆)	Heavy (unit)	91887	93659	95965	105696	122079	123805	124167
载重量(吨位)	Capacity (ton)	583366	584855	636202	767703	861233	879876	881978
3. 其他专用汽车(辆)	Other Special Motor Vehicles (unit)	15304	15788	16075	17451	18519	18989	19137
4. 特种汽车(辆)	Particular Motor Vehicles							
二、摩托车(辆)	Motorcycle(unit)	6814	5035	4361	4350	4200	4276	3866
三、挂车(辆)	Trailer Trucks(unit)	44750	48250	47423	51910	60244	62443	61288
四、其他(辆)	Other (unit)							
民用运输船舶总计(艘)	**Total Civil Transport Vessels (unit)**	**295**	**303**	**286**	**276**	**274**	**269**	**270**
一、机动船艘数(艘)	Motor Vessels (unit)	291	299	282	272	270	269	270
载客量(客位)	Number of Seats (seat)	5942	5815	6408	7424	8620	9075	8795
净载重量(吨位)	Dead Weight Tonnage (ton)	3780781	3621172	3280176	3107045	3229948	2507448	2949806
总功率(千瓦)	Total Power (kW)	964226	924985	857742	775536	821864	750306	809801
1. 客船艘数(艘)	Passenger Transport Vessels (unit)	29	29	33	37	39	38	37
载客量(客位)	Number of Seats (seat)	5942	5815	6408	7424	8620	9075	8795
2. 货船艘数(艘)	Freight Transport Vessels (unit)	253	260	241	227	223	224	226
净载重量(吨位)	Dead Weight Tonnage (ton)	3780204	3620598	3279521	3106290	3229948	2507448	2949806
3. 拖船艘数(艘)	Tugboats (unit)	9	10	8	8	8	7	7
二、驳船艘数(艘)	Barges (unit)	4	4	4	4	4		
净载重量(吨位)	Dead Weight Tonnage(ton)	10000	10000	10000	10000	10000		

6-5 邮电业务量及邮电通讯设施（2019-2023年）

BUSINESS VOLUME OF POSTAL AND TELECOMMUNICATION SERVICES，FACILITIES OF POST AND TELECOMMUNICATIONS（2019-2023）

项 目	Item	2019	2020	2021	2022	2023
函件(万件)	Mail(10 000 pcs)	16931	7148	2808	1976	1914
包件(万件)	Parcels (10 000 pcs)	21	21	28	36	38
订销报纸期发数(万份)	Number of Newspapers Circulation (10 000 pcs)	31	30	27	27	33
订销报纸累计份数(万份)	Total Copy of Newspapers (10 000 pcs)	8593	8599	7889	7938	8645
订销杂志期发数(万份)	Number of Magazines Circulation (10 000 pcs)	40	39	41	39	42
订销杂志累计份数(万份)	Total Copy of Magazines (10 000 pcs)	667	648	665	616	647
固定电话用户(万户)	Number of Installed Telephone Subscribers(10 000 subscribers)	431	401	394	371	353
移动电话用户(万户)	Number of Mobile Telephones Subscribers(10 000 subscribers)	2896	2682	2804	2818	2970
互联网宽带网用户(万户)	Internet Subscribers Number of Wide Band(10 000 subscribers)	533	548	629	674	683
邮政.电信局、所(处)	Number of Post and Telecommunications Offices(Unit)	541	541	549	545	549
邮运邮路总条数(条)	Total Number of Mail Routes (route)	834	455	440	430	410
邮路长度(单程)(公里)	Length of Postal Routes (km)	131000	90397	141343	108190	
城市投递段道长度(单程)(公里)	Length of City Delivery Routes (km)	71000	54909	46653	44714	

注：2023年起邮政部门已不再统计邮路长度、城市投递段长度。

Note:Since 2023, the postal department has stopped counting the Length of Postal Routes and the Length of City Delivery Routes.

6-6 年末公路通车里程到达数（按技术等级）
LENGTHS OF OPERATION MILEAGE AT YEAR-END （GROUPED BY GRADE）

单位：公里 (km)

年份 Year	公路里程总计 Operation Mileage	高速公路 Express Way	一级公路 First Class Highways	二级公路 Second Class Highways	三级公路 Third Class Highways	四级公路 Fourth Class Highways
1980	746			3	120	508
1981	736			14	103	504
1982	743			17	111	501
1983	745			17	152	461
1984	786			17	173	482
1985	791			19	194	463
1986	810			19	202	515
1987	803			19	267	454
1988	835			16	286	476
1989	837		13	14	279	475
1990	832		13	12	276	496
1991	827		56	12	236	488
1992	907		58	11	235	567
1993	917		81	11	221	568
1994	972	28	121	39	210	538
1995	1103	110	202	68	185	503
1996	1169	110	246	84	174	519
1997	1214	133	267	88	177	514
1998	1258	155	355	178	216	352
1999	1344	176	401	195	214	355
2000	1357	176	420	197	196	365
2001	1361	186	525	257	180	213
2002	1510	196	575	282	255	202
2003	1540	203	590	282	255	210
2004	1540	203	588	280	260	210
2005	1580	245	588	280	258	210
2006	1930	268	860	366	274	162
2007	1938	269	867	351	284	167
2008	1619	340	703	259	217	100
2009	1619	340	703	259	217	100
2010	1617	340	691	270	217	100
2011	1618	340	691	270	217	100
2012	1659	390	686	270	209	105
2013	1680	420	685	270	209	96
2014	1647	421	665	256	209	96
2015	1644	421	665	256	207	96
2016	1638	420	664	255	203	96
2017	1634	420	677	239	202	96
2018	727	417	257	7	36	9
2019	736	426	257	7	36	9
2020	716	388	276	7	36	9
2021	726	397	276	7	36	9
2022	726	397	276	7	45	
2023	721	392	281	10	38	

注：公路里程统计口径2008年、2018年分别有调整。
Note: The statistical coverage of operation mileage have been adjusted in 2008 and 2018.

主要统计指标解释

货(客)运量 指在一定时期内，各种运输工具实际运送的货物(旅客)数量。该指标是反映运输业为国民经济和人民生活服务的数量指标，也是制定和检查运输生产计划、研究运输发展规模和速度的重要指标。货运按吨计算，客运按人计算。货物不论运输距离长短、货物类别，均按实际重量统计。旅客不论行程远近或票价多少，均按一人一次客运量统计；半价票、小孩票也按一人统计。

货物(旅客)周转量 指在一定时期内，由各种运输工具运送的货物(旅客)数量与其相应运输距离的乘积之总和。该指标可以反映运输业生产的总成果，也是编制和检查运输生产计划，计算运输效率、劳动生产率以及核算运输单位成本的主要基础资料。计算货物(旅客)周转量通常按发出站与到达站之间的最短距离，也就是计费距离计算。计算公式为：

货物(旅客)周转量 =∑(货物(旅客)运输量 ×运输距离)

港口货物吞吐量 指经水运进出港区范围，并经过装卸的货物数量，包括邮件及办理托运手续的行李、包裹以及补给运输船舶的燃料、物料和淡水。货物吞吐量按货物流向分为进口、出口吞吐量，按货物交流性质分为外贸货物吞吐量和国内贸易货物吞吐量。货物吞吐量的货类构成及其流向，是衡量港口生产能力大小的重要指标。

民用汽车 指报告期末，在公安交通管理部门按照《机动车注册登记工作规范》，已注册登记领有民用车辆牌照的全部汽车数量。汽车统计的主要分类：根据汽车结构分为载客汽车、载货汽车及其他汽车；根据汽车所有者不同分为个人(私人)汽车、单位汽车；根据汽车的使用性质分为营运汽车、非营运汽车；根据汽车大小规格不同载客汽车分为大型、中型、小型和微型，载货汽车分为重型、中型、轻型和微型。

邮电业务总量 指以价值量形式表现的邮电通信企业为社会提供各类邮电通信服务的总数量。邮电业务量按专业分类包括函件、包件、汇票、报刊发行、邮政快件、特快专递、邮政储蓄、集邮、公众电报、用户电报、传真、长途电话、出租电路、无线寻呼、移动电话、分组交换数据通信、出租代维等。计算方法为各类产品乘以相应的平均单价(不变价)之和，再加上出租电路和设备、代用户维护电话交换机和线路等的服务收入。该指标综合反映了一定时期邮电业务发展的总成果，是研究邮电业务量构成和发展趋势的重要指标。计算公式为：

邮电业务总量 = ∑(各类邮电业务量 ×不变单价)+出租代维及其他业务收入 =邮政业务总量 +通信业务总量

移动电话用户 指通过移动电话交换机进入移动电话网、占用移动电话号码的各类电话用户。包括签约用户和智能网预付费用户。一个移动电话号码统计为一户。

Explanatory Notes on Main Statistical Indicators

Freight (Passenger) Traffic refers to the volume of freight (passengers) transported with various means. This indicator provides a quantitative measure of how the transport industry serves the national economy and the needs of the people, as well as an important reference for drafting and checking production plans in the transport industry and for studying the scale and speed of development in the transport industry. Freight transport is calculated in tons and passenger traffic is calculated in the number of persons. Freight transport is calculated in the actual weight of goods regardless of traveling distances and types of freight; while passenger traffic is calculated as the number of individuals traveling once, regardless of traveling distances, ticket prices, whether the passengers are traveling with half-price tickets or child tickets.

Freight Ton-kilometers (Passenger-kilometers) refer to the sum of the products of the volume of transported cargo (passengers) multiplied by the transport distance. These are important indicators of the total achievements of the transport industry, as well as the major foundation for drafting and checking production plans in the transport industry and for calculating the efficiency, labor productivity and the cost of transport enterprises. Normally, the shortest distance between the departure station and the destination station (i.e. the payable distance) is the basis to calculate the freight ton-kilometers and passenger-kilometers on. These indicators are calculated as follows:

Freight Ton-kilometers (Passenger-kilometers) = Σ(Freight (Passenger) Traffic ×Transport Distance)

Volume of Freight Handled in Ports refers to the volume of cargo passing in and out of the harbor area that undergoes the loading and unloading processes, including mails, checked baggage and bales, as well as fuel, material and fresh water supplies to ships. The volume of freight handled may be classified by direction of flow as import volume and export volume, or by nature of cargo as volume of freight for domestic trade and volume of freight for foreign trade. The classification of volume of freight handled and its direction of flow are important indicators of the production capacity of ports.

Possession of Civil Motor Vehicles refers to the total number of vehicles that are registered at transport management offices under the public security authorities and provided with civil vehicle licenses and tags according to the Work Standard for Motor Vehicles Registration at the end of the reference period. Major categories of vehicle are: passenger vehicles, freight vehicles and other vehicles in terms of structure; private vehicles and organization-owned vehicles in terms of ownership; commercial vehicles and non-commercial vehicles in terms of use; large, medium, small and mini passenger vehicles, and heavy, medium, light and mini trucks in terms of size.

Business Volume of Postal and Telecommunication Services refers to the total amount of postal and telecommunication services, expressed in value terms, provided by postal and telecommunication enterprises for the society. Postal and telecommunication services can be classified as letters, parcels, remittance, delivery of newspapers and magazines, fast mail service, express mail service, savings deposits, stamps for collection, public and individual telegraph service, facsimiles, long-distance telephone service, leasing of telephone lines, urban paging service, mobile telephone service, data communication through packet networks, network elements lease and maintenance, etc. To calculate the volume, the business volume of each product is multiplied by its average unit price (at constant prices), summed, and added to income from other services such as leasing of telephone lines and equipment, maintenance of telephone switchboards and lines on behalf of customers. This indicator reflects the overall achievements of postal and telecommunication services during a given period, and is an important reference for studying the composition of business volume and the development trend of postal and telecommunication services. This volume is calculated as follows:

Business Volume of Postal and Telecommunication Services = Σ(Business Volume of Each Product×Constant Unit Price) + Income from Leasing, Maintenance, and Other Services = Business Volume of Postal Services + Business Volume of Telecommunication Services

Mobile Telephone Subscribers refer to persons who own mobile telephone numbers and are connected with the mobile telephone communication network through mobile telephone switchboards,including contracted subscribers and pre-paid subscribers for intelligent network.One mobile telephone number is calculated as one subscriber.

07 第七部分 农业

AGRICULTURE

CHAPTER

7-1　农林牧渔业总产值
GROSS OUTPUT VALUE OF AGRICULTURE, FORESTRY, ANIMAL HUSBANDRY AND FISHERY

单位：万元　　(10 000 yuan)

年 份 Year	农林牧渔业总产值 Gross Output Value of Agriculture, Forestry,Animal Husbandry and Fishery	农业 Foaming	林业 Forestry	牧业 Animal Husbandry	渔业 Fishery	农林牧渔专业及辅助性活动 Professional and Support Activities for Agriculture, Forestry, Animal Husbandry, Fishery
1979	13106	6494	85	1598	433	4496
1980	16938	6913	69	2186	1084	6686
1981	24181	8515	153	5677	1869	7967
1982	26929	9402	281	7540	2744	6962
1983	29083	10930	207	7832	3400	6714
1984	40416	13931	912	10346	7895	7332
1985	45821	15641	1371	14444	7875	6490
1986	49552	18947	1259	17132	10956	1258
1987	73772	26631	1678	28869	14339	2255
1988	99404	32296	1315	42202	19852	3739
1989	108015	31412	1253	54389	19010	1951
1990	119205	37622	1716	52550	24043	3274
1991	143063	40697	4097	63117	31025	4127
1992	185297	57458	5637	81532	36334	4335
1993	192880	49977	3519	94969	38506	5909
1994	224776	54363	2334	110150	52322	5607
1995	232653	58407	2207	125623	43173	3243
1996	273246	70642	2989	141464	52080	6071
1997	270889	73030	3792	124140	64676	5250
1998	298174	79738	6773	139244	65967	6452
1999	299662	91560	5312	126799	68401	7590
2000	311359	95289	5560	128417	72522	9571
2001	327111	105153	5060	127565	76213	13120
2002	340757	115021	4790	135377	76279	9290
2003	337406	111989	6557	135940	76935	5985
2004	299939	96930	6409	102689	88516	5395
2005	217369	53152	4861	75334	76831	7191
2006	180017	38280	3930	66538	59615	11654
2007	171380	43415	6682	64678	42875	13730
2008	187859	45786	5474	69383	53131	14084
2009	154760	42590	2062	55992	39550	14564
2010	150467	48707	1606	43734	38918	17502
2011	152533	46535	2159	48691	37855	17293
2012	148572	45024	1298	43669	42291	16290
2013	139479	53307	757	36547	44149	4719
2014	129156	37842	1307	26292	58352	5363
2015	159515	32799	1975	22422	95487	6831
2016	190940	65741	1952	16201	98749	8298
2017	388609	123414	2379	29013	214992	18811
2018	424606	117928	1750	25464	259541	19923
2019	481641	121729	3949	33254	303901	18808
2020	488467	155221	14585	33323	263404	21934
2021	462885	152265	7068	32715	250748	20089
2022	482643	156714	3567	31455	268565	22342
2023	499584	157789	7797	21712	287772	24514

注：　1. 本表按当年价格计算。
Notes:The data in this table are calculated at current prices.
2. 2016年农业数据已按照第三次全国农业普查省反馈数进行修订（后同）。
The agricultural data of 2016 have been revised according to the feedback from the third national agricultural census (same later).

7-2 农林牧渔业总产值构成

COMPOSITION OF GROSS OUTPUT VALUE OF AGRICULTURE，FORESTRY,ANIMAL HUSBANDRY AND FISHERY

单位：%　　　　(%)

年 份 Year	总计 Total	农业 Foaming	林业 Forestry	牧业 Animal Husbandry	渔业 Fishery	农林牧渔专业及辅助性活动 Professional and Support Activities for Agriculture，Forestry，Animal Husbandry，Fishery
1979	100.0	49.6	0.6	12.2	3.3	34.3
1980	100.0	40.8	0.4	12.9	6.4	39.5
1981	100.0	35.2	0.6	23.5	7.7	33.0
1982	100.0	34.9	1.0	28.0	10.2	25.9
1983	100.0	37.6	0.7	26.9	11.7	23.1
1984	100.0	34.5	2.3	25.6	19.5	18.1
1985	100.0	34.1	3.0	31.5	17.2	14.2
1986	100.0	38.2	2.6	34.6	22.1	2.5
1987	100.0	36.1	2.3	39.1	19.4	3.1
1988	100.0	32.5	1.3	42.5	20.0	3.7
1989	100.0	29.1	1.2	50.3	17.6	1.8
1990	100.0	31.6	1.4	44.1	20.2	2.7
1991	100.0	28.4	2.9	44.1	21.7	2.9
1992	100.0	31.0	3.0	44.0	19.6	2.4
1993	100.0	25.9	1.8	49.2	20.0	3.1
1994	100.0	24.2	1.0	49.0	23.3	2.5
1995	100.0	25.1	0.9	54.0	18.6	1.4
1996	100.0	25.9	1.1	51.8	19.0	2.2
1997	100.0	27.0	1.4	45.8	23.9	1.9
1998	100.0	26.7	2.3	46.7	22.1	2.2
1999	100.0	30.6	1.8	42.3	22.8	2.5
2000	100.0	30.6	1.8	41.2	23.3	3.1
2001	100.0	32.1	1.6	39.0	23.3	4.0
2002	100.0	33.8	1.4	39.7	22.4	2.7
2003	100.0	33.2	1.9	40.3	22.8	1.8
2004	100.0	32.3	2.1	34.2	29.5	1.8
2005	100.0	24.5	2.2	34.7	35.3	3.3
2006	100.0	21.3	2.2	37.0	33.1	6.5
2007	100.0	25.3	3.9	37.7	25.0	8.0
2008	100.0	24.4	2.9	36.9	28.3	7.5
2009	100.0	27.5	1.3	36.2	25.6	9.4
2010	100.0	32.4	1.1	29.1	25.9	11.5
2011	100.0	30.5	1.4	31.9	24.8	11.4
2012	100.0	30.3	0.9	29.4	28.5	11.0
2013	100.0	38.2	0.5	26.2	31.7	3.4
2014	100.0	29.3	1.0	20.4	45.2	4.2
2015	100.0	20.6	1.2	14.1	59.9	4.3
2016	100.0	34.4	1.0	8.5	51.8	4.3
2017	100.0	31.8	0.6	7.5	55.3	4.8
2018	100.0	27.8	0.4	6.0	61.1	4.7
2019	100.0	25.3	0.8	6.9	63.1	3.9
2020	100.0	31.8	3.0	6.8	53.9	4.5
2021	100.0	32.9	1.5	7.1	54.2	4.3
2022	100.0	32.5	0.7	6.5	55.6	4.6
2023	100.0	31.6	1.6	4.3	57.6	4.9

7-3 农林牧渔业总产值及其指数
GROSS OUTPUT VALUE OF AGRICULTURE,FORESTRY, ANIMAL HUSBANDRY AND FISHERY AND ITS INDICES

年 份 Year	农林牧渔业总产值(万元) 当年价格 Gross Output Value of Agriculture，Forestry，Animal Husbandry and Fishery (10 000 yuan) At Current Prices	以上年为100 Preceding Year=100
1979	13106	
1980	16938	85.4
1981	24181	119.1
1982	26929	108.1
1983	29083	98.4
1984	40416	102.3
1985	45821	119.2
1986	49552	116.5
1987	73772	111.8
1988	99404	119.4
1989	108015	112.1
1990	119205	115.2
1991	143063	109.3
1992	185297	99.2
1993	192880	92.9
1994	224776	96.1
1995	232653	101.0
1996	273246	114.2
1997	270889	101.7
1998	298174	104.3
1999	299662	107.9
2000	311359	102.4
2001	327111	103.7
2002	340757	107.0
2003	337406	109.8
2004	299939	111.7
2005	217369	87.8
2006	180017	75.3
2007	171380	89.2
2008	187859	84.0
2009	154760	87.1
2010	150467	92.2
2011	152533	94.0
2012	148572	103.1
2013	139479	70.8
2014	129156	92.2
2015	159515	108.6
2016	190940	96.4
2017	388609	122.7
2018	424606	97.0
2019	481641	105.7
2020	488467	94.3
2021	462885	101.4
2022	482643	101.2
2023	499584	112.5

注：2005年起国家统计报表制度中取消1990年不变价，增长速度按可比口径计算。

Note: Since 2005, the national statistical reporting system has cancelled the index, Gross Output Value of Agriculture (at 1990 constant prices),the growth rates are calculated at comparable coverage.

7-4 农作物播种面积
TOTAL SOWN AREAS OF FARM CROPS

单位：亩 (mu)

年 份 Year	一、农作物总播种面积 Total Sown Areas	#粮食作物合 计 Grain Crops	#薯 类 Tubers	#经济作物合 计 Cash Crops	#花 生 Peanuts
1979	953300	758100	55095	165800	107148
1980	808500	646000	38663	125500	100186
1981	728400	576000	27457	119200	96606
1982	739500	536000	27219	125200	97152
1983	711300	536400	27700	95103	65700
1984	705078	507255	28036	91147	68523
1985	625716	379247	22690	85356	61095
1986	632747	363895	22755	89810	60765
1987	617290	331531	24911	84466	57508
1988	607146	284545	19370	77678	51331
1989	591309	280930	18897	71134	51120
1990	573090	261454	18177	67306	52035
1991	523174	194055	19529	63530	49146
1992	355244	103946	13348	31910	30545
1993	191711	21361	6711	12118	9579
1994	163838	16136	6029	5022	4544
1995	164870	16970	6814	5031	3965
1996	205078	19448	9444	6151	4675
1997	175250	14907	7183	5386	3854
1998	180525	11742	5946	6770	3224
1999	177372	10354	5381	5616	2680
2000	187401	9714	5559	5138	2842
2001	184038	8023	5194	4098	2568
2002	159063	6480	4442	3357	1142
2003	164363	4679	2490	1227	807
2004	147094	5304	2955	2870	260
2005	106167	1572	815	310	300
2006	90614	305	175	105	100
2007	95596	290	240	236	220
2008	109423	438	365	10764	20
2009	103673	163	150	914	42
2010	96090	151	136	67	41
2011	90803	52	44	50	41
2012	87311	12	12	2255	19
2013	81472	155	13	8	8
2014	73775	144	14	513	5
2015	72358	152	50	6702	9
2016	86659	852	258	2243	332
2017	179190	34898	4760	5169	4319
2018	189272	34813	7210	5267	4345
2019	184095	34745	7997	5273	4341
2020	169275	21725	6440	7485	4488
2021	163301	19558	6604	6197	4099
2022	173151	28070	9014	4636	2348
2023	175677	23816	3447	5232	3277

单位：亩 (mu)

年 份 Year	一、农作物总播种面积 Total Sown Areas #其他作物合计 Other Crops	#蔬 菜 Vegetable	二、茶园面积 Area of Tea Plantations (year-end)	三、果园面积 Area of Orchards (year-end)	#柑桔橙 Citrus	#荔 枝 Litchi
1979	22813	14798		55604	6248	18600
1980	28802	15712		56701	8169	19760
1981	24327	17935		55353	7476	21021
1982	68296	44020		56040	6331	25399
1983	72219	66048		85897	15154	4687
1984	98843	86037		85567	11204	39384
1985	154494	139353		108418	16889	44979
1986	172688	160467		168790	38698	70782
1987	196065	185202		218396	59358	91744
1988	240104	223191		236876	69972	100912
1989	235349	217929		245516	71429	107979
1990	240865	231308		256110	72632	109477
1991	261772	244591		254021	73350	111324
1992	217456	201422		227207	60844	104390
1993	157909	144468		191838	50147	92227
1994	142640	133284	460	188411	44124	97613
1995	142849	135212	3003	185285	36267	98358
1996	179479	167063	2976	195926	32532	111332
1997	154957	145591	2968	216996	26733	136123
1998	162013	153026	2440	215058	26240	136006
1999	161402	152890	2435	218811	22013	144201
2000	172549	166916	2355	224820	19551	152804
2001	171917	168147	353	209232	16406	142580
2002	149226	147278	348	191031	9949	130896
2003	158457	156899	350	159817	11066	102095
2004	138920	137887		150523	6830	109407
2005	104285	104059		149175	5908	111154
2006	90204	89478		127809	2249	100771
2007	95070	94891	312	64630	1728	43004
2008	98221	98023	350	46273	1088	32882
2009	102596	98505	340	55508	548	44320
2010	95872	95371	340	53567	629	43279
2011	90701	89908	340	50813	484	41501
2012	85044	84704	340	46990	391	39088
2013	81309	81057	350	38035	234	32087
2014	73118	67975	340	36825	204	31000
2015	65504	65249	340	35474	282	30658
2016	83564	82778	340	68876	1050	57441
2017	139123	137558	1040	95170	5787	65051
2018	149192	147361	1320	65175	5361	36563
2019	144077	142513	1385	53659	5339	26003
2020	140065	137174	1360	59571	5411	30296
2021	137546	133741	5413	51721	4372	27034
2022	140445	133278	5190	61000	4277	38466
2023	146629	139244	8083	54486	4114	33144

7-5 主要农业产品产量
YIELD OF MAJOR FARM CROPS

单位：吨　　(ton)

年 份 Year	粮 食 Grain	#稻 谷 Rice	#薯 类 Tubers	花 生 Peanuts	蔬 菜 Vegetable	茶叶 Tea	水 果 Fruits	#柑桔橙 Citrus	#荔 枝 Litchi
1979	132584	127559	4285	6877	8639		2401	157	742
1980	126461	123022	3003	7323	14593		2280	388	1127
1981	116489	114070	2310	8641	22772		3245	284	1534
1982	124189	121026	3046	9276	34484		2866	571	798
1983	126977	122936	3906	5761	74251		3575	1105	839
1984	126960	123205	3595	6060	107820		5752	1579	1829
1985	94465	90106	4026	5208	162898		6420	1726	1559
1986	92495	88369	3787	5894	151629		13249	3467	3522
1987	85534	80110	5081	5634	159937		18180	5368	1336
1988	76263	72114	3850	5275	182190		21324	7931	2366
1989	82215	77928	3974	5777	193367		23928	10910	1293
1990	81018	75380	5161	6107	227346		39986	23769	4184
1991	59138	52847	5418	6284	238716		52392	35195	2855
1992	32906	27924	4211	3874	201517		59505	36082	8230
1993	6950	3838	2077	1315	151421		45807	31968	2791
1994	5166	1660	1676	652	141899	2	42744	26949	4886
1995	4887	1848	1700	613	147171	4	40914	22973	5674
1996	6586	1801	2557	735	193966	4	36961	21148	5944
1997	4990	954	1793	595	169683	5	39775	21509	7546
1998	3781	743	1367	496	185747	8	34310	22042	2055
1999	3412	555	1235	444	183517	9	43183	19662	13516
2000	3700	429	1579	556	210479	14	27498	14114	4513
2001	3966	248	2331	548	194849	11	24835	10571	5250
2002	3094	31	1219	384	217185	12	35279	7085	18393
2003	1850	8	773	184	201395	11	29087	8323	8753
2004	2028	6	936	98	162788		28028	5334	14486
2005	599	4	248	67	141652		25843	3546	15008
2006	59		49	6	111509		12793	839	7852
2007	55		46	42	121539		7389	503	4016
2008	110		92	4	114086	3	4520	487	2076
2009	52		46	9	107203	2	3921	134	2315
2010	49		42	8	110739	2	3179	163	1952
2011	18		11	8	101783	2	2873	205	1933
2012	5		5	4	103941	3	2695	190	1835
2013	59		3	6	101324	2	1745	122	1141
2014	77		65	5	67167	2	2120	77	1420
2015	63		63	5	63030	2	4014	62	2901
2016	157	58	63	78	82423	2	12304	23	9537
2017	7955	7497	330	505	149544	42	41292	6584	12069
2018	9013	6855	2000	514	158738	57	41506	6907	11116
2019	9103	6680	2232	512	157057	59	36088	7392	6499
2020	7349	4471	2558	542	161294	67	45477	7758	12885
2021	5680	3536	1771	523	168334	155	43013	6408	13940
2022	9552	3711	2894	300	171964	246	32680	4894	8040
2023	7073	4150	1100	543	172427	327	40992	6221	12454

7-6 农作物亩产量
OUTPUT OF FARM CROPS PER MU

单位：千克 (kg)

年 份 Year	粮 食 Grain	薯 类 Tubers	花 生 Peanuts	蔬 菜 Vegetable	茶 叶 Tea	水 果 Fruits	柑桔橙 Citrus	荔 枝 Litchi
1979	175	78	64	584				
1980	196	78	73	929				
1981	202	84	89	1269				
1982	232	112	95	783				
1983	237	141	87	1124				
1984	251	128	88	1253				
1985	249	178	85	1169				
1986	254	166	97	945				
1987	258	204	98	864				
1988	268	199	103	816				
1989	293	210	113	887				
1990	310	284	117	983				
1991	305	277	128	976				
1992	317	315	127	1000				
1993	325	309	137	1048				
1994	340	302	107	1064	4.76	467	786	50.1
1995	288	249	155	1088	6.45	414	765	57.7
1996	339	271	157	1161	6.06	345	799	53.4
1997	335	257	154	1165	6.30	307	897	55.4
1998	322	230	154	1214	3.40	456	840	15.1
1999	330	230	166	1200	3.70	322	958	93.7
2000	381	284	196	1261	5.94	122	722	29.5
2001	494	449	213	1266	31.16	119	644	36.8
2002	477	274	336	1475	34.48	185	712	140.5
2003	395	310	228	1284	31.43	182	752	85.7
2004	382	317	377	1181		186	781	132.4
2005	381	304	223	1361		173	135	135.0
2006	193	280	60	1246		100	370	77.9
2007	190	192	191	1281	6.41	114	291	93.4
2008	251	252	200	1164	8.57	98	448	63.1
2009	319	307	214	1088	5.88	71	245	52.2
2010	325	309	195	1161	5.88	59	259	45.0
2011	346	250	195	1132	5.88	57	424	46.6
2012	417	417	211	1227	8.82	57	486	46.9
2013	381	231	750	1250	5.71	46	521	35.6
2014	535	4642	1000	988	5.88	58	378	45.8
2015	414	1260	555	966	5.88	113	220	94.6
2016	263	244	235	996	5.88	179	22	166.0
2017	229	69	117	1087	40.38	434	1138	185.5
2018	259	277	118	1077	43.18	637	1288	304.0
2019	262	279	118	1102	43.00	673	1385	250.0
2020	338	397	121	1176	49.26	763	1434	425.3
2021	290	268	128	1259	28.63	832	1466	515.6
2022	340	321	128	1290	47.40	536	1144	209.0
2023	297	319	166	1238	40.46	752	1512	375.8

7-7 畜牧业、林业和渔业
ANIMAL HUSBANDRY, FORESTRY AND FISHERY

年 份 Year	畜 牧 业 Animal Husbandry					
	牛年末头数 (头) Year-end Number of Cattle (head)	#奶 牛 Milk Cows	牛奶产量 (吨) Milk Output (ton)	生猪饲养量 (万头) Raised Hogs (the whole year) (10 000 heads)	生猪年末存栏量 (万头) Raised Hogs (Year-end) (10 000 heads)	肉猪全年出栏量 (万头) Slaughtered Fattened Hogs of the Year (10 000 heads)
1979	25633	465	1622	22.90	11.69	11.21
1980	24451	2365	2876	15.58	8.42	7.16
1981	28917	3066	5214	10.69	6.06	4.63
1982	31301	3233	6852	15.61	8.51	7.10
1983	31200	3642	7411	17.60	9.40	8.20
1984	30716	4506	9830	18.59	8.89	9.70
1985	28474	5352	10815	20.34	9.58	10.76
1986	27685	6204	12837	25.41	12.29	13.12
1987	26587	6460	14237	36.02	16.94	19.08
1988	24759	6764	13720	52.20	21.90	30.30
1989	24618	7384	16729	65.28	24.45	40.83
1990	24105	7715	18887	59.37	22.58	36.79
1991	20660	7380	20566	64.23	22.07	42.16
1992	16451	7059	20592	61.36	20.89	40.47
1993	11460	7107	20255	62.39	20.77	41.62
1994	9780	7235	20080	64.49	23.38	41.11
1995	9960	7955	19475	68.09	25.76	42.33
1996	9509	8152	20420	75.61	27.35	48.26
1997	8900	7478	18857	80.26	30.52	49.74
1998	8625	7575	19851	89.36	30.09	59.27
1999	8881	7990	22480	85.98	28.16	57.82
2000	9808	9094	24926	93.02	26.88	66.14
2001	9661	8883	22176	92.23	27.08	65.15
2002	9740	9285	22802	96.11	31.42	64.68
2003	8196	6780	24128	79.31	18.56	60.74
2004	8579	8511	22018	63.17	12.49	50.68
2005	7857	7832	19567	68.69	17.15	51.55
2006	8009	7980	18727	60.66	13.73	46.93
2007	7625	7585	18130	53.19	16.25	37.94
2008	6772	5681	16150	48.36	15.92	32.44
2009	5035	5035	10699	41.04	11.21	29.83
2010	6487	6479	15000	29.37	6.93	22.44
2011	6610	6580	14310	27.39	6.98	20.40
2012	5671	5671	13322	24.96	6.49	18.47
2013	5523	5523	13759	18.06	5.88	12.18
2014	4211	4211	11805	10.06	3.09	6.97
2015	3656	3656	12973	6.71	1.56	5.15
2016	2110	2110	8197	3.97	1.26	2.71
2017	2688	2120	8364	10.72	3.71	7.01
2018	2577	2017	8695	10.13	4.22	5.91
2019	2584	2026	9225	10.16	4.07	6.09
2020	2418	1913	7620	8.10	2.53	5.57
2021	2376	1990	7974	13.03	4.95	8.08
2022	1387	1185	8838	11.83	3.94	7.89
2023	1410	1149	3000	6.02	0.61	5.41

7-7 续表1 CONTINUED

年 份 Year	畜 牧 业 Animal Husbandry				造林面积 (万亩) Areas of Forestation (10 000 mu)
	家禽饲养量 (万只) Raised Poultry (10 000 heads)	# 出栏量 Slaughtered Fattened Poultry	鲜蛋 (吨) Fresh Eggs (ton)	当年出售肉类总产量 (吨) Total Output of Meat Sold (ton)	
1979	99.59	69.71	57	6726	1.84
1980	160.90	112.63	88	4296	1.65
1981	321.84	257.42	119	2778	1.38
1982	578.61	506.31	265	4260	2.62
1983	786.79	586.40	1352	4920	2.37
1984	857.31	686.27	1137	12648	1.78
1985	1305.20	944.32	1085	22932	16.85
1986	1548.94	1115.77	1169	25323	4.01
1987	1955.78	1371.76	805	33935	15.38
1988	2634.80	1892.70	1335	47449	13.32
1989	3101.80	2291.00	1212	65300	5.33
1990	3330.80	2445.20	1895	62513	5.92
1991	3522.27	2964.39	3462	79022	13.10
1992	4063.21	2911.96	4172	74081	0.62
1993	3534.32	2668.70	2472	77254	0.15
1994	2988.07	2280.63	2100	67043	1.10
1995	2635.46	2015.59	2120	70277	1.85
1996	2111.72	1633.59	1351	64280	3.74
1997	2142.36	2142.36	1333	65911	6.27
1998	2900.24	2462.97	1421	82947	4.93
1999	3090.74	2616.25	1130	77608	3.44
2000	2340.20	1953.85	1546	79893	3.30
2001	2503.53	1871.64	922	73495	2.63
2002	2158.62	1803.00	380	75531	2.47
2003	1698.14	1515.24	289	66730	4.96
2004	1329.01	1159.61	292	55810	3.41
2005	1156.99	999.48	110	46846	3.05
2006	934.53	811.00	20	42478	2.45
2007	866.48	679.75	1176	32016	7.35
2008	903.06	764.50	838	27458	
2009	913.76	732.78	282	25525	1.85
2010	703.03	568.39	406	18992	1.87
2011	582.74	456.06	654	17142	1.55
2012	509.96	438.10	902	15066	1.30
2013	264.01	184.47	304	11149	0.81
2014	287.86	247.71	242	6422	0.29
2015	260.64	225.18	27	4597	0.34
2016	73.99	61.46		2587	
2017	168.47	127.90	1359	8019	0.61
2018	256.54	141.20	1465	5966	0.62
2019	211.27	163.77	1489	6192	0.78
2020	192.85	142.60	1460	5686	4.38
2021	173.57	138.96	1360	7356	1.63
2022	175.16	149.73	941	8130	1.01
2023	117.27	95.46	757	6789	0.67

注：2023年口径调整，家禽中不再包含鸽子。
Note: Since 2023, the coverage of poultry has been adjusted,which excludes pigeons.

7-7 续表2 CONTINUED

年 份 Year	渔 业 Fishery							
	水产品生产总量（吨） Total Output of Aquatic Products (ton)	1.海水产品（吨） Seawater Aquatic Products (ton)	#鱼 类 Fish	2.淡水产品（吨） Freshwater Aquatic Products (ton)	#鱼 类 Fish	养殖面积（万亩） Cultured Areas of Aquatic (10 000mu)	1.海水面积 Seawater	2.淡水面积 Freshwater
1979	7039	6068		971				1.13
1980	7667	5315		2352				3.27
1981	7410	5048		2362				3.54
1982	10406	6128		4278				4.24
1983	12303							
1984	16086							4.68
1985	16762	4485		12277				8.84
1986	23654	5595	3716	18059		19.33	7.88	11.45
1987	26889	17363		9526		21.16	13.40	7.76
1988	31535	20923	16515	10612	6860	20.92	7.53	13.39
1989	32148	20153	16454	11995	11995	21.36	14.18	7.18
1990	38587	24239	18420	14348	13793	21.88	14.73	7.15
1991	41740	12076	8402	29664	29664	16.91	7.81	9.10
1992	44349	27558	18488	16791	15836	18.77	13.64	5.13
1993	31104	11527	8423	19577	19577	11.77	5.90	5.87
1994	28196	10661	6733	17535	17535			
1995	37394	30041	26438	7353	7353			
1996	41183	21957	17718	19226	19188	16.00	13.60	2.40
1997	55569	47687	32229	7882	7773	13.47	10.82	2.65
1998	58315	50352	32371	7963	7962	13.61	10.52	3.09
1999	59764	52410	34888	7354	7334	11.19	8.16	3.03
2000	59881	51191	31649	8690	8690	11.41	8.50	2.91
2001	65784	56566	32850	9218	9218	10.84	7.20	3.64
2002	64059	54757	22248	9302	9116	9.31	6.59	2.72
2003	85324	77506	50446	7818	7610	8.81	6.89	1.92
2004	96682	88718	67553	7964	6899	7.33	5.61	1.71
2005	81764	74560	55435	7204	7038	7.19	5.84	1.35
2006	56126	51411	33443	4715	4697	6.91	5.86	1.05
2007	34068	31173	21708	2895	2765	4.67	3.93	0.74
2008	38468	37126	27547	1342	1232	3.76	3.07	0.69
2009	30329	28544	17391	1785	1714	3.03	2.62	0.41
2010	27230	25302	13010	1928	1838	2.92	2.51	0.41
2011	24929	23488	13795	1441	1306	2.92	2.51	0.41
2012	28738	27430	17784	1308	1253	1.75	1.50	0.25
2013	19107	18062	14287	1045	990	1.71	1.50	0.21
2014	27205	26285	17867	920	865	0.57	0.41	0.16
2015	39777	38796	30407	981	918	0.46	0.39	0.07
2016	39624	39294	30907	330	330	0.45	0.40	0.05
2017	82905	80164	54335	2741	2683	0.31	0.31	
2018	78453	75685	44741	2768	2701	1.32	0.94	0.38
2019	84444	81540	49463	2904	2779	1.59	1.25	0.34
2020	75578	72664	40660	2914	2824	0.37	0.37	
2021	79697	76604	45757	3093	3009	1.43	1.04	0.39
2022	82678	75449	45398	7229	5974	1.91	1.36	0.56
2023	102676	95748	66261	6928	6750	1.84	1.28	0.56

注： 2020年渔业养殖面积不包含深汕合作区。

Note: The area of aquaculture didn't include Shenzhen-Shanwei Special Cooperation Zone in 2020.

主要统计指标解释

农林牧渔业总产值　是以货币表现的农林牧渔业的全部产品总量和对农林牧渔业生产活动进行的各种支持性服务活动的价值。它反映一定时期内农林牧渔业生产总规模和总成果，是观察农林牧渔业生产水平和发展速度，研究农林牧渔业内部比例关系、农林牧渔业与工业、农林牧渔业与国家建设、人民生活比例关系的重要指标，同时也是计算农林牧渔业劳动生产率和农林牧渔业增加值的基础资料。

农林牧渔业总产值的计算，一般采用“产品法”，即凡有产品产量的，都按单位产品价格乘产量的办法求得每种产品产量的产值，然后相加求得各业的产值，最后各业相加求出农林牧渔业总产值。

农作物播种面积　是指一定生产季节结束时实际播种或移植有农作物的面积。播种面积的大小，反映农作物的生产规模和耕地的利用程度。正确地核算播种面积，对于组织农业生产活动，计算农作物产量，研究农作物的种植结构和分布情况以及制定各项增产技术措施，都是非常必要的。

播种面积的统计年度，凡是能在本日历年度内(自1月1日至12月31日)收获的农作物(包括上年秋冬播和本年春播、夏播以及南方地区的晚秋播而在本年收获的全部作物)播种面积，都包括在内。

粮食产量　指全社会的产量。包括国有经济经营的、集体统一经营的和农民家庭经营的粮食产量，还包括工矿企业办的农场和其他生产单位的产量。粮食除包括稻谷、小麦、玉米、高粱、谷子及其他杂粮外，还包括薯类和豆类。其产量计算方法，豆类按去豆荚后的干豆计算；薯类(包括甘薯和马铃薯，不包括芋头和木薯)1963年以前按每4公斤鲜薯折1公斤粮食计算，从1964年开始改为按5公斤鲜薯折1公斤粮食计算。城市郊区作为蔬菜的薯类(如马铃薯等)按鲜品计算，并且不作粮食统计。其他粮食一律按脱粒后的原粮计算。1989年以前全国粮食产量数据主要靠全面报表取得，1989年开始使用抽样调查数据。

水产品产量　指人工养殖的水产品和天然生长的水产品的捕捞量。包括海水的鱼类、虾蟹类、贝类和藻类以及内陆水域的鱼类、虾蟹类和贝类，不包括淡水生植物。水产品产量是通过各级水产和统计部门逐级上报取得数据。1995年及以前，贝类中牡蛎按鲜肉计算；蚶、蛤、蛙按5斤鲜品折1斤计算。1996年以后则统一按鲜品计算。

Explanatory Notes on Main Statistical Indicators

Gross Output Value of Agriculture,Forestry,Animal Husbandry and Fishery refers to the total volume of products of farming, forestry, animal husbandry, and fishery and the value of various services supporting the production of farming, forestry, animal husbandry and fishery in monetary terms, which reflects the total scale and total results of farming, forestry, animal husbandry and fishery production during a given period of time. It is an important indicator to observe the production level and development speed of farming, forestry, animal husbandry and fishery, to study the internal structure of farming, forestry, animal husbandry and fishery, and to review the proportionate relationship of farming, forestry, animal husbandry and fishery to industry, to national construction and to people's life. It is also the foundation for calculating the labor productivity and value-added of farming, forestry, animal husbandry and fishery.

Generally, the gross output value of farming, forestry, animal husbandry and fishery is calculated with the production approach. Where applicable, the gross output value of each single product is obtained by multiplying the output of each product by its price. These values are then summed up to obtain the output value of each sector. The sum of output values of all sectors is the gross output value of farming, forestry, animal husbandry and fishery.

Area of Regularly Cultivated Land refers to farmland among the total land resources which is exclusively used for farming and is under regular cultivation with harvest in normal years. Included are currently cultivated land, land that has been abandoned or put in idle for less than 3 years and is available for recultivation at any time, newly-claimed land that has been put into cultivation for more than 3 years, and ditches, trenches, roads, and ridges with a width of less than 1 meter. Excluded under this category are steep slope land over 25 degrees under temporary cultivation, stretches or scattered plots temporarily claimed along river bends, lake sides or banks of reservoirs, as well as land that has been designated under the "Green for Grain" programmes of the state and provincial governments but is still temporarily under cultivation. Regularly cultivated land is classified into basic farmland and odd pieces of land used for cultivation.

Grain Output refers to the total output in the whole country including grains produced by State farms, collective units, rural households, as well as by farms affiliated to industrial and mining enterprises and other production units. Grain includes rice, wheat, corn, sorghum, millet and other miscellaneous grains as well as tubers and beans. Output of beans refers to dry beans without pods. The output of tubers (sweet potatoes and potatoes, not including taros and cassava) are converted into that of grain at the ratio 4:1, i.e. 4 kilograms of fresh tubers were equivalent to 1 kilogram of grain up to 1963. Since 1964 the ratio for conversion has been 5:1. Tubers supplied as vegetables (such as potatoes) in cities and suburbs are calculated as fresh vegetables and their output is not included in the output of grain. Output of all other grains refers to husked grain. Data on grain production before 1989 were obtained through the Comprehensive Statistical Reporting System. Since 1989, data from sample surveys are used.

Output of Aquatic Products refers to catches of both artificially cultured and naturally grown aquatic products, including fish, shrimps, crabs and shellfish in sea and inland water as well as seaweed. Freshwater plants are not included. Data on output of aquatic products are reported by aquatic product and statistical agencies level by level. Before 1995, among the shellfish, oyster was counted as fresh meat; 5 kilograms of ark shell, clams and frogs are equivalent to 1 kilogram of fresh aquatic products; they have all been counted as fresh aquatic products since 1996.

08 第八部分 固定资产投资

INVESTMENT IN FIXED ASSETS

CHAPTER

8-1 固定资产投资主要指标（2018-2023年）

MAIN INDICATORS OF INVESTMENT IN FIXED ASSETS（2018-2023）

项 目	Item	2018	2019	2020	2021	2022	2023
投资完成额比上年增长(%)	**Growth Rate of Investment over Preceding Year(%)**	**20.6**	**18.8**	**8.2**	**3.7**	**8.4**	**11.0**
#房地产开发	Real Estate Development	23.6	15.9	16.4	-15.4	13.3	10.6
按登记注册类型分	Grouped by Status of Registration						
内资	Domestic	25.2	18.0	11.1	1.1	8.8	14.1
国有	State-owned	36.7	38.2	13.0	16.8	5.4	23.2
集体	Collective-owned	682.7	-64.0	-18.5	-0.1	-1.1	3.2
其他	Others	16.7	10.4	10.1	-9.2	11.8	6.9
港澳台投资	Funds from Hong Kong,Macao and Taiwan	-22.6	-0.5	-17.7	49.2	22.8	-18.3
外商投资	Foreign Funded	30.3	75.0	-14.3	16.0	-23.0	-9.5
按构成分	Grouped by Use of Funds						
建筑安装工程	Construction and Installation	10.6	18.5	7.8	9.5	2.2	9.7
设备工具器具购置	Purchase of Equipments and Instruments	10.5	1.6	-0.4	40.4	-3.6	34.8
其他费用	Others	45.1	25.1	11.1	-13.4	24.0	5.4
按三次产业分	Grouped by Three Strata of Industry						
第一产业	Primary Industry	-91.3	1000.6	3.5	-24.6	-97.4	18465.0
第二产业	Secondary Industry	7.0	12.6	0.9	27.2	19.3	43.1
第三产业	Tertiary Industry	23.4	19.9	9.4		6.2	3.7
本年实际到位资金比上年增长(%)	**Growth Rate of Actual Funds Available for Investment over Preceding Year(%)**	**17.7**	**13.9**	**9.7**	**20.6**	**-6.2**	**8.8**
国家预算资金	State and Local Budget	27.3	38.7	14.2	15.2	6.9	9.6
国内贷款	Domestic Loans	-0.4	-4.4	13.6	6.8	-17.7	35.6
利用外资	Foreign Investment	-32.7	-77.4	96.2	-70.3	452.1	2.7
自筹资金	Self-raised Funds	21.8	5.8	9.5	18.6	19.7	-4.0
其他资金	Others	29.0	30.6	4.7	36.4	-33.5	14.9
房屋建筑面积(万平方米)	**Floor Space of Buildings (10 000 sq.m)**						
施工面积	Floor Space under Construction	21.9	12.5	21.3	8.6	4.3	2.2
竣工面积	Floor Space Completed	4.3	77.7	12.0	5.4	9.7	24.6
商品房屋销售面积(万平方米)	**Floor Space of Commercial Buildings(10 000 sq.m)**	**7.6**	**14.5**	**12.4**	**-11.6**	**-15.5**	**12.8**
#住宅	Residential Buildings	10.0	14.9	17.3	-16.7	-21.5	19.2

注： 1. 2011年起固定资产投资项目统计起点由50万元提高至500万元，且不包含农村农户投资；2010年以前为全社会固定资产投资，后同。

Notes: Since 2011,the cut-off point of investment statistics is changed from a minimum of 500,000 yuan to a minimum of 5,000,000 yuan, and the data do not include the investment made by rural households. Data before 2010 refer to total investment in fixed assets. The same applies to all tables following.

2. 2011年报起，原国家预算内资金改为国家预算资金，后同。

Since 2011, state budget is changed to state and local budget.The same applies to all tables following.

3. 2018年起，资金来源指标不包含5000万元以下项目数据，增速为可比口径，后同。

Since 2018, sources of funds for investment do not include projects under 50 million yuan. The growth rate is calculated by comparable coverage, and the same applies to the following table.

4. 根据第三次全国农业普查统计执法检查和第四次全国经济普查单位清查，2018年固定资产投资增速按可比口径计算，后同。

According to comparable statistics The Third National Agricultural Census Law Enforcement Inspection, investigation of those census during the Fourth National Economic Census, growth rate of investment in fixed assets in 2018 are calculated with comparable coverage. The same applies to the following tables.

5. 原按财务拨款改为本年实际到位资金，后同。

Source of Funds is changed to Actual Funds Available for Investment.The same applies to all tables following.

6. 其他资金中包含债券，后同。

Other Funds include securit ies.The same applies to all tables following.

8-2 固定资产投资增长速度

GROWTH RATE OF INVESTMENT IN FIXED ASSETS

单位：% (%)

年 份 Year	固定资产投资额 Investment in Fixed Assets	非房地产开发项目 Non-Real Estate Development	房地产开发项目 Real Estate Development
1980	132.4	132.4	
1981	115.1	115.1	
1982	148.5	148.5	
1983	46.9	46.9	
1984	79.6	79.6	
1985	71.3	71.3	
1986	-25.4	-25.4	
1987	14.7	14.7	
1988	52.9	52.9	
1989	14.6	14.6	
1990	24.7	24.7	
1991	46.4	28.4	128.2
1992	95.4	62.5	179.7
1993	39.0	35.9	43.8
1994	13.8	4.5	26.9
1995	-2.2	14.1	-21.0
1996	18.7	17.3	21.1
1997	20.0	26.5	9.5
1998	22.2	22.0	22.6
1999	18.6	13.2	28.5
2000	18.9	17.4	21.2
2001	1.4	-10.9	20.9
2002	14.8	7.8	23.1
2003	20.4	34.2	6.2
2004	15.1	22.7	5.2
2005	8.2	15.2	-2.4
2006	7.7	7.0	9.1
2007	5.6	8.9	-0.2
2008	9.1	16.2	-4.5
2009	16.5	23.8	-0.7
2010	13.8	16.9	4.8
2011	6.0	4.0	12.3
2012	12.3	2.0	43.1
2013	7.6	2.3	19.0
2014	9.1	2.1	22.0
2015	21.4	19.4	24.5
2016	23.6	18.0	32.0
2017	23.8	25.4	21.6
2018	20.6	18.4	23.6
2019	18.8	21.0	15.9
2020	8.2	2.3	16.4
2021	3.7	19.2	-15.4
2022	8.4	5.5	13.3
2023	11.0	11.2	10.6

注：1993年以前房地产开发投资主要是商品房建设投资。
Note: Prior to 1993, investment in real estate development focused mainly on the construction of commercial buildings.

8-3 固定资产投资增长速度（按区域分）

单位：%

年 份 Year	全市 Total	福田区 Futian	罗湖区 Luohu	盐田区 Yantian	南山区 Nanshan	大宝安 Original Baoan
1999	18.6	16.2	30.8	27.3	9.0	20.6
2000	18.9	10.7	16.6	5.1	20.4	32.7
2001	1.4	0.5	-16.4	27.9	0.2	9.5
2002	14.8	6.9	4.6	2.1	10.0	24.7
2003	20.4	3.8	11.4	11.5	19.3	48.6
2004	15.1	1.0	-0.3	1.2	19.5	29.4
2005	8.2	-20.6	-13.7	-5.0	15.6	24.6
2006	7.7	-12.2	-8.6	15.7	9.1	14.6
2007	5.6	-5.5	-7.1	16.1	-7.2	15.3
2008	9.1	-5.8	-9.1	3.1	-4.5	21.8
2009	16.5	5.1	6.1	19.4	5.2	25.0
2010	13.8	3.6	7.1	0.1	6.1	18.1
2011	6.0	-0.4	3.3	-2.5	-0.4	10.2
2012	12.3	-7.7	13.9	5.9	9.1	16.3
2013	7.6	3.0	3.6	2.0	5.6	9.2
2014	9.1	9.6	6.7	0.3	26.2	8.6
2015	21.4	29.9	32.4	8.1	52.4	16.9
2016	23.6	27.5	46.4	23.1	40.1	18.1
2017	23.8	24.8	24.2	21.3	23.5	-17.9
2018	20.6	24.1	22.9	3.6	21.6	
2019	18.8	16.1	23.9	10.7	19.4	
2020	8.2	16.5	10.2	12.8	-6.6	
2021	3.7	-0.3	11.6	9.8	1.0	
2022	8.4	7.8	-12.7	8.2	7.3	
2023	11.0	-7.9	7.4	-15.8	12.2	

注： 2007年以来，深圳陆续设立功能新区及新行政区，表中大宝安区数据2011年及以前为原宝安区数据，2012-2016年包含宝安区、龙华新区和光明新区，2017年包含宝安区和光明新区。大龙岗区数据2011年及以前为原龙岗区数据，2012-2016年包含龙岗区、坪山新区和大鹏新区，2017年及以后包含龙岗区和大鹏新区。

Notes:Since 2007, functional zones and new administrative districts have been established in Shenzhen.The data of Original Baoan were the data of Baoan in 2011 and before,included Baoan Longhua and Guangming in 2012-2016,included Baoan and Guangming in 2017.The data of Original Longgang were the data of Longgang in 2011 and before,1,included Longgang,Pingshan and Dapeng in 2012-2016,included Longgang and Dapeng from 2017.

GROWTH RATE OF INVESTMENT IN FIXED ASSETS（GROUPED BY DISTRICT）

(%)

宝安区 Baoan	光明区 Guangming	龙华区 Longhua	大龙岗 Original Longgang	龙岗区 Longgang	坪山区 Pingshan	大鹏新区 Dapeng	深汕特别合作区 Shenzhen-Shanwei Special Cooperation Zone
			26.4				
			43.1				
			6.9				
			52.6				
			37.3				
			29.7				
			30.1				
			17.1				
			14.0				
			17.1				
			19.1				
			19.3				
			7.5				
			14.9				
15.4	8.1	2.3	8.7	10.1	7.1	1.9	
7.4	4.5	12.9	4.2	4.4	6.2	-3.1	
18.5	16.5	15.2	10.5	9.3	15.2	6.2	
19.2	12.3	20.3	16.2	16.0	20.7	2.3	
25.6	22.8	24.9	-9.8	24.0	26.8	5.2	11.5
30.3	28.8	20.9		18.7	3.5	11.8	-15.0
22.3	29.7	17.1		17.6	0.2	20.0	36.8
14.6	27.6	14.6		0.0	6.0	14.8	37.4
5.8	11.4	-10.7		0.5	15.9	28.7	32.4
8.4	7.0	5.1		9.1	25.9	14.2	37.9
9.5	15.7	20.5		5.2	20.9	8.3	54.9

8-4 固定资产投资额比重（按区域分）

单位：%

年 份 Year	全市 Total	福田区 Futian	罗湖区 Luohu	盐田区 Yantian	南山区 Nanshan	大宝安 Original Baoan
1998	100	37.2	13.6	5.9	23.2	11.6
1999	100	36.4	15.0	6.3	21.3	11.8
2000	100	33.9	14.7	5.6	21.6	13.1
2001	100	33.6	12.1	7.0	21.4	14.2
2002	100	31.3	11.0	6.2	20.5	15.4
2003	100	27.0	10.2	5.8	20.3	19.0
2004	100	23.7	8.8	5.1	21.0	21.4
2005	100	17.4	7.1	4.5	22.5	24.4
2006	100	14.1	6.0	4.8	22.8	26.2
2007	100	12.6	5.3	5.3	20.0	28.6
2008	100	10.9	4.4	5.0	17.5	31.9
2009	100	9.9	4.0	5.1	15.8	34.2
2010	100	9.0	3.8	4.5	14.8	35.5
2011	100	8.4	3.7	4.1	13.9	36.9
2012	100	6.9	3.7	3.9	13.5	38.2
2013	100	6.6	3.6	3.7	13.2	38.8
2014	100	6.7	3.5	3.4	15.3	38.6
2015	100	7.1	3.8	3.0	19.2	37.2
2016	100	7.4	4.5	3.0	21.8	35.5
2017	100	7.3	4.4	2.9	21.3	23.1
2018	100	7.5	4.5	2.5	21.5	
2019	100	7.3	4.7	2.3	21.7	
2020	100	7.9	4.8	2.4	18.7	
2021	100	7.6	5.2	2.6	18.2	
2022	100	7.6	4.2	2.6	18.0	
2023	100	6.3	4.1	1.9	18.2	

PROPORTION OF INVESTMENT IN FIXED ASSETS（GROUPED BY DISTRICT）

(%)

宝安区 Baoan	光明区 Guangming	龙华区 Longhua	大龙岗 Original Longgang	龙岗区 Longgang	坪山区 Pingshan	大鹏新区 Dapeng	深汕特别合作区 Shenzhen-Shanwei Special Cooperation Zone
			8.5				
			9.2				
			11.1				
			11.7				
			15.6				
			17.7				
			20.0				
			24.1				
			26.1				
			28.2				
			30.3				
			31.0				
			32.5				
			33.0				
16.1	8.8	13.4	33.7	22.6	8.1	3.0	
17.2	8.9	12.7	34.1	23.1	8.1	2.8	
17.0	8.5	13.1	32.5	22.2	7.9	2.5	
16.5	8.2	12.5	29.6	20.0	7.5	2.2	
16.0	7.4	12.1	27.8	18.7	7.3	1.8	
15.9	7.2	12.0	19.9	18.4	7.3	1.5	1.7
17.2	7.7	12.1		18.1	6.3	1.4	1.1
17.7	8.4	11.9		18.0	5.3	1.4	1.2
18.7	9.9	12.6		16.6	5.2	1.5	1.6
19.1	10.7	10.9		16.1	5.8	1.9	2.0
19.1	10.5	10.5	0.0	16.2	6.8	2.0	2.6
18.8	11.0	11.4		15.4	7.4	1.9	3.6

8-5 固定资产投资增长速度（按注册登记类型分）
GROWTH RATE OF IVESTMENT IN FIXED ASSETS （GROUPED BY REGISTRATION）

单位：%　　　　　　　　　　　　　　　　　　　　　　　　　　　　　　　　（%）

年 份 Year	固定资产投资额 Investment in fixed Assets	一、内资 Domestic Funded	1.国有 State-Owned	2.集体 Collective-Owned	3.其他 Others	二、港澳台商投资 Hong Kong Macao and Taiwan Funded	三、外商投资 Foreign Funded
1980	132.4	56.0	66.5	7.4	52.0	1343.1	506.4
1981	115.1	92.1	108.3	23.1	18.1	207.8	38.9
1982	148.5	238.1	261.1	138.3	-44.3	48.2	11.8
1983	46.9	57.7	47.3	212.8	331.8	8.4	60.5
1984	79.6	95.2	85.4	179.6	108.5	-2.0	102.7
1985	71.3	76.8	74.9	64.6	224.9	20.6	65.4
1986	-25.4	-57.9	-70.5	-15.8	60.3	369.5	66.2
1987	14.7	100.2	128.0	44.0	91.3	-77.0	-52.0
1988	52.9	60.3	78.2	5.1	51.5	4.2	-9.3
1989	14.6	11.5	-2.6	-38.7	127.5	34.1	87.4
1990	24.7	8.9	5.1	-14.9	22.9	164.9	153.6
1991	46.4	50.9	38.5	130.5	61.2	13.5	56.8
1992	95.4	83.3	36.0	274.0	115.9	168.8	118.5
1993	39.0	26.3	55.1	-32.0	20.3	80.1	76.8
1994	13.8	8.4	23.3	-21.4	-4.5	21.3	31.8
1995	-2.2	-15.6	-15.5	55.8	-29.0	22.4	24.6
1996	18.7	22.0	29.3	41.3	-0.7	11.3	18.8
1997	20.0	18.9	16.9	6.3	31.3	25.9	16.3
1998	22.2	34.3	21.3	36.6	63.9	-0.3	14.0
1999	18.6	9.7	11.2	4.1	9.2	48.5	16.7
2000	18.9	10.3	15.7	11.2	0.3	37.7	21.1
2001	1.4	6.0	16.2	-2.5	-11.1	-6.8	0.3
2002	14.8	12.1	4.0	12.0	33.9	19.0	17.5
2003	20.4	37.1	30.5	18.3	57.8	-4.8	6.9
2004	15.1	22.1	12.3	-27.3	52.9	-3.5	12.7
2005	8.2	-8.6	-6.3	-17.7	-10.4	78.7	-2.0
2006	7.7	16.6	-0.1	-31.0	44.6	-2.9	-5.8
2007	5.6	31.2	13.8	7.2	48.5	-26.7	-52.7
2008	9.1	17.1	19.6	38.5	14.4	-26.1	19.3
2009	16.5	22.4	47.8	22.0	3.8	-3.6	-22.4
2010	13.8	10.4	13.3	3.5	7.8	32.3	38.4
2011	6.0	10.0	-5.3	22.2	25.9	-20.2	3.7
2012	12.3	11.6	1.2	89.0	15.7	-10.5	71.0
2013	7.6	11.8	3.8	-24.8	20.8	-5.2	-29.8
2014	9.1	9.9	-7.1	28.1	19.4	1.7	4.1
2015	21.4	11.2	5.6	-68.6	18.8	114.7	102.2
2016	23.6	25.1	16.4	-44.6	29.9	35.5	-9.7
2017	23.8	31.9	45.5	11.7	26.8	7.9	-21.9
2018	20.6	25.2	36.7	682.7	16.7	-22.6	30.3
2019	18.8	18.0	38.2	-64.0	10.4	-0.5	75.0
2020	8.2	11.1	13.0	-18.5	10.1	-17.7	-14.3
2021	3.7	1.1	16.8	-0.1	-9.2	49.2	16.0
2022	8.4	8.8	5.4	-1.1	11.8	22.8	-23.0
2023	11.0	14.1	23.2	3.2	6.9	-18.3	-9.5

8-6 固定资产投资增长速度（按国民经济行业分）
GROWTH RATE OF INVESTMENT IN FIXED ASSETS （GROUPED BY NATIONAL ECONOMIC INDUSTRIES）

单位：%　　　　(%)

年份 Year	合计 Total	农、林、牧、渔业 Agriculture, Forestry,Animal Husbandry and Fishery	采矿业 Mining	制造业 Manufacturing	电力、热力、燃气及水的生产和供应业 Production and Distribution of Electricity,Heat,Gas and Water	建筑业 Construction	批发和零售业 Wholesale and Retail Trades
1980	132.4	-32.7		502.0	-65.2	98.4	141.0
1981	115.1	9.1		14.0	16.5	-56.9	86.3
1982	148.5	179.8		11.3	5.1	248.6	245.1
1983	46.9	-68.0		82.3	59.0	238.1	52.4
1984	79.6	159.5	-71.8	49.5	2003.3	215.5	110.0
1985	71.3	124.5	199.2	131.9	43.6	143.3	70.2
1986	-25.4	-36.9	29.1	21.7	-71.8	-69.4	-52.5
1987	14.7	33.5		-4.5	71.1	-38.3	-41.4
1988	52.9	25.5		115.6	114.6	106.4	95.3
1989	14.6	-11.3		5.9	-1.0	630.5	-27.6
1990	24.7	-31.4		49.3	454.6	-67.7	-49.1
1991	46.4	43.0		-18.1	3.2	-62.6	102.0
1992	95.4	97.5	-38.4	50.4	22.9	162.7	58.8
1993	39.0	47.3	-46.7	-13.9	53.2	369.3	-27.2
1994	13.8	-2.1		13.6	-19.2	86.3	40.7
1995	-2.2	-40.3		4.7	23.2	-45.3	221.2
1996	18.7	67.1		36.6	30.6	-72.3	66.2
1997	20.0	43.0		65.7	-11.3	103.5	-63.5
1998	22.2	14.5		3.1	-51.3	110.4	43.1
1999	18.6	70.6		60.8	-36.2	20.7	-1.0
2000	18.9	84.1		29.7	56.0	10.0	127.2
2001	1.4	-62.3		-14.1	133.4	-97.2	-32.7
2002	14.8	-33.8	55.2	25.4	13.4	363.9	5.1
2003	20.4	213.4	-49.8	14.4	17.6	1554.7	-42.7
2004	15.1	-81.3	2.1	67.7	94.3	-9.2	173.2
2005	8.2	-70.1	75.9	16.2	96.2		69.0
2006	7.7		-26.3	19.4	2.6		-36.0
2007	5.6		-78.0	7.2	-26.3		29.7
2008	9.1			-11.4	8.0		0.0
2009	16.5	-37.0		-11.5	35.5		-41.2
2010	13.8	938.4		43.6	-13.8		4.3
2011	6.0	-91.2		0.6	-20.1		138.7
2012	12.3	7147.5	-87.2	13.4	0.8	-75.3	8.5
2013	7.6	-24.7		-24.1	-46.5	226.2	-8.0
2014	9.1	-87.2		41.8	36.9	-77.1	30.4
2015	21.4	57.8		12.5	19.6	-62.3	0.6
2016	23.6	-57.2	-76.7	20.3	-4.0	1773.6	-24.8
2017	23.8	-22.2		28.9	61.8		33.7
2018	20.6	-34.9		4.4	24.2		-39.7
2019	18.8	47.8	117.7	8.6	19.7	31.7	-2.3
2020	8.2	74.4	133.7	-5.1	10.4	-100.0	-24.1
2021	3.7	-55.3	48.1	22.5	41.7		29.1
2022	8.4	-97.4	73.0	15.4	16.6		164.0
2023	11.0	26000.0	6.9	53.8	18.5	380.2	-64.9

单位:%

年 份 Year	交通运输、仓储和邮政业 Transportation, Storage and Post Services	住宿和餐饮业 Hotels and Catering Services	信息传输、软件和信息技术服务业 Information Transmission, Software and Information Technology	金融业 Financial Intermediation	房地产业 Real Estate	租赁和商务服务业 Leasing and Business Services
1980	519.0	139.8	163.2	113.9	7.4	
1981	-75.8	86.4	36.5	84.4	438.5	992.4
1982	671.0	245.3	37.0	85.2	184.8	80.2
1983	132.4	52.4	248.7	87.1	64.3	43.0
1984	44.6	110.0	44.6	251.2	195.3	-35.4
1985	117.9	70.2	117.9	186.7	62.6	87.1
1986	-29.9	-52.5	-29.9	44.9	-35.0	-38.6
1987	11.5	-41.4	11.5	-27.5	72.8	-46.5
1988	92.0	95.3	92.0	-95.3	26.8	206.2
1989	92.3	-27.6	92.3	1460.8	-18.8	-26.2
1990	19.4	-49.1	19.4	-94.1	42.4	-20.9
1991	53.6	29.8	53.6	165.2	96.1	291.0
1992	64.3	58.8	64.3	-15.3	181.6	-2.9
1993	21.4	-27.2	21.4	1317.3	32.9	370.5
1994	59.8	40.8	59.8	15.3	14.8	-20.6
1995	-16.8	221.2	-16.8	125.9	-11.4	5.5
1996	18.1	-3.0	18.1	34.2	22.7	-14.9
1997	35.4	-2.7	35.4	-78.2	10.9	66.2
1998	4.5	-35.7	4.5	-51.1	31.5	1.7
1999	-32.4	-2.2	-32.4	59.3	17.8	-13.7
2000	42.5	1.1	42.5		22.2	-6.6
2001	-23.2	-7.3	-23.2		7.6	-21.8
2002	-15.2	-47.6	-15.2		25.3	-36.1
2003	214.3	-94.0	214.3	-39.3	14.9	-64.8
2004	-10.8	6402.1	44.0	13.0	-2.6	74.1
2005	72.5	17.0	-24.0	320.9	-11.4	282.5
2006	32.2	131.7	-37.7	-54.5	7.5	22.1
2007	48.0	-48.5	10.2	27.1	-0.3	-79.3
2008	13.8	125.9	-28.2	329.6	5.3	23.9
2009	39.6	-13.4	79.7	43.0	4.6	397.6
2010	-7.3	-17.7	115.7	114.6	1.9	3.8
2011	-7.9	180.9	10.2	-49.9	21.8	50.6
2012	-24.7	65.5	10.4	328.7	41.2	180.2
2013	67.2	-42.7	-31.2	-27.3	27.8	-20.5
2014	-18.3	51.2	-11.3	1.3	10.0	-49.7
2015	14.9	-33.3	52.1	66.6	21.0	282.2
2016	12.5	-54.8	122.3	4.5	26.0	-11.9
2017	13.8	13.3	-8.4	-22.5	24.2	84.2
2018	14.1	312.9	39.7	19.8	22.6	60.8
2019	23.3	-32.6	12.7	87.5	12.0	34.8
2020	10.5	-26.0	14.5	-4.6	10.6	-25.1
2021	35.5	387.9	-0.4	-35.0	-6.1	-15.6
2022	8.3	-54.8	43.8	17.1	7.4	-17.8
2023	-25.1	-55.9	-8.8	-28.8	9.9	19.5

CONTINUED

(%)

科学研究和技术服务业 Scientific Research and Technical Services	水利、环境和公共设施管理业 Management of Water Conservancy, Environment and Public Facilities	居民服务、修理和其他服务业 Services to Households, Repair and Other Services	教育 Education	卫生和社会工作 Health and Social Work	文化、体育和娱乐业 Culture, Sports and Entertainment	公共管理、社会保障和社会组织 Public Management, Social Security and Social Organizations
41.7	64.5					57.7
105.5	993.3	1004.1	94.4	17.8	95.8	16.6
41.2	82.3	80.2	156.9	140.2	791.0	418.1
33.6	43.3	42.9	-10.0	111.4	1.5	28.6
154.9	-36.0	-35.4	718.8	103.0	24.4	31.1
0.7	87.4	87.2	-1.1	178.3	24.5	19.0
22.9	-37.9	-38.6	30.0	-53.3	26.5	4.1
61.0	20.1	-46.5	-45.9	-11.5	-27.7	-10.5
27.6	34.7	206.1	2.3	44.6	-19.9	79.5
2.5	-23.0	-26.2	125.3	21.9	345.8	10.5
0.0	-2.7	-20.9	-30.6	-20.5	-44.3	-51.4
93.0	222.2	291.0	42.5	408.2	61.8	43.1
-8.5	5.4	-2.9	11.2	-26.2	45.4	52.3
11.5	315.5	370.5	-3.3	55.6	-25.4	-35.0
14.8	-18.6	-20.6	36.1	2.4	-0.2	143.3
11.6	11.5	5.5	67.4	42.5	46.9	78.1
38.0	-11.8	-14.9	43.3	4.8	10.3	20.3
-19.9	71.3	-13.3	91.2	28.7	9.2	-0.3
7.8	73.7	-24.3	22.0	73.6	-6.5	9.3
45.7	42.5	-59.5	10.0	0.5	59.0	5.4
52.7	-19.7	-12.6	10.9	6.1	-15.1	76.7
49.9	10.5	-52.3	-2.1	-15.4	58.7	-21.4
-38.4	-13.5	11.8	13.7	-25.4	-10.6	-5.5
-27.2	-27.2	-48.9	11.7	-30.6	70.8	6.1
86.1	57.5	-44.8	11.4	143.7	-9.5	0.4
-33.4	9.6		-14.7	13.9	-23.5	37.6
-13.9	-7.5		-4.3	-43.5	-3.7	-56.8
17.2	-35.7	2056.7	-29.5	62.2	1.6	333.7
676.0	136.5	256.0	-21.5	25.0	86.0	-37.4
-9.6	31.2	20.0	76.5	145.1	31.8	87.3
90.0	60.9	-92.2	160.1	2.0	31.4	-38.1
-46.9	12.5	347.6	48.7	-7.1	-21.9	-33.2
-20.8	-28.6	89.6	1.6	22.9	-41.9	44.3
41.0	-15.6	13.0	-44.4	-1.5	-0.9	-59.1
62.5	27.5	15.8	16.2	-29.1	-43.9	-29.3
86.4	4.0	116.4	37.0	149.2	33.8	-65.3
15.2	42.9	-19.3	79.3	-13.0	88.4	275.7
28.1	52.4	-9.9	28.5	48.5	-37.1	120.2
-16.1	28.1	-88.8	33.8	14.4	82.5	22.2
24.7	45.2	167.8	47.0	22.7	21.4	-1.5
-54.5	4.7	113.5	66.6	94.4	30.1	28.0
89.4	-25.1	-21.5	39.2	18.6	66.7	12.3
-15.0	-9.9	-16.5	-13.0	64.1	22.9	6.4
96.3	16.8	111.9	17.0	-10.4	29.4	27.1

8-7 固定资产投资额比重（按注册登记类型分）

PROPORTION OF INVESTMENT IN FIXED ASSETS（GROUPED BY REGISTRATION）

单位：%　　　　(%)

年 份 Year	固定资产投资额 Investment in Fixed Assets	一、内资 Domestic Funded	1.国有 State-owned	2.集体 Collective-owned	3.其他 Others	二、港澳台商投资 Hongkong Macao and Taiwan Funded	三、外商投资 Foreign Funded
1979	100	90.8	69.2	14.5	7.1	4.2	5.0
1980	100	60.9	49.6	6.7	4.6	25.9	13.1
1981	100	54.4	48.0	3.8	2.5	37.1	8.5
1982	100	74.1	69.8	3.7	0.6	22.1	3.8
1983	100	79.5	70.0	7.8	1.7	16.3	4.2
1984	100	86.4	72.3	12.2	1.9	8.9	4.7
1985	100	89.2	73.8	11.7	3.7	6.3	4.5
1986	100	50.4	29.2	13.2	7.9	39.5	10.1
1987	100	87.8	58.0	16.6	13.2	7.9	4.2
1988	100	92.1	67.6	11.4	13.1	5.4	2.5
1989	100	89.6	57.4	6.1	26.0	6.3	4.1
1990	100	78.2	48.4	4.2	25.7	13.4	8.4
1991	100	80.7	45.8	6.5	28.3	10.4	9.0
1992	100	75.7	31.9	12.5	31.2	14.3	10.0
1993	100	68.7	35.6	6.1	27.0	18.5	12.7
1994	100	65.5	38.6	4.2	22.7	19.7	14.8
1995	100	56.5	33.3	6.7	16.5	24.7	18.8
1996	100	58.0	36.3	8.0	13.8	23.2	18.8
1997	100	57.5	35.3	7.1	15.1	24.3	18.2
1998	100	63.2	35.1	7.9	20.2	19.8	17.0
1999	100	58.5	32.9	7.0	18.6	24.8	16.7
2000	100	54.2	32.0	6.5	15.7	28.8	17.0
2001	100	56.7	36.7	6.3	13.8	26.4	16.8
2002	100	55.4	33.2	6.1	16.0	27.4	17.2
2003	100	63.1	36.0	6.0	21.0	21.7	15.3
2004	100	66.9	35.1	3.8	27.9	18.2	15.0
2005	100	56.5	30.4	2.9	23.1	30.0	13.6
2006	100	61.1	28.2	1.9	31.0	27.0	11.9
2007	100	76.0	30.4	1.9	43.6	18.7	5.3
2008	100	81.5	33.4	2.4	45.6	12.7	5.8
2009	100	85.6	42.3	2.5	40.8	10.5	3.9
2010	100	83.1	42.2	2.3	38.6	12.2	4.7
2011	100	86.2	37.7	2.6	45.9	9.2	4.6
2012	100	85.7	33.9	4.4	47.3	7.3	7.0
2013	100	89.0	32.8	3.1	53.1	6.5	4.6
2014	100	89.6	27.9	3.6	58.1	6.0	4.4
2015	100	82.3	31.0	2.9	48.4	11.5	6.1
2016	100	83.0	22.8	0.4	59.8	11.7	5.3
2017	100	86.7	26.3	0.4	60.0	10.0	3.3
2018	100	90.0	29.9	2.0	58.1	6.4	3.6
2019	100	89.4	34.8	0.6	54.0	5.4	5.2
2020	100	91.8	36.3	0.5	55.0	4.1	4.2
2021	100	89.5	40.9	0.4	48.1	5.9	4.6
2022	100	89.9	39.8	0.4	49.6	6.7	3.3
2023	100	92.4	44.2	0.4	47.8	4.9	2.7

8-8 固定资产投资资金来源增长速度

GROWTH RATE OF INVESTMENT IN FIXED ASSETS BY SOURCE OF FUNDS AND STRUCTURE OF INVESTMENT

单位：% (%)

年 份 Year	本年实际到位资金 Actual Funds Available for Investment	国家预算资金 State and Local Budget	国内贷款 Domestic Loans	利用外资 Foreign Investment	自筹资金 Self-raised Funds	其他资金 Others
1991	17.3	-24.1	67.4	-24.8	16.8	53.4
1992	31.2	-75.0	19.9	-29.3	74.9	41.5
1993	61.2		6.6	78.9	81.8	104.8
1994	7.1		-28.6	12.0	23.2	-10.5
1995	4.8		-4.7	31.9	9.6	-43.2
1996	9.7		13.5	40.7	2.4	-4.9
1997	33.1		-17.1	61.1	38.2	-22.0
1998	5.7		22.5	-75.4	34.9	32.0
1999	18.6	930.7	52.7	74.3	6.3	57.8
2000	5.1	-51.5	-27.8	-18.6	15.7	-8.4
2001	4.4	178.1	70.0	-27.0	1.8	-52.7
2002	4.7	-89.1	5.9	106.4	2.1	-34.1
2003	40.5	-19.5	50.4	10.6	40.6	168.3
2004	33.0	420.5	45.3	53.3	23.4	178.6
2005	19.4	309.0	39.6	55.1	13.3	-47.5
2006	18.0	-67.8	49.1	47.8	8.8	-29.8
2007	-1.0	92.0	29.8	7.3	-20.7	271.7
2008	157.1	-90.0	128.7	-21.6	177.5	720.9
2009	13.4	1271.3	13.3	-35.9	8.2	42.3
2010	5.2	-11.5	-7.9	-19.3	14.3	3.0
2011	8.9	-48.7	5.6	-38.5	21.6	-17.4
2012	12.2	7568.1	-12.8	48.9	-3.2	17.8
2013	24.6	-5.2	35.7	9.3	9.5	90.5
2014	-1.8	21.9	4.2	-41.9	7.8	-33.4
2015	54.3	4.6	45.4	-60.3	37.9	160.9
2016	4.6	4.2	13.4	-89.0	-3.3	12.7
2017	3.8	73.3	37.2	1686.6	-11.3	-18.2
2018	17.7	27.3	-0.4	-32.7	21.8	29.0
2019	13.9	38.7	-4.4	-77.4	5.8	30.6
2020	9.7	14.2	13.6	96.2	9.5	4.7
2021	20.6	15.2	6.8	-70.3	18.6	36.4
2022	-6.2	6.9	-17.7	452.1	19.7	-33.5
2023	8.8	9.6	35.6	2.7	-4.0	14.9

注：1991年及以后的资金来源为财务拨贷款数，各项相加不等于投资总额；从2012年定报开始，资金来源中的“国家预算内资金”改为“国家预算资金”，包括中央预算资金和地方预算资金，口径有所扩大；2018年资金来源不含5000万元以下项目。

Note: Source of funds for investment since 1991 refers to financial appropriations, which do not add up to total investment.Since 2012,state budget is changed to state and local budget.Since 2018, sources of funds for Investment do not include projects under 50 million yuan.

8-9 各区按登记注册类型分固定资产投资增长速度（2023年）

GROWTH RATE OF INVESTMENT IN FIXED ASSETS BY STATUS OF REGISTRATION AND DISTRICT（2023）

单位：%　　　　(%)

地 区 District		总计 Total	一、内资 Domestic Funded	二、港澳台商投资 Hongkong Macao and Taiwan Funded	三、外商投资 Foreign Funded
全市总计	**Total**	**11.0**	**14.1**	**-18.3**	**-9.5**
福田区	Futian	-7.9	-8.2	-14.7	27.5
罗湖区	Luohu	7.4	12.9	-62.5	6.8
盐田区	Yantian	-15.8	-16.4	90.8	-41.3
南山区	Nanshan	12.2	13.3	-9.4	169.0
宝安区	Baoan	9.5	13.8	-27.3	-16.3
龙岗区	Longgang	5.2	5.7	-38.4	26.4
龙华区	Longhua	20.5	24.5	-31.7	4.1
坪山区	Pingshan	20.9	34.6	-42.6	-51.5
光明区	Guangming	15.7	21.9	-21.7	-73.8
大鹏新区	Dapeng	8.3	8.6	6.8	-10.0
深汕特别合作区	Shenzhen-Shanwei Special Cooperation Zone	54.9	48.2	1602.0	

8-10　各区按主要行业分固定资产投资增长速度（2023年）

GROWTH RATE OF INVESTMENT IN FIXED ASSETS IN BY DISTRICT AND SECTOR（2023）

单位：%　　　　(%)

地区	District	合计 Total	农、林、牧、渔业 Agriculture, Forestry, Animal Husbandry and Fishery	采矿业 Mining	制造业 Manu-facturing	电力、热力、燃气及水的生产和供应业 Production and Distribution of Electricity,Heat, Gas and Water	建筑业 Construction	批发和零售业 Wholesale and Retail Trades
全市总计	**Total**	**11.0**	**26000.0**	**6.9**	**53.8**	**18.5**	**380.2**	**-64.9**
福田区	Futian	-7.9			2.2	-1.6	371.3	-61.2
罗湖区	Luohu	7.4			-57.2	18.2		1376.7
盐田区	Yantian	-15.8			33.4	28.2		-17.3
南山区	Nanshan	12.2		6.9	15.0	-7.4		-84.9
宝安区	Baoan	9.5			40.5	-6.6		-40.2
龙岗区	Longgang	5.2	-100.0		75.5	-7.3		-53.5
龙华区	Longhua	20.5			107.0	7.6		68.0
坪山区	Pingshan	20.9			77.7	78.8		-31.8
光明区	Guangming	15.7			19.3	86.0		-72.5
大鹏新区	Dapeng	8.3			-47.8	26.2		
深汕特别合作区	Shenzhen-Shanwei Special Cooperation Zone	54.9			31.6	332.4		

8-10 续表1 CONTINUED

单位：% (%)

地区	District	交通运输、仓储和邮政业 Transport, Storage and Post	住宿和餐饮业 Hotels and Catering Services	信息传输、软件和信息技术服务业 Information Transmission, Software and Information Technology	金融业 Financial Interme-diation	房地产业 Real Estate	租赁和商务服务业 Leasing and Business Services	科学研究和技术服务业 Scientific Research and Technical Services
全市总计	**Total**	**-25.1**	**-55.9**	**-8.8**	**-28.8**	**9.9**	**19.5**	**96.3**
福田区	Futian	-17.7	-10.9	29.6	-26.6	-5.0	-55.1	5.3
罗湖区	Luohu	-47.0	-68.4	14.2		8.4		609.3
盐田区	Yantian	-24.1	407.8	130.6		-10.9	-50.4	732.6
南山区	Nanshan	-60.4	-23.1	15.6	-28.0	22.7	199.8	435.1
宝安区	Baoan	-20.2	-63.7	-37.9	-51.3	16.2	35.6	3.1
龙岗区	Longgang	-15.6	-78.7	-48.4	-51.6	-4.9	-11.1	-70.4
龙华区	Longhua	-17.2	85.1	-50.9		5.9	-84.8	31.8
坪山区	Pingshan	-16.1		96.1		13.3	-98.9	-53.6
光明区	Guangming	-23.7	81.5	69.7		13.9	-34.3	25.7
大鹏新区	Dapeng	39.9	-74.5	-29.5		28.0	-24.4	472.5
深汕特别合作区	Shenzhen-Shanwei Special Cooperation Zone	72.6		395.6		34.1	668.9	

8-10 续表2 CONTINUED

单位：%　　　　(%)

地 区 District		水利、环境和公共设施管理业 Management of Water Conservancy, Environment and Public Facilities	居民服务、修理和其他服务业 Services to Households, Repair and Other Services	教育 Education	卫生和社会工作 Health and Social Work	文化、体育和娱乐业 Culture, Sports and Entert-ainment	公共管理、社会保障和社会组织 Public Management, Social Security and Social Organizations
全市总计	**Total**	**16.8**	**111.9**	**17.0**	**-10.4**	**29.4**	**27.1**
福田区	Futian	25.7	130.6	7.4	-57.7	35.2	13.6
罗湖区	Luohu	34.0		-2.0	88.4	138.7	29.3
盐田区	Yantian	-45.1		-77.3	-32.0	2263.7	53.7
南山区	Nanshan	53.8	15.1	36.7	49.0	32.0	32.9
宝安区	Baoan	20.7		-4.4	47.3	94.9	323.2
龙岗区	Longgang	-5.4	101.3	18.0	-7.4	65.2	-43.1
龙华区	Longhua	22.1	-100.0	19.7	-26.9	-6.5	-3.7
坪山区	Pingshan	47.2		-32.3	-76.1	-28.2	503.1
光明区	Guangming	6.2	176.5	30.3	-10.6	44.3	75.2
大鹏新区	Dapeng	68.1		17.7	-31.7	-24.8	62.8
深汕特别合作区	Shenzhen-Shanwei Special Cooperation Zone	29.3		123.7	647.4	-3.8	506.7

8-11 国有经济固定资产投资主要指标（2019-2023年）
MAIN INDICATORS OF INVESTMENT IN FIXED ASSETS OF STATE -OWNED ECONOMY（2019-2023）

单位：亿元　　(100 million yuan)

项　目	Item	2019	2020	2021	2022	2023
建设项目个数（个）	**Number of Projects(unit)**					
施工项目	Projects under Construction	1926	1255	3633	3770	4208
全部建成投产项目	Projects Completed and Put into Use	922	240	1001	844	993
投资总额	**Total Investment**	**2557.73**	**2891.07**	**3376.26**	**3559.19**	**4384.40**
#住宅	Residential Buildings	137.15	165.86	254.38	392.70	468.04
按构成分	Grouped by Structure of Investment					
建筑安装工程	Construction and Installation	1798.71	2134.24	2324.53	2338.17	2652.41
设备工具器具购置	Purchase of Equipment and Instruments	114.28	171.33	280.23	267.81	443.46
其他费用	Others	644.75	585.51	771.50	953.25	1288.52
按建设性质分	Grouped by Type of Construction					
#新建	New Construction	2356.39	2561.47	3011.81	3197.87	3991.85
#扩建	Expansion	90.05	144.10	135.61	135.86	137.92
#改建	Reconstruction	90.71	161.89	187.52	181.06	196.81
按资金来源分	Grouped by Source of Funds	2067.41	1964.11	2976.21	2603.93	4647.33
国家预算资金	State and Local Budget	1072.09	1202.77	1520.98	1619.99	1783.24
国内贷款	Domestic Loans	259.09	302.22	538.43	469.61	635.32
利用外资	Foreign Investment				0.15	0.42
自筹资金	Self-raising Funds	485.33	348.72	654.03	349.94	2078.14
其他资金	Others	250.91	110.40	262.77	164.23	150.21
新增固定资产	**Newly IncreasedFixed Assets**	**533.26**	**367.76**	**677.07**	**744.45**	**1254.81**
房屋建筑面积（万平方米）	Floor Space of Buildings(10 000 sq.m)					
施工面积	Floor Space under Construction	2270.36	834.83	966.24	1183.70	1377.41
竣工面积	Floor Space Completed	97.41	41.61	30.54	48.42	95.11
#住宅	Residential Buildings	14.01	20.43	13.42	7.90	41.54

注：　建设项目个数不含房地产开发部分。
Note: Number of projects exclude real estate development.

8-12 各区按构成和建设性质分城镇固定资产投资增长速度（2023年）
GROWTH RATE OF INVESTMENT IN FIXED ASSETS IN URBAN AREA BY COMPOSITION OF FUNDS, TYPE OF CONSTRUCTION AND DISTRICT（2023）

单位：%　　　　(%)

地 区 District		投资额 Total Investment	按构成分 By Composition of Funds			按建设性质分 By Type of Construction		
			建筑安装工程 Construction and Installation	设备、工器具购置 Purchase of Equipment and Instruments	其他费用 Others	#新建 New Construction	#扩建 Expansion	#改建、技术改造 Reconstruction and Technological Transformation
全市总计	**Total**	**11.0**	**9.7**	**34.8**	**5.4**	**10.6**	**23.4**	**5.1**
福田区	Futian	-7.9	-1.4	2.2	-28.0	-10.4	-21.1	72.3
罗湖区	Luohu	7.4	-4.3	10.7	24.4	13.4	41.3	-47.8
盐田区	Yantian	-15.8	-14.4	-51.0	0.1	-26.3	128.1	213.8
南山区	Nanshan	12.2	15.7	36.2	2.4	11.3	187.1	15.3
宝安区	Baoan	9.5	18.3	27.3	-5.0	7.1	10.6	31.5
龙岗区	Longgang	5.2	0.4	-29.1	68.3	90.4	16.3	23.7
龙华区	Longhua	20.5	26.1	118.9	-9.2	25.1	-38.4	-5.0
坪山区	Pingshan	20.9	-5.2	70.2	45.0	32.2	5.4	-34.0
光明区	Guangming	15.7	2.3	-5.4	36.2	19.7	41.3	-3.2
大鹏新区	Dapeng	8.3	11.2	-29.4	21.3	7.2	-21.3	64.1
深汕特别合作区	Shenzhen-Shanwei Special Cooperation Zone	54.9	40.8	581.1	-2.9	60.9	32.1	-23.4

8-13　房屋施工建筑面积
FLOOR SPACE OF BUILDINGS UNDER CONSTRUCTION

单位：万平方米　　　　(10 000 sq.m)

年 份 Year	合 计 Total	非房地产开发项目 Non-Real Estate Development	房地产开发项目 Real Estate Development
1979	29.26	29.26	
1980	52.36	52.36	
1981	96.88	96.88	
1982	250.71	250.71	
1983	368.40	368.40	
1984	644.59	644.59	
1985	1030.94	1030.94	
1986	940.39	771.29	
1987	887.21	642.48	
1988	1161.77	888.29	
1989	1088.02	926.36	
1990	848.65	408.71	304.62
1991	1257.19	533.66	467.82
1992	1813.80	532.45	950.06
1993	2319.40	566.70	1396.44
1994	2733.59	704.15	1298.82
1995	2733.59	951.68	1371.06
1996	2878.53	965.41	1495.27
1997	2775.82	847.14	1454.17
1998	3218.81	862.96	1656.65
1999	3369.43	829.19	1834.13
2000	3591.22	790.57	2134.95
2001	4137.47	977.07	2392.77
2002	4467.16	861.88	2776.29
2003	5567.66	1277.01	2838.22
2004	5856.65	2177.17	3120.25
2005	4841.55	1624.60	3058.90
2006	4512.66	1204.30	3122.10
2007	4184.86	920.16	3149.56
2008	4619.53	1116.83	3276.30
2009	5257.21	2144.85	3112.36
2010	5178.84	2238.90	2939.94
2011	5162.10	2286.12	2875.98
2012	5259.50	2042.81	3216.69
2013	6308.89	2305.40	4003.49
2014	6249.70	1757.52	4492.18
2015	7010.06	2031.65	4978.41
2016	6677.50	1503.51	5173.99
2017	7560.49	1851.16	5709.34
2018	9216.78	2469.09	6747.69
2019	10370.79	2403.29	7967.50
2020	9661.44		9661.44
2021	10497.10		10497.10
2022	10950.04		10950.04
2023	11195.74		11195.74

8-14 房屋竣工建筑面积
FLOOR SPACE OF BUILDINGS COMPLETED

单位：万平方米 (10 000 sq.m)

年 份 Year	合 计 Total	非房地产开发项目 Non-Real Estate Development	房地产开发项目 Real Estate Development
1979	13.01	13.01	
1980	34.63	34.63	
1981	54.59	54.59	
1982	92.67	92.67	
1983	146.86	146.86	
1984	266.63	266.63	
1985	320.94	320.94	
1986	453.07	453.07	
1987	464.69	464.69	
1988	567.38	567.38	
1989	563.01	563.01	
1990	383.42	250.01	133.41
1991	539.20	388.76	150.44
1992	682.29	483.89	198.40
1993	781.07	499.61	281.46
1994	783.62	472.52	311.10
1995	838.46	526.91	311.55
1996	964.52	570.20	394.32
1997	942.91	615.87	327.04
1998	1211.89	748.58	463.31
1999	1267.00	764.85	502.15
2000	1287.21	655.16	632.05
2001	1526.90	798.93	727.97
2002	1668.25	776.01	892.24
2003	2228.44	1208.13	1020.31
2004	2155.82	1143.43	1012.39
2005	1488.86	543.08	945.78
2006	1184.00	335.11	848.89
2007	905.56	269.54	636.02
2008	877.18	247.45	629.73
2009	712.58	310.57	402.01
2010	692.70	348.27	344.43
2011	962.10	637.10	325.00
2012	815.47	389.72	425.75
2013	895.76	542.21	353.55
2014	954.77	529.46	425.31
2015	818.86	458.65	360.21
2016	587.81	97.78	490.03
2017	351.23	66.17	285.06
2018	366.40	104.84	261.56
2019	650.97	78.86	572.11
2020	640.88		640.88
2021	675.31		675.31
2022	740.85		740.85
2023	922.85		922.85

8-15 竣工房屋价值
VALUE OF BUILDINGS COMPLETED

单位：万元　　　　　　　　　　　　　　　　　　　　　　　　　　　　　　（10 000 yuan）

年 份 Year	合 计 Total	非房地产开发项目 Non-Real Estate Development	房地产开发项目 Real Estate Development
1979	1207	1207	
1980	4607	4607	
1981	9189	9189	
1982	20865	20865	
1983	37164	37164	
1984	79318	79318	
1985	103970	103970	
1986	157701	157701	
1987	151670	151670	
1988	348453	348453	
1989	276535	276535	
1990	210323	143647	66676
1991	308940	209291	99649
1992	601150	441123	160027
1993	640545	402632	237913
1994	784100	450155	333945
1995	1343491	589564	753927
1996	1825063	689196	1135867
1997	1745964	831798	914166
1998	2416223	951213	1465010
1999	2670993	1196580	1474413
2000	2955291	895867	2059424
2001	2795702	1029008	1766694
2002	3601624	992766	2608858
2003	4260940	1578186	2682754
2004	3421757	1121432	2300325
2005	3632843	673980	2958863
2006	3594969	419621	3175348
2007	2933541	523025	2410516
2008	2862722	206362	2656360
2009	2993216	585173	2408043
2010	2663742	573198	2090544
2011	3340401	1731089	1609312
2012	3384230	788002	2596228
2013	4851340	2101465	2749875
2014	3858122	1110096	2748026
2015	4238203	1222205	3015998
2016	4166251	546280	3619971
2017	3040094	255529	2784565
2018	3895487	371728	3523759
2019	9613925	476682	9137243
2020	8102754		8102754
2021	9044284		9044284
2022	10973035		10973035
2023	11722965		11722965

8-16 住宅施工建筑面积
FLOOR SPACE OF RESIDENTIAL HOUSING UNDER CONSTRUCTION

单位：万平方米 (10 000 sq.m)

年 份 Year	合 计 Total	非房地产开发项目 Non-Real Estate Development	房地产开发项目 Real Estate Development
1979	13.41	13.41	
1980	27.81	27.81	
1981	43.34	43.34	
1982	128.30	128.30	
1983	156.68	156.68	
1984	258.52	258.52	
1985	362.70	362.70	
1986	366.59	366.59	
1987	339.69	339.69	
1988	447.03	447.03	
1989	434.43	434.43	
1990	393.02	200.87	192.15
1991	630.97	351.97	279.00
1992	1040.81	439.71	601.10
1993	1302.24	392.73	909.51
1994	1344.78	475.92	868.86
1995	1443.75	599.55	844.20
1996	1474.14	533.53	940.61
1997	1365.44	399.26	966.18
1998	1866.76	719.79	1146.97
1999	1944.88	589.26	1355.62
2000	2059.39	482.50	1576.89
2001	2261.63	471.14	1790.49
2002	2575.33	450.47	2124.86
2003	2824.41	751.52	2072.89
2004	2944.42	686.74	2257.68
2005	2343.55	190.97	2152.58
2006	2292.72	135.33	2157.39
2007	2302.93	125.15	2177.78
2008	2487.73	277.37	2210.36
2009	2490.16	402.69	2087.47
2010	2510.02	484.88	2025.14
2011	2252.60	286.97	1965.63
2012	2547.67	440.08	2107.59
2013	3067.52	459.23	2608.29
2014	3165.22	295.22	2870.00
2015	3343.16	186.17	3156.99
2016	3195.56	116.28	3079.28
2017	3076.68	87.26	2989.42
2018	3453.99	3.67	3450.31
2019	3994.33	33.99	3960.34
2020	4793.00		4793.00
2021	5323.28		5323.28
2022	5735.52		5735.52
2023	5983.63		5983.63

8-17 住宅竣工建筑面积
FLOOR SPACE OF RESIDENTIAL HOUSING COMPLETED

单位：万平方米 (10 000 sq.m)

年份 Year	合计 Total	非房地产开发项目 Non-Real Estate Development	房地产开发项目 Real Estate Development
1979	5.26	5.26	
1980	17.85	17.85	
1981	23.41	23.41	
1982	45.57	45.57	
1983	62.42	62.42	
1984	123.76	123.76	
1985	139.31	139.31	
1986	197.15	197.15	
1987	199.09	199.09	
1988	245.10	245.10	
1989	236.98	236.98	
1990	204.77	120.37	84.40
1991	305.17	213.95	91.22
1992	416.31	285.41	130.90
1993	440.36	243.61	196.75
1994	438.83	232.33	206.50
1995	485.23	268.85	216.38
1996	565.86	315.35	250.51
1997	512.24	269.05	243.19
1998	729.48	373.18	356.30
1999	800.60	388.14	412.46
2000	755.59	231.04	524.55
2001	852.58	279.37	573.21
2002	1000.19	301.87	698.32
2003	1290.61	473.99	816.62
2004	1245.59	473.39	772.20
2005	781.54	77.10	704.44
2006	627.31	45.44	581.87
2007	507.71	70.57	437.14
2008	519.72	75.95	443.77
2009	415.18	145.64	269.54
2010	376.03	124.92	251.11
2011	283.34	50.68	232.66
2012	310.85	21.45	289.40
2013	229.38	33.05	196.33
2014	336.24	66.98	269.26
2015	206.60	4.23	202.37
2016	302.26	21.62	280.64
2017	183.89	0.10	183.79
2018	125.16	0.25	124.91
2019	303.76		303.76
2020	341.00		341.00
2021	377.45		377.45
2022	390.25		390.25
2023	492.80		492.80

8-18 住宅竣工价值
VALUE OF RESIDENTIAL HOUSING COMPLETED

单位：万元 （10 000 yuan）

年 份 Year	合 计 Total	非房地产开发项目 Non-Real Estate Development	房地产开发项目 Real Estate Development
1979	449	449	
1980	2440	2440	
1981	4322	4322	
1982	9873	9873	
1983	15043	15043	
1984	37418	37418	
1985	38341	38341	
1986	54880	54880	
1987	46707	46707	
1988	88625	88625	
1989	109242	109242	
1990	105056	54141	50915
1991	180594	97555	83039
1992	256111	126101	130010
1993	351941	183002	168939
1994	432365	197797	234568
1995	754577	256370	498207
1996	918088	320698	597390
1997	879347	280726	598621
1998	1426708	381849	1044859
1999	1604378	413281	1191097
2000	2023916	295545	1728371
2001	1768793	360468	1408325
2002	2317417	256691	2060726
2003	2718868	573862	2145006
2004	2140997	349310	1791687
2005	2249795	105330	2144465
2006	2166187	35346	2130841
2007	1782456	126881	1655575
2008	2859458	403511	2455947
2009	1954702	174664	1780038
2010	1809542	145208	1664334
2011	1304387	140743	1163644
2012	1731885	41786	1690099
2013	1624371	112366	1512005
2014	2098830	182101	1916729
2015	1710751	12941	1697810
2016	2240657	44430	2196227
2017	1707425	180	1707245
2018	1926382	1200	1925182
2019	6133752	298	6133454
2020	4646903		4646903
2021	6021542		6021542
2022	6227948		6227948
2023	6736209		6736209

8-19 固定资产投资完成情况主要指标增长速度（2019-2023年）
GROWTH RATE OF MAIN INDICATORS OF INVESTMENT IN FIXED ASSETS（2019-2023）

单位：% (%)

指 标	Indicators	2019	2020	2021	2022	2023
一、计划总投资及项目个数	**Total Planned Investment and Project Number**					
1．计划总投资	Total Planned Investment	22.8	15.2	21.8	17.9	-1.6
其中：本年新开工项目	New Projects under Construction in Current Year	-12.2	9.3	26.7	-12.9	3.3
2．施工项目个数（个）	Number of Projects under Construction(unit)	28.5	13.1	20.1	-2.5	11.3
其中：本年新开工（个）	Newly Started Projects of the Year(unit)	23.2	9.3	9.8	13.7	8.7
本年投产项目个数（个）	Number of Projects Put into Use in Current Year	97.0	2.0	-4.8	-23.5	16.2
二、本年完成投资	**Investment Completed in Current Year**	**18.8**	**8.2**	**3.7**	**8.4**	**11.0**
（一）按登记注册类型分组	Grouped by Registration Status					
1．内资	Domestic-funded	18.0	11.1	1.1	8.8	14.1
国有经济	State-owned	38.2	13.0	16.8	5.4	23.2
集体经济	Collective-owned	-64.0	-18.5	-0.1	-1.1	3.2
其他内资经济	Others	10.4	10.1	-9.2	11.8	6.9
2．港澳台商投资	Funds from Hong Kong,Macao and Taiwan	-0.5	-17.7	49.2	22.8	-18.3
3．外商投资	Foreign-funded	75.0	-14.3	16.0	-23.0	-9.5
（二）按建设性质分	Grouped by Type of Construction					
#新建	New Construction	18.8	7.4	-0.5	11.4	10.6
#扩建	Expansion	20.1	49.6	17.5	-7.2	23.4
#改建和技术改造	Reconstruction and Technical Reconstruction	14.5	17.8	25.7	-5.7	5.1
（三）按构成分	Grouped by Use of Funds					
1．建筑安装工程	Construction and Installation	18.5	7.8	9.5	2.2	9.7
2．设备工器具购置	Purchase of Equipment and Instruments	1.6	-0.4	40.4	-3.6	34.8
3．其他费用	Other Expenses	25.1	11.1	-13.4	24.0	5.4
（四）按主要产业分	Grouped by Major Industries					
1．第一产业	Primary Industry	1000.6	3.5	-24.6	-97.4	18465.0
2．第二产业	Secondary Industry	12.6	0.9	27.2	19.3	43.1
#工业合计	Total Industries	11.5	0.5	27.1	19.2	43.0
3．第三产业	Tertiary Industry	19.9	9.4	0.0	6.2	3.7
（五）按国民经济行业分	Grouped by Economic Sector					
农、林、牧、渔业	Agriculture,Forestry,Animal Husbandry and Fishery	47.8	74.4	-55.3	-97.4	26000.0
采矿业	Mining	117.7	133.7	48.1	73.0	6.9
制造业	Manufacturing	8.6	-5.1	22.5	15.4	53.8
电力、热力、燃气及水生产和供应业	Production and Supply of Electricity, Heat, Gas and Water	19.7	10.4	41.7	16.6	18.5
建筑业	Construction	31.7	-100.0			380.2

注： 1. 计划总投资项目个数不含房地产开发部分。
Notes: The data of total planned investment and project number exclude the data of real estate development.
2. 2018年起，数据为比上年增长数据。
From 2018,The data in the table is the increase over the previous year.

8-19 续表 CONTINUED

单位：% (%)

指 标	Indicators	2019	2020	2021	2022	2023
批发和零售业	Wholesale and Retail Trades	-2.3	-24.1	29.1	164.0	-64.9
交通运输、仓储和邮政业	Transport, Storage and Post	23.3	10.5	35.5	8.3	-25.1
住宿和餐饮业	Hotels and Catering Services	-32.6	-26.0	387.9	-54.8	-55.9
信息传输、软件和信息技术服务业	Information Transmission, Software and Information Technology	12.7	14.5	-0.4	43.8	-8.8
金融业	Financial Intermediation	87.5	-4.6	-35.0	17.1	-28.8
房地产业	Real Estate	12.0	10.6	-6.1	7.4	9.9
租赁和商务服务业	Leasing and Business Services	34.8	-25.1	-15.6	-17.8	19.5
科学研究和技术服务业	Scientific Research and Technical Services	24.7	-54.5	89.4	-15.0	96.3
水利、环境和公共设施管理业	Management of Water Conservancy,Environment and Public Facilities	45.2	4.7	-25.1	-9.9	16.8
居民服务、修理和其他服务业	Services to Households, Repair and Other Services	167.8	113.5	-21.5	-16.5	111.9
教育	Education	47.0	66.6	39.2	-13.0	17.0
卫生和社会工作	Health and Social Work	22.7	94.4	18.6	64.1	-10.4
文化、体育和娱乐业	Culture,Sports and Recreation	21.4	30.1	66.7	22.9	29.4
公共管理、社会保障和社会组织	Public Management,Social Security and Social Organizations	-1.5	28.0	12.3	6.4	27.1
国际组织	International Organizations					
三、房屋面积	**Floor Space**					
本年施工房屋面积(万平方米)	Floor Space of Buildings Under Construction in Current Year(10 000sq.m)	12.5	21.3	8.6	4.3	2.2
其中：住宅(万平方米)	Residential Buildings(10 000sq.m)	15.6	21.0	11.1	7.7	4.3
本年竣工房屋面积(万平方米)	Floor Space of Buildings Completed in Current Year (10 000sq.m)	77.7	12.0	5.4	9.7	24.6
其中：住宅(万平方米)	Residential Buildings(10 000sq.m)	142.7	12.3	10.7	3.4	26.3
四、资金来源情况	**Source of Funds**					
（一）本年资金来源合计	Source of Total Funds This Year	21.3	5.4	16.2	-0.2	1.6
上年末结余资金	Surplus Funds From the Year-end of Preceding Year	43.6	-5.1	4.0	19.6	-16.5
本年资金来源小计	Source of Sub-total Funds This Year	13.9	9.7	20.6	-6.2	8.8
国家预算资金	State and Local Budget	38.7	14.2	15.2	6.9	9.6
国内贷款	Domestic Loans	-4.4	13.6	6.8	-17.7	35.6
利用外资	Foreign Investment	-77.4	96.2	-70.3	452.1	2.7
自筹资金	Self-raised Funds	5.8	9.5	18.6	19.7	-4.0
其他资金来源	Other Sources of Funds	30.6	4.7	36.4	-33.5	14.9
（二）各项应付款合计	Total Payment Of This Year	6.3	-3.1	16.5	-28.5	-10.9

主要统计指标解释

全社会固定资产投资 是以货币形式表现的在一定时期内全社会建造和购置固定资产的工作量以及与此有关费用的总称。该指标是反映固定资产投资规模、结构和发展速度的综合性指标。

固定资产投资（不含农户） 指城镇和农村各种登记注册统计类别的企业、事业、行政单位及城镇个体户进行的计划总投资500万元及以上的建设项目投资和房地产开发投资，包括原口径的城镇固定资产投资加上农村企事业组织项目投资，该口径自2011年起开始使用。

房地产开发投资 指各种登记注册类型的房地产开发法人单位统一开发的住宅、饭店、宾馆、度假村、写字楼、办公楼等房屋建筑物，配套的服务设施，土地开发工程（如道路、给水、排水、供电、供热、通讯、平整场地等基础设施工程）盒土地购置的投资；不包括单纯的土地开发和交易活动。

住宅建筑面积 指施工和竣工房屋建筑面积中供居住用的房屋建筑面积。

房屋施工面积 指在报告期内施工的全部房屋建筑面积。包括本期新开工的面积和上期开工跨入本期继续施工的面积,以及上期已停建在本期恢复施工的房屋面积。本期竣工和本期施工后又停缓建的房屋，其建筑面积仍计入本期房屋施工面积中。

房屋竣工面积 指在报告期内房屋建筑按照设计要求已经全部完工，达到住人和使用条件,经验收鉴定合格(或达到竣工验收标准)，正式移交使用的各栋房屋建筑面积的总和。

新增固定资产 指已经完成建造和购置过程，并已交付生产或使用单位的固定资产的价值。它是表示固定资产投资成果的价值指标，也是反映建设进度，计算固定资产投资效果的重要依据。

Explanatory Notes on Main Statistical Indicators

Total Investment in Fixed Assets in the Whole Country refers to the volume of activities in construction and purchases of fixed assets of the whole country and related fees, expressed in monetary terms during the reference period. It is a comprehensive indicator which shows the size, structure and growth of the investment in fixed assets, providing a basis for observing the progress of construction projects and evaluating results of investment.

Investment in Fixed Assets (Excluding Rural Households) refers to the investment in construction projects with a total planned investment of 5 million yuan and over by enterprises of various ownerships, institutions, administrative units and urban self-employed individuals, and the investment in real estate development in both urban and rural areas. Since 2011, it covers the urban investment in fixed assets under the previous statistical coverage plus project investments by rural enterprises and institutions.

Real estate development investment refers to the investment in residential buildings, restaurants, hotels, holiday villages, office buildings, supporting service facilities, land development projects (such as roads, water supply,water drainage,power supply, heating,communication, site leveling and other infrastructure projects) and land acquisition jointly developed by various registered types of real estate development legal entities; Excluding simple land development and trading activities.

Floor Space of Residential Buildings refers to the floor space of the residential buildings among the total space of buildings under construction or completed.

Floor Space of Buildings under Construction refers to total floor space of all buildings under construction during the reference period, including floor space of newly started buildings during the reference period, floor space of construction extended from the previous period to the current period, and floor space of construction suspended during the previous period but resumed in the current period. Floor space of construction completed in the current period and floor space of construction started and then suspended in the current period are also included in floor space of Buildings under construction.

Floor Space of Buildings Completed refers to total floor space of all buildings completed in the reference period, which have come up to the designed standards with proper conditions of residence and use, and have been examined and accepted (or met the standards for completion), and put into use.

Newly Increased Fixed Assets refer to the value of fixed assets which have been completed and transfered to production units or users. It is a value indicator of the achievements of investment in fixed assets as well as an important basis to evaluate the result of investment in fixed assets on.

09 第九部分

房地产开发

REAL ESTATE EDEVELOPMENT

CHAPTER

9-1 房地产开发投资额（按投资去向分）

INVESTMENT IN REAL ESTATE DEVELOPMENT （GROUPED BY INVESTMENT DESTINATION）

单位：亿元 (100 million yuan)

年 份 Year	本年完成投资 Investment Completed This Year	土地购置费 Total Value of Land Purchased
1993	102.77	19.69
1994	130.46	20.28
1995	103.04	3.90
1996	124.83	5.72
1997	136.65	13.52
1998	167.49	24.18
1999	215.25	32.88
2000	260.97	36.87
2001	315.64	70.99
2002	388.44	71.01
2003	412.66	75.82
2004	434.24	71.80
2005	423.69	64.05
2006	462.09	43.86
2007	461.04	62.22
2008	440.49	65.98
2009	437.46	45.25
2010	458.46	60.98
2011	514.74	89.01
2012	736.84	129.77
2013	876.90	98.88
2014	1069.49	195.67
2015	1331.03	316.76
2016	1756.52	416.81
2017	2135.86	723.33
2018	2640.71	986.28
2019	3059.94	1269.37
2020	3562.57	1420.05
2021	3012.68	957.97
2022	3482.50	1574.36
2023	3824.48	1810.48

9-2 房地产开发投资额（按用途分）
INVESTMENT IN REAL ESTATE DEVELOPMENT (GROUPED BY USE)

单位：亿元 (100 million yuan)

年份 Year	本年完成投资 Investment Completed This Year	住宅 Residential Buildings	办公楼 Office Buildings	商业用房 Houses for Business Use	其他 Others
1993	102.77	66.80	11.30	14.39	10.28
1994	130.46	87.41	13.05	18.26	11.74
1995	103.04	62.85	16.49	14.43	9.27
1996	124.83	78.64	19.97	16.23	9.99
1997	136.65	85.50	18.18	14.78	18.19
1998	167.49	99.89	12.10	19.97	35.53
1999	215.25	141.31	13.57	17.95	42.42
2000	260.97	178.68	13.62	22.90	45.77
2001	315.64	209.71	9.32	28.21	68.40
2002	388.44	270.92	13.00	35.26	69.26
2003	412.66	250.19	15.05	47.29	100.13
2004	434.24	255.84	24.51	57.43	96.46
2005	423.69	265.54	28.04	53.07	77.04
2006	462.09	325.05	30.63	67.40	39.01
2007	461.04	331.76	30.08	53.48	45.72
2008	440.49	314.98	26.12	51.96	47.43
2009	437.46	289.78	35.34	53.22	59.12
2010	458.46	304.88	37.98	59.35	56.32
2011	514.74	353.21	36.78	64.61	60.14
2012	736.84	474.60	27.00	90.11	145.13
2013	876.90	583.29	64.63	90.22	138.76
2014	1069.49	730.28	104.22	118.22	116.77
2015	1331.03	897.13	158.84	142.72	132.34
2016	1756.52	1044.54	310.44	246.45	155.09
2017	2135.86	1014.05	535.82	340.06	245.92
2018	2640.71	1303.33	598.56	331.87	406.96
2019	3059.94	1518.88	600.80	370.68	569.57
2020	3562.57	1932.83	697.92	412.79	519.03
2021	3012.68	1626.59	598.30	344.00	443.79
2022	3482.50	2099.00	528.74	421.88	432.88
2023	3824.48	2444.31	420.87	398.44	560.86

9-3 房地产开发投资额（按构成分）
INVESTMENT IN REAL ESTATE DEVELOPMENT （GROUPED BY COMPOSITION）

单位：亿元 (100 million yuan)

年 份 Year	本年完成投资 Investment Completed This Year	建筑安装工程 Constructional Project	设备购置 Purchase of Equipment	其 他 Others
1993	102.77	93.06	4.77	4.94
1994	130.46	104.23	8.75	17.48
1995	103.04	79.32	6.75	16.97
1996	124.83	92.22	12.38	20.23
1997	136.65	98.41	6.36	31.89
1998	167.49	115.79	7.35	44.35
1999	215.25	150.26	10.47	54.53
2000	260.97	187.90	9.59	63.47
2001	315.64	217.69	6.39	91.56
2002	388.44	281.11	11.35	95.99
2003	412.66	298.08	12.63	101.95
2004	434.24	315.44	15.06	103.74
2005	423.69	314.11	11.40	98.17
2006	462.09	380.02	10.93	71.14
2007	461.04	356.66	6.61	97.77
2008	440.49	327.83	10.53	102.13
2009	437.46	352.79	8.87	75.80
2010	458.46	347.15	8.67	102.66
2011	514.74	358.98	10.08	145.68
2012	736.84	488.33	8.58	239.94
2013	876.90	684.81	10.39	181.70
2014	1069.49	794.76	17.85	256.88
2015	1331.03	892.03	26.75	412.25
2016	1756.52	1200.97	18.76	536.79
2017	2135.86	1193.23	32.54	910.09
2018	2640.71	1366.58	25.73	1248.40
2019	3059.94	1310.16	35.78	1714.00
2020	3562.57	1364.08	38.02	2160.47
2021	3012.68	1509.23	9.53	1493.92
2022	3482.50	1523.67	8.70	1950.13
2023	3824.48	1628.66	6.20	2189.62

9-4 房地产开发投资额（按区域分）

INVESTMENT IN REAL ESTATE DEVELOPMENT（GROUPED BY DISTRICT）

单位：亿元 (100 million yuan)

年 份 Year	本年完成投资 Investment Completed This Year	福田区 Futian	罗湖区 Luohu	盐田区 Yantian	南山区 Nanshan	大宝安区 Original Baoan	宝安区 Baoan	龙华区 Longhua	光明区 Guangming	大龙岗区 Original Longgang	龙岗区 Longgang	坪山区 Pingshan	大鹏新区 Dapeng	深汕特别合作区 Shenzhen-Shanwei Special Cooperation Zone
1997	136.65	42.36	41.00		20.50	15.03				17.76				
1998	167.49	50.25	48.57	1.67	31.82	16.75				18.42				
1999	215.25	73.19	53.81	2.15	38.75	15.07				32.29				
2000	260.97	83.51	65.24	5.22	49.58	26.10				31.32				
2001	315.64	107.32	66.28	3.16	72.60	31.56				34.72				
2002	388.44	116.53	69.80	7.77	89.34	54.38				46.61				
2003	412.66	118.23	66.18	11.07	101.93	61.75				53.50				
2004	434.24	115.68	67.90	16.59	96.45	79.57				58.05				
2005	423.69	104.13	53.21	9.83	86.26	107.38				62.88				
2006	462.09	89.84	50.83	13.21	93.59	126.52				88.10				
2007	461.04	54.35	36.11	19.70	82.73	139.68				128.47				
2008	440.49	41.93	32.71	30.04	101.47	130.51				103.83				
2009	437.46	40.82	36.50	41.68	99.12	96.36				122.98				
2010	458.46	48.13	38.32	32.67	72.51	126.41				140.42				
2011	514.74	44.50	37.11	26.97	69.33	160.00				176.83				
2012	736.84	85.22	45.05	34.54	82.26	233.88	125.99	91.36	16.53	255.90	215.28	25.95	14.67	
2013	876.90	114.38	41.80	38.16	94.74	250.75	116.96	112.03	21.76	337.08	277.98	46.62	12.48	
2014	1069.49	126.60	40.00	37.30	149.22	360.22	165.77	161.21	33.24	356.16	296.32	45.39	14.44	
2015	1331.03	156.09	35.57	42.39	228.86	460.56	213.55	185.57	61.45	407.56	347.28	49.55	10.73	
2016	1756.52	180.57	92.91	41.67	350.35	618.32	292.54	248.25	77.53	472.70	374.18	84.51	14.02	
2017	2135.86	239.40	98.80	47.10	457.94	371.63	280.45	331.70	91.18	449.81	428.99	134.48	20.82	4.99
2018	2640.71	265.96	124.30	40.78	579.55		380.68	399.29	128.76		554.45	141.07	14.69	11.20
2019	3059.94	258.88	145.49	66.89	691.52		407.24	461.75	170.76		680.85	128.33	29.94	18.29
2020	3562.57	258.51	227.28	87.32	699.99		611.05	605.09	268.60		597.51	135.83	46.66	24.73
2021	3012.68	184.24	261.95	77.13	515.65		570.31	457.89	287.38		479.35	114.20	30.97	33.60
2022	3482.50	197.07	251.04	69.78	573.81		765.72	462.31	384.61		509.55	220.55	26.32	21.74
2023	3824.48	190.14	254.87	79.93	724.89		892.05	493.58	440.38		472.76	208.33	30.54	37.02

注：2007年以来，深圳陆续设立功能新区及新行政区，表中大宝安区数据2011年及以前为原宝安区数据，2012-2016年包含宝安区、龙华新区和光明新区，2017年包含宝安区和光明新区。大龙岗区数据2011年及以前为原龙岗区数据，2012-2016年包含龙岗区、坪山新区和大鹏新区，2017年包含龙岗区和大鹏新区。

Note: Since 2007, functional zones and new administrative districts have been established in Shenzhen.The data of Original Baoan were the data of Baoan in 2011 and before,included Baoan Longhua and Guangming in 2012-2016,included Baoan and Guangming in 2017.The data of Original Longgang were the data of Longgang in 2011 and before,1,included Longgang,Pingshan and Dapeng in 2012-2016,included Longgang and Dapeng in 2017.

9-5 房地产开发投资资金来源及构成
TOTAL CAPITAL SOURCE AND COMPOSITION OF REAL ESTATE DEVELOPMENT

单位：亿元 (100 million yuan)

年 份 Year	本年资金来源小计 Sub-total Capital Source of this Year	国内贷款 Domestic Loans	利用外资 Foreign Capital Utilized	自筹资金 Self-raising Capital	其他资金 Other Capital
1994	189.90	40.01		63.56	86.33
1995	147.83	31.43	28.14	49.41	38.85
1996	149.10	29.46	28.30	45.49	45.85
1997	168.11	30.91	20.14	61.20	55.86
1998	223.04	55.03	9.31	80.32	78.38
1999	252.88	59.59	4.64	83.31	105.34
2000	333.36	89.06	6.68	96.11	141.52
2001	391.47	102.64	8.93	131.38	148.52
2002	516.40	127.01	9.24	138.96	241.19
2003	644.70	166.37	8.02	179.19	291.12
2004	663.35	149.33	7.04	197.98	309.00
2005	694.01	159.87	2.38	216.49	315.27
2006	837.85	229.39	8.94	174.78	424.74
2007	847.90	169.83	11.78	241.42	424.87
2008	396.35	124.78	0.45	97.90	173.22
2009	881.76	258.83	1.39	171.95	449.59
2010	773.08	199.88	10.33	203.97	358.90
2011	818.81	199.85	2.06	294.03	322.87
2012	1190.97	302.88	0.00	473.24	414.84
2013	1686.91	441.09	0.12	456.97	788.73
2014	1631.90	538.02	20.46	545.65	527.77
2015	2938.53	730.79	3.21	783.13	1421.41
2016	3400.48	812.56		1081.80	1506.11
2017	3233.05	1196.93	7.91	792.43	1235.77
2018	3847.61	1159.98		1103.54	1584.09
2019	4392.05	1140.67		1213.02	2038.36
2020	4874.69	1305.33		1360.24	2209.13
2021	5616.57	1162.30	0.73	1419.66	3033.88
2022	4359.70	786.49		1751.47	1821.74
2023	4672.10	1013.53		1544.11	2114.45

9-6 商品房施工面积（按用途分）
TOTAL FLOOR SPACE UNDER CONSTRUCTION OF COMMODITY HOUSING （GROUPED BY USE）

单位：万平方米 (10 000 sq.m)

年 份 Year	施工面积 Floor Space Under Construction	住 宅 Residential Building	办公楼 Office Building	商业用房 Houses For Business Use	其 他 Others
1991	467.82	279.00	47.72	73.62	67.48
1992	950.06	601.10	101.91	139.21	107.84
1993	1396.44	909.51	152.43	199.92	134.58
1994	1298.82	868.86	132.75	176.36	120.85
1995	1371.06	844.20	214.51	187.71	124.64
1996	1495.27	940.61	238.93	193.68	122.05
1997	1454.17	966.18	181.76	185.17	121.06
1998	1656.65	1146.97	175.09	208.97	125.62
1999	1834.13	1355.62	137.58	201.34	139.59
2000	2134.95	1576.89	146.62	225.46	185.98
2001	2392.77	1790.49	115.10	255.38	231.80
2002	2776.29	2124.86	120.83	279.14	251.46
2003	2838.22	2072.89	134.29	317.74	313.30
2004	3120.25	2257.68	147.78	379.15	335.64
2005	3058.90	2152.58	155.67	370.34	380.31
2006	3122.10	2157.39	171.88	385.71	407.12
2007	3149.56	2177.78	189.65	335.98	446.15
2008	3276.30	2210.36	201.55	346.45	517.94
2009	3112.36	2087.47	189.09	328.27	507.53
2010	2939.94	2025.13	182.36	298.62	433.83
2011	2875.98	1965.63	171.46	298.47	440.42
2012	3216.69	2107.59	156.93	339.25	612.92
2013	4003.49	2608.29	261.51	383.62	750.06
2014	4492.18	2870.00	337.32	481.78	803.09
2015	4978.41	3156.99	467.48	614.59	739.35
2016	5173.99	3079.28	562.84	705.77	826.09
2017	5709.34	2989.42	911.54	821.27	987.11
2018	6747.69	3450.31	1168.28	915.13	1213.97
2019	7967.50	3960.34	1486.04	1137.77	1383.35
2020	9661.44	4793.00	1984.59	1361.28	1522.57
2021	10497.10	5323.28	2070.82	1378.29	1724.71
2022	10950.04	5735.52	2054.99	1332.01	1827.52
2023	11183.21	5974.80	1987.95	1313.75	1906.71

9-7 商品房施工面积（按区域分）

TOTAL FLOOR SPACE UNDER CONSTRUCTION OF COMMODITY HOUSING（GROUPED BY DISTRICT）

单位：万平方米 (10 000 sq.m)

年 份 Year	施工面积 Floor Space Under Construc-tion	福田区 Futian	罗湖区 Luohu	盐田区 Yantian	南山区 Nanshan	大宝安区 Original Baoan	宝安区 Baoan	龙华区 Longhua	光明区 Guangming	大龙岗区 Original Longgang	龙岗区 Longgang	坪山区 Pingshan	大鹏新区 Dapeng	深汕特别合作区 Shenzhen-Shanwei Special Cooperation Zone
1996	1495.27	403.72	613.06		254.20	119.62				104.67				
1997	1454.17	445.27	435.48		214.29	163.51				195.62				
1998	1656.65	493.49	483.06	10.29	321.63	171.62				176.56				
1999	1834.13	622.47	459.35	16.77	334.98	125.71				274.85				
2000	2134.95	691.02	523.64	41.69	415.09	212.04				251.47				
2001	2392.77	807.12	510.52	29.91	554.37	228.69				262.16				
2002	2776.29	830.24	511.82	57.08	631.89	397.97				347.29				
2003	2838.22	812.15	472.85	56.07	717.41	436.46				343.28				
2004	3120.25	789.79	437.61	76.11	743.36	639.07				434.31				
2005	3058.90	667.26	333.72	76.90	513.84	865.27				601.91				
2006	3122.10	517.48	329.37	94.44	586.94	859.65				734.22				
2007	3149.56	397.80	192.14	97.66	603.23	891.86				966.87				
2008	3276.30	314.50	251.52	125.13	689.71	880.39				1015.05				
2009	3112.36	315.12	236.45	138.35	547.83	823.30				1051.31				
2010	2939.94	252.00	208.68	147.83	503.31	777.89				1050.23				
2011	2875.98	257.07	227.71	136.45	377.74	871.40				1005.61				
2012	3216.69	261.24	199.69	151.13	369.77	948.14	459.12	440.63	48.39	1286.72	1170.81	81.51	34.41	
2013	4003.49	404.18	311.03	145.12	341.04	1136.80	521.22	552.22	53.36	1665.32	1438.74	186.86	39.71	
2014	4492.18	522.37	247.94	168.10	558.18	1307.34	569.65	618.05	119.64	1688.26	1457.18	169.95	61.13	
2015	4978.41	574.92	227.63	136.88	688.22	1617.08	666.82	691.75	258.50	1733.69	1483.34	173.94	76.40	
2016	5173.99	568.95	217.03	140.27	804.18	1771.70	851.98	683.63	236.09	1671.85	1419.71	197.00	55.14	
2017	5709.34	575.56	235.56	145.95	1225.74	1110.92	951.18	695.97	159.74	1538.46	1462.54	147.91	75.92	33.26
2018	6747.69	675.41	355.01	166.14	1453.02		1093.69	940.88	229.83		1502.64	196.76	85.19	49.12
2019	7967.50	717.30	435.47	177.57	1922.45		1278.23	984.50	445.48		1500.74	304.62	141.50	59.65
2020	9661.44	766.38	570.11	237.21	1932.06		1602.53	1223.61	532.73		1940.06	548.06	185.19	123.50
2021	10497.10	797.95	675.01	260.50	2052.26		1771.41	1309.80	659.87		2004.25	629.25	158.99	177.81
2022	10950.04	687.21	720.37	297.64	1969.97		1821.34	1371.42	813.52		2140.68	806.55	146.09	175.24
2023	11183.21	720.87	681.74	310.89	2085.66		1815.25	1247.53	854.91		2359.02	755.27	163.94	188.16

9-8 商品房新开工面积（按用途分）

FLOOR SPACE OF NEWLY STARTED OF COMMODITY HOUSING （GROUPED BY USE）

单位：万平方米 (10 000 sq.m)

年份 Year	新开工面积 Floor Space of Newly Started Buildings	住宅 Residential Buildings	办公楼 Office Buildings	商业用房 Houses For Business Use	其他 Others
1998	414.14	333.27	25.62	33.19	22.06
1999	580.56	492.81	6.98	31.94	48.83
2000	646.41	487.48	26.10	64.72	68.12
2001	999.71	792.24	26.96	83.74	96.77
2002	959.32	747.50	41.71	101.12	68.99
2003	932.86	645.18	35.89	119.88	131.91
2004	1025.55	766.91	25.32	123.24	110.08
2005	1054.19	753.90	39.89	127.15	133.25
2006	798.12	609.46	19.91	69.98	98.77
2007	876.40	621.92	40.06	72.94	141.49
2008	752.60	471.80	46.61	84.91	149.28
2009	489.18	328.04	29.82	60.70	70.62
2010	470.96	355.17	15.25	38.69	61.84
2011	537.99	367.32	18.54	54.76	97.37
2012	905.24	561.89	50.69	103.47	189.18
2013	1366.40	910.13	114.88	120.68	220.70
2014	932.68	549.50	91.30	118.00	173.88
2015	1208.27	777.32	126.79	153.91	150.24
2016	975.33	472.09	165.80	154.75	182.69
2017	1001.53	446.31	261.28	138.09	155.86
2018	1529.57	794.68	297.03	185.83	252.02
2019	1455.54	772.83	293.20	220.20	169.32
2020	1882.36	983.10	324.69	216.64	357.94
2021	1591.23	963.94	178.53	173.86	274.90
2022	1333.48	871.21	117.57	123.83	220.87
2023	1048.41	692.20	103.15	91.30	161.76

9-9 商品房新开工面积（按区域分）

FLOOR SPACE OF NEWLY STARTED OF COMMODITY HOUSING （GROUPED BY DISTRICT）

单位：万平方米 （10 000 sq.m）

年 份 Year	新开工面积 Floor Space of Newly Started Buildings	福田区 Futian	罗湖区 Luohu	盐田区 Yantian	南山区 Nanshan	大宝安区 Original Baoan	宝安区 Baoan	龙华区 Longhua	光明区 Guangming	大龙岗区 Original Longgang	龙岗区 Longgang	坪山区 Pingshan	大鹏新区 Dapeng	深汕特别合作区 Shenzhen-Shanwei Special Cooperation Zone
1998	414.14	114.77	101.25	0.56	82.98	47.37				67.21				
1999	580.56	201.65	119.44	2.84	114.81	47.33				94.49				
2000	646.41	169.62	103.02	26.03	168.21	96.96				82.57				
2001	999.71	299.01	132.88	6.74	305.10	140.30				115.68				
2002	959.32	238.00	136.41	25.56	242.46	175.92				140.97				
2003	932.86	220.77	158.89	24.30	210.84	199.54				118.52				
2004	1025.55	152.62	112.05	34.14	201.34	307.07				218.33				
2005	1054.19	208.29	24.81	37.99	205.98	319.96				257.16				
2006	798.12	69.00	15.49	42.61	123.74	271.85				275.43				
2007	876.40	38.69	36.93	25.03	211.70	203.18				360.87				
2008	752.60	52.23	87.76	57.60	153.94	195.60				205.47				
2009	489.18	24.29	44.61	34.27	144.97	126.67				114.36				
2010	470.96	25.97	4.10	10.04	70.63	225.06				135.16				
2011	537.99	33.69	13.98	35.46	42.06	230.90				181.90				
2012	905.24	93.28	58.61	61.27	88.03	195.98	103.76	69.48	22.74	408.07	379.06	12.23	16.79	
2013	1366.40	187.83	103.63	16.11	83.63	312.42	120.91	168.74	22.77	662.77	559.84	97.35	5.57	
2014	932.68	91.01	28.91	24.91	227.56	364.18	145.68	161.34	57.16	196.11	178.28	9.64	8.18	
2015	1208.27	159.92	14.33	11.25	176.85	468.83	221.40	163.39	84.04	377.10	343.42	25.48	8.20	
2016	975.33	32.51	61.48	39.07	179.27	383.80	236.73	139.81	7.26	279.20	214.70	56.33	8.16	
2017	1001.53	135.77	23.60	19.76	214.32	210.53	206.34	64.36	4.19	226.51	205.73	75.97	20.78	30.70
2018	1529.57	184.03	109.53	17.20	313.55		286.01	268.19	87.47		190.50	48.85	8.38	15.86
2019	1455.54	64.25	83.72	27.86	250.79		252.04	127.73	165.25		323.43	73.96	78.15	8.35
2020	1882.36	125.87	174.80	82.43	156.92		237.11	312.09	154.78		439.81	113.49	21.22	63.85
2021	1591.23	40.04	62.50	52.93	186.25		324.36	215.89	112.13		357.65	182.03	6.15	51.30
2022	1333.48	21.95	22.77	37.14	113.81		269.44	244.95	211.58		194.29	207.11	9.27	1.16
2023	1048.41	1.03	82.54	7.02	165.88		105.66	138.85	183.49		285.61	13.73	17.85	46.74

9-10 商品房竣工面积（按用途分）
TOTAL FLOOR SPACE OF COMMERCIAL HOUSES COMPLETED （GROUPED BY USE）

单位：万平方米 (10 000 sq.m)

年 份 Year	竣工面积 Floor Space Completed	住 宅 Residential Buildings	办公楼 Office Buildings	商业用房 Houses For Business Use	其 他 Others
1991	150.44	91.22	7.93	11.21	40.08
1992	198.40	130.90	9.20	14.70	43.60
1993	281.46	196.75	11.51	21.32	51.88
1994	311.10	206.50	10.01	39.90	54.69
1995	311.55	216.38	34.24	36.98	23.95
1996	394.32	250.51	42.50	48.58	52.73
1997	327.04	243.19	34.22	29.57	20.06
1998	463.31	356.30	42.26	41.05	23.70
1999	502.15	412.46	16.89	37.05	35.75
2000	632.05	524.55	12.94	53.92	40.64
2001	727.97	573.21	27.74	53.84	73.18
2002	892.24	698.32	25.07	79.15	89.70
2003	1020.31	816.62	24.43	95.63	83.63
2004	1012.39	772.20	35.66	105.54	98.99
2005	945.78	704.44	18.70	96.67	125.97
2006	848.89	581.87	36.83	126.63	103.56
2007	636.02	437.14	32.38	73.99	92.51
2008	629.73	443.77	27.55	59.79	98.62
2009	402.01	269.54	25.05	32.20	75.22
2010	344.43	251.10	32.05	25.26	36.02
2011	325.00	232.66	20.97	35.89	35.48
2012	425.75	289.40	12.30	39.75	84.31
2013	353.55	196.33	30.84	53.35	73.03
2014	425.31	269.26	10.97	39.22	105.86
2015	360.21	202.37	47.48	31.69	78.67
2016	490.03	280.64	51.33	39.09	118.97
2017	285.06	183.79	34.41	31.96	34.90
2018	261.56	124.91	60.34	30.24	46.07
2019	572.11	303.76	58.37	72.35	137.63
2020	640.88	341.00	97.72	105.66	96.49
2021	675.31	377.45	103.49	95.02	99.35
2022	740.85	390.25	156.72	93.78	100.11
2023	978.32	535.10	177.17	99.88	166.17

9-11 商品房竣工面积（按区域分）

TOTAL FLOOR SPACE OF COMMERCIAL HOUSES COMPLETED（GROUPED BY DISTRICT）

单位：万平方米 (10 000 sq.m)

年 份 Year	竣工面积 Floor Space Completed	福田区 Futian	罗湖区 Luohu	盐田区 Yantian	南山区 Nanshan	大宝安区 Original Baoan	宝安区 Baoan	龙华区 Longhua	光明区 Guangming	大龙岗区 Original Longgang	龙岗区 Longgang	坪山区 Pingshan	大鹏新区 Dapeng	深汕特别合作区 Shenzhen-Shanwei Special Cooperation Zone
1997	327.04	109.89	81.31		68.72	30.75				36.37				
1998	463.31	137.29	105.53	2.67	103.33	58.96				55.53				
1999	502.15	159.44	100.38	5.09	75.99	46.81				114.44				
2000	632.05	161.53	142.36	13.09	113.69	96.68				104.70				
2001	727.97	225.65	215.53	2.61	152.54	42.44				89.20				
2002	892.24	208.95	186.66	21.10	234.61	117.81				123.11				
2003	1020.31	275.96	155.56	17.25	278.90	155.27				137.37				
2004	1012.39	258.59	106.41	21.20	343.98	173.98				108.23				
2005	945.78	203.91	149.96	37.16	157.39	213.12				184.24				
2006	848.89	176.37	91.89	27.36	159.17	228.39				165.71				
2007	636.02	110.74	15.15	26.01	126.68	245.68				111.76				
2008	629.73	32.97	59.61	8.51	214.86	179.03				134.75				
2009	402.01	58.69	0.57	26.98	93.58	100.63				121.56				
2010	344.43	20.12	0.24	9.87	70.60	120.97				122.63				
2011	325.00	24.12	65.63	16.00	21.76	57.36				140.13				
2012	425.75	50.32	8.28	6.41	73.97	151.25	72.29	78.97		135.52	121.16	14.36		
2013	353.55	53.21	68.79		35.39	98.08	67.56	30.52		98.08	66.98	27.90	3.20	
2014	425.31	14.47	24.65	35.91	73.03	161.65	25.03	109.16	27.46	115.60	110.29	5.31		
2015	360.21	80.07	24.73	19.02	47.81	120.36	14.36	106.00		68.22	52.60	1.00	14.62	
2016	490.03	141.19	3.03	11.41	113.32	151.61	89.15	38.17	24.29	69.48	69.48			
2017	285.06	44.29	19.48		55.43	114.15	114.15	0.18		51.52	51.52			
2018	261.56	43.71	2.90	14.89	44.43		31.26	26.29			92.78		5.31	
2019	572.11	76.79	24.95	6.76	160.73		78.95	49.95	66.21		83.85	23.92		
2020	640.88	8.56	15.54	17.33	84.20		89.41	59.48	59.83		186.02	73.51	47.01	
2021	675.31	132.65			107.45		139.63	90.67	57.93		87.33	38.89	9.82	10.94
2022	740.85		65.19	11.36	32.11		103.72	262.07	142.10		54.41	36.07		33.82
2023	978.32	9.67	46.59	4.76	166.92		273.42	42.51	171.61		170.17	50.22	34.77	7.67

9-12 商品房销售面积（按用途分）

TOTAL FLOOR SPACE OF BUILDINGS SOLD (GROUPED BY USE)

单位：万平方米 (10 000 sq.m)

年 份 Year	销售面积 Floor Space of Buildings Sold	住 宅 Residential Building	办公楼 Office Buildings	商业用房 Houses For Business Use	其 他 Others
1991	112.54	97.13	2.10	0.63	12.68
1992	151.46	96.00	9.00	10.00	36.46
1993	180.17	140.89	5.85	9.58	23.85
1994	246.93	183.28	13.29	17.14	33.22
1995	274.59	209.07	17.37	16.89	31.26
1996	324.92	261.13	32.33	21.23	10.23
1997	405.44	336.70	28.88	27.40	12.46
1998	432.22	372.38	22.06	19.85	17.93
1999	541.84	492.51	15.02	26.20	8.11
2000	611.37	556.82	12.19	26.32	16.04
2001	643.47	593.72	11.01	27.40	11.34
2002	791.70	724.41	17.94	46.36	2.99
2003	877.85	811.90	19.54	39.37	7.04
2004	908.62	802.58	26.90	58.09	21.05
2005	993.20	901.13	28.49	53.48	10.10
2006	797.66	704.89	37.64	46.89	8.24
2007	555.11	500.35	20.87	30.64	3.25
2008	466.71	413.65	5.59	33.58	13.89
2009	762.16	717.40	19.63	18.07	7.07
2010	465.59	413.80	15.00	21.88	14.91
2011	496.89	469.43	9.90	16.96	0.60
2012	525.83	488.44	5.98	21.00	10.41
2013	588.58	527.16	21.31	19.05	21.06
2014	532.57	474.81	23.17	23.59	11.00
2015	831.46	747.83	56.54	19.84	7.25
2016	736.19	660.08	50.57	23.49	2.05
2017	671.03	520.97	98.56	27.22	24.29
2018	722.01	572.99	96.60	24.13	28.29
2019	826.62	658.48	96.57	39.79	31.78
2020	929.16	772.53	108.36	27.81	20.46
2021	821.05	643.28	112.49	36.51	28.76
2022	694.15	505.02	122.80	43.38	22.95
2023	784.14	602.53	98.13	38.54	44.94

9-13 商品房销售面积（按区域分）
TOTAL FLOOR SPACE OF BUILDINGS SOLD(GROUPED BY DISTRICT)

单位：万平方米　　　　(10 000 sq.m)

年 份 Year	销售面积 Floor Space of Buildings Sold	福田区 Futian	罗湖区 Luohu	盐田区 Yantian	南山区 Nanshan	大宝安区 Original Baoan	宝安区 Baoan	龙华区 Longhua	光明区 Guangming	大龙岗区 Original Longgang	龙岗区 Longgang	坪山区 Pingshan	大鹏新区 Dapeng	深汕特别合作区 Shenzhen-Shanwei Special Cooperation Zone
1997	405.44	126.57	95.18		70.27	54.48				58.94				
1998	432.22	135.99	90.89	7.69	75.68	54.63				67.34				
1999	541.84	162.69	118.53	12.10	94.89	71.62				82.01				
2000	611.37	200.59	86.13	7.57	125.39	78.65				113.04				
2001	643.47	165.28	110.75	9.01	140.62	95.21				122.60				
2002	791.70	206.81	129.45	9.67	182.60	127.22				135.95				
2003	877.85	206.30	120.49	25.45	236.85	149.76				139.02				
2004	908.62	164.74	83.90	17.32	285.04	186.40				171.22				
2005	993.20	210.36	103.11	22.85	171.05	283.84				201.99				
2006	797.66	122.22	53.56	18.63	130.60	260.36				212.29				
2007	555.11	69.29	35.26	17.92	72.60	189.08				170.97				
2008	466.71	35.47	37.27	15.55	71.11	161.66				145.65				
2009	762.16	52.49	34.86	30.95	171.33	217.20				255.33				
2010	465.59	18.74	17.10	14.37	81.76	122.11				211.51				
2011	496.89	153.60	7.07	10.38	53.35	106.07				166.42				
2012	525.83	22.53	9.36	7.47	61.84	214.73	104.16	102.56	8.01	209.90	184.54	25.01	0.36	
2013	588.58	61.27	11.18	14.31	53.94	218.56	98.38	106.60	13.58	229.32	197.57	30.59	1.15	
2014	532.57	39.06	8.42	22.06	58.42	204.45	107.52	89.40	7.53	200.16	163.32	35.01	1.84	
2015	831.46	73.72	17.75	27.94	101.72	296.37	120.86	117.61	57.90	313.96	240.47	54.97	18.51	
2016	736.19	46.75	42.17	21.92	129.04	245.83	78.64	120.29	46.89	250.49	222.63	18.38	9.48	
2017	671.03	25.71	36.75	5.15	127.06	125.35	86.02	87.44	39.34	237.98	231.89	25.59	6.09	
2018	722.01	35.79	32.69	10.21	121.07		133.18	86.72	27.86		214.67	56.22	3.60	
2019	826.62	50.27	33.96	20.19	131.48		158.83	108.52	60.07		178.76	60.81	3.66	20.06
2020	929.16	32.92	36.67	26.44	146.46		163.53	124.00	89.56		214.79	63.94	10.49	20.36
2021	821.05	37.73	36.66	26.76	162.24		140.42	93.01	100.13		133.01	61.24	8.39	21.46
2022	694.15	33.60	39.93	28.11	131.56		106.87	93.13	83.25		133.79	25.46	3.42	15.04
2023	784.14	37.41	59.43	24.07	127.91		152.71	94.12	88.51		138.64	31.59	7.60	22.14

9-14 商品住宅销售面积（按区域分）

TOTAL FLOOR SPACE OF RESIDENTIAL BUILDINGS SOLD (GROUPED BY DISTRICT)

单位：万平方米 (10 000 sq.m)

年份 Year	销售面积 Floor Space of Buildings Sold	福田区 Futian	罗湖区 Luohu	盐田区 Yantian	南山区 Nanshan	大宝安区 Original Baoan	宝安区 Baoan	龙华区 Longhua	光明区 Guangming	大龙岗区 Original Longgang	龙岗区 Longgang	坪山区 Pingshan	大鹏新区 Dapeng	深汕特别合作区 Shenzhen-Shanwei Special Cooperation Zone
1996	261.13	82.35	71.87		43.19	21.26				42.46				
1997	336.70	106.75	71.23		61.63	43.31				53.78				
1998	372.38	111.06	75.29	3.80	70.61	50.07				61.55				
1999	492.51	147.54	109.57	6.36	88.59	64.24				76.21				
2000	556.82	181.94	77.17	6.80	114.95	69.70				106.26				
2001	593.72	155.44	97.85	7.97	135.20	86.75				110.51				
2002	724.41	186.29	119.80	9.38	173.18	111.31				124.45				
2003	811.90	186.59	111.08	24.29	222.60	142.53				124.82				
2004	802.58	125.29	83.78	17.26	270.81	167.84				137.60				
2005	901.13	172.73	100.15	21.77	157.76	266.25				182.49				
2006	704.89	77.58	52.72	17.28	119.41	244.08				193.82				
2007	500.35	49.22	31.36	17.50	63.95	176.32				162.00				
2008	413.65	31.77	21.36	15.04	64.33	146.68				134.47				
2009	717.40	37.11	34.46	30.27	167.42	205.59				242.55				
2010	413.80	7.20	10.21	18.36	69.30	114.91				193.82				
2011	469.43	148.36	5.25	10.03	46.44	101.80				157.55				
2012	488.43	11.39	7.74	7.16	54.22	207.17	98.03	101.13	8.01	200.75	176.46	23.96	0.33	
2013	527.16	36.20	10.54	9.46	49.61	213.02	93.83	105.61	13.58	208.32	178.51	29.11	0.70	
2014	474.81	19.52	7.97	17.11	56.22	190.19	99.10	83.60	7.49	183.80	149.36	33.71	0.73	
2015	747.83	44.43	17.61	24.49	94.53	281.34	109.50	114.71	57.12	285.43	214.14	52.78	18.51	
2016	660.08	15.32	42.05	17.33	125.18	232.07	73.55	115.34	43.18	228.14	203.51	15.45	9.17	
2017	520.97	17.93	21.77	4.11	97.34	94.00	71.11	52.09	22.89	219.50	213.54	14.24	5.96	
2018	572.99	28.76	16.52	6.22	93.69		111.28	51.36	22.36		196.91	42.30	3.60	
2019	658.48	33.69	11.62	19.78	86.02		134.95	84.03	56.18		155.89	52.61	3.66	20.06
2020	772.53	20.96	16.89	21.68	79.78		144.06	112.99	82.95		200.96	61.82	10.17	20.26
2021	643.28	29.77	25.90	18.61	92.25		117.78	71.13	87.25		115.60	57.02	8.00	19.98
2022	505.02	26.67	16.15	18.79	81.10		75.54	79.36	77.13		88.28	23.81	3.15	15.04
2023	602.53	21.67	24.61	14.13	92.31		117.50	89.68	80.39		107.21	29.26	7.57	18.19

9-15 办公楼销售面积（按区域分）

TOTAL FLOOR SPACE OF OFFICE BUILDINGS SOLD （GROUPED BY DISTRICT）

单位：万平方米　　　　(10 000 sq.m)

年 份 Year	销售面积 Floor Space of Buildings Sold	福田区 Futian	罗湖区 Luohu	盐田区 Yantian	南山区 Nanshan	大宝安区 Original Baoan	宝安区 Baoan	龙华区 Longhua	光明区 Guangming	大龙岗区 Original Longgang	龙岗区 Longgang	坪山区 Pingshan	大鹏新区 Dapeng	深汕特别合作区 Shenzhen-Shanwei Special Cooperation Zone
1996	32.33	8.80	14.35		9.18									
1997	28.88	9.34	13.06		3.59	1.39				1.50				
1998	22.06	12.11	7.60	0.31	0.94					1.10				
1999	15.02	9.30	3.70	1.33	0.63	0.06								
2000	12.19	6.15	3.95	0.05	1.50	0.13				0.41				
2001	11.01	2.91	5.77	0.14	0.66	0.01				1.52				
2002	17.94	12.63	3.39	0.29	1.37	0.02				0.24				
2003	19.54	13.72	2.16		1.68	1.45				0.53				
2004	26.90	23.11		26.90	3.66	0.01				0.12				
2005	28.49	22.19			5.04	0.54				0.72				
2006	37.64	31.85	0.06		5.22					0.51				
2007	20.87	15.51	0.61		3.80	0.87				0.08				
2008	5.59	2.27			1.65	1.67								
2009	19.63	12.65			2.24	4.46				0.28				
2010	15.00	5.80	4.19		0.27	3.21				1.53				
2011	9.90	4.68	0.37		4.51	0.34								
2012	5.98	1.68			3.60	0.51	0.51			0.19	0.19			
2013	21.31	13.70	0.64	1.39	3.63	0.36		0.36		1.59	1.59			
2014	23.17	9.69	0.46	2.10	2.06	6.03	2.53	3.50		2.84	2.84			
2015	56.54	23.19	0.14	3.21	5.92	7.39	7.02	0.37		16.69	16.69			
2016	50.57	30.30		2.37	2.52	5.69	4.16	1.53		9.68	8.95	0.73		
2017	98.56	7.50	12.20	1.03	16.48	16.52	10.12	27.56	6.40	5.96	5.96	11.30		
2018	96.60	6.56	9.53	3.99	21.51		11.34	23.65	1.70		9.15	9.16		
2019	96.57	7.51	19.13	0.28	28.81		15.61	7.55	0.86		12.47	4.35		
2020	108.36	7.21	13.96	1.63	52.43		13.39	4.66	5.52		8.67	0.79		0.11
2021	112.49	4.36	7.36	2.64	52.89		15.12	14.62	4.33		9.55	0.15		1.48
2022	122.80	4.71	8.92	1.00	43.24		26.28	11.01	1.04		26.14	0.47		
2023	98.13	13.78	25.56	1.64	28.88		18.29	0.90	0.50		7.52	0.14		0.92

9-16 商业用房销售面积（按区域分）

TOTAL FLOOR SPACE OF COMMERCIAL BUILDINGS SOLD（GROUPED BY DISTRICT）

单位：万平方米 (10 000 sq.m)

年 份 Year	销售面积 Floor Space of Buildings Sold	福田区 Futian	罗湖区 Luohu	盐田区 Yantian	南山区 Nanshan	大宝安区 Original Baoan	宝安区 Baoan	龙华区 Longhua	光明区 Guangming	大龙岗区 Original Longgang	龙岗区 Longgang	坪山区 Pingshan	大鹏新区 Dapeng	深汕特别合作区 Shenzhen-Shanwei Special Cooperation Zone
1996	21.23	2.66	11.49		1.32	4.38				1.38				
1997	27.40	4.48	8.75		2.48	9.54				2.15				
1998	19.85	3.70	5.34	0.08	2.00	4.04				4.69				
1999	26.20	2.15	5.26	4.43	2.91	5.85				5.60				
2000	26.32	3.88	3.21	0.72	4.64	7.57				6.30				
2001	27.40	3.42	4.92	0.28	2.59	8.23				7.96				
2002	46.36	6.52	6.15		6.53	15.89				11.27				
2003	39.37	4.81	6.61	1.16	7.62	5.51				13.66				
2004	58.09	8.16	0.94	0.15	9.66	17.79				21.39				
2005	53.48	9.20	2.93	1.17	8.55	16.77				14.86				
2006	46.89	7.72	0.69	1.36	5.96	16.25				14.91				
2007	30.64	1.64	3.28	0.41	4.85	11.89				8.57				
2008	33.58	1.43	15.91	0.51	2.20	4.85				8.68				
2009	18.07	0.40	0.22	0.67	1.67	7.15				7.96				
2010	21.88	0.35	1.79	0.07	1.79	4.70				13.18				
2011	16.95	0.70	1.36	0.34	2.22	3.78				8.55				
2012	21.00	0.68	1.62	0.30	4.01	7.06	5.62	1.43		7.33	6.25	1.05	0.02	
2013	19.05	2.67		3.46	0.70	5.17	4.55	0.63		7.04	5.11	1.48	0.45	
2014	23.59	3.70		2.85	0.14	4.02	2.94	1.04	0.04	12.88	10.49	1.29	1.10	
2015	19.84	3.89		0.24	1.26	4.77	2.28	1.70	0.78	9.67	7.48	2.19		
2016	23.49	0.92	0.12	2.21	0.57	7.83	0.92	3.27	3.64	11.84	9.77	2.04	0.03	
2017	27.22	0.06	2.25	0.01	1.22	5.63	1.90	7.76	3.74	10.29	10.16		0.13	
2018	24.13	0.47	1.75		1.16		5.39	7.62	0.54		5.59	1.60		
2019	39.79	8.90	0.14	0.03	5.19		5.92	9.37	1.42		6.84	1.97		
2020	27.81	4.76	1.83	0.56	7.49		3.55	4.21	0.52		3.81	0.76	0.31	
2021	36.51	3.61	1.70	1.32	8.50		4.27	4.86	2.83		5.38	3.65	0.39	
2022	43.38	1.72	4.80	4.98	6.72		3.90	0.85	1.32		17.78	1.03	0.26	
2023	38.54	0.76	2.76	1.21	5.75		5.27	3.12	4.51		10.73	1.37	0.03	3.03

9-17 商品房屋待售面积（按用途分）
TOTAL FLOOR SPACE OF COMMERCIALIZED BUILDINGS FOR SALE （GROUPED BY USE）

单位：万平方米 (10 000 sq.m)

年 份 Year	待售面积 Floor space of Commercialized Buildings	住 宅 Residential Buildings	办公楼 Office Buildings	商业用房 Houses For Business Use	其 他 Others
1996	328.68	191.94	40.31	55.20	41.23
1997	258.69	137.34	48.69	48.66	24.00
1998	296.94	158.88	55.96	56.73	25.37
1999	249.60	139.67	42.49	52.90	14.54
2000	272.62	170.92	47.17	48.49	6.04
2001	241.35	142.72	29.53	51.69	17.41
2002	311.03	206.50	23.03	59.99	21.51
2003	319.94	190.88	26.23	81.12	21.71
2004	251.53	138.15	21.62	68.45	23.31
2005	191.51	90.24	14.38	63.44	23.45
2006	185.41	69.63	23.98	66.41	25.39
2007	152.36	58.92	15.81	55.30	22.33
2008	231.58	121.17	15.02	69.22	26.17
2009	141.64	63.60	15.41	49.56	13.07
2010	134.36	53.15	9.00	51.82	20.39
2011	257.69	148.13	5.15	84.49	19.92
2012	310.05	188.94	16.89	80.14	24.09
2013	351.66	203.06	14.08	103.06	31.47
2014	319.85	191.95	16.09	96.27	15.54
2015	336.51	231.66	14.72	65.56	24.57
2016	272.98	140.17	29.86	77.44	25.52
2017	261.30	147.20	28.83	72.74	12.53
2018	277.29	158.30	36.18	65.30	17.51
2019	396.15	224.42	62.71	79.41	29.61
2020	353.82	151.59	87.66	74.85	39.71
2021	414.37	136.11	129.76	98.52	49.98
2022	478.16	170.08	170.52	100.17	37.39
2023	771.45	306.30	211.97	150.83	102.34

9-18 商品房屋待售面积（按区域分）

TOTAL FLOOR SPACE OF VACANT BUILDINGS（GROUPED BY DISTRICT）

单位：万平方米 (10 000 sq.m)

年 份 Year	待售面积 Floor space of Commercialized Buildings	福田区 Futian	罗湖区 Luohu	盐田区 Yantian	南山区 Nanshan	大宝安区 Original Baoan	宝安区 Baoan	龙华区 Longhua	光明区 Guangming	大龙岗区 Original Longgang	龙岗区 Longgang	坪山区 Pingshan	大鹏新区 Dapeng	深汕特别合作区 Shenzhen-Shanwei Special Cooperation Zone
1996	328.68	92.03	105.18		55.88	49.30				26.29				
1997	258.69	55.41	78.56		59.13	37.47				28.12				
1998	296.94	74.08	82.92	2.59	76.22	39.61				21.52				
1999	249.60	60.46	82.32	4.03	45.21	25.51				32.07				
2000	272.62	61.38	98.36	2.82	50.22	29.99				29.85				
2001	241.35	72.12	81.50	1.81	34.59	24.00				27.33				
2002	311.03	89.77	75.29	9.04	69.26	30.38				37.29				
2003	319.94	103.76	74.54	8.20	67.50	34.87				31.07				
2004	251.53	81.49	61.37	12.38	38.04	22.46				35.79				
2005	191.51	56.42	46.46	11.26	21.81	30.27				25.29				
2006	185.41	57.02	48.47	7.40	26.31	12.79				33.42				
2007	152.36	42.48	32.39	3.50	21.38	16.29				36.32				
2008	231.58	36.14	33.45	6.88	43.75	46.79				64.57				
2009	141.64	34.65	28.45	3.57	29.30	19.38				26.29				
2010	134.36	31.51	23.00	8.75	16.51	33.34				21.25				
2011	257.69	37.28	22.64	13.67	10.72	106.12				67.26				
2012	310.05	45.64	20.36	16.51	18.02	93.40	56.75	36.33	0.33	116.12	114.21	0.63	1.28	
2013	351.66	34.72	37.87	18.44	40.92	104.67	50.04	54.31	0.33	115.05	100.16	6.16	8.73	
2014	319.85	18.49	27.68	25.48	45.92	98.76	49.01	42.87	6.87	103.52	84.76	10.63	8.12	
2015	336.51	22.26	31.32	15.26	33.23	138.06	57.42	69.32	11.32	96.38	69.93	8.14	18.31	
2016	272.98	12.87	14.78	15.90	65.51	96.29	49.95	35.29	11.06	67.63	52.25		15.38	
2017	261.30	15.22	16.13	11.59	56.50	68.58	66.49	30.56	2.09	55.61	46.31	7.11	9.30	
2018	277.29	13.58	18.01	19.91	50.18		80.02	29.65	3.30		50.95		11.70	
2019	396.15	15.72	27.96	38.23	55.62		74.56	51.40	12.43		80.89	28.21	11.14	
2020	353.82	8.79	28.16	25.56	52.49		64.24	35.76	37.22		46.23	43.76	9.98	1.64
2021	414.37	35.57	29.49	26.03	75.86		77.14	33.22	43.20		53.40	21.80	10.93	7.74
2022	478.16	32.08	31.22	31.03	96.07		92.54	35.83	44.15		67.03	21.59	10.44	16.18
2023	771.45	34.74	45.30	32.27	208.80		145.40	46.62	59.14		117.41	29.30	25.95	26.52

9-19 商品房二级市场平均交易价格（按用途分）

AVERAGE SELLING PRICE OF COMMERCIAL HOUSES IN SECONDARY MARKET （GROUPED BY USE）

单位：元/平方米　　　　(yuan/ sq.m)

年 份 Year	商品房二级市场平均交易价格 Average Selling Price of Commercial Houses in Secondary Market	住 宅 Residential Buildings	办公楼 Office Buildings	商业用房 Houses For Business Use	其 他 Others
1999	5503	5004	10504	11195	3743
2000	5718	5275	10954	10306	3186
2001	5779	5517	13717	11916	4126
2002	6074	5641	8145	12175	5000
2003	6215	5879	8678	11624	2804
2004	6771	6419	9670	12764	5672
2005	7582	6996	12374	15083	6869
2006	10039	9190	15762	18257	9714
2007	14050	13370	23535	19103	10203
2008	12665	12823	19071	11469	8286
2009	15214	14858	23919	20826	12768
2010	20850	20297	24797	23346	24787
2011	20674	19038	39481	31654	28603
2012	20035	18848	37814	29859	27472
2013	23776	21808	36402	18059	28337
2014	25700	23955	32926	34911	30165
2015	35071	33406	46327	42552	26273
2016	52777	53455	52529	53090	43210
2017	54430	54455	49977	60365	35514
2018	54090	54120	55173	57382	36241
2019	55250	54741	58030	62802	34516
2020	54003	52808	55828	63430	38940
2021	60027	61273	57191	60839	29339
2022	60009	67730	56140	52092	25041
2023	53153	59732	41850	48516	24896

注：本表2017年及以前数据来源为深圳市规划和国土资源委员会，2018年及以后数据来源为深圳市住房和建设局。

Note: The data of this table are provided by Shenzhen Municipal Bureau of Planning and Land Resources before 2018,provided by Housing and Construction Bureau of ShenZhen Municipality from 2018.

9-20 商品房二级市场平均交易价格（按区域分）
AVERAGE SELLING PRICE OF COMMERCIAL HOUSES IN SECONDARY MARKET（GROUPED BY DISTRICT）

单位：元/平方米 (yuan/ sq.m)

年份 Year	商品房二级市场平均交易价格 Average Selling Price of Commercial Houses in Secondary Market	福田区 Futian	罗湖区 Luohu	盐田区 Yantian	南山区 Nanshan	宝安区 Baoan	龙岗区 Longgang	龙华区 Longhua	坪山区 Pingshan	光明区 Guangming	大鹏新区 Dapeng	深汕特别合作区 Shenzhen-Shanwei Special Cooperation Zone
1999	5503	6299	8763	3379	4472	3222	3226					
2000	5718	7048	8047	6437	4682	3452	3976					
2001	5779	7171	6272	4079	6007	3256	3537					
2002	6145	7981	7048	5360	5930	4302	3925					
2003	6215	7787	7444	6111	6041	3866	4046					
2004	6771	8324	7953	9003	6738	4989	5067					
2005	7582	9565	8548	7896	8929	5799	5889					
2006	10039	15485	10115	9793	12855	8626	6906					
2007	14050	20639	17834	14293	18196	12256	10785					
2008	12665	16946	14011	24748	17230	11425	9136					
2009	15214	24338	22674	25349	19751	13677	9822					
2010	20850	27691	26016	40780	31463	19752	14288					
2011	20674	39481	26118	20869	35936	18236	15010					
2012	20035	33852	29928	29924	34924	18288	14526					
2013	23776	42843	34715	25964	41636	21616	17621					
2014	25700	44171	40866	31358	41406	24221	18938					
2015	35071	55570	47518	34725	57700	34971	26728	33005	16764	19648	17051	
2016	52777	64750	58211	46220	76077	57369	39723	43853	30271	31289	27531	
2017	54430	84869	63937	55230	86411	57149	37520	53235	32310	32692	37639	
2018	54090	81199	59850	47717	87876	52204	41541	57914	27530	40020	37043	
2019	55250	86225	54605	45226	91001	52390	41430	55685	33740	44481	30151	10789
2020	54003	87705	55874	47300	90951	57774	42556	61092	37358	50320	30656	14055
2021	60027	96751	70726	48868	100379	62991	43047	58055	38737	48834	33791	12489
2022	60009	96310	62409	43513	102340	50947	39695	51668	36530	47880	32941	11557
2023	53153	78265	51122	49992	71793	51296	32621	63385	34983	43071	31096	11198

注：　本表2017年及以前数据来源为深圳市规划和国土资源委员会，2018年及以后数据来源为深圳市住房和建设局。

Note: The data of this table are provided by Shenzhen Municipal Bureau of Planning and Land Resources before 2018,provided by Housing and Construction Bureau of ShenZhen Municipality from 2018.

9-21　商品住宅二级市场平均交易价格（按区域分）

AVERAGE SELLING PRICE OF COMMERCIAL HOUSES IN SECONDARY MARKET（GROUPED BY DISTRICT）

单位：元/平方米　　　　(yuan/ sq.m)

年份 Year	住宅平均交易价格 Average Selling Price of Commercial Houses in Secondary Market	福田区 Futian	罗湖区 Luohu	盐田区 Yantian	南山区 Nanshan	宝安区 Baoan	龙岗区 Longgang	龙华区 Longhua	坪山区 Pingshan	光明新区 Guangming	大鹏新区 Dapeng	深汕特别合作区 Shenzhen-Shanwei Special Cooperation Zone
1999	5004	6027	7394	3194	4390	3074	3033					
2000	5275	6728	7200	4252	4540	3025	3718					
2001	5517	6465	6408	4139	5709	2851	3402					
2002	5641	7664	6496	5265	5639	3805	3522					
2003	5879	7640	6866	6076	5778	3640	3485					
2004	6419	7806	7789	9002	6499	4787	4447					
2005	6996	8627	8135	7698	8502	5353	5353					
2006	9190	13803	9988	9454	12119	8297	6423					
2007	13370	18441	16946	14178	18008	12212	10478					
2008	12823	16876	16891	24995	17050	11652	9112					
2009	14858	23216	22607	25366	19636	13726	9626					
2010	20297	29248	23470	40861	30840	19944	14166					
2011	19038	29866	24656	19392	35370	17805	14705					
2012	18848	29958	30319	23254	34401	18028	13942					
2013	21808	41439	36396	19485	42273	20947	17118					
2014	23955	42445	42480	28253	41259	23747	18755					
2015	33406	54461	48636	30498	56463	35841	27230	32835	16014	18791	17051	
2016	53455	83292	64330	44606	82142	58745	40859	41850	30837	33833	27531	
2017	54455	87377	75042	55230	101134	56960	37560	52737	32652	34774	37639	
2018	54120	93803	72910	47589	92095	54052	44610	57787	26806	45290	37043	
2019	54741	97256	69625	47300	95413	54605	44527	59862	35063	46014	30151	10789
2020	52808	111987	79661	49534	94423	62642	43467	63154	37758	51954	30656	14220
2021	61273	115312	89226	57231	107506	65478	44908	64195	40056	50883	33791	12594
2022	67730	109542	78030	53195	114433	61771	46882	65402	38177	48576	32941	11749
2023	59732	99481	66982	51244	99796	56278	43149	66290	36761	45245	31107	11420

9-22 房地产开发企业主要财务指标（2017-2023年）
FINANCIAL INDICATORS OF REAL ESTATE COMPANIES（2017-2023）

类别	Item	2017	2018	2019	2020	2021	2022	2023
一、年末资产负债（亿元）	**Total Assets and Liabilities at the year end (100 million yuan)**							
资产总计	Total Capital	20196.64	25624.59	26666.46	32974.64	38247.44	43187.40	45033.92
负债合计	Total liabilities	15350.48	18341.80	19978.58	24375.71	27981.37	31531.18	33145.92
所有者权益合计	Creditors' Equity	4846.15	7282.79	6687.88	8598.93	10266.06	11656.22	11888.00
二、损益及分配（亿元）	**Profit,loss and distribution (100 million yuan)**							
1. 主营业务收入	Business Revenue	2570.31	3235.17	3371.03	3562.43	4070.10	3156.68	4132.89
#土地转让收入	Land Sales Revenue	0.80	0.56		0.33	6.00		4.84
商品房屋销售收入	Sales Revenue of Commodity	2407.45	3025.22	3190.13	3262.05	3766.99	2817.43	3775.61
房屋出租收入	Revenue Leased	114.09	80.55	96.87	146.84	161.33	164.55	192.55
其他收入	Other Revenues	41.10	73.85	71.13	111.00	120.70	152.77	138.29
2. 主营业务成本、主营业务税金及附加	Business Cost,Taxes and Extra Charge	1569.84	1982.30	2240.65	2379.44	2934.94	2323.40	3183.83
主营业务成本	Business cost	1207.13	1529.89	1712.27	1873.77	2459.55	1900.75	2836.83
主营业务税金及附加	Business Taxes and Extra Charge	362.71	452.41	528.37	505.68	475.39	422.65	347.00
3. 费用合计	Total Expenses	297.31	331.53	383.38	448.55	491.92	440.43	472.47
销售费用	Sales Expenses	72.65	98.69	127.38	127.81	125.17	101.96	131.67
管理费用	Management Expenses	112.78	111.44	130.00	147.68	161.04	142.88	136.12
财务费用	Financial Expenses	111.88	121.41	126.00	173.06	205.71	195.59	204.69
4. 其他业务利润	Other Profits	1.79	1.61	4.97	2.11	4.08	-3.42	7.58
5. 投资收益	Investment Revenue	92.37	178.70	114.54	105.82	196.35	351.97	317.31
6. 营业外收入	Nonbusiness Revenue	6.89	13.94	8.31	27.66	19.09	21.74	12.24
7. 营业外支出	Nonbusiness Expenses	39.04	21.14	19.61	27.26	19.16	10.47	33.64
8. 利润总额	Total Profits	824.73	1082.63	890.86	801.27	853.20	767.29	778.35
三、工资总额（亿元）	**Total Payable Salaries(100 million yuan)**	**52.91**	**77.26**	**89.81**	**84.68**	**91.95**	**89.25**	**117.75**
四、从业人员年平均人数（人）	**Average Number of Employed Persons(person)**	**30856**	**33632**	**33965**	**36528**	**36780**	**35851**	**33705**
五、企业数（个）	**Numberof Enterprises(unit)**	**599**	**645**	**686**	**752**	**825**	**881**	**925**

主要统计指标解释

房地产开发投资 指各种登记注册类型的房地产开发法人单位统一开发的住宅、饭店、宾馆、度假村、写字楼、办公楼等房屋建筑物,配套的服务设施，土地开发工程(如道路、给水、排水、供电、供热、通讯、平整场地等基础设施工程)和土地购置的投资；不包括单纯的土地开发和交易活动。

施工面积 指报告期内施工的全部房屋建筑面积。包括本期新开工的面积和上期开工跨入本期继续施工的房屋面积，以及上期已停建在本期恢复施工的房屋面积。本期竣工和本期施工后又停缓建的房屋，其建筑面积仍计入本期房屋施工面积中。

竣工面积 指在报告期内房屋建筑按照设计要求已经全部完工，达到住人和使用条件，经验收鉴定合格(或达到竣工验收标准),正式移交使用单位的各栋房屋建筑面积的总和。

Explanatory Notes on Main Statistical Indicators

Investment in Real Estate Development It includes the investment by the real estate development companies,commercial buildings construction companies and other real estate development units of various types of ownership in the construction of house buildings, such as residential buildings, factory buildings, warehouses, hotels, guesthouses, holiday villages, office buildings, and the complementary service facilities and land development projects, such as roads, water supply, water drainage, power supply, heating, telecommunications, land leveling and other projects of infrastructure. It excludes the activities in simple land transactions.

Floor Space of Buildings under Construction refers to total floor space of all buildings under construction during the reference period, including floor space of newly started buildings during the reference period, floor space of construction extended from the previous period to the current period, and floor space of construction suspended during the previous period and resumed in the current period. Floor space of construction completed in the current period, and floor space of construction started and then suspended in the current period are also included in the floor space of Buildings under construction of the current year.

Floor Space of Building Completed refers to the floor space of all buildings completed in the reference period, which have been appraised and accepted (or come up to the designed standards) and have been transferred to the owners for use.

10 第十部分

商业和物价

COMMERCE AND PRICE

CHAPTER

10-1 社会消费品零售总额及指数

INDICES OF TOTAL RETAIL SALES OF CONSUMER GOODS

年 份 Year	社会消费品零售总额 (万元) Total Retail Sales of Consumer Goods (10 000 yuan)	社会消费品零售总额指数 Retail Sales Indices	
		以1979年为100 (1979=100)	以上年为100 (Preceding year=100)
1979	11259	100.0	
1980	19615	174.2	174.2
1981	34229	304.0	174.5
1982	54185	481.3	158.3
1983	123794	1099.5	228.5
1984	201107	1786.2	162.5
1985	265642	2359.4	132.1
1986	273712	2431.1	103.0
1987	324364	2880.9	118.5
1988	502430	4462.5	154.9
1989	545741	4847.2	108.6
1990	667580	5929.3	122.3
1991	828341	7357.1	124.1
1992	1939506	10204.3	138.7
1993	2761015	14526.5	142.4
1994	3779852	19886.9	136.9
1995	4664471	24545.0	123.4
1996	5296806	27872.4	113.6
1997	5910891	31103.8	111.6
1998	6545355	34442.4	110.7
1999	7369955	38781.6	112.6
2000	8547894	44980.0	116.0
2001	9740535	51255.9	114.0
2002	11104360	58432.5	114.0
2003	13044600	68642.2	117.5
2004	15106057	79489.9	115.8
2005	17578465	92500.0	116.4
2006	20553267	108153.7	116.9
2007	23510708	123716.1	114.4
2008	28049939	147602.1	119.3
2009	31718953	166908.9	113.1
2010	36468898	191903.7	115.0
2011	42592660	224127.6	116.8
2012	49140580	258583.6	115.4
2013	55344879	291231.3	112.6
2014	61416401	323180.4	111.0
2015	64197846	337816.7	104.5
2016	69997209	368333.6	109.0
2017	77881731	409822.9	111.3
2018	85195000	448306.2	109.4
2019	91444581	481192.3	107.3
2020	86648297	455953.6	94.8
2021	94981156	499802.1	109.6
2022	97082807	510861.3	102.2
2023	104861913	551795.8	108.0
年平均增长率(%) Average Annual Growth Rate(%)		**21.6**	

注： 1992-2018年数据已根据全国第四次经济普查结果进行修订。

Note: The data from 1992 to 2018 have been revised by the fourth national economic census.

10-2 限额以上批发零售贸易业商品分类销售（2023年）
TOTAL SALES OF ENTERPRISES ABOVE DESIGNATED SIZE OF WHOLESALE AND RETAIL TRADES GROUPED BY CATEGORY OF COMMODITIES（2023）

单位：万元　　　　(10 000 yuan)

项 目	Item	批发额 Value in Wholesale Trade	零售额 Value in Retail Sale Trade
总　计	**Total**	**427120851**	**48020930**
食品、饮料、烟酒类	Food,Beverage,Tobacco and Liquor	30687180	4818938
针、纺织品类	Knitwear and Textiles	2843191	382140
服装、鞋帽类	Garments,Footwear and Headgear	2359791	2541629
化妆品类	Cosmetics	1012579	761919
日用品类	Articles for Daily Use	8650613	2822617
五金、电料类	Hardwares and Electric Appliances	7282481	20864
家用电器及音像器材类	Household Appliances and Video Appliances	11302614	2327691
电子出版类及音像制品类	E-journals and Video Products	41026	6940
体育、娱乐用品类	Sports and Recreational Articles	1214157	342893
文化、办公用品类	Articles For Culture and Office Use	20562545	2045538
金银珠宝类	Gold,Silver and Jewelry	8575572	1795764
家具类	Furniture	1553164	391033
中西药品类	Traditional Chinese and Western Medicines	6516306	946800
书报杂志类	Newspapers and Magazines	104828	198392
通讯器材类	Communications Appliances	38280844	5449557
建筑材料类	Building Materials	7108248	108782
木材及制品类	Timber and Related Products	1896608	
化工材料及制品类	Chemical Materials and Products	21140424	
金属材料类	Metal Materials	64630332	
机电设备及零件类	Mechanical and Electrical Products and Accessories	61681667	82880
煤炭及制品类	Coal and Related Products	6376142	
石油及制品类	Petroleum and Related Products	10204837	2664289
种子饲料类	Seeds and Feedstuff	819412	
棉麻类	Cotton and Hemp	513429	
汽车类	Motor Vehicles	71342123	16386960
其他类	Others	21030232	606336

10-3　限额以上批发和零售业法人企业商品购销存综合表（2023年）

单位：万元

项　目	Item	法人企业（个）Number of Corporative Enterprises (unit)
总　　计	**Total**	**15041**
一、批发业	**Wholesale Trade**	**12602**
1. 按批发行业分组	Grouped by Sector	
农、林、牧、渔产品批发	Wholesale of Agricultural, Forestry, Livestock and Fishery Products	185
食品、饮料及烟草制品批发	Wholesale of Food, Beverages and Tobaccos	1334
纺织、服装及家庭用品批发	Wholesale of Textiles, Wearing Apparel and Household Articles	1452
文化、体育用品及器材批发	Wholesale of Culture, Sports Appliances and Equipments	773
医药及医疗器材批发	Wholesale of Medicines and Medical Appliances	407
矿产品、建材及化工产品批发	Wholesale of Mineral Products, Building Materials and Chemical Products	2685
机械设备、五金产品及电子产品批发	Wholesale of Machinery, Hardware and Electronic Products	5352
贸易经纪与代理	Trade Broker and Agency	159
其他批发业	Other Wholesale not Classified Elsewhere	255
2. 按登记注册类型分组	By Registered Statistical Categories	
内资企业	Domestic Invested Enterprises	11578
有限责任公司	Limited Liability Corporations	11244
股份有限公司	Share-holding Corporations Ltd.	197
非公司企业法人	Non Corporate Legal Entity	21
个人独资企业	Sole Proprietorship Enterprises	48
合伙企业	Partnership Enterprises	68
其他内资企业	Other Domestic Invested Enterprises	
港澳台投资企业	Enterprises with Investment from Hong Kong, Macao and Taiwan	731
外商投资企业	Foreign Invested Enterprises	293
其他统计类别	Other Statistical Categories	
3. 按控股情况分组	Grouped by Holding Condition	
国有控股	State-controlled	203
集体控股	Collective-controlled	31
私人控股	Private-controlled	11401
港澳台商控股	Controlled by Entrepreneur from Hong Kong,Macao and Taiwan	694
外商控股	Foreign-funded-controlled	272
其他	Others	

TOTAL PURCHASES SALES AND INVENTORY OF ENTERPRISES ABOVE DESIGNATED SIZE OF WHOLESALE AND RETAIL TRADE（2023）

(10 000 yuan)

从业人员期末人数（人）Number of Employees at Year-end (person)	商品购进总额 Total Purchase	进口额 Imports	商品销售总额 Total Sales	批发额 Wholesales Trade	出口额 Exports	零售额 Retail Trade	年末商品库存总额 Inventory (Year-end)	年末零售营业面积（平方米）Retail Business Area at Year-end (sq.m)
573687	**471675238**	**38363950**	**494051392**	**442609681**	**23788668**	**51441711**	**23405616**	**11658723**
377860	**419919013**	**36971739**	**436095720**	**432036715**	**23745233**	**4059006**	**18802953**	**1930611**
2756	7463379	264777	7398583	7332677	113211	65907	705951	11414
56926	45692361	6230118	47801933	47273597	561002	528336	2869601	171480
51734	18148438	633016	20192940	19653917	4127257	539023	1627658	261504
27261	12969169	282444	13677171	13246956	680042	430215	2081954	116626
25186	7217953	657639	8295845	8199551	214993	96294	791394	96161
48785	104472662	2886844	107643995	107057210	1786347	586785	2582133	393586
150625	201650620	15912068	208143739	206472994	14139607	1670746	7387563	840838
6473	18942275	9973927	19274401	19262301	1118668	12100	589084	8043
8114	3362156	130906	3667114	3537513	1004106	129601	167615	30959
319714	378892319	31744739	392229964	388517211	20878871	3712753	16457559	1605906
288948	351224744	29491265	362888449	359674399	19910610	3214050	15406796	1558063
26305	22839109	2211469	23718628	23254505	922276	464123	860517	27334
1861	3673935	1556	4339353	4329281	1440	10072	68276	2075
948	517555	21508	598816	582279	9551	16537	43857	3964
1652	636976	18940	684717	676746	34995	7971	78114	14470
34660	16301098	2122763	18286882	18030712	1220592	256171	1197730	285808
23486	24725596	3104237	25578874	25488793	1645770	90082	1147664	38897
22194	59368008	2088208	61337581	60976870	2783240	360711	2168168	143636
1345	3144058	194452	3326478	3324416	124361	2062	44827	8957
301144	324059481	29735344	335877606	332455252	18129547	3422354	14337115	1549379
32079	14361360	1808400	16208680	15972413	942720	236267	1174616	199821
21098	18986105	3145336	19345376	19307763	1765365	37612	1078228	28818

10-3 续表

单位：万元

项 目	Item	法人企业（个）Number of Corporative Enterprises (unit)
4. 按经营形式分组	Grouped by Business Forms	
独立门店	Independent Stores	1620
连锁总店	General Chain Stores	30
连锁门店	Chain Stores	53
其他	Others	10899
二、零售业	**Retail Trade Sector**	**2439**
1. 按零售行业分组	Grouped by Sector	
综合零售	General Retail	113
食品、饮料及烟草制品专门零售	Special Retail of Food, Beverages and Tobaccos	186
纺织、服装及日用品专门零售	Special Retail of Textiles, Garments and Daily Consumer Articles	249
文化、体育用品及器材专门零售	Special Retail of Culture, Sports Appliances and Equipments	125
医药及医疗器材专门零售	Special Retail of Medicines and Medical Appliances	67
汽车、摩托车、零配件和燃料及其他动力销售	Retail of Motor Vehicles, Motorcycles, Parts, and Fuel and Other Powers	786
家用电器及电子产品专门零售	Special Retail of Household Electric Appliances and Electronic Products	263
五金、家具及室内装修材料专门零售	Special Retail of Hardware, Furniture and Interior Decoration	67
货摊、无店铺及其他零售业	Stalls, Non-shop and Other Retails	583
2. 按登记注册类型分组	By Registered Statistical Categories	
内资企业	Domestic Invested Enterprises	2273
有限责任公司	Limited Liability Corporations	2183
股份有限公司	Share-holding Corporations Ltd.	49
非公司企业法人	Non Corporate Legal Entity	20
个人独资企业	Sole Proprietorship Enterprises	13
合伙企业	Partnership Enterprises	8
其他内资企业	Other Domestic Invested Enterprises	
港澳台投资企业	Enterprises with Investment from Hong Kong, Macao and Taiwan	117
外商投资企业	Foreign Invested Enterprises	49
其他统计类别	Other Statistical Categories	
3. 按控股情况分组	Grouped by Holding Condition	
国有控股	State-controlled	107
集体控股	Collective-controlled	27
私人控股	Private-controlled	2147
港澳台商控股	Controlled by Entrepreneur from Hong Kong,Macao and Taiwan	117
外商控股	Foreign-funded-controlled	40
其他	Others	
4. 按经营形式分组	Grouped by Business Forms	
独立门店	Independent Stores	1015
连锁总店	General Chain Stores	111
连锁门店	Chain Stores	161
其他	Other	1152
5. 按零售业态分组	Grouped by Retail Format	
有店铺零售	Store-based Retailing	1382
无店铺零售	Non-Store Retailing	1057

CONTINUED

(10 000 yuan)

从业人员期末人数（人）Number of Employees at Year-end (person)	商品购进总额 Total Purchase	进口额 Imports	商品销售总额 Total Sales	批发额 Wholesales Trade	出口额 Exports	零售额 Retail Trade	年末商品库存总额 Inventory (Year-end)	年末零售营业面积（平方米）Retail Business Area at Year-end (sq.m)
48204	68279150	1210822	70039256	69415825	1102499	623431	2657980	255991
7888	39417671	7691	39774074	39676048		98026	163634	92507
4756	892766	1685	1051145	856000	30990	195145	118923	26441
317012	311329426	35751540	325231244	322088841	22611743	3142403	15862416	1555672
195827	**51756225**	**1392211**	**57955671**	**10572966**	**43435**	**47382705**	**4602663**	**9728112**
34728	6322613	284526	6919298	1672974	651	5246324	468922	3731735
16829	2365110	101202	2935752	660515	56	2275238	303036	148071
37243	2348796	36689	3887435	543945	1417	3343490	933230	1216692
9715	839065	3110	1214652	162351	6103	1052301	227662	323752
15441	855301	2361	1184833	109862		1074971	121868	290881
42406	21749093	664767	22180439	3120638	912	19059801	1460284	3269263
10723	3181469	39881	3560774	927264	13913	2633510	507554	256013
2414	252892	12283	360368	12417		347950	47384	210124
26328	13841886	247393	15712122	3363000	20383	12349122	532724	281581
143164	40980194	770481	45822795	8508007	39427	37314787	3605410	5578677
128203	36140926	753216	40202047	6888777	37951	33313270	3273739	4960329
13380	4511701	17265	5259539	1595597	1476	3663942	296686	463838
750	187252		219814	18734		201080	23079	49064
342	72874		68664	897		67767	6785	30302
489	67442		72731	4003		68728	5121	75144
32408	6158439	435243	7222604	832433	1807	6390171	564720	2887181
20255	4617592	186487	4910273	1232526	2201	3677748	432533	1262254
18882	6070040	288275	6986767	1772529		5214239	601056	2150552
6729	1055027	13329	1159867	265503		894364	110279	247016
124881	34881550	476291	39024878	6507108	42396	32517770	2964701	4589049
26542	5479054	435243	6239566	853916	1039	5385649	534752	1525969
18793	4270554	179073	4544594	1173911		3370683	391875	1215526
59646	17714783	579031	19035289	2246371	11368	16788918	1836787	3808730
50593	7755340	110135	9178176	2486673	591	6691503	851890	3523675
24386	4707329	278399	5233174	991686	579	4241488	477595	753726
61202	21578773	424646	24509033	4848237	30897	19660796	1436391	1641981
149421	33012976	991634	36440865	6364084	13098	30076781	3495795	8453522
46406	18743249	400577	21514806	4208882	30337	17305924	1106867	1274590

10-4 限额以上批发业法人单位主要财务状况综合表（2023年）

单位：万元

项目	Item	法人企业数（个）Number of Corporative Enterprises (unit)
批发业	**Wholesale Trade**	**12602**
按批发行业分组	**Grouped by Sector**	
农、林、牧、渔产品批发	Wholesale of Agricultural, Forestry, Livestock and Fishery Products	185
食品、饮料及烟草制品批发	Wholesale of Food, Beverages and Tobaccos	1334
纺织、服装及家庭用品批发	Wholesale of Textiles, Wearing Apparel and Household Articles	1452
文化、体育用品及器材批发	Wholesale of Culture, Sports Appliances and Equipments	773
医药及医疗器材批发	Wholesale of Medicines and Medical Appliances	407
矿产品、建材及化工产品批发	Wholesale of Mineral Products, Building Materials and Chemical Products	2685
机械设备、五金产品及电子产品批发	Wholesale of Machinery, Hardware and Electronic Products	5352
贸易经纪与代理	Trade Broker and Agency	159
其他批发业	Other Wholesale not Classified Elsewhere	255
按登记注册类型分组	**By Registered Statistical Categories**	
内资企业	Domestic Invested Enterprises	11579
有限责任公司	Limited Liability Corporations	11245
股份有限公司	Share-holding Corporations Ltd.	197
非公司企业法人	Non Corporate Legal Entity	21
个人独资企业	Sole Proprietorship Enterprises	48
合伙企业	Partnership Enterprises	68
其他内资企业	Other Domestic Invested Enterprises	
港澳台投资企业	Enterprises with Investment from Hong Kong, Macao and Taiwan	730
外商投资企业	Foreign Invested Enterprises	293
其他统计类别	Other Statistical Categories	
按控股情况分组	**Grouped by Holding Condition**	
国有控股	State-controlled	203
集体控股	Collective-controlled	31
私人控股	Private-controlled	11401
港澳台商控股	Controlled by Entrepreneur from Hong Kong,Macao and Taiwan	694
外商控股	Foreign-funded-controlled	272
其他	Others	
按经营形式分组	**Grouped by Business Forms**	
独立门店	Independent Stores	1620
连锁总店	General Chain Stores	30
连锁门店	Chain Stores	53
其他	Others	10899

MAIN FINANCIAL INDICATORS OF WHOLESALE TRADE ABOVE DESIGNATED SIZE
（2023）

(10 000 yuan)

流动资产合计 Total Current Assets	应收账款 Accounts Payable	存货 Inventory	固定资产原价 Original Value of Fixed Assets	累计折旧 Accumulative Depreciation	本年折旧 Depreciation of the Year	资产总计 Total Assets	流动负债合计 Total Current Liabilities	应付账款 Accounts Payable
224200289	**63796381**	**19099504**	**6715032**	**3161338**	**454036**	**273993348**	**196548378**	**65596486**
1850662	274217	713814	48755	22139	3925	2569689	1652680	309429
19969637	4263639	2651758	984640	505040	77470	23209922	14466505	4248378
11103715	2897412	1844564	501191	214580	38645	14170508	9732111	2571147
6118415	1372301	1839673	178605	100945	13593	6731637	5222313	1303639
5428422	1278158	776297	290499	152353	23494	7454280	3837526	1199732
62459344	10871699	2694225	2466181	1076294	125669	88928560	55315523	9117553
105973599	39758084	7796442	1910847	953870	151710	116433506	95721779	43663489
9614453	2552425	608158	239687	91466	10959	12307731	9282888	2687886
1682043	528447	174574	94627	44651	8572	2187516	1317054	495233
196077504	56805119	16983931	5350509	2501500	362846	238578744	175587718	57915458
178035248	54112672	15719085	3516145	1662863	271634	205946114	162273748	55423111
15853753	2411384	1080547	1616773	727349	78005	29795322	12460635	2116673
1577978	36685	63345	174256	99225	10165	2167307	332953	150367
254065	99364	45774	22585	4077	1307	289468	248089	132162
356460	145014	75180	20751	7985	1736	380532	272292	93145
13669052	2901415	1313642	500269	211245	30205	17874436	10024729	2966941
14453733	4089846	801931	864254	448593	60984	17540169	10935931	4714087
22341859	3735971	2142043	1967256	977636	88530	37956778	17016140	2941261
1443731	425566	182842	20758	13730	1938	2515613	1142557	342002
178988020	54026269	14803808	3695243	1650163	281383	206218267	162658750	56458181
12513436	2488397	1211972	488701	204154	28376	16642616	9211061	2805413
8913244	3120177	758840	543076	315655	53809	10660074	6519869	3049630
47100122	21562679	2481476	478146	270091	39046	48625417	44685615	21066383
11902223	5454522	171824	52050	26626	5539	12111309	11846032	5767222
731054	74921	159929	17771	10152	1814	773946	419967	139859
164466891	36704260	16286275	6167065	2854469	407637	212482677	139596763	38623021

10-4 续表1

单位：万元

项目	Item	负债合计 Total Liabilities
批发业	**Wholesale Trade**	**214656133**
按批发行业分组	**Grouped by Sector**	
农、林、牧、渔产品批发	Wholesale of Agricultural, Forestry, Livestock and Fishery Products	1778289
食品、饮料及烟草制品批发	Wholesale of Food, Beverages and Tobaccos	16196762
纺织、服装及家庭用品批发	Wholesale of Textiles, Wearing Apparel and Household Articles	10947584
文化、体育用品及器材批发	Wholesale of Culture, Sports Appliances and Equipments	5540395
医药及医疗器材批发	Wholesale of Medicines and Medical Appliances	4101381
矿产品、建材及化工产品批发	Wholesale of Mineral Products, Building Materials and Chemical Products	66241958
机械设备、五金产品及电子产品批发	Wholesale of Machinery, Hardware and Electronic Products	98881470
贸易经纪与代理	Trade Broker and Agency	9608409
其他批发业	Other Wholesale not Classified Elsewhere	1359886
按登记注册类型分组	**By Registered Statistical Categories**	
内资企业	Domestic Invested Enterprises	191783358
有限责任公司	Limited Liability Corporations	174122004
股份有限公司	Share-holding Corporations Ltd.	16758992
非公司企业法人	Non Corporate Legal Entity	341127
个人独资企业	Sole Proprietorship Enterprises	259773
合伙企业	Partnership Enterprises	301462
其他内资企业	Other Domestic Invested Enterprises	
港澳台投资企业	Enterprises with Investment from Hong Kong, Macao and Taiwan	11277555
外商投资企业	Foreign Invested Enterprises	11595220
其他统计类别	Other Statistical Categories	
按控股情况分组	**Grouped by Holding Condition**	
国有控股	State-controlled	22471557
集体控股	Collective-controlled	1210115
私人控股	Private-controlled	173546507
港澳台商控股	Controlled by Entrepreneur from Hong Kong,Macao and Taiwan	10444751
外商控股	Foreign-funded-controlled	6983203
其他	Others	
按经营形式分组	**Grouped by Business Forms**	
独立门店	Independent Stores	45204237
连锁总店	General Chain Stores	11867612
连锁门店	Chain Stores	505217
其他	Others	157079067

CONTINUED

所有者权益合计 Total Owner's Equities	实收资本 Paid-in Capital	主营业务收入 Prime Operating Revenues	营业成本 Business Cost	税金及附加 Sales Taxes and Extra Charges
59335675	**45999309**	**386157820**	**370444249**	**680975**
791400	1258603	7102298	6927809	3124
7013775	1968561	43924451	41616713	349082
3222924	3027954	18667497	16764076	30551
1191243	1019531	12288563	11572395	15962
3352899	759629	7529699	6246297	18760
22686603	23247936	92990515	90864133	98096
17549880	13506465	184213790	177761664	153766
2699323	981034	16007306	15601270	7737
827631	229597	3433701	3089894	3898
46793846	40338364	345952364	333384668	623342
31822677	36995572	321028114	310180187	390107
13036330	3133902	19877527	18799636	39088
1826181	153485	3872100	3301932	193091
29695	18485	555677	538874	311
78963	36920	618947	564039	746
6596881	3365566	16955455	15140536	31229
5944949	2295379	23250002	21919045	26404
15485221	4659000	49118296	47025910	373953
1305498	1098974	2983236	2873686	4548
32670220	35866871	301224575	290439324	254550
6197864	3262375	14809383	13105640	27377
3676872	1112090	18022331	16999689	20547
3420050	2423632	62254644	60374684	147084
243697	131450	35217656	34751010	25075
268729	279189	965796	831219	2840
55403199	43165038	287719725	274487337	505977

10-4　续表2

单位：万元

项 目	Item	其他业务利润 Profits from Other Business	销售费用 Sale Expenses
批发业	**Wholesale Trade**	**818007**	**6995090**
按批发行业分组	**Grouped by Sector**		
农、林、牧、渔产品批发	Wholesale of Agricultural, Forestry, Livestock and Fishery Products	6872	50822
食品、饮料及烟草制品批发	Wholesale of Food, Beverages and Tobaccos	497968	1211640
纺织、服装及家庭用品批发	Wholesale of Textiles, Wearing Apparel and Household Articles	16404	1022647
文化、体育用品及器材批发	Wholesale of Culture, Sports Appliances and Equipments	9660	356042
医药及医疗器材批发	Wholesale of Medicines and Medical Appliances	21222	782378
矿产品、建材及化工产品批发	Wholesale of Mineral Products, Building Materials and Chemical Products	48858	746331
机械设备、五金产品及电子产品批发	Wholesale of Machinery, Hardware and Electronic Products	204416	2533275
贸易经纪与代理	Trade Broker and Agency	2295	133923
其他批发业	Other Wholesale not Classified Elsewhere	10312	158033
按登记注册类型分组	**By Registered Statistical Categories**		
内资企业	Domestic Invested Enterprises	382071	5431758
有限责任公司	Limited Liability Corporations	371724	4971832
股份有限公司	Share-holding Corporations Ltd.	9869	401906
非公司企业法人	Non Corporate Legal Entity	9	35603
个人独资企业	Sole Proprietorship Enterprises	331	4725
合伙企业	Partnership Enterprises	138	17692
其他内资企业	Other Domestic Invested Enterprises		
港澳台投资企业	Enterprises with Investment from Hong Kong, Macao and Taiwan	21123	857842
外商投资企业	Foreign Invested Enterprises	414813	705490
其他统计类别	Other Statistical Categories		
按控股情况分组	**Grouped by Holding Condition**		
国有控股	State-controlled	32622	543837
集体控股	Collective-controlled		18106
私人控股	Private-controlled	353230	4980717
港澳台商控股	Controlled by Entrepreneur from Hong Kong,Macao and Taiwan	19135	811132
外商控股	Foreign-funded-controlled	413020	641299
其他	Others		
按经营形式分组	**Grouped by Business Forms**		
独立门店	Independent Stores	42968	848600
连锁总店	General Chain Stores	83004	498910
连锁门店	Chain Stores	4727	98845
其他	Others	687308	5548735

CONTINUED

(10 000 yuan)

管理费用 Management Expenses	财务费用 Financial Expenses		营业利润 Operating profits	投资收益 Profits of Investment	营业外收入 Non-operating Income	利润总额 Total Profits	应交所得税 Total Payable Tax	应付职工薪酬 Total Wages Payable	本年应交增值税 Total Value-added Payable	从业人员期末人数（人） Average Employed Persons (person)
		利息费用 Interest Expense								
6058667	**739719**	**1228194**	**5378895**	**2771593**	**228226**	**5462964**	**757312**	**6511424**	**2188277**	**373607**
51757	7245	10215	96158	3582	1797	92180	21993	39399	17000	2800
1041001	52347	59769	1261758	568252	34393	1289969	207053	882101	320426	55935
777803	60318	67485	355176	293512	20660	360868	57783	792257	183104	52405
335028	30728	27461	95534	31601	9860	96448	13192	318875	91536	28009
350777	-17528	32232	451385	228840	6259	451385	63671	447122	151138	25656
897584	344930	538981	767737	677216	31733	769536	102148	966551	433884	42642
2344116	165840	336378	2184563	899920	112533	2231672	263076	2830685	912552	151469
132239	93851	150442	124875	66085	6284	130292	16623	116846	56556	6778
128362	1988	5231	41710	2586	4707	40613	11775	117588	22083	7913
4722724	728700	1096628	3405665	1616065	183831	3469997	570468	5034108	1824028	313531
4226850	534222	720372	2506648	1039636	152068	2545134	453358	4256378	1565136	289575
376472	234062	373046	524632	515293	29597	549673	34260	652097	174790	19507
85990	-43332	1120	362693	60333	1164	362919	81362	99017	73058	1861
10335	1253	765	711	2	157	758	170	7520	4208	948
23077	2495	1325	10981	802	845	11513	1319	19095	6836	1640
642613	-10072	92967	741775	372232	17331	746033	110153	785682	229303	36427
693331	21090	38599	1231455	783296	27064	1246934	76691	691635	134946	23649
424547	184196	409698	953019	392912	40977	993226	182485	786576	305901	15958
23342	9065	695	51901	3399	974	52583	12447	24942	21392	1274
4393695	513826	704337	3049590	1668202	144354	3070675	387054	4351881	1563156	301389
601464	-7796	90025	722023	369897	15967	724632	107463	724580	208104	33445
615618	40428	23439	602363	337183	25955	621848	67863	623445	89725	21541
652965	-23816	49842	493359	60866	19992	496048	106424	644996	243230	49457
69920	-11269	12455	5430	864	8289	11814	11155	163396	58189	8847
67190	550	120	6424	3156	2339	7702	1418	57097	13841	4896
5268592	774253	1165777	4873681	2706707	197606	4947400	638315	5645936	1873017	310407

10-5 限额以上零售业法人单位主要财务状况综合表（2023年）

单位：万元

项 目	Item	法人企业数（个）Number of Corporative Enterprises (unit)
零售业	**Retail Trade Sector**	**2439**
按零售行业分组	**Grouped by Sector**	
综合零售	General Retail	113
食品、饮料及烟草制品专门零售	Special Retail of Food, Beverages and Tobaccos	186
纺织、服装及日用品专门零售	Special Retail of Textiles, Garments and Daily Consumer Articles	249
文化、体育用品及器材专门零售	Special Retail of Culture, Sports Appliances and Equipments	125
医药及医疗器材专门零售	Special Retail of Medicines and Medical Appliances	67
汽车、摩托车、零配件和燃料及其他动力销售	Retail of Motor Vehicles, Motorcycles, Parts, and Fuel and Other Powers	786
家用电器及电子产品专门零售	Special Retail of Household Electric Appliances and Electronic Products	263
五金、家具及室内装修材料专门零售	Special Retail of Hardware, Furniture and Interior Decoration	67
货摊、无店铺及其他零售业	Stalls, Non-shop and Other Retails	583
按登记注册类型分组	**By Registered Statistical Categories**	
内资企业	Domestic Invested Enterprises	2273
有限责任公司	Limited Liability Corporations	2183
股份有限公司	Share-holding Corporations Ltd.	49
非公司企业法人	Non Corporate Legal Entity	20
个人独资企业	Sole Proprietorship Enterprises	13
合伙企业	Partnership Enterprises	8
其他内资企业	Other Domestic Invested Enterprises	
港澳台投资企业	Enterprises with Investment from Hong Kong, Macao and Taiwan	117
外商投资企业	Foreign Invested Enterprises	49
其他统计类别	Other Statistical Categories	
按控股情况分组	**Grouped by Holding Condition**	
国有控股	State-controlled	107
集体控股	Collective-controlled	27
私人控股	Private-controlled	2147
港澳台商控股	Controlled by Entrepreneur from Hong Kong,Macao and Taiwan	117
外商控股	Foreign-funded-controlled	40
其他	Others	
按经营形式分组	**Grouped by Business Forms**	
独立门店	Independent Stores	1015
连锁总店	General Chain Stores	111
连锁门店	Chain Stores	161
其他	Other	1152
按零售业态分组	**Grouped by Retail Format**	
有店铺零售	Store-based Retailing	1382
无店铺零售	Non-Store Retailing	1057

MAIN FINANCIAL INDICATORS OF RETAIL TRADE ABOVE DESIGNATED SIZE（2023）

(10 000 yuan)

流动资产合计 Total Current Assets	应收账款 Accounts Payable	存货 Inventory	固定资产原价 Original Value of Fixed Assets	累计折旧 Accumulative Depreciation	本年折旧 Depreciation of the Year	资产总计 Total Assets	流动负债合计 Total Current Liabilities	应付账款 Accounts Payable
26820297	**4239511**	**4669386**	**2671940**	**1399612**	**204229**	**34403783**	**22704798**	**6256046**
6140024	156834	377203	751262	486306	41307	9012342	5011695	986101
1688170	304910	312182	167771	106293	10808	2117207	985590	387160
2450047	273609	926558	142392	97729	18038	2984339	1892092	531495
1268971	91157	222370	196796	91673	8173	1919025	711326	186149
781494	59736	285336	208300	17849	5519	964997	559628	111970
8170707	1837278	1430901	973428	476195	98659	9808416	7524858	2168043
1972619	446594	490647	38462	23167	3210	2160458	1655637	545810
251861	40889	48108	60833	31695	3239	319713	202099	33252
4096404	1028503	576082	132697	68706	15277	5117287	4161874	1306067
19774870	3885132	3790706	1826254	882774	136131	23968857	16225558	4950157
17186922	3218842	3448120	1553148	730385	110153	20515907	14743658	4429768
2435673	647883	312709	238845	134534	23958	3270511	1369770	475388
89589	3834	18697	27493	13866	1554	114051	51461	19719
44221	12230	6865	2779	1557	283	47980	43220	18010
18466	2343	4316	3990	2433	183	20408	17449	7271
2611725	199923	553132	409564	231874	36267	4668478	2596772	632704
4433702	154456	325548	436121	284964	31831	5766449	3882467	673186
2468402	288649	587212	663872	353346	45644	4627667	1776606	329231
431088	46404	99935	31685	23783	2926	554074	451331	47198
17642462	3581960	3186687	1223239	553264	93185	20604968	14676048	4709610
1979273	184310	505538	334152	192741	36687	3011098	2013430	497164
4299072	138188	290014	418992	276479	25787	5605976	3787383	672844
8798891	890952	1799741	1040857	560851	76322	10965486	6813223	1331555
6310939	645948	924149	837867	409178	49769	9072878	4999099	896847
2814950	983509	429322	272942	182127	22707	3668973	2955178	1697243
8895518	1719102	1516175	520274	247457	55432	10696446	7937297	2330401
19794518	2702752	3531125	2238115	1203836	162414	25868400	16231785	4300325
7025779	1536759	1138262	433825	195776	41815	8535383	6473013	1955721

10-5 续表1

单位：万元

项 目	Item	负债合计 Total Liabilities
零售业	**Retail Trade Sector**	**26406588**
按零售行业分组	**Grouped by Sector**	
综合零售	General Retail	6693591
食品、饮料及烟草制品专门零售	Special Retail of Food, Beverages and Tobaccos	1125013
纺织、服装及日用品专门零售	Special Retail of Textiles, Garments and Daily Consumer Articles	2065497
文化、体育用品及器材专门零售	Special Retail of Culture, Sports Appliances and Equipments	845733
医药及医疗器材专门零售	Special Retail of Medicines and Medical Appliances	651132
汽车、摩托车、零配件和燃料及其他动力销售	Retail of Motor Vehicles, Motorcycles, Parts, and Fuel and Other Powers	8153903
家用电器及电子产品专门零售	Special Retail of Household Electric Appliances and Electronic Products	2071041
五金、家具及室内装修材料专门零售	Special Retail of Hardware, Furniture and Interior Decoration	234079
货摊、无店铺及其他零售业	Stalls, Non-shop and Other Retails	4566599
按登记注册类型分组	**By Registered Statistical Categories**	
内资企业	Domestic Invested Enterprises	18342849
有限责任公司	Limited Liability Corporations	16733811
股份有限公司	Share-holding Corporations Ltd.	1487158
非公司企业法人	Non Corporate Legal Entity	58096
个人独资企业	Sole Proprietorship Enterprises	43405
合伙企业	Partnership Enterprises	20379
其他内资企业	Other Domestic Invested Enterprises	
港澳台投资企业	Enterprises with Investment from Hong Kong, Macao and Taiwan	3495946
外商投资企业	Foreign Invested Enterprises	4567793
其他统计类别	Other Statistical Categories	
按控股情况分组	**Grouped by Holding Condition**	
国有控股	State-controlled	2381235
集体控股	Collective-controlled	530893
私人控股	Private-controlled	16491132
港澳台商控股	Controlled by Entrepreneur from Hong Kong,Macao and Taiwan	2534966
外商控股	Foreign-funded-controlled	4468361
其他	Others	
按经营形式分组	**Grouped by Business Forms**	
独立门店	Independent Stores	7794762
连锁总店	General Chain Stores	6671216
连锁门店	Chain Stores	3329343
其他	Other	8611267
按零售业态分组	**Grouped by Retail Format**	
有店铺零售	Store-based Retailing	19393134
无店铺零售	Non-Store Retailing	7013454

CONTINUED

(10 000 yuan)

所有者权益合计 Total Owner's Equities	实收资本 Paid-in Capital	主营业务收入 Prime Operating Revenues	营业成本 Business Cost	税金及附加 Sales Taxes and Extra Charges
7997743	**6332280**	**52638161**	**45976566**	**191947**
2318751	2057357	6175476	5273882	13614
992193	314605	2739959	2172906	7446
918843	493955	3307901	1964323	13982
1073288	343062	1135534	772952	22086
313864	46339	1170765	781809	2144
1654512	2033038	20192435	19270789	79811
89969	352090	3175915	2850020	3486
85634	110957	319355	223907	1252
550689	580877	14420820	12665979	48126
5626556	4369631	41729675	36900317	157561
3782643	4021970	36802232	32588638	136764
1783353	325528	4600727	4030485	19819
55956	11103	200081	167431	805
4575	6634	61990	58465	74
29	4397	64645	55299	98
1172532	715905	6351612	5205103	23462
1198656	1246744	4556873	3871146	10925
2246432	630323	5910802	5199207	19416
23732	41759	1119268	899834	2257
4113833	3828035	35635761	31441811	138655
476132	595590	5745398	4820821	21178
1137614	1236573	4226933	3614894	10440
3170724	2409960	17414459	15780173	88834
2401663	1449673	7927611	6478377	16415
339627	565104	4781483	4110962	9890
2085730	1907543	22514608	19607053	76809
6475263	4876081	32866463	28787307	127779
1522480	1456200	19771698	17189259	64168

10-5 续表2

单位：万元

项 目	Item	其他业务利润 Profits from Other Business	销售费用 Sale Expenses
零售业	**Retail Trade Sector**	**327610**	**5313904**
按零售行业分组	**Grouped by Sector**		
综合零售	General Retail	104960	858715
食品、饮料及烟草制品专门零售	Special Retail of Food, Beverages and Tobaccos	15544	376793
纺织、服装及日用品专门零售	Special Retail of Textiles, Garments and Daily Consumer Articles	24013	992221
文化、体育用品及器材专门零售	Special Retail of Culture, Sports Appliances and Equipments	8992	215909
医药及医疗器材专门零售	Special Retail of Medicines and Medical Appliances	350	325639
汽车、摩托车、零配件和燃料及其他动力销售	Retail of Motor Vehicles, Motorcycles, Parts, and Fuel and Other Powers	117660	836984
家用电器及电子产品专门零售	Special Retail of Household Electric Appliances and Electronic Products	2339	249873
五金、家具及室内装修材料专门零售	Special Retail of Hardware, Furniture and Interior Decoration	1235	69559
货摊、无店铺及其他零售业	Stalls, Non-shop and Other Retails	52517	1388213
按登记注册类型分组	**By Registered Statistical Categories**		
内资企业	Domestic Invested Enterprises	220440	3812265
有限责任公司	Limited Liability Corporations	211953	3393490
股份有限公司	Share-holding Corporations Ltd.	8544	394881
非公司企业法人	Non Corporate Legal Entity	-57	11600
个人独资企业	Sole Proprietorship Enterprises		5275
合伙企业	Partnership Enterprises		7020
其他内资企业	Other Domestic Invested Enterprises		
港澳台投资企业	Enterprises with Investment from Hong Kong, Macao and Taiwan	52364	895572
外商投资企业	Foreign Invested Enterprises	54806	606067
其他统计类别	Other Statistical Categories		
按控股情况分组	**Grouped by Holding Condition**		
国有控股	State-controlled	23171	551585
集体控股	Collective-controlled	5055	184474
私人控股	Private-controlled	211550	3366923
港澳台商控股	Controlled by Entrepreneur from Hong Kong,Macao and Taiwan	35433	684223
外商控股	Foreign-funded-controlled	52400	526700
其他	Others		
按经营形式分组	**Grouped by Business Forms**		
独立门店	Independent Stores	138842	1238660
连锁总店	General Chain Stores	67920	1260258
连锁门店	Chain Stores	32494	617179
其他	Other	88354	2197808
按零售业态分组	**Grouped by Retail Format**		
有店铺零售	Store-based Retailing	239028	3362159
无店铺零售	Non-Store Retailing	88582	1951746

CONTINUED

(10 000 yuan)

管理费用 Management Expenses	财务费用 Financial Expenses	利息费用 Interest Expense	营业利润 Operating profits	投资收益 Profits of Investment	营业外收入 Non-operating Income	利润总额 Total Profits	应交所得税 Total Payable Tax	应付职工薪酬 Total Wages Payable	本年应交增值税 Total Value-added Payable	从业人员期末人数（人） Average Employed Persons (person)
1747704	**201671**	**170998**	**241340**	**236887**	**86238**	**266941**	**125777**	**2418088**	**601848**	**198597**
247390	72129	77615	-6720	12305	17089	-5730	6781	377147	63584	35364
153949	3930	6161	72783	23486	4465	73865	15333	186450	53369	17418
265192	11419	8957	135482	69627	11250	145564	21322	443544	111635	37186
151664	3988	3069	50508	75707	3381	49193	5646	143282	27827	10393
37695	4310	2377	21829	429	1100	21560	4725	91218	12938	15609
477622	69760	42432	-95376	17172	32015	-76578	34533	594606	149531	42611
96707	19653	12338	-39866	10528	5684	-39195	-55	132750	30816	10530
34422	-790	725	-1612	25	592	-1922	2932	29267	9677	2411
283063	17271	17325	104312	27608	10665	100185	34560	419825	142472	27075
1259555	133219	93958	232101	152265	62983	245814	109735	1713483	459308	145405
1110461	125791	87190	59133	54361	58484	72119	92721	1456001	404851	129551
131525	7378	6606	163329	97456	3810	164459	13561	238305	49069	14248
13785	-384	137	11878	448	76	10917	3026	12017	3973	820
1580	383	9	-2323		482	-1849	28	2878	471	334
2203	52	15	84		130	169	399	4281	944	452
292254	20288	21340	29612	50681	11941	37578	5111	449345	92174	32918
195895	48163	55700	-20374	33941	11314	-16451	10931	255260	50367	20274
159463	9325	12959	155222	39506	6519	154549	30515	321898	63276	19967
16904	5441	1178	17165	350	1436	17506	6213	23974	10780	6729
1128598	113847	80383	73336	149409	56851	86483	72299	1484635	402555	126284
262583	26365	22505	21986	36077	11281	31373	6241	359984	80316	26766
180156	46694	53973	-26368	11547	10150	-22970	10511	227598	44921	18851
690084	77206	56412	34702	127210	35796	51577	52275	769509	177785	60554
292731	60668	56552	77439	35992	17970	89305	14836	537655	89255	51414
125034	20283	18132	3576	13191	8374	-1267	884	259278	64614	24193
639855	43515	39902	125623	60495	24098	127326	57781	851645	270194	62436
1184879	166022	141713	151355	193273	65146	167357	90089	1737871	365658	151096
562825	35649	29285	89985	43615	21092	99584	35688	680217	236191	47501

10-6 限额以上住宿业法人企业主要财务状况综合表（2023年）

单位：万元

项 目	Item	法人企业数（个）Number of Corporative Enterprises (unit)
住宿业	**Hotels**	**825**
按住宿行业分组	**Grouped by Sector**	
旅游饭店	Tourist Hotel	317
一般旅馆	General Hotels	462
民宿服务	Home Lodging Services	9
露营地服务	Campground Services	
其他住宿业	Others	37
按登记注册类型分组	**By Registered Statistical Categories**	
内资企业	Domestic Invested Enterprises	782
有限责任公司	Limited Liability Corporations	736
股份有限公司	Share-holding Corporations Ltd.	11
非公司企业法人	Non Corporate Legal Entity	10
个人独资企业	Sole Proprietorship Enterprises	21
合伙企业	Partnership Enterprises	4
其他内资企业	Other Domestic Invested Enterprises	
港澳台投资企业	Enterprises with Investment from Hong Kong, Macao and Taiwan	31
外商投资企业	Foreign Invested Enterprises	12
其他统计类别	Other Statistical Categories	
按控股情况分组	**Grouped by Holding Condition**	
国有控股	State-controlled	51
集体控股	Collective-controlled	13
私人控股	Private-controlled	722
港澳台商控股	Controlled by Entrepreneur from Hong Kong,Macao and Taiwan	28
外商控股	Foreign-funded-controlled	11
其他	Others	
按经营形式分组	**Grouped by Business Forms**	
独立门店	Independent Stores	470
连锁总店	General Chain Stores	5
连锁门店	Chain Stores	224
其他	Other	126
按星级分组	**Grouped by Star Rating**	
五星	Five Star	35
四星	Four Star	98
三星	Three Star	70
二星	Two Star	10
一星	One Star	
其他	Others	610

MAIN FINANCIAL INDICAFORS OF ENTERPRISE ABOVE DESIGNATED SIZE OF HOTELS SERVICES（2023）

(10 000 yuan)

流动资产合计 Total Current Assets	应收账款 Accounts Payable	存货 Inventory	固定资产原价 Original Value of Fixed Assets	累计折旧 Accumulative Depreciation	本年折旧 Depreciation of the Year	资产总计 Total Assets	流动负债合计 Total Current Liabilities	应付账款 Accounts Payable
3958447	**198624**	**23572**	**2635167**	**1427862**	**114018**	**6642892**	**3647952**	**337486**
2474811	109413	17648	2178318	1196798	68195	4541893	1964544	197506
1320412	84157	5281	342365	192152	32050	1824248	1524277	131851
2726	1508	36	342	187	53	2905	4177	102
160498	3546	607	114142	38725	13720	273846	154954	8027
3367899	170990	21058	2155167	1102912	104036	5686183	3228656	304995
3261810	162776	18869	1896702	957258	81073	5423033	2847602	294807
7529	1237	118	14392	7021	407	39388	25018	2085
77992	4375	1928	210073	114860	20171	192784	308577	5140
6065	1849	82	2170	1528	105	6711	7121	2512
14503	753	62	31831	22245	2280	24267	40339	452
269052	8669	1748	354684	230532	6204	516345	247777	16456
321496	18965	767	125315	94419	3779	440364	171519	16034
333891	32765	4494	618515	375185	34516	991689	646296	48612
67154	2065	243	72973	43760	3451	117875	21983	2515
2997257	137301	16626	1487949	705782	66539	4616607	2571168	255972
238649	7528	1443	330415	208717	5733	476357	236986	14353
321496	18965	767	125315	94419	3779	440364	171519	16034
2553834	105690	18121	1925986	1063158	71006	4232087	2246639	192085
197064	18425	258	34479	28613	2709	252997	107798	23995
843643	52532	2509	156702	81582	8932	1193409	808760	63944
363906	21977	2684	518000	254509	31371	964399	484755	57462
927857	30779	8535	1174875	588280	26627	1749966	966211	66715
497603	33359	3078	271809	190489	11836	788882	382447	65668
137508	11372	2017	204663	123794	19782	302213	417468	5376
5397	1414	49	4975	1935	188	8874	4717	603
2389567	121689	9892	977899	522953	55526	3791572	1876514	199124

10-6 续表1

单位：万元

项 目	Item	负债合计 Total Liabilities
住宿业	**Hotels**	**6280698**
按住宿行业分组	**Grouped by Sector**	
旅游饭店	Tourist Hotel	4133722
一般旅馆	General Hotels	1868044
民宿服务	Home Lodging Services	4295
露营地服务	Campground Services	
其他住宿业	Others	274637
按登记注册类型分组	**By Registered Statistical Categories**	
内资企业	Domestic Invested Enterprises	5576454
有限责任公司	Limited Liability Corporations	5171958
股份有限公司	Share-holding Corporations Ltd.	27042
非公司企业法人	Non Corporate Legal Entity	329796
个人独资企业	Sole Proprietorship Enterprises	7320
合伙企业	Partnership Enterprises	40339
其他内资企业	Other Domestic Invested Enterprises	
港澳台投资企业	Enterprises with Investment from Hong Kong, Macao and Taiwan	392484
外商投资企业	Foreign Invested Enterprises	311760
其他统计类别	Other Statistical Categories	
按控股情况分组	**Grouped by Holding Condition**	
国有控股	State-controlled	822053
集体控股	Collective-controlled	140616
私人控股	Private-controlled	4624722
港澳台商控股	Controlled by Entrepreneur from Hong Kong,Macao and Taiwan	381547
外商控股	Foreign-funded-controlled	311760
其他	Others	
按经营形式分组	**Grouped by Business Forms**	
独立门店	Independent Stores	4083606
连锁总店	General Chain Stores	159825
连锁门店	Chain Stores	1160010
其他	Other	877257
按星级分组	**Grouped by Star Rating**	
五星	Five Star	1635199
四星	Four Star	757163
三星	Three Star	433353
二星	Two Star	4717
一星	One Star	
其他	Others	3448645

CONTINUED

(10 000 yuan)

所有者权益合计 Total Owner's Equities	实收资本 Paid-in Capital	主营业务收入 Prime Operating Revenues	主营业务成本 Operating Costs	主营业务税金及附加 Sales Taxes and Extra Charges
364265	**8071869**	**1646638**	**826926**	**14510**
408171	5990090	1040246	495605	12597
-41725	2043086	546392	297115	1440
-1390	441	3633	2196	3
-791	38253	56367	32009	470
111800	7740731	1386474	724712	11572
253147	7633823	1329346	695190	11261
12346	65155	17132	9035	88
-137011	39107	23138	12349	129
-610	1545	10683	7013	82
-16072	1100	6175	1127	13
123861	139479	151942	59459	2131
128604	191660	108222	42755	808
169636	337531	261030	167703	3403
-22741	11638	29773	10956	679
-6043	7403255	1102454	548023	7617
94810	127785	145160	57490	2004
128604	191660	108222	42755	808
150552	7436569	1000314	468167	9767
93172	96346	57488	22033	200
33399	315166	280665	173270	1135
87142	223789	308171	163456	3409
114767	5352753	379611	166195	5943
31719	127380	197673	108094	1995
-131140	156866	77811	41335	590
4156	3042	5827	3605	35
344999	2431728	984831	507007	5947

10-6 续表2

单位：万元

项目	Item	其他业务利润 Profits from Other Business
住宿业	**Hotels**	**13016**
按住宿行业分组	**Grouped by Sector**	
旅游饭店	Tourist Hotel	10750
一般旅馆	General Hotels	1260
民宿服务	Home Lodging Services	
露营地服务	Campground Services	
其他住宿业	Others	1006
按登记注册类型分组	**By Registered Statistical Categories**	
内资企业	Domestic Invested Enterprises	13016
有限责任公司	Limited Liability Corporations	12487
股份有限公司	Share-holding Corporations Ltd.	
非公司企业法人	Non Corporate Legal Entity	526
个人独资企业	Sole Proprietorship Enterprises	3
合伙企业	Partnership Enterprises	
其他内资企业	Other Domestic Invested Enterprises	
港澳台投资企业	Enterprises with Investment from Hong Kong, Macao and Taiwan	
外商投资企业	Foreign Invested Enterprises	
其他统计类别	Other Statistical Categories	
按控股情况分组	**Grouped by Holding Condition**	
国有控股	State-controlled	9942
集体控股	Collective-controlled	
私人控股	Private-controlled	3075
港澳台商控股	Controlled by Entrepreneur from Hong Kong,Macao and Taiwan	
外商控股	Foreign-funded-controlled	
其他	Others	
按经营形式分组	**Grouped by Business Forms**	
独立门店	Independent Stores	7934
连锁总店	General Chain Stores	
连锁门店	Chain Stores	556
其他	Other	4526
按星级分组	**Grouped by Star Rating**	
五星	Five Star	
四星	Four Star	4451
三星	Three Star	6016
二星	Two Star	1
一星	One Star	
其他	Others	2549

CONTINUED

(10 000 yuan)

销售费用 Sale Expenses	管理费用 Management Expenses	财务费用 Financial Expenses	利息费用 Interest Expense	营业利润 Operating profits	投资收益 Profits of Investment	营业外收入 Non-operating Income	利润总额 Total Profits	应交所得税 Total Payable Tax	应付职工薪酬 Total Wages Payable	从业人员期末人数（人） Average Employed Persons (person)
357343	**557370**	**88888**	**55826**	**-142544**	**79811**	**19766**	**-127338**	**12625**	**456153**	**4785**
222854	342314	72031	41424	-49340	2461	16172	-35764	10947	302254	2760
120075	201136	13469	8212	-87096	77350	3351	-85649	2063	140355	1862
193	1164	5		72		11	81	12	1213	16
14220	12756	3383	6190	-6180		232	-6005	-396	12332	147
318187	468932	80406	52045	-173565	79060	17034	-159670	6319	384571	4027
284764	422684	75381	41786	-31505	79052	8801	-24709	6076	344690	3618
4316	5940	508	378	-2784	7	123	-2687	2	6133	68
24590	32833	4067	9877	-136463		8074	-129480	221	29056	272
1580	3644	11	4	-641		14	-641	21	2755	45
2938	3831	439		-2172		21	-2154		1937	23
21468	48347	2266	2511	30095	751	1506	30662	4266	39146	368
17689	40091	6216	1270	926		1226	1670	2040	32437	391
58459	96609	11622	10419	-140804	1878	8597	-134135	2351	119695	922
7162	9875	6629	6611	-4822	1	95	-4762	114	9107	77
254558	365624	62055	35015	-28159	77182	8558	-20793	3914	259213	3055
19475	45170	2366	2511	30314	751	1290	30683	4206	35701	341
17689	40091	6216	1270	926		1226	1670	2040	32437	391
245945	369078	63799	42396	-202941	950	15203	-192185	9020	299060	3003
17044	13322	1115	95	5512	7	350	5709	1855	15585	276
42787	84987	11109	1720	49994	77015	3234	53205	-526	59618	751
51567	89983	12866	11615	4891	1839	979	5934	2276	81891	756
64789	120450	35606	18084	13322	386	2570	14453	8006	100429	846
41411	64495	7648	7789	-16243	1949	2280	-14406	1028	55946	597
25164	62852	4116	4390	-135693	8	606	-136279	188	44605	508
3397	795	10	1	-1013		40	-995	6	1413	19
222524	308436	41510	25562	-2826	77468	14269	9881	3497	253472	2814

10-7 限额以上餐饮业法人企业主要财务状况综合表（2023年）

单位：万元

项 目	Item	法人企业数（个）Number of Corporative Enterprises (unit)
餐饮业	**Catering Services**	**1975**
按餐饮行业分组	**Grouped by Sector**	
正餐服务	Restaurant	1696
快餐服务	Fast Food	83
饮料及冷饮服务	Beverages and Cold Drinks	59
餐饮配送及外卖送餐服务	Catering Distribution and Delivery Service	77
其他餐饮业	Others	60
按登记注册类型分组	**By Registered Statistical Categories**	
内资企业	Domestic Invested Enterprises	1836
有限责任公司	Limited Liability Corporations	1757
股份有限公司	Share-holding Corporations Ltd.	16
非公司企业法人	Non Corporate Legal Entity	4
个人独资企业	Sole Proprietorship Enterprises	39
合伙企业	Partnership Enterprises	20
其他内资企业	Other Domestic Invested Enterprises	
港澳台投资企业	Enterprises with Investment from Hong Kong, Macao and Taiwan	110
外商投资企业	Foreign Invested Enterprises	29
其他统计类别	Other Statistical Categories	
按控股情况分组	**Grouped by Holding Condition**	
国有控股	State-controlled	17
集体控股	Collective-controlled	4
私人控股	Private-controlled	1826
港澳台商控股	Controlled by Entrepreneur from Hong Kong,Macao and Taiwan	102
外商控股	Foreign-funded-controlled	25
其他	Others	
按经营形式分组	**Grouped by Business Forms**	
独立门店	Independent Stores	1236
连锁总店	General Chain Stores	107
连锁门店	Chain Stores	277
其他	Other	355

MAIN FINANCIAL INDICAFORS OF ENTERPRISE ABOVE DESIGNATED SIZE OF CATERING SERVICES（2023）

(10 000 yuan)

流动资产合计 Total Current Assets	应收账款 Accounts Payable	存货 Inventory	固定资产原价 Original Value of Fixed Assets	累计折旧 Accumulative Depreciation		资产总计 Total Assets	流动负债合计 Total Current Liabilities	应付账款 Accounts Payable
					本年折旧 Depreciation of the Year			
3165103	**297972**	**111188**	**813824**	**438339**	**59632**	**4905995**	**2926302**	**526588**
2143960	173797	77303	398835	228222	35068	3187903	1899317	308827
323493	39956	14462	295807	148788	9701	788554	486070	94585
405055	9377	10699	66062	31951	8695	567741	295904	39749
233648	69201	5398	36864	19116	4440	283816	198770	71047
58946	5641	3326	16257	10262	1727	77981	46240	12380
2726480	264771	92181	498985	264697	44474	3903715	2428890	429193
2685222	256275	89180	489916	258473	43278	3854699	2392511	418673
20224	5261	2202	5830	3907	825	24452	9619	2770
3076	211	98	441	274	58	4190	4104	878
12705	1375	336	2005	1564	150	14050	17092	5654
5252	1650	365	793	479	164	6324	5564	1218
329233	24043	11514	218830	123451	10048	676116	335287	49544
109391	9157	7493	96009	50192	5110	326164	162125	47851
628232	28417	3011	45069	15616	3964	1131716	348001	28573
100222	1136	158	1649	1013	304	102778	90526	1843
2043138	252774	89494	460412	254323	40901	2739628	2019926	406696
299130	10088	10579	213553	119139	9792	641964	314210	43114
94381	5557	7947	93142	48250	4671	289909	153639	46363
1420014	118298	48048	271514	153138	19505	2166057	1117575	195113
781014	46548	29099	386383	195497	20624	1383819	873066	127939
352302	18714	12977	92624	57820	11647	650292	370237	84113
611773	114412	21065	63302	31886	7855	705828	565424	119422

10-7　续表1

单位：万元

项 目	Item	负债合计 Total Liabilities
餐饮业	**Catering Services**	**3842723**
按餐饮行业分组	**Grouped by Sector**	
正餐服务	Restaurant	2495308
快餐服务	Fast Food	679788
饮料及冷饮服务	Beverages and Cold Drinks	398641
餐饮配送及外卖送餐服务	Catering Distribution and Delivery Service	211686
其他餐饮业	Others	57301
按登记注册统计类别分	**By Registered Statistical Categories**	
内资企业	Domestic Invested Enterprises	3089028
有限责任公司	Limited Liability Corporations	3038466
股份有限公司	Share-holding Corporations Ltd.	22888
非公司企业法人	Non Corporate Legal Entity	4242
个人独资企业	Sole Proprietorship Enterprises	17411
合伙企业	Partnership Enterprises	6022
其他内资企业	Other Domestic Invested Enterprises	
港澳台投资企业	Enterprises with Investment from Hong Kong, Macao and Taiwan	490343
外商投资企业	Foreign Invested Enterprises	263352
其他统计类别	Other Statistical Categories	
按控股情况分组	**Grouped by Holding Condition**	
国有控股	State-controlled	503718
集体控股	Collective-controlled	90526
私人控股	Private-controlled	2540096
港澳台商控股	Controlled by Entrepreneur from Hong Kong,Macao and Taiwan	468002
外商控股	Foreign-funded-controlled	240383
其他	Others	
按经营形式分组	**Grouped by Business Forms**	
独立门店	Independent Stores	1526416
连锁总店	General Chain Stores	1090384
连锁门店	Chain Stores	616975
其他	Other	608948

CONTINUED

(10 000 yuan)

所有者权益合计 Total Owner's Equities	实收资本 Paid-in Capital	主营业务收入 Prime Operating Revenues	主营业务成本 Operating Costs	主营业务税金及附加 Sales Taxes and Extra Charges
1081704	**1129569**	**5291340**	**2728166**	**8046**
694244	750484	3144938	1538649	5011
108766	145490	958979	499770	1598
185884	141098	589047	266030	215
72130	71848	430515	343305	765
20680	20648	167861	80412	457
833120	902978	3951960	2121706	6903
834666	893198	3857611	2058522	6675
1564	5049	38078	30390	105
-52	200	13285	12697	51
-3361	3164	30424	14327	62
303	1368	12563	5770	10
185773	134957	834303	320922	909
62811	91633	505077	285539	233
627998	27020	189218	160774	1095
12253	1800	9763	5420	700
217966	880035	3834698	2002802	5400
173962	129314	780912	284472	614
49526	91400	476748	274698	236
640175	600531	1679536	882411	3270
293435	293446	1572466	671923	1529
51215	113706	1095123	520181	746
96880	121887	944215	653652	2501

10-7 续表2

单位：万元

项 目	Item	其他业务利润 Profits from Other Business
餐饮业	**Catering Services**	**38800**
按餐饮行业分组	**Grouped by Sector**	
正餐服务	Restaurant	9765
快餐服务	Fast Food	1744
饮料及冷饮服务	Beverages and Cold Drinks	26502
餐饮配送及外卖送餐服务	Catering Distribution and Delivery Service	463
其他餐饮业	Others	326
按登记注册统计类别分	**By Registered Statistical Categories**	
内资企业	Domestic Invested Enterprises	36417
有限责任公司	Limited Liability Corporations	36396
股份有限公司	Share-holding Corporations Ltd.	
非公司企业法人	Non Corporate Legal Entity	
个人独资企业	Sole Proprietorship Enterprises	
合伙企业	Partnership Enterprises	21
其他内资企业	Other Domestic Invested Enterprises	
港澳台投资企业	Enterprises with Investment from Hong Kong, Macao and Taiwan	1581
外商投资企业	Foreign Invested Enterprises	802
其他统计类别	Other Statistical Categories	
按控股情况分组	**Grouped by Holding Condition**	
国有控股	State-controlled	284
集体控股	Collective-controlled	
私人控股	Private-controlled	36451
港澳台商控股	Controlled by Entrepreneur from Hong Kong,Macao and Taiwan	1583
外商控股	Foreign-funded-controlled	483
其他	Others	
按经营形式分组	**Grouped by Business Forms**	
独立门店	Independent Stores	7431
连锁总店	General Chain Stores	27517
连锁门店	Chain Stores	3844
其他	Other	7

CONTINUED

(10 000 yuan)

销售费用 Sale Expenses	管理费用 Management Expenses	财务费用 Financial Expenses	利息费用 Interest Expense	营业利润 Operating profits	投资收益 Profits of Investment	营业外收入 Non-operating Income	利润总额 Total Profits	应交所得税 Total Payable Tax	应付职工薪酬 Total Wages Payable	从业人员期末人数（人） Average Employed Persons (person)
1909191	**723668**	**34988**	**21033**	**-55506**	**-14305**	**74730**	**-31333**	**14307**	**1392321**	**19137**
1160678	490009	18834	16180	-68467	-16747	63704	-49759	2913	803631	10806
362082	98668	14367	2602	105	198	2867	1028	4125	306390	4607
282001	59020	-564	601	15189	673	5118	17738	6435	133183	1547
38593	52273	1760	1531	-3266	376	2041	-1506	751	97055	1495
65838	23698	591	118	933	1196	1000	1165	83	52062	683
1302974	593958	20805	18491	-65983	-14100	67499	-43087	6894	991689	13777
1274474	575345	20315	18342	-60505	-14157	66909	-38079	6700	957942	13336
6558	6459	329	82	-2165		258	-1912	121	15882	195
5178	2359	13	48	-71		156	79		5111	49
11259	6563	56	7	-1812	6	99	-1723	43	9421	155
5505	3232	92	13	-1431	50	76	-1452	30	3334	43
420739	72615	9489	1950	15215	-412	5270	17244	6493	258934	3151
185478	57096	4695	592	-4738	207	1961	-5491	920	141697	2209
14049	24420	-3930	4569	-44301	-18043	6706	-38763	-10671	56201	498
2480	1319	-152	18	316	146	41432	8475	2076	4004	34
1309369	581987	25011	13925	-23439	3703	19627	-14173	15720	954567	13500
411926	66310	9372	1941	13935	-248	5120	15866	6246	244120	3031
171367	49632	4688	580	-2017	139	1846	-2738	937	133429	2073
517436	328458	10434	13917	-92887	-17027	14400	-82348	-5932	450711	6043
773999	133174	13211	2336	36524	754	8638	39051	12434	459266	6334
459088	117219	6707	2777	15378	1493	6216	15091	3656	243412	3194
158668	144817	4637	2002	-14521	476	45477	-3128	4148	238931	3565

10-8 限额以上住宿业法人企业经营情况综合表（2023年）

单位：万元

项 目	Item	法人企业数（个）Number of Corporative Enterprises (unit)	从业人员期末人数（人）Average Employed Persons (Person)
住宿业	**Hotels**	**825**	**46625**
按住宿行业分组	**Grouped by sector**		
旅游饭店	Tourist Hotel	317	27636
一般旅馆	General Hotels	462	17358
民宿服务	Home Lodging Services	9	147
露营地服务	Campground Services		
其他住宿业	Others	37	1484
按登记注册统计类别分	**By Registered Statistical Categories**		
内资企业	Domestic Invested Enterprises	782	38982
有限责任公司	Limited Liability Corporations	736	36422
股份有限公司	Share-holding Corporations Ltd.	11	665
非公司企业法人	Non Corporate Legal Entity	10	1192
个人独资企业	Sole Proprietorship Enterprises	21	457
合伙企业	Partnership Enterprises	4	246
其他内资企业	Other Domestic Invested Enterprises		
港澳台投资企业	Enterprises with Investment from Hong Kong, Macao and Taiwan	31	3585
外商投资企业	Foreign Invested Enterprises	12	4058
其他统计类别	Other Statistical Categories		
按控股情况分组	**Grouped by Holding Condition**		
国有控股	State-controlled	51	7677
集体控股	Collective-controlled	13	689
私人控股	Private-controlled	722	30927
港澳台商控股	Controlled by Entrepreneur from Hong Kong,Macao and Taiwan	28	3274
外商控股	Foreign-funded-controlled	11	4058
其他	Others		
按经营形式分组	**Grouped by Business Forms**		
独立门店	Independent Stores	470	28312
连锁总店	General Chain Stores	5	2964
连锁门店	Chain Stores	224	7577
其他	Other	126	7772
按星级分组	**Grouped by Star**		
五星	Five Star	35	8338
四星	Four Star	98	6122
三星	Three Star	70	3530
二星	Two Star	10	186
一星	One Star		
其他	Other	610	28426

CONSOLIDATED TABLE OF ENTERPRISES ABOVE DESIGNATED SIZE OF HOTELS SERVICES （2023）

(10 000 yuan)

营业额 Business Revenue					客房间数（间） Number of Rooms (room)	床位数（张） Number of Beds (bed)	餐位数（位） Number of Dining-seats (seat)	年末餐饮营业面积（平方米） Operating Area Catering (sq.m)
	客房收入 Revenue of Rooms	餐费收入 Total Revenue of Meals	商品销售收入 Total Sales of Commodities	其他收入 Others				
1737938	**1173589**	**352085**	**9488**	**202777**	**16128**	**22831**	**10809**	**371106**
1108412	650843	302530	7931	147109	7003	9878	7964	175449
569324	472371	41631	1437	53885	8377	11964	2607	178084
3700	2870	641	1	189	114	143	31	1477
56502	47505	7283	120	1594	635	847	207	16095
1463516	1035907	274708	5207	147693	14105	19558	8860	348144
1399773	997085	260979	4503	137207	12727	17748	8365	327310
17611	10703	439	43	6426	206	292	69	4599
27445	11538	12126	662	3118	870	1106	378	7640
12244	11892	145		208	240	325	38	7188
6443	4690	1019		733	61	87	10	1407
161659	83147	55734	3455	19323	586	819	989	14568
112763	54535	21643	825	35761	1437	2454	961	8393
281610	139983	86624	2603	52400	2159	2958	2497	30519
32034	19350	6389	28	6268	190	284	380	7824
1157225	881251	181920	3215	90839	11848	16446	6067	310163
154305	78471	55509	2817	17508	494	690	904	14207
112763	54535	21643	825	35761	1437	2454	961	8393
1060851	672896	246441	7784	133729	9362	13657	6993	223272
59711	26693	4376		28642	1166	1568	715	8841
293346	258121	14712	559	19954	3467	4622	891	85535
324030	215878	86555	1145	20452	2133	2985	2209	53458
404970	216593	134995	5428	47954	1201	1678	2158	36065
204559	139232	40072	314	24941	1635	2257	2098	56733
85177	61336	13379	865	9596	2621	3578	670	38367
6898	6523	113	4	258	111	152	8	3141
1035297	748870	163523	2876	120028	10547	15145	5871	236596

10-9　限额以上餐饮业法人企业经营情况综合表（2023年）

单位：万元

项 目	Item	法人企业数（个）Number of Corporative Enterprises (unit)	从业人员期末人数（人）Average Employed Persons (person)
餐饮业	**Catering Services**	**1975**	**194928**
按餐饮行业分组	**Grouped by sector**		
正餐服务	Restaurant	1696	108402
快餐服务	Fast Food	83	47466
饮料及冷饮服务	Beverages and Cold Drinks	59	16491
餐饮配送及外卖送餐服务	Catering Distribution and Delivery Service	77	16162
其他餐饮业	Others	60	6407
按登记注册统计类别分	**By Registered Statistical Categories**		
内资企业	Domestic Invested Enterprises	1836	139762
有限责任公司	Limited Liability Corporations	1757	135233
股份有限公司	Share-holding Corporations Ltd.	16	2030
非公司企业法人	Non Corporate Legal Entity	4	476
个人独资企业	Sole Proprietorship Enterprises	39	1571
合伙企业	Partnership Enterprises	20	452
其他内资企业	Other Domestic Invested Enterprises		
港澳台投资企业	Enterprises with Investment from Hong Kong, Macao and Taiwan	110	31309
外商投资企业	Foreign Invested Enterprises	29	23857
其他统计类别	Other Statistical Categories		
按控股情况分组	**Grouped by Holding Condition**		
国有控股	State-controlled	17	5158
集体控股	Collective-controlled	4	413
私人控股	Private-controlled	1826	136751
港澳台商控股	Controlled by Entrepreneur from Hong Kong,Macao and Taiwan	102	30010
外商控股	Foreign-funded-controlled	25	22596
其他	Others		
按经营形式分组	**Grouped by Business Forms**		
独立门店	Independent Stores	1236	60358
连锁总店	General Chain Stores	107	64991
连锁门店	Chain Stores	277	32295
其他	Other	355	37284

CONSOLIDATED TABLE OF ENTERPRISES ABOVE DESIGNATED SIZE OF CATERING SERVICES （2023）

(10 000 yuan)

营业额 Business Revenue					客房间数（间）Number of Rooms (room)	床位数（张）Number of Beds (bed)	餐位数（位）Number of Dining-seats (seat)	年末餐饮营业面积（平方米）Operating Area Catering (sq.m)
	客房收入 Revenue of Rooms	餐费收入 Total Revenue of Meals	商品销售收入 Total Sales of Commodities	其他收入 Others				
5627117	**23719**	**5284697**	**168682**	**150019**	**343**	**510**	**122282**	**313134**
3313725	23719	3178338	52020	59648	343	510	89267	222895
1027937		983257	12372	32309			23132	50566
651188		580799	34519	35870			4513	26265
457431		397818	40942	18670			2274	6781
176836		144485	28829	3522			3096	6628
4181700	23719	3957444	96926	103612	343	510	104261	251928
4078281	23151	3860926	96308	97897	326	490	98288	242960
43317		38234	542	4541			1572	3297
14093		13153		940			406	742
31862	568	31253	26	16	18	21	3796	4216
14147		13878	50	219			199	712
885553		819982	45401	20169			10342	37357
559864		507271	26355	26238			7678	23849
205953	356	173799	6512	25286	23	40	4539	6706
10344	1656	5832	15	2842	19	37	71	478
4054797	21707	3856013	93168	83909	301	434	100331	246643
827365		769169	42632	15563			10202	36505
528658		479884	26355	22418			7139	22803
1766244	21354	1687029	20501	37360	263	374	48810	132317
1704384		1590833	46041	67510			24714	75327
1175365		1097145	62347	15874			18369	43339
981125	2365	909692	39794	29275	81	136	30389	62152

10-10 居民消费价格指数
CONSUMER PRICE INDICES

年 份 Year	以上年价格为100 Preceding Year=100			以1979年价格为100 1979=100		
	居民消费价格指数 Consumer Price Index	# 食品类 Food	# 服务项目 Services	居民消费价格指数 Consumer Price Index	# 食品类 Food	# 服务项目 Services
1979	100.0	100.0	100.0	100.0	100.0	100.0
1980	105.0	108.3	100.7	105.0	108.3	100.7
1981	110.7	117.9	101.6	116.2	127.7	102.3
1982	107.8	116.6	108.7	125.3	148.9	111.2
1983	102.0	105.9	100.9	127.8	157.7	112.2
1984	106.8	106.6	119.3	136.5	168.1	133.9
1985	122.5	128.5	117.2	167.2	216.0	156.9
1986	106.1	108.1	106.9	177.4	233.5	167.7
1987	114.4	118.7	107.4	203.0	277.1	180.1
1988	128.1	133.7	112.2	260.0	370.5	202.1
1989	125.4	126.6	125.7	326.0	469.1	254.1
1990	101.6	95.4	127.7	331.2	447.5	324.4
1991	103.0	99.2	115.4	341.2	443.9	374.4
1992	107.3	109.2	109.4	366.1	484.8	409.6
1993	120.1	122.6	120.9	439.7	594.3	495.2
1994	118.2	120.2	118.1	519.7	714.4	584.8
1995	112.4	116.7	118.1	584.1	833.7	690.6
1996	107.7	105.2	110.7	629.1	877.1	764.5
1997	103.3	100.2	118.2	649.9	878.9	903.6
1998	99.3	97.2	105.3	645.4	854.3	951.5
1999	99.3	94.5	107.7	640.9	807.3	1024.8
2000	102.8	100.2	114.0	658.8	808.9	1168.3
2001	97.8	97.5	99.3	644.3	788.7	1160.1
2002	101.2	100.5	106.5	652.0	792.6	1235.5
2003	100.7	101.2	101.6	656.6	802.1	1255.3
2004	101.3	106.1	99.7	665.1	851.0	1251.5
2005	101.6	104.5	100.8	675.7	889.3	1261.5
2006	102.2	104.2	101.4	690.6	926.7	1279.2
2007	104.1	108.6	103.4	718.9	1006.4	1322.7
2008	105.9	113.5	102.1	761.3	1142.3	1350.5
2009	98.7	98.5	99.5	751.4	1125.2	1343.7
2010	103.5	107.7	102.6	777.7	1211.8	1378.6
2011	105.4	111.9	103.0	819.7	1356.0	1420.0
2012	102.8	104.5	101.9	842.7	1417.0	1447.0
2013	102.7	102.9	105.2	865.5	1458.1	1522.2
2014	102.0	103.5	101.9	882.8	1509.1	1551.1
2015	102.2	103.2	103.8	902.2	1557.4	1610.0
2016	102.4	105.5	102.6	923.9	1643.1	1651.9
2017	101.4	98.4	101.9	936.8	1616.8	1683.3
2018	102.8	102.9	103.5	963.0	1663.7	1742.2
2019	103.4	109.0	102.8	995.7	1813.4	1791.0
2020	102.3	111.1	100.0	1018.6	2014.7	1791.0
2021	100.9	97.6	100.4	1027.8	1966.3	1798.2
2022	102.3	102.4	101.0	1051.4	2013.5	1816.2
2023	100.8	101.3	100.6	1059.8	2039.7	1827.1

10-11 居民消费价格指数（2023年）

CONSUMER PRICE INDEX（2023）

以上年价格为100　　　　（preceding year=100）

项目	Item	指数 Index	项目	Item	指数 Index
居民消费价格指数	**Consumer Price Index**	**100.8**	**三、居住**	**Residence**	**100.1**
一、食品烟酒	**Food,Tobacco and Liquor**	**101.9**	住房保养维修及管理	Housing Maintenance and Management	102.6
食品	Food	101.3	水电燃料	Hydropower Fuel	100.8
其中：(1)粮食	#Grain	103.3	自有住房	Own Housing	99.4
(2)薯类	Tubers	106.9	**四、生活用品及服务**	**Living Goods and Communications**	**100.1**
(3)豆类	Beans	98.6	家具及室内装饰品	Furniture and Interior Decorations	101.7
(4)食用油	Edible Oil	101.1	家用器具	Home Appliances	97.4
(5)菜及食用菌	Vegetable and Edible Mushroom	100.3	家用纺织品	Home Textiles	98.5
(6)畜肉类	Livestock Meat	95.0	家庭日用杂品	The Family Daily Sundry Goods	100.2
(7)禽肉类	Poultry	102.5	**五、交通通信**	**Transportation and Communications**	**97.3**
(8)水产品	Aquatic Products	101.8	交通	Transportation	96.7
(9)蛋类	Eggs	103.2	通信	Communications	99.4
(10)奶类	Dairy Products	103.3	**六、教育文化娱乐**	**Education,Culture and Recreation**	**102.9**
(11)干鲜瓜果类	Dried and Fresh Melons and Fruits	106.6	教育	Education,Culture and Recreation	101.2
(12)糖果糕点类	Confectionery,Cakes	99.6	文化娱乐	Culture and Recreation	106.7
(13)调味品	Flavoring	100.6	**七、医疗保健**	**Health Care**	**100.3**
(14)其他食品类	Other Foods	99.8	药品及医疗器具	Medicine and Medical Equipment	101.0
烟酒	Tabacco,Liquor	100.1	医疗服务	Medical Services	100.0
在外餐饮	Dining Out	103.0	**八、其他用品及服务**	**Other Aricles and Service**	**102.0**
二、衣着	**Clothing**	**103.9**	其他用品	Other Aricles	102.8
服装	Garments	103.9	其他服务	Other Service	101.6
鞋类	Shoes	103.9			

注：　2016年1月起，国家统计局根据五年一次基期轮换的制度，对CPI构成分类及相应权重进行了调整。

Note：From 2016,the classification and weight of CPI have been adjusted,according to five-year period of rotation system formulated by National Bureau of Statistics of China.

10-12 商品住宅销售价格指数（2023年）
SALES PRICES INDICES OF COMMERCIAL HOUSES（2023）

类别 Item		以上年同月为100											
		1月	2月	3月	4月	5月	6月	7月	8月	9月	10月	11月	12月
新建商品住宅	Newly-built Residential Buildings	99.1	98.9	98.5	98.9	98.2	97.6	97.2	97.0	97.0	97.2	96.9	96.4
90m²及以下	90 square Meters and below	99.3	98.8	98.8	98.5	97.5	96.5	96.6	96.7	97.4	97.8	97.7	97.2
90-144m²	90-144 square Meters	99.0	98.8	98.3	99.0	98.4	97.9	97.7	97.4	96.9	97.2	96.7	96.3
144m²以上	Above 144 square Meters	99.2	99.3	98.4	99.0	98.6	98.2	96.9	96.6	96.8	96.5	96.5	95.7
二手住宅	Second-hand Housing	97.3	98.0	98.7	98.6	98.4	98.7	98.3	98.6	99.0	98.7	97.5	96.9
90m²及以下	90 square Meters and below	97.2	97.7	98.6	98.3	98.1	98.9	98.1	98.4	98.6	98.3	97.3	96.8
90-144m²	90-144 square Meters	97.0	97.9	98.5	98.8	98.4	98.3	98.1	98.3	98.8	98.6	97.4	96.7
144m²以上	Above 144 square Meters	98.0	99.2	99.3	99.7	99.6	99.1	99.7	99.9	100.4	100.4	98.8	97.9

10-12 续表 CONTINUED

类别 Item		以上月为100											
		1月	2月	3月	4月	5月	6月	7月	8月	9月	10月	11月	12月
新建商品住宅	Newly-built Residential Buildings	99.8	100.2	100.4	100.3	99.8	99.7	99.4	99.4	99.5	99.5	99.2	99.1
90m²及以下	90 square Meters and below	99.9	100.3	100.4	100.1	100.1	99.3	99.8	99.7	99.8	99.6	99.0	99.2
90-144m²	90-144 square Meters	99.6	100.1	100.5	100.4	99.8	99.9	99.5	99.4	99.2	99.6	99.2	99.1
144m²以上	Above 144 square Meters	100.1	100.3	100.0	100.5	99.6	99.6	98.7	99.2	99.9	99.3	99.4	99.1
二手住宅	Second-hand Housing	100.6	100.5	100.3	100.5	99.9	99.3	99.1	99.8	100.0	99.5	98.5	98.9
90m²及以下	90 square Meters and below	100.4	100.4	100.4	100.4	99.7	99.3	99.0	99.8	100.0	99.7	98.4	99.3
90-144m²	90-144 square Meters	100.5	100.8	100.1	100.6	100.0	99.4	99.1	99.8	100.1	99.1	98.7	98.4
144m²以上	Above 144 square Meters	101.1	100.4	100.5	100.8	100.4	99.1	99.5	99.6	99.9	99.8	98.2	98.4

10-13 工业生产者出厂价格指数（2011-2023年）
INDUSTRIAL PRODUCER PRICE INDEX（2011-2023）

以上年价格为100 (Preceding year=100)

类别	Item	2011	2012	2013	2014	2015	2016	2017	2018	2019	2020	2021	2022	2023
全部工业品	General Index	101.8	99.9	98.0	99.1	97.6	99.3	101.8	100.2	100.0	99.0	101.9	101.7	99.7
按轻重工业分	Grouped by industries													
轻工业	Light Industry	102.9	99.2	98.4	98.2	98.6	100.8	101.4	99.3	100.5	100.7	104.2	101.0	101.7
重工业	Heavy Industry	101.4	100.1	97.9	99.4	97.3	98.8	102.0	100.5	99.9	98.4	101.3	101.9	99.3
按生产、生活资料分	Grouped by Means of Production and Consumer Goods													
生产资料	Means of Production	101.3	100.3	98.0	99.5	97.4	98.7	102.2	100.3	99.7	98.4	101.9	102.9	100.5
生活资料	Consumer Goods	103.5	98.7	98.1	97.7	98.4	100.8	100.9	99.7	100.9	100.6	101.8	99.4	98.1
按工业部门分	Grouped by Industrial Department													
冶金工业	Metallurgical Industry	106.7	100.7	100.2	98.6	98.0	102.1	115.5	107.4	100.3	102.9	122.8	102.5	98.0
电力工业	Power Industry	99.6	100.5	100.5	99.7	99.3	99.4	98.9	98.3	97.4	97.8	99.9	103.6	106.3
石油工业	Petroleum Industry	126.9	101.7	92.4	95.2	64.2	86.7	123.2	119.5	96.1	78.9	129.6	134.4	92.9
化学工业	Chemical Industry	102.3	101.2	99.4	100.0	99.2	98.9	102.5	95.8	100.6	97.4	96.9	109.7	105.1
机械工业	Engineering Industry	99.8	99.6	97.7	99.1	98.5	99.0	100.9	99.7	99.6	98.7	101.6	100.6	99.1
建筑材料工业	Building Materials Industry	101.1	93.9	102.5	102.9	98.8	99.7	101.8	104.4	107.1	100.0	96.4	97.5	98.2
森林工业	Timber Industry	106.0	102.8	103.6	100.6	100.4	99.3	98.2	97.9	100.4	100.1	99.0	99.6	99.6
食品工业	Food Industry	106.1	107.0	102.3	100.2	100.4	102.8	101.6	102.0	100.9	100.6	97.3	102.5	98.5
纺织工业	Textile Industry	106.1	101.2	99.6	101.6	100.4	100.2	100.3	100.1	100.5	99.0	98.0	96.6	102.0
缝纫工业	Needlework Industry	107.5	102.5	104.3	104.8	102.9	104.8	102.5	100.4	106.7	103.1	97.5	104.2	103.4
皮革工业	Leather Industry	107.4	104.9	103.1	103.0	100.9	100.4	100.1	99.2	101.8	102.1	99.2	100.1	102.6
造纸工业	Paper Industry	104.1	102.2	99.3	100.4	101.4	104.3	104.3	104.9	102.2	95.4			
文教艺术用品工业	Cultural, Educational & Handicrafts Articles	101.5	101.4	100.6	99.8	99.0	100.7	100.8	97.9	100.8	97.7	99.7	100.4	99.2
其他工业	Others	113.5	95.8	91.6	94.8	91.6	103.2	101.4	97.4	104.9	108.5	100.5	103.3	106.8

10-14　工业生产者购进价格指数（2013-2023年）
INDUSTRIAL PURCHASING PRICE INDEX（2013-2023）

以上年价格为100　　(Preceding year=100)

类 别	Item	2013	2014	2015	2016	2017	2018	2019	2020	2021	2022	2023
总指数	General Index	98.3	99.6	96.5	98.3	103.4	102.4	99.4	98.8	103.0	102.6	99.8
燃料、动力类	Fuels and Power	95.1	99.1	92.8	97.2	101.7	102.4	97.6	97.1	111.9	116.6	98.6
黑色金属材料类	Ferrous Materials	95.4	96.4	95.7	99.7	111.5	105.9	97.9	99.2	114.4	96.6	95.3
其中：钢材	Steel	92.8	94.7	93.7	99.4	110.1	103.6	98.7	99.9	114.2	96.5	95.3
其他	Others	100.4	99.9	99.9	100.2	113.9	109.6	96.6	98.0	116.2	97.6	94.9
有色金属材料及电线类	Nonferrous Metal and Electric Wire	96.5	95.8	92.8	99.8	109.1	102.3	101.2	104.5	111.9	103.2	105.7
化工原料类	Chemical Raw Materials	99.2	99.0	95.6	98.7	104.1	104.2	97.9	94.0	104.7	100.5	98.7
木材及纸浆类	Wood and Paper Pulps	99.9	100.7	98.1	96.8	106.0	103.5	92.8	99.3	105.9	96.1	97.1
建筑材料及非金属类	Building Materials and Nonmetal Minerals	102.7	107.8	91.0	95.4	113.3	119.2	113.2	101.3	105.8	94.4	100.7
其他工业原材料及半成品类	Other Industrial Raw and Processed Materials	99.1	99.4	98.3	98.8	101.9	100.2	100.2	99.4	99.9	102.7	99.5
农副产品类	Farm and Sideline Products	103.4	103.7	99.1	94.9	100.5	100.9	97.4	99.1	97.9	114.7	102.9
纺织原料类	Textile Raw Material	99.3	100.8	102.5	100.3	101.3	103.1	100.6	100.1	103.1	101.1	95.5

主要统计指标解释

社会消费品零售总额　指各种经济类型的批发零售业、住宿餐饮业和其他行业的企业(单位)或个体户，售予城乡居民用于生活消费和社会集团用于公共消费的商品金额的总和。

批发零售业商品购进总额　指从本企业以外的单位和个人购进(包括从国外直接进口　)作为转卖或加工后转卖的商品金额。本指标由"从生产者购进额"、"从批发零售业购进额"、"进口额"和"其他购进"组成。这个指标反映批发零售企从国内、国外市场上购进商品的总量　。

批发零售业商品销售总额　指售予本企业以外的单位和个人的商品金额(包括对国(境)外直接出口及售给本单位消费用的商品)。本指标由"对生产经营单位批发额"、"对批发零售业批发额"、"出口额"和"对居民和社会集团商品零售"项目组成。这个指标反映批发零售业在国内市场上销售商品以及出口商品的总量。

批发　指除零售以外的一切商品销售活动。包括对生产经营单位批发、对批发零售业批发和出口。

零售　指出售城乡居民用于生活消费商品和社会集团直接用于公用消费商品的活动。

批发零售业年末库存总额　指批发零售企业已取得所有权的全部商品。这个指标反映批发零售贸易企业的商品库存情况，对市场商品供应的保证程度。

批发零售业住宿餐饮业法人单位　指各种经济类型独立核算法人批发零售企业、住宿餐饮企业的单位个数。法人单位应同时具备以下条件:1.依法成立，有自己的名称、组织机构和场所，能够独立承担民事责任；2.独立拥有和使用资产，承担负债，有权与其他单位签订合同；3.独立核算盈亏，并能够编制资产负债表。

批发业　是指从工农业生产者或从商品流通企业单位和个体户购进商品，转卖给工业、农业、建筑业、运输邮电业　、住宿餐饮业　、服务业等生产经营单位作为生产经营用，以及将商品转卖给其他批发企业或零售企业的商品流通企业的商品流通企业(单位)和个体户。

零售业　是指从工农业生产者、批发业或居民购进商品，转卖给城乡居民作为生活消费和售给社会集团作为公共消费的商品流通企业(单位)和个体户。

住宿业　是指为顾客提供临时住宿服务的企业(单位)和个体户。

餐饮业　是指从事食品的烹饪、调制并直接售给居民和社会集团的企业(单位)和个体户。

居民消费价格指数　是度量消费商品及服务项目价格水平随着时间而变动的相对数，反映居民家庭购买的消费品及服务价格水平的变动情况。它是宏观经济分析、决策、调控和价格总水平监测以及国民经济核算的重要指标。其按年度计算的变动率通常被用来作为反映通货膨胀(或紧缩)程度的指标。

工业生产者出厂价格指数　反映工业企业产品第一次出售时的出厂价格的变化趋势和变动幅度。

工业生产者购进价格指数　反映工业企业作为中间投入产品的购进价格的变化趋势和变动幅度。

新建商品住宅　指新建的专供居住用的商品住房，本方案主要包括:90平方米及以下、90-144平方米、144平方米以上三个基础分类。不包括新建的国家政策性住房；不包括住宅楼中作为人防用、不住人的地下室、车库等，也不包括托儿所　、病房　、疗养院　、旅馆等具有专门用途的房屋。

二手住宅　指进入房屋市场进行交易，第二次及以上进行产权登记的住宅，包括二手商品住宅　、允许上市交易的已售公房等。本方案主要包括90平方米及以下、90-144平方米、144平方米以上三个基础分类。

90平方米及以下住宅　　指住宅中套型建筑面积不大于90平方米的住宅。套型建筑面积由套内使用面积和分摊的共有建筑面积组成，报表时以销售合同中实际测绘的建筑面积为准，若销售合同为套内使用面积则需折算成建筑面积。

90平方米—144平方米住宅　　指套型建筑面积大于90平方米，不超过144平方米的住宅。

144平方米以上住宅　　指套型建筑面积在144平方米以上的住宅。

Explanatory Notes on Main Statistical Indicators

Total Retail Sales of Consumer Goods refer to the sum of retail sales of consumer goods sold by enterprises (establishments) or individuals in wholesale, retail trade, accommodations, catering services and other industries of various types of ownership to urban and rural households for living consumption and to social institutions for public consumption.

Total Purchases of Commodities by Wholesale and Retail Trades refer to the purchases of commodities from other establishments or individuals (including direct import from abroad) for the purpose of reselling, either with or without further processing of the commodities purchased This indicator includes the purchases from producers, the purchases from wholesale and retail trades, imports and other purchases

It is used to show the total value of purchases of commodities by wholesale and retail establishments from domestic and overseas markets.

Total Sales of Commodities by Wholesale and Retail Trades refer to the value of commodities sold to other establishments and individuals (including direct export and commodities sold to the sellers themselves for consumption). This indicator includes the value of wholesale to production and operation units, the value of wholesale to wholesale and retail trades, exports and retail sales to urban and rural households and social institutions It is an indicator of the total value of sales of commodities at domestic markets and export.

Wholesale refers to all selling activities of commodities except retail trade, including wholesale to production and operation units, wholesale to wholesale and retail trades and export.

Retail Sale refers to the selling of commodities to urban and rural households for living consumption and to social institutions for direct public consumption.

Total Inventory of Wholesale and Retail Trades at the Year-end refers to the total commodities possessed by wholesale and retail enterprises, which reflects the commodity stock level of various wholesale and retail enterprises and the potential for market supply.

Corporate Units in Wholesale and Retail Trades, Accommodations and Catering Services refer to the number of corporate enterprises of various types of ownership in the wholesale and retail trades, accommodations and catering services with independent accounting systems An enterprise can be called a corporate enterprise only when it simultaneously meets the following requirements:(1)It is established according to law, with its own name, organization and location for business operation, as well as the capability to independently assume civil responsibility (2)It owns and uses its assets independently, assumes liabilities and is entitled to sign contracts with other units (3)It has an independent accounting system and is able to compile balance sheets.

Wholesale Trade refers to the commodity circulation enterprises (establishments) and individuals which purchase commodities from producers in industry and agriculture or from commodity circulation enterprises and individuals for the purpose of reselling them to establishments in industry, agriculture, construction, transportation, postal and telecommunications services, accommodations and catering services and other services for their production and operation as well as reselling them to other wholesale or retail enterprises.

Retail Trade refers to the commodity circulation enterprises (establishments) and individuals which purchase commodities from producers in industry and agriculture, wholesale trade or residents for the purpose of reselling them to urban and rural households for living consumption and to social institutions for public consumption.

Hotel Services refers to the enterprises (establishments) and individuals engaged in providing temporary accommodation to customers.

Catering Services refer to the enterprises (establishments) and individuals engaged in food cooking, seasoning and selling food directly to households and social institutions.

Consumer Price Indices measure the relative change with time in prices of consumer goods and services, reflecting the rates of change in consumer goods and services purchased by households. It is an important indicator for macroeconomic analysis, decision-making, regularization and control, supervision of general price level and national economic accounting. The annualized rates of change are generally considered as an indicator of inflation or deflation.

EX-factory Price Indices of Industrial Producers reflect the trends and degree of changes in prices of industrial products to sell the first time.

Purchasing Price Indices of Industrial Producers reflect the trends and degree of changes in prices of products as intermediate inputs.

Newly-built Houses refer to newly-built houses for residential use. The program includes: 90 square meters and below, 90-144 square meters, 144 square meters and above. Excluding new national policy-related houses, houses used as civil defense, basements, garages, nursery, wards, nursing homes, hotels and other houses used for special purposes.

Second-hand Houses refer to houses transacted for twice and above in the market, and the property registrations have been changed twice and above, including second-hand commercial houses and public houses been sold and allowed for second transaction. The program includes 90 square meters and below, 90-144 square meters, 144 square meters and above.

90 Square Meters and Below Houses refer to houses with a residential dwelling size of not more than 90 square meters. Dwelling size of the building area is composed by private usable area and public shared construction area. The program subjects to the actual construction area recorded in sales contracts.

90 Square Meters -144 Square Meters Houses refer to houses with the residential dwelling size of more than 90 square meters and no more than 144 square meters.

144 Square Meters Houses refer to houses with the residential dwelling size of more than 144 square meters.

11 第十一部分

财政收支

FISCAL REVENUE AND EXPENDITURE

CHAPTER

11-1　地方财政收支（2019-2023年）
LOCAL GOVERNMENT BUDGETARY REVENUE AND EXPENDITURE（2019-2023）

单位：万元　　(10 000 yuan)

项目	Item	2019	2020	2021	2022	2023
一般公共预算收入	Local government General Budgetary Revenue	37733831	38574618	42576972	40124390	41129194
税收收入	Taxes	30678631	30874612	34504107	31144500	34676776
#增值税	Value-added Tax	11637876	10608212	11983026	10282133	13303571
营业税	Business Tax					
企业所得税	Corporate Income Tax	7478100	6751541	7792323	7218717	7154856
个人所得税	Individual Income Tax	2962675	3663798	4586423	5141419	5057529
非税收入	Non-Tax Revenue	7055200	7700006	8072865	8979890	6452418
#专项收入	Special Program Receipts	3417080	3234856	3751490	4334753	2593062
行政事业性收费收入	Charge of Administrative and Units	374018	363407	429981	488580	592796
罚没收入	Penalty Receipts	402672	451560	369754	282413	411264
政府性基金收入	Government Fund Revenue	10057208	12872367	13736834	10257607	8755349
一般公共预算支出	Local Government General Budgetary Expenditure	45527336	41784235	45702233	49973834	50124309
#教育	Expenditure for Education	7165514	8508040	9645583	9489438	10014474
科学技术	Expenditure for Science and Technology	5484249	3366343	3822518	4587417	4549353
文化体育与传媒	Expenditure for Culture, Sport and Media	669909	1004070	768730	891549	1274461
社会保障与就业	Expenditure for Social Safety Net and Employment Effort	1769842	973564	3005230	2874976	3039182
医疗卫生	Expenditure for Medical and Health Care	3354865	4411035	5109252	6753510	6194474
节能环保	Expenditure for Energy Saving	3316349	2298299	1793954	2016771	1814773
城乡社区事务	Expenditure for Urban and Rural Community Affairs	10154044	5926794	6139652	6465434	5853617
农林水事务	Expenditure for Agriculture, Forestry and Water Conservancy	833313	1345497	1280599	1193678	996211
交通运输	Expenditure for Transportation	1285931	1773688	2106523	2118854	1702735
政府性基金支出	Expenditure for Government Funds	9709406	12245470	10873251	14967529	13694044

11-2 地方一般公共预算收支及指数
INDICES OF LOCAL GOVERNMENT GENERAL BUDGETARY REVENUE AND EXPENDITURE

年份 Year	收入(万元) Financial Revenue (10 000 yuan)	指数 Index		支出(万元) Expenditure (10 000 yuan)	指数 Index	
		以1979年为100 1979=100	以上年为100 Preceding Year=100		以1979年为100 1979=100	以上年为100 Preceding Year=100
1979	1721	100.0		2971	100.0	
1980	3043	176.8	176.8	4003	134.7	134.7
1981	8787	510.6	288.8	8411	283.1	210.1
1982	9163	532.6	104.3	8815	296.7	104.8
1983	15605	907.0	170.3	15025	505.7	170.4
1984	29435	1710.6	188.6	27954	940.9	186.0
1985	62894	3655.6	213.7	58651	1974.1	209.8
1986	74160	4310.0	117.9	68073	2291.2	116.1
1987	87521	5085.8	118.0	69688	2345.6	102.4
1988	146521	8513.6	167.4	110992	3735.8	159.3
1989	228668	13289.7	156.1	173007	5823.2	155.9
1990	217037	12611.9	94.9	198073	6666.9	114.5
1991	273291	15878.4	125.9	243012	8179.5	122.7
1992	429599	24960.8	157.2	420035	14137.8	172.8
1993	672507	39063.7	156.5	593327	19970.6	141.3
1994	743992	43204.5	110.6	746181	25115.5	125.8
1995	880174	51110.9	118.3	934041	31438.6	125.2
1996	1317490	76513.0	149.7	1380376	46461.7	147.8
1997	1420557	82481.0	107.8	1394181	46926.3	101.0
1998	1643884	95430.5	115.7	1767714	59499.0	126.8
1999	1842085	106977.6	112.1	2108978	70985.5	119.3
2000	2219184	128908.0	120.5	2250441	75746.9	106.7
2001	2624944	152498.2	118.3	2537019	85392.8	112.7
2002	2659287	154480.7	101.3	3077761	103593.4	121.3
2003	2908370	169001.9	109.4	3489526	117452.9	113.4
2004	3214680	186747.1	110.5	3775720	127085.8	108.2
2005	4123787	239596.5	128.3	5991560	201668.1	158.7
2006	5008827	291109.7	121.5	5714231	192333.6	95.4
2007	6580555	382518.1	131.4	7279677	245024.5	127.4
2008	8003603	465142.0	121.6	8898555	299513.8	122.2
2009	8808168	512121.3	110.1	10008394	336869.5	112.5
2010	11068166	643736.5	125.7	12660668	426141.6	126.5
2011	13395728	778921.2	121.0	15905599	535361.8	125.6
2012	14820800	861486.8	110.6	15690071	528107.4	98.6
2013	17312618	1006216.6	116.8	16908280	569110.7	107.8
2014	20827326	1210478.6	120.3	21661841	729109.4	128.1
2015	27268543	1584516.5	130.9	35216708	1185348.6	162.6
2016	31364923	1822194.0	115.0	42110429	1417382.3	119.6
2017	33321303	2006235.6	110.1	45938003	1546213.5	109.1
2018	35384414	2130622.2	106.2	42825598	1441454.0	93.2
2019	37733831	2271243.3	106.6	45527336	1532391.0	106.3
2020	38574618	2321210.7	102.2	41784235	1406403.1	91.8
2021	42576972	2562616.6	110.4	45702233	1538277.8	109.4
2022	40124390	2415001.0	94.2	49973834	1682054.3	109.3
2023	41129194	2475478.0	102.5	50124309	1687119.1	100.3

注：一般公共预算收入2017年口径有调整，指数按可比口径计算。

Note: The caliber of Local Government General Budget in this table was adjusted and the index was calculated by comparable caliber in 2017.

11-3 地方财政收支分级情况（2019-2023年）
LOCAL BUDGETARY REVENUE AND EXPENDITURE BY LEVEL（2019-2023）

单位：万元 (10 000 yuan)

项目	Item	2019	2020	2021	2022	2023
一般公共预算收入合计	**Total General Budgetary Revenue**	**37733831**	**38574618**	**42576972**	**40124390**	**41129194**
市本级	City	23641468	23576703	26299625	24588428	22259438
福田区	Futian	1926971	1828964	2142921	1942706	2077852
罗湖区	Luohu	928522	1370112	1072857	893960	1395035
盐田区	Yantian	322846	339440	364446	329097	367693
南山区	Nanshan	3087420	3166471	3610169	3616214	3827939
宝安区	Baoan	2671386	2747901	2959961	2991877	3829404
龙岗区	Longgang	2424033	2704319	2922237	2631786	3427803
龙华区	Longhua	1421554	1435666	1522145	1514784	1678435
坪山区	Pingshan	465208	504640	640284	547788	807349
光明区	Guangming	586358	659596	788157	808022	1092076
大鹏新区	Dapeng	232521	208936	208288	209940	301661
深汕特别合作区	Shenzhen-Shanwei Special Cooperation Zone	25544	31870	45882	49788	64509
一般公共预算支出合计	**Total General Budgetary Expenditure**	**45527336**	**41784235**	**45702233**	**49973834**	**50124309**
市本级	City	21184993	19578634	20540838	22106449	22655157
福田区	Futian	2955754	2286540	2962862	3104741	2688502
罗湖区	Luohu	2196954	1782709	1832454	2051693	1889930
盐田区	Yantian	680640	597440	678298	702781	614605
南山区	Nanshan	3581702	3262655	4024222	4342423	4315405
宝安区	Baoan	4642853	4206782	4521591	4763327	5206354
龙岗区	Longgang	3569107	3569147	3807104	4196759	4536680
龙华区	Longhua	2607847	2878579	2923105	3312098	3150849
坪山区	Pingshan	1502139	1361707	1578490	1752557	1603744
光明区	Guangming	1334102	1483752	1823743	1788652	2239069
大鹏新区	Dapeng	648897	653508	692312	886729	641775
深汕特别合作区	Shenzhen-Shanwei Special Cooperation Zone	622348	122782	317214	965625	582239

主要统计指标解释

一般公共预算收入　指国家财政参与社会产品分配所取得的收入，是实现国家职能的财力保证。主要包括：

（1）各项税收：包括国内增值税、国内消费税、进口货物增值税和消费税、出口货物退增值税和消费税、营业税、企业所得税、个人所得税、资源税、城市维护建设税、房产税、印花税、城镇土地使用税、土地增值税、车船税、船舶吨税、车辆购置税、关税、耕地占用税、契税、烟叶税等。财政收入按现行分税制财政体制划分为中央本级收入和地方本级收入。

（2）非税收入：包括专项收入、行政事业性收费、罚没收入和其他收入。

一般公共预算支出　指国家财政将筹集起来的资金进行分配使用，以满足经济建设和各项事业的需要。主要包括：一般公共服务、外交、国防、公共安全、教育、科学技术、文化体育与传媒、社会保障和就业、医疗卫生与计划生育、节能环保、城乡社区、农林水、交通运输、资源勘探信息等、商业服务业等、金融、援助其他地区、国土海洋气象等、住房保障、粮油物资储备、政府债务付息等方面的支出。财政支出根据政府在经济和社会活动中的不同职权，划分为中央财政支出和地方财政支出。

Explanatory Notes on Main Statistical Indicators

General Public Budgetary Revenue refers to income for the government finance through participating in the distribution of social products. It is the financial guarantee to ensure government functioning. The contents of government revenue include the following main items:

(1) Various tax revenues, including domestic value added tax (VAT), domestic consumption tax, VAT and consumption tax from imports, VAT and consumption tax rebate for exports, business tax, corporate income tax, individual income tax, resource tax, city maintenance and construct tax, house property tax, stamp tax, urban land use tax, land appreciation tax, tax on vehicles and boat operation, ship tonnage tax, vehicle purchase tax, tariffs, farm land occupation tax, deed tax, and tobacco leaf tax, etc.

(2) Non-tax revenue, including special program receipts, charge of administrative and institutional units, penalty receipts and others non-tax receipts.

General Public Budgetary Expenditure refers to the distribution and use of the funds which the government finance has raised, so as to meet the needs of economic construction and various undertakings. It includes the following main items: expenditure for general public services, expenditure for foreign affairs, expenditure for national defence expenditure for public security, expenditure for education, expenditure for science and technology, expenditure for culture, sport and media, expenditure for social safety net and employment effort, expenditure for medical and health care and family planning, expenditure for energy conservation and environment protection, expenditure for urban and rural community affairs, expenditure for agriculture, forestry and water conservancy, expenditure for transportation, expenditure for resource exploration and information, expenditure for affairs of commerce and services, expenditure for finance, aid to other regions, expenditure for land, ocean and weather, expenditure for housing security, expenditure for grain & oil reserves, interest payment for public debts. General public budget expenditure is divided into general public budget expenditure of central government and general public budget expenditure of local government according to the different functions of the governments played in economic and social activities.

12 第十二部分

金融保险业

FINANCE AND INSURANCE

CHAPTER

12-1 国内金融机构人民币存贷款（2019-2023年）

DEPOSITS AND LOANS IN RENMINBI OF DOMESTIC FINANCIAL INSTITUTIONS (2019-2023)

单位：亿元 （100 million yuan）

项目	Item	2019	2020	2021	2022	2023
各项存款	**Total Deposits**	**77671.71**	**95096.94**	**105322.09**	**116577.32**	**126997.38**
境内存款	Domestic Deposits	75060.68	91548.32	101614.67	112304.32	122912.17
其中：住户存款	Deposits of Households	15971.13	18674.43	20484.90	24544.92	27250.61
#活期存款	Demand Deposits	10228.81	11485.25	12834.86	14512.42	14554.49
定期及其他存款	Time and Other Deposits	5742.32	7189.18	7650.03	10032.50	12696.12
非金融企业存款	Deposits of Non-financial Enterprises	37246.29	45297.78	50416.35	56083.82	60584.11
#活期存款	Demand Deposits	7791.63	8639.65	9102.43	9473.48	8855.65
定期及其他存款	Time and Other Deposits	29454.66	36658.13	41313.92	46610.34	51728.46
广义政府存款	Generalized Government Deposits	11229.32	12609.96	14203.42	14777.99	15486.86
非银行业金融机构存款	Deposits of Non-banking Financial Institutions	10613.94	14966.16	16510.01	16897.58	19590.58
境外存款	Overseas Deposits	2611.03	3548.62	3707.42	4273.00	4085.21
各项贷款	**Total Loans**	**54602.36**	**63091.82**	**72218.17**	**78704.75**	**87616.27**
境内贷款	Domestic Loans	54156.91	62604.99	71635.73	78003.04	86503.11
其中：住户贷款	Loans to Households	22247.05	25270.85	27918.61	28745.18	31284.02
#短期贷款	Short-term Loans	3200.27	3693.85	4020.04	4020.31	5390.30
中长期贷款	Mid & Long-term Loans	19046.78	21577.00	23898.57	24724.87	25893.72
非金融企业及机关团体贷款	Non-financial Corporations,Government and Organizations Loans	31909.84	37332.08	43709.33	49257.79	55213.87
#短期贷款	Short-term Loans	9091.21	9918.96	10737.81	10444.82	11259.76
中长期贷款	Mid & Long-term Loans	18788.99	23777.88	27977.44	32849.78	37839.36
票据融资	Bill Financing	2489.32	1868.28	2865.36	3777.94	3935.18
融资租赁	Financial Leases	1480.17	1751.56	2051.88	2120.12	2118.11
各项垫款	Total Advances	60.15	15.40	76.84	65.12	61.45
非银行业金融机构贷款	Loans to Non-banking Financial Institutions	0.03	2.06	7.79	0.07	5.21
境外贷款	Overseas Loans	445.45	486.83	582.44	701.71	1113.16

注：2015年起，人民银行调整了金融机构存贷款统计口径，2014年数据相应作了回溯调整，后同。

Note: From 2015, the statistical caliber of deposit and loan of financial institutions have been adjusted by the People's Bank of China, the date of 2014 have been adjusted by the same caliber, the same applied to the following tables.

12-2 金融机构（含外资）本外币信贷情况

SOURCES AND USES OF CREDIT FUNDS OF FINANCIAL INSTITUTIONS （INCLUDE FOREIGN FUNDS）

单位：亿元 （100 million yuan）

年 份 Year	各项存款余额 All Deposits	各项贷款余额 All Loans
1990	360.65	373.98
1991	517.95	491.44
1992	801.51	643.24
1993	977.06	820.13
1994	1413.81	1244.87
1995	1705.94	1501.84
1996	2144.28	1861.97
1997	2455.25	2275.51
1998	2881.83	2483.84
1999	3235.66	2621.85
2000	3974.12	2955.37
2001	4988.20	3543.11
2002	5941.29	4308.43
2003	7071.94	5411.96
2004	8136.21	6571.56
2005	9486.71	7596.75
2006	10616.01	8353.82
2007	12729.68	10121.37
2008	14260.94	11234.05
2009	18357.47	14783.39
2010	21937.89	16808.12
2011	25095.78	19244.68
2012	29662.40	21808.34
2013	33943.15	24680.07
2014	49969.99	28114.22
2015	57778.90	32449.04
2016	64407.81	40526.90
2017	69668.31	46329.33
2018	72550.36	52539.79
2019	83942.45	59461.39
2020	101897.31	68020.54
2021	112545.17	77240.78
2022	123400.52	83422.99
2023	133350.52	92140.89

12-3　金融机构（含外资）本外币分类存贷款（2019-2023年）
SOURCES AND USES OF CREDIT FUNDS OF FINANCIAL INSTITUTIONS (INCLUDE FOREIGN FUNDS)（2019-2023）

单位：亿元　　　　(100 million yuan)

项目	Item	2019	2020	2021	2022	2023
各项存款	**Total Deposits**	**83942.45**	**101897.31**	**112545.17**	**123400.52**	**133350.52**
境内存款	Domestic Deposits	79043.44	95756.45	106353.08	117024.40	127379.18
其中：住户存款	Deposits of Households	16327.05	19031.88	20834.08	24928.72	27668.14
#活期存款	Demand Deposits	10449.45	11725.92	13074.26	14760.83	14785.28
定期及其他存款	Time and Other Deposits	5877.60	7305.96	7759.82	10167.89	12882.86
非金融企业存款	Deposits of Non-financial Enterprises	40639.63	48828.94	54174.83	59970.79	64075.82
#活期存款	Demand Deposits	8684.10	9690.93	10296.27	10638.60	9929.33
定期及其他存款	Time and Other Deposits	31955.54	39138.01	43878.56	49332.19	54146.49
广义政府存款	Generalized Government Deposits	11232.45	12612.04	14205.31	14780.18	15489.54
非银行业金融机构存款	Deposits of Non-banking Financial Institutions	10844.30	15283.59	17138.86	17344.70	20145.67
境外存款	Overseas Deposits	4899.02	6140.86	6192.09	6376.12	5971.34
各项贷款	**Total Loans**	**59461.39**	**68020.54**	**77240.78**	**83422.99**	**92140.89**
境内贷款	Domestic Loans	57014.34	65637.43	74854.10	80961.05	89462.71
其中：住户贷款	Loans to Households	22408.81	25507.05	28228.16	29035.57	31547.95
#短期贷款	Short-term Loans	3207.63	3705.62	4040.65	4040.61	5419.49
中长期贷款	Mid & Long-term Loans	19201.18	21801.43	24187.51	24994.96	26128.46
非金融企业及机关团体贷款	Non-financial Corporations,Government and Organizations Loans	34597.99	40115.31	46609.36	51922.40	57902.14
#短期贷款	Short-term Loans	10659.95	11588.33	12507.06	12002.00	12946.94
中长期贷款	Mid & Long-term Loans	19653.14	24702.98	28867.85	33667.56	38666.17
票据融资	Bill Financing	2595.15	1917.35	2974.56	3937.77	3952.11
融资租赁	Financial Leases	1614.35	1879.75	2178.70	2245.59	2264.04
各项垫款	Total Advances	75.41	26.90	81.19	69.48	72.89
非银行业金融机构贷款	Loans to Non-banking Financial Institutions	7.53	15.06	16.59	3.07	12.61
境外贷款	Overseas Loans	2447.05	2383.11	2386.68	2461.94	2678.19

12-4 深圳证券交易所投资者开户情况（2016-2023年）

ACCOUNT-OPENING BY INVESTORS IN SHENZHEN STOCK EXCHANGE（2016-2023）

单位：万户 (10 000 accounts)

指标	Indicators	2016	2017	2018	2019	2020	2021	2022	2023
年末开户总数	**Total Accounts Year-end**	**20897.12**	**24545.09**	**27685.32**	**22119.11**	**24823.01**	**27771.00**	**30055.51**	**32017.20**
个人	Private	20841.00	24482.57	27621.26	22060.45	24758.07	27697.97	29976.49	31931.94
机构	Institution	56.12	62.52	64.06	58.66	64.94	73.03	79.02	85.25
A股合计	A Shares Accounts	20791.27	24438.57	27578.60	22012.35	24716.09	27663.93	29948.42	31909.87
个人	Private	20736.72	24377.63	27516.13	21955.21	24652.65	27592.39	29870.85	31826.04
机构	Institution	54.55	60.94	62.47	57.14	63.44	71.53	77.57	83.82
B股合计	B Shares Accounts	105.85	106.52	106.72	106.75	106.92	107.08	107.09	107.33
个人	Private	104.28	104.94	105.14	105.24	105.41	105.58	105.64	105.90
机构	Institution	1.57	1.58	1.58	1.52	1.51	1.50	1.45	1.43
新开户总数	**Newly Opened Accounts During the Year**	**4018.31**	**3598.69**	**226.46**	**142.28**	**253.82**	**3046.15**	**2381.26**	**2075.56**
个人	Private	4010.15	3590.60	225.95	141.49	252.78	3034.75	2371.51	2064.87
机构	Institution	8.16	8.09	0.51	0.79	1.04	11.40	9.75	10.69
A股合计	Newly Opened Accounts of A Shares	4017.37	3597.71	226.43	142.22	253.74	3045.60	2380.90	2074.88
个人	Private	4009.29	3589.70	225.92	141.43	252.71	3034.24	2371.19	2064.22
机构	Institution	8.08	8.01	0.51	0.79	1.04	11.36	9.71	10.66
B股合计	Newly Opened Accounts of B Shares	0.94	0.98	0.03	0.06	0.08	0.55	0.36	0.68
个人	Private	0.86	0.90	0.03	0.06	0.07	0.51	0.32	0.65
机构	Institution	0.08	0.08	0.01			0.04	0.04	0.03

12-5 深圳证券交易所有价证券成交总额（2014-2023年）
TOTAL VOLUME OF PRICE SECURITIES TRADING IN SHENZHEN（2014-2023）

单位：亿元　　(100 million yuan)

指标 Indicators		2014	2015	2016	2017	2018	2019	2020	2021	2022	2023
合计	**Total**	**444708.19**	**1361051.31**	**934425.86**	**814333.31**	**735738.87**	**1007862.50**	**1622196.78**	**1953794.37**	**1940355.00**	**1936116.45**
股票	Stocks	366750.87	1224950.00	775979.90	616855.01	499774.39	730314.79	1228391.66	1439727.66	1282538.45	1228481.08
# A股证券	A Shares	366228.12	1223606.57	775478.37	616433.07	499527.90	730108.22	1228161.56	896151.87	1282330.62	1228332.46
B股证券	B Shares	522.74	1343.43	501.53	421.94	246.49	206.57	230.10	272.61	207.84	148.62
基金	Funds	9753.40	48884.71	22085.09	19882.32	31053.13	23089.80	28711.79	29828.22	43851.65	60357.76
债券	Bonds	68203.92	87216.59	136344.37	177595.98	204911.35	254445.90	364361.95	483473.10	613113.76	645881.79
优先股	Preferred Stocks						1.58	51.82	176.44	50.10	75.66
期权	Option						9.66	679.57	588.95	801.02	1320.16

12-6 深证综合指数
SHENZHEN COMPOSITE INDEX

日历日期 Date	开市指数 Open	收市指数 Close	最高指数 High	交易日期 Exchange Date	最低指数 Low	交易日期 Exchange Date
2001-12-31	636.62	475.94	665.57	2001-06-14	438.00	2001-10-22
2002-12-31	475.14	388.76	523.38	2002-06-25	366.84	2002-01-23
2003-12-31	386.61	378.63	453.45	2003-04-16	349.86	2003-11-19
2004-12-31	377.93	315.81	472.18	2004-04-07	314.98	2004-09-13
2005-12-30	313.81	278.75	334.14	2005-03-09	235.64	2005-07-19
2006-12-29	541.07	550.59	552.93	2006-12-29	278.99	2006-01-04
2007-12-28	1455.60	1447.02	1567.74	2007-10-08	547.89	2007-01-05
2008-12-31	560.17	553.30	1576.50	2008-01-15	456.97	2008-11-04
2009-12-31	1193.32	1201.34	1234.17	2009-12-03	571.13	2009-01-05
2010-12-31	1262.19	1290.87	1412.64	2010-11-11	890.24	2010-07-02
2011-12-30	852.43	866.65	1316.19	2011-01-06	828.83	2011-12-28
2012-12-31	874.56	881.17	1020.29	2012-03-04	724.97	2012-12-04
2013-12-31	887.36	1057.67	1106.27	2013-10-22	815.89	2013-06-25
2014-12-31	1055.88	1415.19	1504.48	2014-12-16	1004.93	2014-04-29
2015-12-31	1419.44	2308.91	3156.96	2015-06-12	1408.99	2015-01-05
2016-12-31	2304.48	1969.11	2304.49	2016-01-04	1618.12	2016-01-27
2017-12-31	1972.55	1899.34	2054.02	2017-03-17	1753.53	2017-06-02
2018-12-31	1903.49	1267.87	1966.15	2018-01-25	1212.23	2018-10-19
2019-12-31	1270.50	1722.95	1783.01	2019-04-08	1231.83	2019-01-03
2020-12-31	1734.63	2329.37	2340.89	2020-11-09	1552.96	2020-02-04
2021-12-31	2335.16	2530.14	2571.27	2021-12-13	2130.09	2021-03-09
2022-12-30	2541.46	1975.61	2542.99	2022-01-04	1724.92	2022-04-27
2023-12-29	1974.66	1837.85	2200.22	2023-02-16	1760.70	2023-12-27

12-7 保险费收入和赔款及给付
PREMIUMS INCOME,INDEMNITY EXPENDITURE AND PAYMENT

单位：亿元　　(100 million yuan)

年 份 Year	保险费收入 Premium Income	赔款及给付支出 Indemnity Expenditure and Payment	赔款率 (%) Indemnity and Payment Ratio(%)
1997	34.64	9.44	27.25
1998	34.94	9.06	25.93
1999	35.79	9.96	27.83
2000	40.66	9.64	23.71
2001	54.22	14.26	26.30
2002	65.84	18.40	27.95
2003	78.75	23.86	30.30
2004	91.77	24.44	26.63
2005	106.39	28.63	26.91
2006	134.69	35.15	26.10
2007	183.70	56.87	30.96
2008	240.82	67.94	28.21
2009	271.59	73.34	27.00
2010	361.49	73.94	20.45
2011	359.90	85.77	23.83
2012	401.27	107.71	26.84
2013	468.76	125.19	26.71
2014	548.66	155.76	28.39
2015	647.55	176.74	27.29
2016	834.45	218.55	26.19
2017	1029.75	257.13	24.97
2018	1191.51	364.76	30.61
2019	1384.47	363.85	26.28
2020	1453.51	373.78	25.72
2021	1426.51	466.05	32.67
2022	1527.65	440.61	28.84
2023	1719.56	561.57	32.66

12-8 保险公司及保险中介机构
INSURANCE COMPANIES AND INSURANCE AGENTS

单位：个 (unit)

年 份 Year	保险公司 （法人机构） Insurance Companies (Legal Institution)	中 资 Domestic-Funded	外 资 Foreign-Funded	保险中介法人机构 Legal Institution of Insurance Intermediary
2013	17	14	3	126
2014	20	18	2	126
2015	20	18	2	125
2016	22	20	2	127
2017	25	23	2	129
2018	28	26	2	130
2019	27	25	2	128
2020	27	25	2	128
2021	28	26	2	136
2022	28	26	2	138
2023	30	28	2	133

12-9 保险公司主要业务指标（2023年）
MAIN BUSINESS OF INSURANCE COMPANIES（2023）

单位：亿元 (100 million yuan)

指标名称	Indicators	保险金额 Insurance Amount	累计新增保险金额 Accumulative total Insurance Amount	原保险保费收入 Original Premium Income	赔付支出 Indemnity Expenditure and payment
财产险公司合计	**Total Property Insurance**	**8997928.99**		**488.92**	**284.93**
机动车辆险	Motor Vehicles Insurance	165260.01		226.32	147.62
企业财产险	Enterprise Property Insurance	102456.42		36.13	13.35
家庭财产险	Household Property Insurance	283896.93		7.96	1.41
工程险	Engineering Insurance	9564.47		7.80	5.03
责任险	Liability Insurance	3833231.54		70.76	36.51
信用险	Credit Insurance	6249.67		21.54	9.71
保证险	Guarantee Insurance	1484.46		2.45	12.37
船舶险	Shipping Insurance	3588.02		2.99	0.96
货运险	Freight Insurance	95238.97		17.94	9.06
特殊风险	Special Insurance	4800.28		13.31	4.21
农业险	Agricultural Insurance	20.45		1.36	0.81
健康险	Health Insurance	506145.78		27.56	10.48
意外险	Accident Insurance	3953321.59		18.67	9.73
其他险	Others	32670.39		34.14	23.66
人寿保险	**Life Insurance**		**11334.31**	**848.05**	**116.96**
健康险	**Health Insurance**		**1495147.06**	**369.85**	**83.01**
人身意外伤害险	**Accident Injury Insurance**		**54668.05**	**17.36**	**3.43**

主要统计指标解释

存款　指企业、机关、团体或居民根据必须收回的原则，把货币资金存入银行或其他信用机构保管并取得一定利息的一种信用活动形式。根据存款对象的不同可划分为企业存款、财政存款、机关团体存款、基本建设存款、城镇居民储蓄、农村存款等科目。它是银行信贷资金的主要来源。

贷款　指银行或其他信用机构根据资金必须归还的原则，按一定利率，为企业、个人等提供资金的一种信用活动形式。我国银行贷款分流动资金贷款、固定资产贷款、城乡个体工商户贷款以及农业贷款等科目。

住户存款　个人客户在其他存款性公司开立账户并存入资金或货币，由其他存款性公司出具存款凭证，个人客户凭存款凭证可以支取本金或利息的存款。

保险金额　指保险人承担赔偿或者给付保险金责任的最高限额。

保费　指投保人为取得保险人在约定范围内所承担赔偿责任而支付给保险人的费用。

赔款　指保险人根据保险合同的规定，向被保险人支付的赔偿保险责任损失的金额。

给付　包括死伤医疗给付和满期给付。死伤医疗给付是指保险人根据人寿保险及长期健康保险合同的规定，因被保险人在保险期内发生保险责任范围内的保险事故支付给被保险人(或受益人)的金额。满期给付是指被保险人生存期满，保险人按人寿保险合同规定支付给被保险人的满期保险金额。

Explanatory Notes on Main Statistical Indicators

Deposit is a form of credit by which enterprises, institutions, organizations or residents can put money into banks and other credit institutions for safekeeping and interest earning under the principle of free withdrawal. According to the different depositors, deposits are divided into enterprise deposits, treasury deposits, deposits of government agencies and organizations, capital construction deposits, urban savings deposits, rural deposits and other deposits. Deposits are major sources of the credit funds of banks.

Loan is a form of credit by which banks and other credit institutions provide funds at certain interest rates to enterprises and individuals in the light of the principle of unconditional repayment. Loans from Chinese banks include circulating capital loans, fixed assets loans, loans to urban and rural individuals engaged in industrial and commercial business and agricultural loans.

Deposits of Households refer to the capital which is deposited in the account opened in the reserve corporation by the individual with a deposit certificate as the proof, the principal and interest of which can be withdrew with the deposit certificate.

Amount Insured refers to the maximum that the insurant will get for the claim of the case insured.

Premium is the fee paid by the insurant to the insurer to obtain the obligation of compensation from the insurance within the agreed terms. is the compensation paid by the insurer to the insurant in accordance with the insurance contract.

Settled Claim is the compensation paid by the insurer to the insurant in accordance with the insurance contract.

Payment includes payment for death, injury or medical treatment and payment at maturity. Payment for death, injury or medical treatment refers to the money paid to the insurant (or the beneficiary) in accordance with the life or health insurance contract when the insurant encounters accidents within the insured period covered in the contract. Payment at maturity refers to the payment to the insurant in accordance with the life insurance contract at the end of the insured period.

13 第十三部分 对外经济贸易和旅游

FOREIGN TRADE AND TOURISM

CHAPTER

13-1 对外经济主要指标（主要年份）

MAIN INDICATORS OF FOREIGN TRADE AND ECONOMIC COOPERATION （MAJOR YEAR）

项 目	Item	2000	2010	2020	2021	2022	2023
进出口总额(亿美元)	**Total Value of Imports and Exports(USD 100 million)**	**639.40**	**3467.49**	**4408.07**	**5485.77**	**5498.24**	**5494.88**
出口总额	Total Exports	345.63	2041.84	2453.11	2982.12	3279.18	3483.76
进口总额	Total Imports	293.76	1425.66	1954.97	2503.65	2219.06	2011.12
签订利用外商直接投资协议(合同)项目(个)	Number of Projects with Contracted Foreign Capital(unit)	1130	1929	4434	5788	4289	8002
签订利用外商直接投资协议(合同)金额(亿美元)	Amount of Contracted Foreign Capital(USD 100 million)	17.38	56.52	235.28	262.64	208.74	132.90
实际利用外商直接投资额(亿美元)	Amount of Foreign Capital Actually Utilized(USD 100 million)	19.61	42.97	86.83	109.65	109.70	90.15
外商投资企业年底工商登记数(户)	Number of Registered Enterprises with Foreign Investment at Year-end(unit)		29364	68622	71231	71518	73535
投资总额(亿美元)	Total Investment (USD 100 million)		933.32	4748.97	5106.79	5286.37	5974.33
注册资本(亿美元)	Registered Capital(USD 100 million)		546.62	3754.79	3946.64	4130.72	4179.51
外商投资企业本期工商登记数(户)	Number of Registered Enterprises with Foreign Investment at Year-end(unit)		2585	3210	6411	490	7441
本期投资总额(亿美元)	Total Investment(USD 100 million)		27.25	409.94	104.61	30.14	78.10
本期注册资本(亿美元)	Registered Capital(USD 100 million)		17.49	393.89	50.73	30.73	78.00

13-2 利用外资签订协议（合同）项目

NUMBER OF THE SIGNED AGREEMENTS AND CONTRACTS FOR UTILIZATION OF FOREIGN CAPITAL

单位：项 (unit)

年 份 Year	总 计 Total	一、按投资方式分 Grouped by Investment Mode					
		对外借款 Foreign Loans	外商直接投资 Direct Foreign Investments	# 合资经营 Joint Ventures	# 合作经营 Cooperative Operation	# 外商独资 Soly-Funded Foreign Enterprises	外商其他投资 Other Foreign Investments
1979	169		37	7	30		132
1980	303		33	4	24	5	270
1981	578		70	13	39	18	508
1982	577		66	11	47	8	511
1983	878		253	92	149	12	625
1984	988	5	334	188	134	12	649
1985	1203	40	282	192	73	17	881
1986	454	31	224	152	64	8	199
1987	334	13	310	231	62	17	11
1988	694	4	591	443	93	55	99
1989	711	5	647	473	94	80	59
1990	796	6	757	434	100	223	33
1991	986	6	951	534	122	295	29
1992	1561	1	1553	822	227	504	7
1993	3257	2	3255	1735	358	1162	
1994	2223	2	2221	1049	208	964	
1995	1638	5	1633	764	109	760	
1996	999		999	491	38	470	
1997	1786		957	454	30	471	829
1998	1915		1391	513	31	844	524
1999	1558		797	321	15	461	761
2000	1835		1130	339	24	766	705
2001	1860		1501	396	18	1087	359
2002	2191		1917	361	8	1544	274
2003	2573		2254	333	6	1913	319
2004			2718	356	9	2352	236
2005			2797	308	12	2469	141
2006			3105	269	7	2827	62
2007			4200	215	8	3975	25
2008			3046	139	11	2896	6
2009			1498	114	1	1382	11
2010			1929	124	1	1800	
2011			2513	149	2	2360	
2012			2428	134		2289	
2013			2056	180	5	1870	
2014			2490	266		2222	
2015			3359	488	2	2861	8
2016			4132	877	6	3241	8
2017			6757	1261	2	5485	9
2018			14834	650	3	14173	8
2019			5867				
2020			4434				
2021			5788				
2022			4289				
2023			8002				

注：1. 根据《商务部、国家统计局关于印发〈外商投资统计制度〉的通知》从2004年开始外商投资统计制度发生变化：不再包括“对外借款”，且外商直接投资的统计口径缩小。

Notes: There are two changes among the newly statistical system of foreign investment in 2004:The index was not include Foreign Loans and statistical scope of Direct Foreign Investments was reduced.

2. 本表数据来源为深圳市商务局，为广东省商务厅统计口径。

Data in this table are provided by Commerce Bureau of Shenzhen Mumicipality,the statistical caliber of the Department of Commerce of Guangdong Province.

13-2 续表1 CONTINUED

单位：项 (unit)

年 份 Year	二、按国民经济行业分 Grouped by Sector 农、林、牧、渔业 Agriculture, Forestry, Animal Husbandry and Fishery	工 业 Industry	建筑业 Construction	批发和零售业、住宿和餐饮业 Wholesale and Retail Sales,Accommodation and Catering Services	交通运输、仓储和邮政业 Transportation, Storage,Postal and Telecommunications Services	信息传输、软件和信息技术服务业 Information Transmission, Software and Information Technology
1979	6	112		5	3	
1980	8	243		10	4	
1981	9	321		5	5	
1982	3	457		25	1	
1983	19	714		87	15	
1984	14	148		117	15	
1985	10	164		84	8	
1986	6	172	3	20	1	
1987	7	303		1		
1988	5	646	4	12	5	
1989	5	666		12	3	
1990	3	766	2	6	3	
1991	5	908	3	22	6	
1992	6	1464	2	20	8	
1993	10	2836	18	115	23	
1994	6	1815	20	168	16	
1995	5	1377	10	104	15	
1996	10	858	7	53	8	
1997	8	1526	4	89	13	
1998	5	1401	3	65	12	
1999	3	1351	3	28	7	
2000	4	1450	1	34	23	
2001	3	1397	1	43	22	
2002	3	1616	4	103	33	
2003		1660	2	100	48	
2004	2	1513	6	188	53	
2005	1	1344	9	357	38	
2006	1	896	11	1238	55	
2007	2	860	4	1828	127	
2008		350	5	1187	83	62
2009	1	388	3	737	28	30
2010	1	434	7	1000	29	35
2011		1030	6	924	23	54
2012	1	1027	6	865	26	37
2013	1	335	6	971	27	43
2014		181	7	1089	28	81
2015	7	163	16	1406	43	253
2016	7	110	17	1288	53	327
2017	6	202	41	3036	109	784
2018	8	316	113	8337	221	1785
2019	4	331	66	2713	78	943
2020	14	112	59	1683	79	779
2021	13	167	81	2173	101	991
2022	12	150	51	1603	85	702
2023	13	241	119	3186	179	1085

13-2 续表2 CONTINUED

单位：项 (unit)

年份 Year	二、按国民经济行业分 Grouped by Sector						
	金融业 Financial Intermediation	房地产业 Real Estate	租赁和商务服务业 Leasing and Business Services	科学研究和技术服务业 Scientific Research,and Technical	卫生和社会工作 Health and Social Work	教育、文化、体育和娱乐业 Education,Culture Sports and Entertainment	其他行业 Others
1979		3					40
1980		14					24
1981		28					210
1982		8					83
1983		21					22
1984		31					663
1985		15					922
1986	1	14		1	1	2	233
1987	7	10					6
1988	4	11					7
1989		10		4		4	7
1990		3		5	1		7
1991	6	30		2		2	2
1992	1	51		4		4	1
1993	1	205		5	6	1	33
1994	1	135		33	5	8	15
1995	1	59		31	19	4	13
1996	2	30		11	8	3	9
1997		138		7	1		
1998		286		138	1	1	3
1999		157		9			
2000		307		13	1	2	
2001		315		77		1	1
2002	5	394		26	1		5
2003	6	439		298	1	2	17
2004	2	57		178		4	715
2005	6	77		348	1	2	614
2006	5	101		373		7	418
2007	2	49		947	1	8	372
2008	2	4	215	1134		3	1
2009	3	15	191	95		6	1
2010	4	11	264	142		2	
2011	6	19	313	138			
2012	13	8	334	105	3	3	
2013	73	14	463	114		9	
2014	222	18	687	165		8	4
2015	405	25	808	209	2	20	2
2016	1144	32	809	295	2	46	2
2017	741	38	1108	623	4	63	2
2018	156	55	2211	1512	3	114	3
2019	67	65	921	599	2	75	3
2020	39	66	885	345	10	180	183
2021	56	93	1096	455	16	338	208
2022	45	67	849	359	11	212	143
2023	77	100	1695	638	18	337	314

单位：项 (unit)

年 份 Year	三、按国别(地区)分 Grouped by Country (Territory)							
	中国香港、澳门 HongKong China, Macao China	中国台湾 Taiwan China	新加坡 Singapore	韩 国 Korea Rep	日 本 Japan	泰 国 Thailand	澳大利亚 Australia	马来西亚 Malaysia
1990	699	45	5		12	2	2	1
1991	885	36	8	3	17	3	1	
1992	1330	88	20	5	16	8	6	3
1993	2834	154	24	8	27	15	14	5
1994	1885	124	29	8	25	8	7	3
1995	1288	100	26	14	36	11	9	6
1996	760	85	15	11	15	4	6	6
1997	1576	85	14	9	13	3	5	5
1998	1614	119	19	7	12	1	4	2
1999	1355	45	14	7	8		2	
2000	1474	67	19	12	9	1	7	2
2001	1288	179	28	22	25	3	10	6
2002	1498	239	34	25	35	3	13	11
2003	1852	260	25	35	33	3	14	6
2004	1959	122	44	42	51		14	10
2005	1974	144	51	43	45	3	9	6
2006	2233	152	48	42	38	2	28	17
2007	3427	165	48	50	46	6	19	10
2008	2582	82	27	34	41	2	10	15
2009	1142	85	17	25	24	4	9	11
2010	1472	112	23	24	34	3	5	15
2011	1985	125	29	37	27	2	10	12
2012	1988	76	25	40	25	3	10	12
2013	1611	110	29	38	22	2	12	11
2014	2011	119	41	55	21	2	9	12
2015	2673	164	48	91	16	2	17	26
2016	3365	186	43	66	12	7	17	44
2017	5717	234	54	59	27	6	26	53
2018	13703	297	60	65	35	9	38	65
2019	4622	280	84	88	41	13	30	65
2020	2985	311	67	79	23	7	27	30
2021	3654	460	102	135	40	9	28	44
2022	2730	359	75	69	29	4	31	31
2023	5315	578	115	101	56	16	55	69

13-2 续表4 CONTINUED

单位：项 (unit)

年 份 Year	三、按国别(地区)分 Grouped by Country (Territory)							
	美 国 The United States	加拿大 Canada	德 国 Germany	法 国 France	英 国 The United Kingdom	瑞 士 Switzerland	荷 兰 Netherlands	其 他 Others
1990	16	2		1	2	3		6
1991	18	2	2	3	2	1	1	4
1992	57	8	1	2	5		1	11
1993	104	22	2	4	16	2	3	23
1994	74	10	5	3	19		1	22
1995	71	9	3	1	18	2	4	40
1996	42	7	3	4	14	1	2	24
1997	35	8	2	3	5	3		20
1998	58	4	5	1	4	1	3	61
1999	37	12	3		4		1	70
2000	52	17	4	1	3		2	165
2001	72	14	2	2	2	2	2	203
2002	77	12	4	3	9	1	7	220
2003	72	23	2	3	7		4	234
2004	84	22	12	5	15	1	6	331
2005	100	16	14	4	24	7	9	348
2006	110	19	11	5	21	5	7	367
2007	78	15	12	3	15	2	5	299
2008	62	13	4	3	9	6	3	153
2009	49	10	7	7	5	1		102
2010	46	7	7	9	6	2	3	161
2011	51	8	15	9	7	1	2	193
2012	30	11	7	5	6	3	1	186
2013	36	12	8	9	10	4	5	137
2014	38	13	5	3	14	2	6	139
2015	65	22	10	4	14	1	6	200
2016	80	29	14	11	25	4	4	225
2017	101	32	20	17	34	4	3	370
2018	117	50	19	15	36	3	9	313
2019	135	38	19	16	42	8	7	379
2020	114	58	24	13	28	6	12	650
2021	151	58	27	17	49	9	10	995
2022	102	63	17	14	35	5	4	721
2023	143	86	19	17	53	5	11	1363

13-3 协议利用外资额

AMOUNT OF FOREIGN CAPITAL TO BE UTILIZED IN THE SIGNED AGREEMENTS AND CONTRACTS

单位：万美元 （USD 10 000）

年 份 Year	总 计 Total	一、按投资方式分 Grouped by Investment Mode					
		1.对外借款 Foreign Loans	2.外商直接投资 Direct Foreign Investments	# 合资经营 Joint Ventures	# 合作经营 Cooperative Operation	# 外商独资 Soly-Funded Foreign Enterprises	3.外商其他投资 Other Foreign Investments
1979	2984		1790	851	939		1194
1980	27122		23966	1021	13966	8979	3156
1981	86360		86360	442	72636	13282	
1982	18028		17546	643	14498	2405	482
1983	33451		29355	8052	17605	3698	4096
1984	64564	1962	53342	21240	31704	398	9260
1985	102647	19320	79323	18544	58046	2733	4004
1986	51360	22474	24396	9776	13189	1431	4490
1987	64893	7812	56675	10993	7370	38312	406
1988	48739	4500	43021	25163	9310	8548	1218
1989	48904	576	46945	25120	11501	10324	1383
1990	69344	1062	67899	18869	16099	32931	383
1991	115158	5038	108611	35419	23072	50120	1509
1992	251774	1188	249496	75010	65597	108889	1090
1993	497737	800	496937	211828	71588	213521	
1994	298649	15521	283128	92731	47632	142765	
1995	359654	13347	346307	125589	63561	157157	
1996	168000		168000	99879	26192	41929	
1997	176896		135387	63177	10224	59657	41509
1998	274571	42093	203475	78016	8484	115293	29003
1999	223018	64077	121017	16345	7242	96585	37924
2000	263996	43671	173813	28374	11926	128739	46512
2001	400393	50527	272318	43530	82902	145184	77548
2002	518626	38735	354400	61955	5952	202075	125491
2003	582896	55570	484687	124831	11157	335571	42639
2004			412131	103316	13546	281272	71913
2005			525097	68065	2375	437181	43755
2006			526410	93298	6117	412952	107288
2007			857155	63948	-3985	787701	15570
2008			728283	97963	2007	608434	4914
2009			355805	81851	-1622	257953	-4195
2010			565197	44503	271	508625	-6219
2011			763307	121168	11803	616702	-14417
2012			626184	83049	1284	519688	177
2013			670003	122240	911	541041	
2014			1089537	123337	840	950075	
2015			2559531	323952	-697	2189932	46344
2016			5219259	710746	4539	4303336	200638
2017			3683974	876256	30847	2505442	271429
2018			2824526	217822	99	2230654	375951
2019			2053445				
2020			2352762				
2021			2626403				
2022			2087445				
2023			1328989				

13-3 续表1 CONTINUED

单位：万美元 (USD 10 000)

年 份 Year	二、按国民经济行业分 Grouped by Sector					
	农、林、牧、渔业 Agriculture, Forestry, Animal Husbandry and Fishery	工 业 Industry	建筑业 Construction	批发和零售业、住宿和餐饮业 Wholesale and Retail Sales, Accommodation and Catering Services	交通运输、仓储和邮政业 Transportation,Storage,Postal and Telecommunications Services	信息传输、软件和信息技术服务业 Information Transmission, Software and Information
1979	119	1163		179	537	
1980	1085	10577		1628	4883	
1981	3454	33680		5182	15545	
1982	213	6269		1082	3245	
1983	1345	13145		2085	5978	
1984	214	16936		27152	1933	
1985	439	56558		13510	3935	
1986	187	12197	3849	3773	102	
1987	359	54644		13		
1988	273	36686	149	2403	899	
1989	120	37885		3499	643	
1990	99	55931	138	5197	378	
1991	888	77756	3839	5742	1665	
1992	2878	176536	1180	4724	8321	
1993	378	292842	3646	48641	37086	
1994	263	177967	1264	37774	1585	
1995	438	243725	4468	21903	21376	
1996	763	123973	11905	12443	1827	
1997	481	129826	2671	7977	4864	
1998	1417	184011	3678	11323	16008	
1999	89	207778	225	2359	-2439	
2000	94	216845	-913	7795	2990	
2001	-202	343834	445	5936	6299	
2002	98	357927	650	15303	29752	
2003	699	362144	466	18346	40517	
2004	1040	246824	525	12230	8923	
2005	184	227994	20041	42019	41960	
2006	84	215287	490	78194	39107	
2007	-561	250677	-24	197432	16890	
2008	-95	230858	3928	192763	13374	32517
2009	52	90645	682	64715	51452	2367
2010	314	105151	1162	155857	17878	17687
2011		262143	1222	144719	20028	16848
2012		243452	1183	89786	28754	17235
2013	524	122170	594	141389	2490	8517
2014	393	98963	396	185828	16413	45131
2015	1627	112971	6149	292058	36982	189865
2016	2582	344909	18605	413607	4232	68199
2017	72941	183512	8733	565083	42376	367195
2018	813	165335	10845	511004	382297	483569
2019	5126	153006	48408	384295	35728	297129
2020	4032	230284	18639	497225	9808	374361
2021	43469	308113	10392	219632	51770	810945
2022	1438	370388	66376	178739	47273	350062
2023	7715	157006	16423	197636	12691	143052

13-3 续表2 CONTINUED

单位：万美元 (USD 10 000)

年 份 Year	二、按国民经济行业分 Grouped by Sector						
	金融业 Financial Intermediation	房地产业 Real Estate	租赁和商务服务业 Leasing and Business Services	科学研究和技术服务业 Scientific Research,and Technical Services	卫生和社会工作 Health and Social Work	教育、文化、体育和娱乐业 Education,Culture Sports and Entertainment	其他行业 Others
1979		538					448
1980		4883					4066
1981		15675					12824
1982		3245					3974
1983		6042					4856
1984		6349					11980
1985		4928					23277
1986	129	4075		4	19	16	27009
1987	6000	2065					1812
1988	4500	3568					261
1989		4939		108		300	1410
1990		3802		123	2574		1102
1991	5038	17197		240		669	2124
1992	1188	51153		97		3239	2458
1993	2100	77660		94	991	2900	31106
1994	29	59615		1393	628	6552	11572
1995	2170	51630		1103	625	1250	2966
1996	2301	9200		487	2664	1750	687
1997		29839		426	161		651
1998	4911	44075		8043	1584	36	-515
1999		16108		579	-5037		3356
2000	27	36672		486	-460	158	302
2001	1000	38853		5886	120	793	-2571
2002	60980	43677		2396	707	38	7098
2003	13654	89112		21947	779	2071	28054
2004	144	29502		13697		1563	97683
2005	8813	61235		36825	993	1371	83662
2006	3085	80598		38188	-132	4288	67221
2007	1250	109325		115229	2190	371	164376
2008	594	70910	45135	135320		1351	1628
2009	38750	56192	32584	17549		783	34
2010	4004	130934	76480	52828		2902	
2011	-22595	95492	190892	52673		1866	19
2012	30563	47192	120366	29983	665	17005	
2013	160495	34874	167699	28016		3235	
2014	505875	17278	157885	59796	-20	185	1414
2015	1171149	286294	398707	66585	-187	-3589	920
2016	3337411	281796	580578	145886	227	21077	150
2017	1400925	106256	732402	197858	783	5862	48
2018	173872	78104	790989	214096	916	11803	883
2019	140596	74909	614077	263603	211	36211	146
2020	148092	318726	508278	151059	3535	16385	72338
2021	176863	223324	549113	163546	4870	28423	35943
2022	107415	54763	584362	259612	358	3154	63505
2023	58849	-64034	349797	436881	1021	10547	1405

13-3 续表3 CONTINUED

单位：万美元 (USD10 000)

年 份 Year	三、按国别(地区)分 Grouped by Country (Territory)							
	中国香港、澳门 HongKong China, Macao China	中国台湾 Taiwan China	新加坡 Singapore	韩 国 Korea Rep.	日 本 Japan	泰 国 Thailand	澳大利亚 Australia	马来西亚 Malaysia
1987	16431		427		10336	112	85	
1988	33363	1407	1735		6762			41
1989	40214	986	328		1131	2585	48	
1990	54729	4839	3134		1058	1092	550	17
1991	54729	4839	3134		1058	1092	550	17
1992	206231	10814	2151	1174	5843	416	3198	1679
1993	411673	21908	2132	665	7491	5284	7934	392
1994	260535	12075	6996	384	2692	1421	184	114
1995	274815	7344	7940	1926	20914	978	227	2024
1996	80115	3376	1847	50895	1120	347	340	210
1997	98839	4951	1874		2517	59		293
1998	153002	6375	10002	343	15184	1030		
1999	111587	2965	6569	7	15842		32	-154
2000	141259	3976	5359	628	1677	7	511	300
2001	180030	19328	6371	888	8379	115	920	56
2002	205225	26226	5879	1543	1998	-939	2381	1570
2003	340288	18290	9916	2608	10027	1165	340	96
2004	198695	9276	6479	4506	6025	400	745	3838
2005	265109	1802	13508	861	8802	171	-139	-237
2006	362411	3883	8107	486	8866	26	1822	3568
2007	667020	4837	5989	2407	4110	242	-1190	133
2008	618340	-1030	1618	804	4138	17	-585	678
2009	323420	245	4974	239	-3251	198	-283	672
2010	449569	980	8180	316	3730	61	24	517
2011	536353	9961	22437	23771	15026	8	-67	-771
2012	508831	6997	2666	939	23173	164	-308	1001
2013	497375	771	24819	3763	7022	179	194	-2534
2014	961581	4044	9940	1016	11468	28	2741	1757
2015	2287102	26580	5846	3320	6322	84	710	850
2016	4871076	17212	279	12945	6512	560	765	11696
2017	3250763	21323	128550	3896	490	516	1539	5044
2018	2088660	25923	-2020	2599	8606	1653	1758	3799
2019	1874802	18305	19681	6975	14075	381	1236	3551
2020	2026628	36531	39867	4007	26821	6342	2333	1404
2021	2444886	19048	45830	58318	7799	748	940	808
2022	1547964	11277	16069	11619	-829	7294	2145	1128
2023	1199041	22384	16750	2736	2684	285	8103	2966

13-3 续表4 CONTINUED

单位：万美元 （USD 10 000）

年 份 Year	三、按国别(地区)分 Grouped by Country (Territory)							
	美 国 The United States	加拿大 Canada	德 国 Germany	法 国 France	英 国 The United Kingdom	瑞 士 Switzerland	荷 兰 Netherlands	其 他 Others
1987	779			300	23			36400
1988	3441	100	1162	22	603			103
1989	2290	63	48	249			562	400
1990	1253	115		8	772	809		968
1991	981	34	210	392	1700	83	819	320
1992	4764	4067	31	111	5373		5	5917
1993	18289	7245	368	534	7352	500	175	5795
1994	8010	921	222	78	2421		25	2571
1995	17020	426	1995	3900	3641	6	6315	10183
1996	3876	368	357	227	2493	15	2659	19755
1997	2177	553	1365	182		128	1061	62897
1998	10759	215	3077	21270	7489		4142	41683
1999	22954	144	2367	23561	8543	-17	2853	25765
2000	11611	987	3214	26698	11894		1388	54487
2001	5239	997	1224	33920	5987	683	-1383	137639
2002	79346	-32	492	24533	65794	1565	-199	103244
2003	17082	907	399	3753	10540	83	7219	160183
2004	14007	434	2379	2317	11263	140	7154	144473
2005	5532	121	1857	177	3710	537	3264	220022
2006	4974	196	911	482	1748	299	7136	121495
2007	7946	572	612	751	2267	439	3772	157248
2008	11773	2385	1357	4445	636	922	756	82029
2009	4223	198	152	-946	2398	381	401	22784
2010	12622	-2011	-262	2040	-1162	-35	-1158	91786
2011	34899	204	782	31436		-9	-70	89347
2012	1600	-120	-355	-86	69	451	-5078	86240
2013	3849	-185	317	77	1830	84	1843	130599
2014	9196	199	85	-1121	1143	-7	390	87077
2015	-803	6820	1055	79	2664	227	1745	216930
2016	7804	17471	2912	223	93199	7829	1265	263845
2017	1495	2645	1638	1060	12278	213	5261	247263
2018	10587	3962	2826	28018	1081	4012	-9251	652313
2019	8156	4166	-674	790	6599	7192	440	87770
2020	30176	6952	1230	141	2106	2111	-890	167003
2021	8002	6788	2561	268	-67230	349	9458	87830
2022	103297	3385	2499	344	18229	2308	36964	323752
2023	13646	4073	5036	272	9537	4404	7678	29394

13-4 实际利用外资额

AMOUNT OF FOREIGN CAPITAL ACTUALLY USED

单位：万美元 (USD 10 000)

年份 Year	总计 Total	一、按投资方式分 Grouped by Investment Mode					
		对外借款 Foreign Loans	外商直接投资 Direct Foreign Investments	# 合资经营 Joint Ventures	# 合作经营 Cooperative Operation	# 外商独资 Soly-Funded Foreign Enterprises	外商其他投资 Other Foreign Investments
1979	1537		548	192	356		989
1980	3264		2755	252	1891	612	509
1981	11282		8618	1073	5427	2118	2664
1982	7379		5771	1114	3823	834	1608
1983	14394		11316	1906	6077	3333	3078
1984	23013	1962	18640	8008	5990	4642	2411
1985	32925	13585	17989	6993	10316	680	1351
1986	48933	10860	36450	5124	30241	1085	1623
1987	40449	12436	27379	8489	17826	1064	634
1988	44429	14430	28716	9644	10085	8987	1283
1989	45809	15563	29252	16852	7182	5218	994
1990	51857	12360	38994	26849	4917	7228	503
1991	57988	17184	39875	27330	5185	7360	929
1992	71539	25808	44879	20554	8716	15609	852
1993	143217	43762	98900	48165	15097	35638	555
1994	172959	47367	125046	49312	21388	54346	546
1995	173545	42556	130989	33120	28003	69866	
1996	242242	37177	205065	89228	26776	89061	
1997	287168	57095	166112	53271	20771	92070	63961
1998	255222	55717	166357	73762	22354	67561	33148
1999	275422	64077	177839	74848	18954	82556	33506
2000	296839	43671	196145	71789	19102	103061	57023
2001	360277	44527	259080	59076	56621	139157	56670
2002	490220	49511	319101	79480	39550	149642	121608
2003	504213	57928	362344	115245	20850	193915	83941
2004			234994	48868	6281	169650	126232
2005			296872	50807	8299	230996	104841
2006			326852	56623	2609	252313	158419
2007			366220	64843	1334	295550	99277
2008			403018	43441	2038	354971	75827
2009			416001	54993	551	342234	12242
2010			429724	63281	1292	341964	17218
2011			459921	48409	1367	397391	23696
2012			522944	81675	3949	418054	2768
2013			546789	79900	1340	461585	403
2014			580469	80834	163	484416	
2015			649733	57037	1719	581450	9527
2016			673227	92018	115	574622	6472
2017			740126	194084		501601	44441
2018			820301	152982		608331	35874
2019			780944				
2020			868257				
2021			1096468				
2022			1096968				
2023			901469				

注：本表数据来源为深圳市商务局，为广东省商务厅统计口径。

Note: Data in this table are provided by Commerce Bureau of Shenzhen Mumicipality,the statistical caliber of the Department of Commerce of Guangdong Province.

13-4 续表1 CONTINUED

单位：万美元 (USD 10 000)

年 份 Year	二、按国民经济行业分 Grouped by Sector					
	农、林、牧、渔业 Agriculture, Forestry, Animal Husbandry and Fishery	工 业 Industry	建筑业 Construction	批发和零售业、住宿和餐饮业 Wholesale and Retail Sales, Accommodation and Catering Services	交通运输、仓储和邮政业 Transportation,Storage, postal and Telecommunications Services	信息传输、软件和信息技术服务业 Information Transmission, Software and Information Technology
1979	30	645		200	31	
1980	65	1371		424	65	
1981	226	4738		1467	226	
1982	148	3099		959	148	
1983	216	6013		1809	273	
1984	57	8235		5251	881	
1985	73	6549		1221	1457	
1986	138	31874	13	974	416	
1987	232	25216	239	387	432	
1988	383	28645	45	1069	917	
1989	200	27406	53	1530	1071	
1990	28	32306	6	858	440	
1991	143	34869	12	831	894	
1992	55	44056	122	807	300	
1993	94	74851	54	3216	18514	
1994	626	113192		6798	18900	
1995	433	121125		2305	17195	
1996		193141	30	11852	6944	
1997	64	222822	3195	3318	26095	
1998	428	156925	7906	7715	35333	
1999	1049	195450	412	8794	10182	
2000	145	222702	5384	5587	12129	
2001	294	293765	776	9283	9476	
2002	27	336943	657	13115	18696	
2003	824	315730	1102	29410	45608	
2004	169	145123	2223	11407	12313	
2005	146	181804	134	14497	21139	
2006	146	189097	12690	15423	23308	
2007	113	181439	7073	53884	19723	
2008	207	152987	27	80362	30071	15161
2009	111	158939	427	127000	8567	9134
2010		164623	2	89554	5947	23705
2011	172	164480	469	90304	30673	25697
2012	150	181153	810	121492	32239	5135
2013	65	187485	3224	66716	14732	7258
2014	392	124187	494	104299	6233	22184
2015		82354	159	65391	10398	30007
2016		50294	170	55407	12274	35793
2017	5	95539	1525	110070	11041	19727
2018	3	174025	811	89923	48859	41542
2019		90477	916	94028	35943	89325
2020		43060	11022	52856	58477	103061
2021		101158	2625	97973	3408	307055
2022	25958	98612	163	122364	15637	320692
2023	284	279398	9073	45315	22627	118861

13-4 续表2 CONTINUED

单位：万美元 (USD 10 000)

年 份 Year	二、按国民经济行业分 Grouped by Sector 金融业 Financial Intermediation	房地产业 Real Estate	租赁和商务服务业 Leasing and Business Services	科学研究和技术服务业 Scientific Research,and Technical Services	卫生和社会工作 Health and Social Work	教育、文化、体育和娱乐业 Education,Culture Sports and Entertainment	其他行业 Others
1979		553					78
1980		1175					164
1981		4061					564
1982		2656					369
1983		5124					959
1984		4412					4177
1985		7976					15649
1986	8948	2965				6	3599
1987	10247	454			6	39	3197
1988	4168	4652		20	161	30	4339
1989	10666	4744				33	106
1990	5913	5576				34	6696
1991	9837	10835			35		532
1992	14008	9503			13	17	2658
1993	254	31664			500		14070
1994	5751	14220		132	234	1445	11661
1995	4327	15982			10921	625	632
1996	9339	16970		550	1236	68	2112
1997	6638	14372		17	1750	470	8427
1998	12021	31208		234	831	548	2073
1999		48992		3383	4659	441	2060
2000	1579	40473		379	1600	377	6484
2001	1000	44137		501	758	18	269
2002	58734	51018		2846	1514	63	6607
2003	18587	64587		2809	220	626	19586
2004	1285	18694		6384	100		37196
2005	20	19457		9366	120	346	49843
2006	7266	21097		12841		597	44387
2007	1566	32405		22843	439	334	46401
2008		42717	52587	27852	372	675	
2009		25249	26634	57935		2005	
2010	1591	56872	49597	37460		373	
2011	7072	45815	54331	39164		1678	66
2012	1338	55414	76601	39668	186	8758	
2013	19972	71830	130122	39518		5867	
2014	67505	80317	138504	34870	556	928	
2015	71649	225873	136267	25079		2395	161
2016	106958	191914	209606	10810		1	
2017	88726	204094	160434	48787	121	13	44
2018	77900	164843	204015	17066		832	482
2019	15222	107292	288321	58105	353	962	
2020	67513	30065	384759	98311	79	18622	432
2021	24080	104127	314591	96434	633	551	43833
2022	31283	114498	267029	95965	719	2561	1487
2023	68875	45693	186031	107296	866	4358	12792

13-4 续表3 CONTINUED

单位：万美元 (USD 10 000)

年 份 Year	三、按国别(地区)分 Grouped by Country (Territory) 中国香港、澳门 HongKong China, Macao China	中国台湾 Taiwan China	新加坡 Singapore	韩 国 Korea Rep	日 本 Japan	泰 国 Thailand	澳大利亚 Australia	马来西亚 Malaysia
1987	25632		247		9291	32	29	
1988	28198	316	146		14567		10	
1989	28729	1006	1177		10004		166	
1990	26291	371	897		17257		723	
1991	32375	216	339	125	14265		700	
1992	46134	475	475		15806	914	323	117
1993	92455	4532	1197	170	20822	1577	155	
1994	125890	10671	1270		18740	102	645	
1995	105172	6954	845		32067		520	
1996	150126	13665	7525	7094	29860	3381	340	2024
1997	203035	6732	2502	309	17616	1133	19	750
1998	182956	3479	1089	352	8959	257	56	45
1999	144214	3842	9855	11133	18666	1047	145	64
2000	184531	3940	6023	8136	5113		219	1724
2001	194212	12518	7521	162	8183	6	365	263
2002	216516	28876	8449	541	10498	1307	687	245
2003	318337	28479	10471	4489	12154	69	172	348
2004	125379	4002	4576	411	3215	200	345	1394
2005	157487	5328	5368	1507	6590	148	848	888
2006	167338	3044	11352	484	4660	31	422	587
2007	223877	3278	7348	322	4319	261	1643	253
2008	256893	4565	4280	1339	2887	35	264	540
2009	275819	2186	6297	489	3942	13	54	1127
2010	310221	1737	9393	472	2774	136	148	398
2011	326079	1852	11395	4674	10745	65	180	94
2012	379918	4484	6112	19729	5235	51	46	1320
2013	418654	3541	9285	451	7167	88	17	28
2014	438748	5635	7143	3708	7027	43	25	123
2015	561412	797	8304	496	4330	10	167	88
2016	599055	761	4004	427	7070	30	12	168
2017	657404	494	4714	29317	1483	6		
2018	602497	801	8152	7373	8908	98		214
2019	604627	1291	42851	1125	9352	1421	362	192
2020	767118	2476	26163	1116	1951	43	242	72
2021	965934	1265	18057	25972	10794	55	10	21
2022	1015953	828	3198	685	1112	91	28	39
2023	625672	733	8296	491	951	497	55	339

13-4 续表4 CONTINUED

单位：万美元 （USD 10 000）

年 份 Year	三、按国别(地区)分 Grouped by Country (Territory)							
	美 国 The United States	加拿大 Canada	德 国 Germany	法 国 France	英 国 The United Kingdom	瑞 士 Switzerland	荷 兰 Netherlands	其 他 Others
1987	3101	899	18	1194	6			
1988	294	150	201	501	5			41
1989	1143	16		3399	112			57
1990	4011		35	1112	235	500	337	88
1991	6963	5		1668	457		819	56
1992	2029			3225	1109	84	633	155
1993	14531	450		3153	64	510	3511	90
1994	3371	628	130	2206	6662		2520	124
1995	14145	194	250	8963	1099	2623		713
1996	10576	162	911	2985	1820	794	125	10854
1997	24306	215	1365	182	3888	6		25110
1998	4326	364	505	24610	9002	188	1601	17433
1999	688	22111	650	23933	9291	170	5721	23892
2000	11498	739	3477	26613	11498	1080	3677	28571
2001	5929	668	1339	27912	8238	1551	497	90913
2002	63310	632	1811	24814	49112	1142	2783	79506
2003	10540	907	289	3759	9417	1006	1686	102090
2004	8189	436	517	23	3014	200	2266	80827
2005	9066	594	347	1449	8517	21	3251	95463
2006	7129	189	2274	186	1536	253	2164	125203
2007	4052	181	1437	931	1555	137	6227	110399
2008	7613	244	142	870	923	30	3037	119356
2009	5071	263	626	1721	1328	202	1282	115581
2010	8960	91	381	4	1065	558	1805	91581
2011	8188	196	890	1109	116	133	12	94193
2012	28437	145	395	550	84	16	669	75753
2013	4705	70	842	22026	995		1077	77843
2014	2875	82	168	9365	44	440	1462	103581
2015	1108	21	34		213	3	12	72738
2016	1424	34	37	8		6334	391	53472
2017	1238	257	1313	283	121		620	42876
2018	806	1130	71898	27228	114		538	90544
2019	551	233	144	82	828	11	1319	116555
2020	1690	141	157	365	596	1571	20	64536
2021	9833	395	429	172	968	6299	1915	54349
2022	1569	56	1087	3	1790	2053	8105	60371
2023	5385	420	557	41	8015	3388	705	245924

13-5 实际外商直接投资
DIRECT FOREIGN INVESTMENTS ACTUALLY USED

单位：亿美元　　(USD 100 million)

年 份 Year	实际利用外资金额 Direct Foreign Investments Actually Used	指 数 Indices	
		以1979年为100 1979=100	以上年为100 Preceding Year=100
1979	0.05	100.0	
1980	0.28	502.7	502.7
1981	0.86	1572.6	312.8
1982	0.58	1053.1	67.0
1983	1.13	2065.0	196.1
1984	1.86	3401.5	164.7
1985	1.80	3282.7	96.5
1986	3.65	6651.5	202.6
1987	2.74	4996.2	75.1
1988	2.87	5240.1	104.9
1989	2.93	5338.0	101.9
1990	3.90	7115.7	133.3
1991	3.99	7276.5	102.3
1992	4.49	8189.6	112.5
1993	9.89	18047.4	220.4
1994	12.50	22818.6	126.4
1995	13.10	23903.1	104.8
1996	20.51	37420.6	156.6
1997	16.61	30312.4	81.0
1998	16.64	30357.1	100.1
1999	17.78	32452.4	106.9
2000	19.61	35792.9	110.3
2001	25.91	47277.4	132.1
2002	31.91	58230.1	123.2
2003	36.23	66121.2	113.6
2004	23.50	72997.8	110.4
2005	29.69	92196.2	126.3
2006	32.69	101508.0	110.1
2007	36.62	113689.0	112.0
2008	40.30	125171.6	110.1
2009	41.60	129177.1	103.2
2010	42.97	133439.9	103.3
2011	45.99	142780.7	107.0
2012	52.29	162341.7	113.7
2013	54.68	169809.4	104.6
2014	58.05	180337.6	106.2
2015	64.97	201797.8	111.9
2016	67.32	209062.5	103.6
2017	74.01	229759.7	109.9
2018	82.03	254573.7	110.8
2019	78.09	242354.2	95.2
2020	86.83	269497.9	111.2
2021	109.65	340375.8	126.3
2022	109.70	340546.0	100.1
2023	90.15	279928.8	82.2
年平均增长率（%） Average Annual Growth Rate(%)		**19.8**	

注：1. 本表指数按可比口径计算。
Notes: Data in this table are calculated at comparable scope.
2. 本表数据由深圳市商务局提供，为广东省商务厅统计口径。
Data in this table are provided by Commerce Bureau of Shenzhen Mumicipality,the statistical caliber of the Department of Commerce of Guangdong Province.

13-6 外商投资企业工商登记情况（按企业类别分）（2023年末）

BUSINESS REGISTRATION OF FOREIGN INVESTED ENTERPRISES (GROUPED BY REGISTRATION STATUS) (End of 2023)

单位：万美元 (USD 10 000)

项目	Item	期末实有 Final Actual Amount			
		户数（户）Enterprises (Unit)	投资总额 Total Investment	注册资本（认缴出资金额）Registered Capital（Subscribed Capital Contribution）	
				小计 Subtotal	#外方 Foreign Side
合计	**Total**	**73535**	**59743298**	**41795082**	**22351088**
中外合资	Sino-foreign Joint Ventures	2169	5232133	3716404	1004294
中外合作（法人）	Sino-foreign Cooperative Enterprises (Juridical Person)	65	410428	146941	56201
中外合作（非法人）	Sino-foreign Cooperative Enterprises (Unincorporated)	7	11529	4277	2333
外资企业	Foreign-funded Enterprises	16952	4336608	3532139	2420791
2020年1月1日起登记的外商投资有限责任公司	Foreign Invested Limited Liability Corporations Registered Since Jan. 1, 2020	45491	46654113	30346740	18139652
外商投资股份有限公司	Companies Limited by Shares with Foreign Investment	237	3098487	3009687	727817
其他外商投资企业	Other Foreign-invested Enterprises	1322		1038894	
合伙企业	Partnership Enterprises	1299		1038789	
普通合伙	General Partnership Enterprises	30		3184	
#特殊的普通合伙	Special General Partnership Enterprises	1		76	
有限合伙	Limited Partnership Enterprises	1269		1035605	
其他企业	Other Enterprises	23		105	
在中国境内从事经营活动的外国（地区）企业	Foreign (Regional) Enterprises Engaged in Business Activities within China	197			
外商投资企业分支机构	Foreign-invested Enterprises Branches	7095			

注：本表数据由深圳市市场监督管理局提供。

Note: Data in this table are provided by Market Supervision and Regulation Bureau of Shenzhen Municipality.

13-6 续表1 CONTINUED

单位：万美元 (USD 10 000)

项目	Item	户数（户） Enterprises (Unit)	投资总额 Total Investment	注册资本（认缴出资金额） Registered Capital（Subscribed Capital Contribution）小计 Subtotal	#外方 Foreign Side
		本期登记 Registration of the Current Period			
合计	**Total**	**7441**	**781017**	**780027**	**564694**
中外合资	Sino-foreign Joint Ventures				
中外合作（法人）	Sino-foreign Cooperative Enterprises (Juridical Person)				
中外合作（非法人）	Sino-foreign Cooperative Enterprises (Unincorporated)				
外资企业	Foreign-funded Enterprises				
2020年1月1日起登记的外商投资有限责任公司	Foreign Invested Limited Liability Corporations Registered Since Jan. 1, 2020	6041	780816	689762	564670
外商投资股份有限公司	Companies Limited by Shares with Foreign Investment	2	201	201	24
其他外商投资企业	Other Foreign-invested Enterprises	234		90064	
合伙企业	Partnership Enterprises	234		90064	
普通合伙	General Partnership Enterprises	2		30	
#特殊的普通合伙	Special General Partnership Enterprises				
有限合伙	Limited Partnership Enterprises	232		90034	
其他企业	Other Enterprises				
在中国境内从事经营活动的外国（地区）企业	Foreign (Regional) Enterprises Engaged in Business Activities within China	5			
外商投资企业分支机构	Foreign-invested Enterprises Branches	1159			

13-6 续表2 CONTINUED

项目 Item		注销（户） Logouted Enterprises(unit)		吊销（户） Revoked Enterprises(unit)	
		本期注销 Logouted Enterprises of the current period	累计注销 Total Number of Logouted Enterprises	本期吊销 Revoked Enterprises of the current period	累计吊销 Total Number of Revoked Enterprises
合计	**Total**	**3837**	**39799**	**3334**	**35795**
中外合资	Sino-foreign Joint Ventures	141	2972	152	9121
中外合作（法人）	Sino-foreign Cooperative Enterprises (Juridical Person)	1	476		1421
中外合作（非法人）	Sino-foreign Cooperative Enterprises (Unincorporated)	1	111		92
外资企业	Foreign-funded Enterprises	377	4095	2356	10361
2020年1月1日起登记的外商投资有限责任公司	Foreign Invested Limited Liability Corporations Registered Since Jan. 1, 2020	2631	23282	777	12632
外商投资股份有限公司	Companies Limited by Shares with Foreign Investment	3	9	2	9
其他外商投资企业	Other Foreign-invested Enterprises	49	451	20	1049
合伙企业	Partnership Enterprises	48	189	20	38
普通合伙	General Partnership Enterprises		6		1
#特殊的普通合伙	Special General Partnership Enterprises				
有限合伙	Limited Partnership Enterprises	48	183	20	37
其他企业	Other Enterprises	1	262		1011
在中国境内从事经营活动的外国（地区）企业	Foreign (Regional) Enterprises Engaged in Business Activities within China	14	278		123
外商投资企业分支机构	Foreign-invested Enterprises Branches	620	8125	27	987

13-7 外商投资企业工商登记情况（按行业类别分）（2023年末）

BUSINESS REGISTRATION OF FOREIGN INVESTED ENTERPRISES (GROUPED BY SECTOR)(End of 2023)

单位：万美元 （USD 10 000）

项目	Item	期末实有 Final Actual Amount			
		户数（户）Enterprises (Unit)	投资总额 Total Investment	注册资本（认缴出资金额）Registered Capital（Subscribed Capital Contribution)	
				小计 Subtotal	#外方 Foreign Side
合计	**Total**	**73535**	**59743298**	**41795082**	**22351088**
农、林、牧、渔业	Agriculture,Forestry,Animal Husbandry and Fishery	116	193405	130684	115453
农、林、牧、渔专业及辅助性活动	Professional and Support Activities for Agriculture, Forestry, Animal Husbandry and Fishery	34	149247	87948	80510
采矿业	Mining	14	24411	19218	3950
开采专业及辅助性活动	Professional and Support Activities for Mining	3	140	100	100
制造业	Manufacturing	8594	7728209	5404380	2814772
金属制品、机械和设备修理业	Metal Products Machinery and Equipment Repair Services	14	30484	11195	1026
电力、热力、燃气及水生产和供应业	Production and Supply of Electric,Power,Gas and Water	155	2328657	1344406	480279
建筑业	Construction	765	697875	499774	326495
批发和零售业	Wholesale and Retail Trade	27690	5339677	4544708	2508842
交通运输、仓储和邮政业	Transport,Storage and Postal Services	1881	1889488	1011575	572322
住宿和餐饮业	Hotels and Catering Services	3447	201785	135325	78351
信息传输、软件和信息技术服务业	Information Transmission,Computer Services and Software	7951	7936413	5321290	3138916
金融业	Financial Intermediation	2232	7582570	7776432	3592099
房地产业	Real Estate	1811	7080772	4792918	1839347
租赁和商务服务业	Leasing and Business Services	10707	15038295	7880013	4876421
科学研究和技术服务业	Scientific Research and Technical Services	4527	2454712	1922366	1273358
水利、环境和公共设施管理业	Management of Water Conservancy, Environment and Public facilities	93	162297	152533	127141
居民服务、修理和其他服务业	Resident Services,Repair and Other Services	2056	670289	589551	412011
教育	Education	237	48766	42628	27235
卫生和社会工作	Health Care and Social Work	69	36639	19287	13019
文化、体育和娱乐业	Culture,Sports and Recreation	1174	328610	207591	150675
其他	Others	16	428	403	402

注：　本表数据由深圳市市场监督管理局提供。

Note: Data in this table are provided by Market Supervision and Regulation Bureau of Shenzhen Municipality.

13-7　续表1　CONTINUED

单位：万美元　　　　（USD 10 000）

项目	Item	本期登记 Registration of the Current Period			
		户数（户） Enterprises (Unit)	投资总额 Total Investment	注册资本（认缴出资金额） Registered Capital（Subscribed Capital Contribution）	
				小计 Subtotal	#外方 Foreign Side
合计	**Total**	**7441**	**781017**	**780027**	**564706**
农、林、牧、渔业	Agriculture,Forestry,Animal Husbandry and Fishery	10	4968	4970	4805
农、林、牧、渔专业及辅助性活动	Professional and Support Activities for Agriculture, Forestry, Animal Husbandry and Fishery	2	61	61	20
采矿业	Mining				
开采专业及辅助性活动	Professional and Support Activities for Mining				
制造业	Manufacturing	232	37749	36490	29020
金属制品、机械和设备修理业	Metal Products Machinery and Equipment Repair Services				
电力、热力、燃气及水生产和供应业	Production and Supply of Electric,Power,Gas and Water	14	9564	6471	4587
建筑业	Construction	96	20124	20062	13058
批发和零售业	Wholesale and Retail Trade	2531	119477	107064	84616
交通运输、仓储和邮政业	Transport,Storage and Postal Services	175	17342	16076	13603
住宿和餐饮业	Hotels and Catering Services	643	15330	10091	5537
信息传输、软件和信息技术服务业	Information Transmission,Computer Services and Software	917	103671	63326	44721
金融业	Financial Intermediation	63	11672	29444	10213
房地产业	Real Estate	97	6713	7157	3689
租赁和商务服务业	Leasing and Business Services	1502	205719	256794	168592
科学研究和技术服务业	Scientific Research and Technical Services	594	102920	99063	73359
水利、环境和公共设施管理业	Management of Water Conservancy, Environment and Public facilities	8	810	810	736
居民服务、修理和其他服务业	Resident Services,Repair and Other Services	270	108698	109042	97175
教育	Education	31	2308	2308	2151
卫生和社会工作	Health Care and Social Work	12	930	930	370
文化、体育和娱乐业	Culture,Sports and Recreation	246	13022	9929	8474
其他	Others				

13-7 续表2 CONTINUED

项目	Item	注销（户）Logouted Enterprises(unit)		吊销（户）Revoked Enterprises(unit)	
		本期注销 Logouted Enterprises of the current period	累计注销 Total Number of Logouted Enterprises	本期吊销 Revoked Enterprises of the current period	累计吊销 Total Number of Revoked Enterprises
合计	**Total**	**3837**	**39799**	**3334**	**35795**
农、林、牧、渔业	Agriculture,Forestry,Animal Husbandry and Fishery	10	42	4	107
农、林、牧、渔专业及辅助性活动	Professional and Support Activities for Agriculture, Forestry, Animal Husbandry and Fishery	2	2		
采矿业	Mining	2	20	1	57
开采专业及辅助性活动	Professional and Support Activities for Mining				
制造业	Manufacturing	370	9938	212	18384
金属制品、机械和设备修理业	Metal Products Machinery and Equipment Repair Services			2	2
电力、热力、燃气及水生产和供应业	Production and Supply of Electric,Power,Gas and Water	10	151	2	13
建筑业	Construction	39	260	43	235
批发和零售业	Wholesale and Retail Trade	1432	10288	1517	4770
交通运输、仓储和邮政业	Transport,Storage and Postal Services	46	610	35	295
住宿和餐饮业	Hotels and Catering Services	289	1875	78	554
信息传输、软件和信息技术服务业	Information Transmission,Computer Services and Software	365	2383	397	1397
金融业	Financial Intermediation	168	815	122	285
房地产业	Real Estate	177	1212	8	307
租赁和商务服务业	Leasing and Business Services	527	7274	511	6394
科学研究和技术服务业	Scientific Research and Technical Services	160	1289	195	1036
水利、环境和公共设施管理业	Management of Water Conservancy, Environment and Public facilities	6	32	4	35
居民服务、修理和其他服务业	Resident Services,Repair and Other Services	126	768	144	399
教育	Education	25	81	13	31
卫生和社会工作	Health Care and Social Work	4	14	1	14
文化、体育和娱乐业	Culture,Sports and Recreation	74	259	47	170
其他	Others	7	2488		1312

13-8 外商投资企业工商登记情况(按国别、地区分)(2023年末)

BUSINESS REGISTRATION OF FOREIGN INVESTED ENTERPRISES (GROUPED BY COUNTRIES AND REGIONS) (End of 2023)

单位：万美元 (USD 10 000)

项目	Item	期末实有 Final Actual Amount 户数(户) Enterprises (Unit)	投资总额 Total Investment	注册资本(认缴出资金额) Registered Capital (Subscribed Capital Contribution) 小计 Subtotal	#外方 Foreign Side
合　计	**Total**	**73535**	**59743298**	**41795082**	**22351088**
一、亚洲	**Asia**	**45725**	**49616716**	**32887826**	**18234112**
日本	Japan	411	351288	181625	146771
韩国	Korea	482	42927	28886	22392
中国香港	Hongkong China	30280	28776226	16522404	10809205
中国澳门	Macao China	249	136325	130121	110163
中国台湾	Taiwan China	1874	189086	169182	124226
亚洲其他国家（地区）	Other Asian Countries(Regions)	12429	20120864	15855608	7021355
二、非洲	**Africa**	**381**	**78575**	**53071**	**46675**
埃及	Egypt	20	542	542	502
南非	South Africa	23	1016	1008	950
毛里求斯	Mauritius	69	56818	34134	30192
塞舌尔	Seychelles	93	13727	11118	9001
非洲其他国家（地区）	Other African Countries(Regions)	176	6472	6269	6030
三、欧洲	**Europe**	**1310**	**408223**	**205000**	**135373**
英国	Britain	206	193449	75010	30646
德国	Germany	161	33281	23039	18196
法国	France	108	33653	14751	11144
俄罗斯联邦	Russian Federation	260	21400	20597	12127
欧洲其他国家（地区）	Other European Countries(Regions)	575	126440	71603	63260
四、拉丁美洲	**Latin America**	**934**	**2524283**	**1516654**	**1102121**
巴西	Brazil	38	2617	2548	1903
开曼群岛	Cayman Islands	90	680664	356894	272204
英属维尔京群岛	British Virgin Islands	696	1816579	1137856	814635
拉丁美洲其他国家（地区）	Other Latin American Countries(Regions)	110	24423	19356	13379
五、北美洲	**North America**	**896**	**379491**	**282684**	**190655**
加拿大	Canada	220	41187	33670	20288
美国	America	665	295532	212738	141981
百慕大群岛	Bermuda	11	42772	36276	28386
北美洲其他国家（地区）	Other North American Countries(Regions)				
六、大洋洲	**Oceania**	**509**	**346862**	**186257**	**170036**
澳大利亚	Australia	168	33790	27887	21142
新西兰	New Zealand	27	3138	3138	2110
萨摩亚	Samoa	56	16750	12752	12409
大洋洲其他国家（地区）	Other Oceanian Countries(Regions)	258	293184	142480	134375
七、其他	**Others**	**23780**	**6389148**	**6663590**	**2472116**

注：本表数据由深圳市市场监督管理局提供。
Note: Data in this table are provided by Market Supervision and Regulation Bureau of Shenzhen Municipality.

13-8 续表1 CONTINUED

单位：万美元 （USD 10 000）

项目	Item	户数（户） Enterprises (Unit)	投资总额 Total Investment	注册资本（认缴出资金额） Registered Capital (Subscribed Capital Contribution) 小计 Subtotal	#外方 Foreign Side
		本期登记 Registration of the Current Period			
合　计	Total	7441	781017	780027	564706
一、亚洲	Asia	5452	721597	638838	526589
日本	Japan	29	2750	2550	1183
韩国	Korea	59	1618	1605	1396
中国香港	Hongkong China	2779	383366	359673	312679
中国澳门	Macao China	37	2342	2329	1904
中国台湾	Taiwan China	258	9543	8923	7526
亚洲其他国家（地区）	Other Asian Countries(Regions)	2290	321978	263758	201901
二、非洲	Africa	67	1758	1758	1613
埃及	Egypt	9	233	233	193
南非	South Africa	5	36	36	29
毛里求斯	Mauritius				
塞舌尔	Seychelles	2	61	61	61
非洲其他国家（地区）	Other African Countries(Regions)	51	1428	1428	1330
三、欧洲	Europe	185	11645	9875	6748
英国	Britain	30	5259	5259	2600
德国	Germany	11	288	226	63
法国	France	5	20	20	20
俄罗斯联邦	Russian Federation	76	2896	2503	2303
欧洲其他国家（地区）	Other European Countries(Regions)	63	3182	1867	1762
四、拉丁美洲	Latin America	44	8529	5083	5037
巴西	Brazil	7	58	58	40
开曼群岛	Cayman Islands	1	6866	3433	3433
英属维尔京群岛	British Virgin Islands	10	1233	1233	1218
拉丁美洲其他国家（地区）	Other Latin American Countries(Regions)	26	372	359	346
五、北美洲	North America	86	6845	6274	3414
加拿大	Canada	34	3978	3972	2019
美国	America	52	2867	2302	1395
百慕大群岛	Bermuda				
北美洲其他国家（地区）	Other North American Countries(Regions)				
六、大洋洲	Oceania	29	916	909	753
澳大利亚	Australia	20	628	628	482
新西兰	New Zealand	4	127	127	123
萨摩亚	Samoa	4	146	139	139
大洋洲其他国家（地区）	Other Oceanian Countries(Regions)	1	15	15	9
七、其他	Others	1578	29727	117290	20552

13-8 续表2 CONTINUED

项目	Item	注销（户） Logouted Enterprises(unit)		吊销（户） Revoked Enterprises(unit)	
		本期注销 Logouted Enterprises of the current	累计注销 Total Number of Logouted Enterprises	本期吊销 Revoked Enterprises of the current period	累计吊销 Total Number of Revoked Enterprises
合 计	**Total**	**3153**	**39799**	**3287**	**35795**
一、亚洲	**Asia**	**2334**	**28714**	**2395**	**31494**
日本	Japan	14	518	8	324
韩国	Korea	34	427	34	443
中国香港	Hongkong China	1451	16832	1474	26005
中国澳门	Macao China	12	96	19	163
中国台湾	Taiwan China	95	1059	114	1596
亚洲其他国家（地区）	Other Asian Countries(Regions)	728	9782	746	2963
二、非洲	**Africa**	**16**	**164**	**71**	**141**
埃及	Egypt	3	5	5	20
南非	South Africa	3	4	1	9
毛里求斯	Mauritius	1	75	1	28
塞舌尔	Seychelles	4	65	5	20
非洲其他国家（地区）	Other African Countries(Regions)	5	15	59	64
三、欧洲	**Europe**	**58**	**745**	**84**	**572**
英国	Britain	12	175	11	159
德国	Germany	6	116	6	90
法国	France	6	84	1	59
俄罗斯联邦	Russian Federation	6	33	24	54
欧洲其他国家（地区）	Other European Countries(Regions)	28	337	42	210
四、拉丁美洲	**Latin America**	**38**	**768**	**24**	**617**
巴西	Brazil	2	11	2	12
开曼群岛	Cayman Islands	10	122	0	38
英属维尔京群岛	British Virgin Islands	21	630	12	553
拉丁美洲其他国家（地区）	Other Latin American Countries(Regions)	5	5	10	14
五、北美洲	**North America**	**58**	**1018**	**65**	**1357**
加拿大	Canada	12	126	18	200
美国	America	45	858	47	1117
百慕大群岛	Bermuda	1	8	0	8
北美洲其他国家（地区）	Other North American Countries(Regions)	0	26	0	32
六、大洋洲	**Oceania**	**33**	**159**	**23**	**220**
澳大利亚	Australia	17	105	17	176
新西兰	New Zealand	1	14	1	15
萨摩亚	Samoa	0	38	0	23
大洋洲其他国家（地区）	Other Oceanian Countries(Regions)	15	2	5	6
七、其他	**Others**	**616**	**8231**	**625**	**1394**

13-9 进出口总额
TOTAL IMPORTS AND EXPORTS

单位：万美元 （USD 10 000）

年 份 Year	进出口总额 Total Imports and Exports	出口总额 Total Exports	进口总额 Total Imports	进出口差额 Balance
1979	1676	930	746	184
1980	1751	1124	627	497
1981	2807	1745	1062	683
1982	2534	1597	937	660
1983	78642	6230	72412	-66182
1984	107247	26539	80708	-54169
1985	130632	56340	74292	-17952
1986	184696	72552	112144	-39592
1987	255784	141354	114430	26924
1988	344277	184949	159328	25621
1989	375259	217428	157831	59597
1990	1570136	815165	754971	60194
1991	1947635	986240	961395	24845
1992	2357562	1200019	1157543	42476
1993	2820392	1421776	1398616	23160
1994	3498281	1830921	1667360	163561
1995	3876960	2052736	1824224	228512
1996	3905342	2120781	1784561	336220
1997	4500921	2561844	1939077	622767
1998	4527417	2639611	1887806	751805
1999	5042750	2820811	2221939	598872
2000	6393982	3456333	2937649	518684
2001	6861055	3747955	3113100	634855
2002	8723148	4655704	4067444	588260
2003	11739941	6296208	5443733	852475
2004	14728302	7784632	6943670	840962
2005	18281689	10151829	8129860	2021969
2006	23738573	13609556	10129017	3480539
2007	28753345	16849299	11904046	4945253
2008	29995499	17971995	12023504	5948491
2009	27016306	16197825	10818481	5379344
2010	34674930	20418355	14256575	6161780
2011	41409312	24551760	16857552	7694208
2012	46683020	27136163	19546857	7589306
2013	53747437	30570191	23177246	7392945
2014	48774049	28436157	20337892	8098265
2015	44245863	26403895	17841968	8561927
2016	39843893	23754674	16089218	7665456
2017	41414596	24435790	16978806	7456984
2018	45372921	24604111	20768810	3835301
2019	43147567	24212399	18935168	5277232
2020	44080709	24531052	19549657	4981394
2021	54857734	29821230	25036505	4784725
2022	54982386	32791826	22190560	10601266
2023	54948821	34837644	20111177	14726467

注： 本表1992年以前为深圳市贸工局口径数；1993年以后为深圳海关口径数，按现行统计方法计算。

Note:The figures adopted from Shenzhen Bureau of Trade and Industry before 1992 and calculated from Shenzhen CIQ after 1993 by current statistical method.

13-10 进出口总额指数
INDICES OF TOTAL IMPORTS AND EXPORTS

年 份 Year	以上年为100 Preceding Year=100			以1979年为100 1979=100		
	进出口总额 Total Imports and Exports	出口总额 Total Exports	进口总额 Total Imports	进出口总额 Total Imports and Exports	出口总额 Total Exports	进口总额 Total Imports
1980	104.5	120.9	84.0	104.5	120.9	84.0
1981	160.3	155.2	169.4	167.5	187.6	142.4
1982	90.3	91.5	88.2	151.2	171.7	125.6
1983	3103.5	390.1	7728.1	4692.2	669.9	9706.7
1984	136.4	426.0	111.5	6399.0	2853.7	10818.8
1985	121.8	212.3	92.1	7794.3	6058.1	9958.7
1986	141.4	128.8	151.0	11020.0	7801.3	15032.7
1987	138.5	194.8	102.0	15261.6	15199.4	15339.1
1988	134.6	130.8	139.2	20541.6	19887.0	21357.6
1989	109.0	117.6	99.1	22390.2	23379.4	21157.0
1990	145.8	137.8	156.8	32643.8	32213.0	33180.8
1991	124.0	121.0	127.3	40478.3	38977.7	42239.2
1992	121.0	121.7	120.4	48978.8	47435.9	50856.0
1993	119.6	118.5	120.8	58578.6	56211.5	61434.0
1994	124.0	128.8	119.2	72637.5	72400.5	73229.3
1995	110.8	112.1	109.4	80482.3	81160.9	80112.9
1996	100.7	103.3	97.8	81045.7	83839.2	78350.4
1997	115.3	120.8	108.7	93445.7	101277.8	85166.9
1998	100.6	103.0	97.4	94006.4	104316.1	82952.6
1999	111.4	106.9	117.7	104706.7	111477.0	97634.8
2000	126.8	122.5	132.2	132763.4	136592.5	129084.0
2001	107.3	108.4	106.0	142455.1	148066.3	136829.0
2002	127.1	124.2	130.7	181060.4	183898.3	178835.5
2003	134.6	135.2	133.8	243707.3	248630.5	239281.9
2004	125.5	123.6	127.6	305852.7	307307.3	305323.7
2005	124.1	130.4	117.1	379563.2	400728.7	357534.1
2006	129.8	134.1	124.6	493052.6	537377.2	445487.5
2007	121.1	123.8	117.5	597086.7	665273.0	523447.8
2008	104.3	106.6	101.0	622761.4	709181.0	528682.3
2009	89.6	89.4	89.9	557994.2	634007.8	475285.4
2010	128.4	126.1	131.8	716464.6	799483.8	626426.2
2011	119.4	120.2	118.2	855458.7	960979.5	740435.8
2012	112.7	110.5	115.9	964102.0	1061882.3	858165.1
2013	115.1	112.7	118.5	1109681.4	1196741.4	1016925.6
2014	90.7	93.0	87.7	1006480.9	1112969.5	891843.8
2015	90.7	92.9	87.7	912878.2	1033948.7	782147.0
2016	90.1	90.0	90.2	822503.3	930553.8	705496.6
2017	103.9	102.9	105.5	854580.9	957539.9	744298.9
2018	109.6	100.8	122.3	936620.7	965200.2	910277.6
2019	95.1	98.3	91.2	890726.3	950722.2	830173.2
2020	102.2	101.3	103.2	910322.3	963081.6	856738.7
2021	124.4	121.6	128.0	1132440.9	1171107.2	1096625.5
2022	100.2	110.0	88.6	1135013.8	1287764.7	971969.9
2023	100.4	106.8	90.9	1139553.9	1375332.7	883520.6
年平均增长率（%） **Average Annual Growth Rate(%)**				**23.7**	**24.2**	**22.9**

13-11 进出口总额分类（2019-2023年）
TOTAL IMPORTS AND EXPORTS（2019-2023）

单位：万美元　　(USD 10 000)

项 目	Item	2019	2020	2021	2022	2023
进出口总额	**Total Imports and Exports**	**43147567**	**44080709**	**54857734**	**54982386**	**54948821**
一、出口总额	**Total Exports**	**24212399**	**24531052**	**29821230**	**32791826**	**34837644**
1. 按隶属关系分类:	Grouped by Administrative Relationship					
①国有企业	State-owned Enterprises	1891550	1902526	2475666	2732527	2312154
②民营、集体和其他企业	Collective-owned and Others	13197979	13584452	17007212	19857309	23097237
③“三资”企业	Foreign Investment Enterprises	9122870	9044073	10338352	10201990	9428253
2. 按贸易方式分类:	Grouped by Form of Trade					
①一般贸易	Original Trade	10995668	11733080	13768401	16410510	19901916
②补偿贸易	Compensation Trade					
③来料加工贸易	Processing and Assembly Trade	52899	26469	37388	20982	16858
④进料加工贸易	Processing Trade for Imported Material	8156766	7257653	8953910	8686199	7446374
⑤出料加工贸易	Processing Trade for Exported Material	1668	1273	964	923	9048
⑥易货贸易	Barter Trade					6
⑦其他	Others	5005398	5512576	7060567	7673212	7463442
二、进口总额	**Total Imports**	**18935168**	**19549657**	**25036505**	**22190560**	**20111177**
1. 按隶属关系分类:	Grouped by Administrative Relationship					
①国有企业	State-owned Enterprises	666660	725748	755527	956540	684756
②民营、集体和其他企业	Collective-owned and Others	11753010	12647108	16412850	14322915	13014510
③“三资”企业	Foreign Investment Enterprises	6515498	6176802	7868127	6911105	6411911
2. 按贸易方式分类:	Grouped by Form of Trade					
①一般贸易	Original Trade	9523115	9864531	13335567	10907896	9544211
②补偿贸易	Compensation Trade					
③来料加工贸易	Processing and Assembly Trade	67748	23154	32811	27021	17187
④进料加工贸易	Processing Trade for Imported Material	4954472	4658853	5625110	5340055	4618473
⑤以工缴费补偿期进口的设备	Imported Equipment by Processing Fee during Compensation Period					
⑥租赁贸易	Leasing Trade	5289	4270	5779	9550	4616
⑦外商投资企业作为投资进口的设备	Imported Equipment and Materials as Investment of Foreign Investment	6285	12987	3526	4047	2443
⑧外商投资企业进口供加工内销产品的料、件	Imported Materials and Parts of Foreign Investment Enterprises for					
⑨易货贸易	Barter Trade					
⑩其　他	Others	4378259	4985862	6033712	5901991	5924247

13-12 深圳市与主要国家（地区）进出口总额（2021-2023年）
SHENZHEN'S FOREIGN TRADE WITH MAIN RELATED COUNTRIES AND TERRITORIES（2021-2023）

单位：万美元 （USD 10 000）

国家（地区）Country (territory)		2021			2022			2023		
		合计 Total Imports and Exports	出口总额 Exports	进口总额 Imports	合计 Total Imports and Exports	出口总额 Exports	进口总额 Imports	合计 Total Imports and Exports	出口总额 Exports	进口总额 Imports
中国香港	Hongkong China	11191317	10957831	233487	9694247	9568745	125502	9005219	8812523	192696
日　本	Japan	2486168	855051	1631117	2507934	1023003	1484932	2268928	949957	1318971
美　国	The United States	4971553	4409681	561872	5726307	5180195	546111	5900971	5341714	559257
法　国	France	586066	334176	251890	594962	380555	214407	603844	379979	223864
德　国	Germany	1205107	806654	398453	1294092	918190	375901	1341902	940161	401741
泰　国	Thailand	1308931	451318	857613	1506305	546068	960237	1359175	592464	766712
新加坡	Singapore	878094	465752	412342	883279	569977	313302	1099683	703685	395999
韩　国	Korea Rep	2862985	526209	2336776	2921928	684702	2237225	2589851	750194	1839658
中国台湾	Taiwan China	5547995	381578	5166417	5739481	565488	5173994	5414093	752320	4661773
澳大利亚	Australia	777931	401334	376597	807121	603041	204080	1134495	788975	345519
印度尼西亚	Indonesia	484594	348903	135692	539221	422839	116382	593399	449330	144069
马来西亚	Malaysia	2237623	451343	1786281	2180232	642010	1538223	1878671	852797	1025874
英　国	The United Kingdom	723768	606883	116885	885285	788899	96386	981451	908744	72707
意大利	Italy	470809	320675	150134	495360	401661	93699	454470	345195	109275
巴　西	Brazil	525000	377222	147778	521582	362291	159291	593331	417510	175821
加拿大	Canada	532514	408581	123933	496928	438299	58629	514076	453126	60950
其　他	Others	18067278	7718039	10349239	18188122	9695863	8492259	19215262	11398970	7816291

13-13 进口主要商品金额（2019-2023年）
TOTAL VALUE OF FOREIGN IMPORTS OF MAJOR COMMODITIES（2019-2023）

单位：万美元 (USD 10 000)

项 目	Item	2019	2020	2021	2022	2023
集成电路	Semiconductor Integrated Circuit	7482869	8228877	10930432	10523796	8836050
自动数据处理设备及其部件	Automatic Data Processing Equipment and Parts	1405137	1471321	1774762	1622285	1615704
液晶显示板	LCD Monitor	334213	285393	310303		
农产品	Farm Produce	983241	1216381	1414992	1456541	1371705
钢材	Steel	40359	34889	52377	41322	31118
纺织纱线、织物及制品	Spinning,Textile and Related Products	74395	63794	61701	51797	45008
成品油	Oil	10804	5574	7122	3391	19249
电线和电缆	Wire and Cable	66274	70128	79926	69482	51650
粮食	Food	55176	64348	88727	88519	64671

13-14 出口主要商品金额（2019-2023年）
TOTAL VALUE OF FOREIGN EXPORTS OF MAJOR COMMODITIES（2019-2023）

单位：万美元 (USD 10 000)

项 目	Item	2019	2020	2021	2022	2023
自动数据处理设备及其部件	Automatic Data Processing Equipment and Parts	2287442	2494555	3408162	3621728	3550757
服装及衣着附件	Clothing and Dresses	569076	503832	565348	738708	865673
打印机(包括多功能一体机)	Printer(include MFP)	263808	209495	191555	186700	162979
鞋类	Shoes	292493	192551	229303	326602	326630
家具及其零件	Furniture and Dresses	374512	325072	368924	374779	460818
纺织纱线、织物及制品	Spinning, Textile and Related Products	308449	1371238	412277	388593	434822
塑料制品	Plastic Products	578383	522243	628739	831697	977106
液晶显示板	LCD Monitor	266047	331591	504519		

13-15 旅游业基本情况
BASIC CONDITIONS OF TOURISM

年 份 Year	过夜入境游客 (万人) Overnight International Tourists (10 000 persons)	外国人 Foreigners	华 侨 Overseas Chinese	港澳同胞 Compatriots from Hongkong and Macao	台 胞 Compatriots Form Taiwan
1994	186.39	31.07	2.58	139.75	12.99
1995	185.37	35.32	1.10	131.41	17.54
1996	151.47	30.91	1.37	101.48	17.71
1997	140.41	32.00	0.75	89.49	18.17
1998	148.47	30.83	0.72	97.52	19.41
1999	158.08	35.49	1.45	101.03	20.11
2000	397.34	61.09		287.62	48.63
2001	423.87	67.95		307.33	48.59
2002	449.35	80.59		319.87	48.89
2003	435.13	69.89		331.45	33.79
2004	559.79	105.19		406.99	47.61
2005	616.45	120.24		445.31	50.90
2006	712.74	139.16		520.40	53.18
2007	831.30	161.64		615.24	54.42
2008	869.57	151.42		671.98	46.17
2009	896.36	146.38		706.15	43.83
2010	1020.61	167.58		806.57	46.45
2011	1104.55	171.20		886.87	46.48
2012	1206.43	169.10		991.81	45.52
2013	1214.89	166.82		1004.88	43.19
2014	1182.18	161.12		979.37	41.69
2015	1218.70	164.65		1011.74	42.31
2016	1171.18	168.32		963.20	39.66
2017	1207.01	177.56		988.20	41.25
2018	1220.21	172.96		1009.39	37.86
2019	1216.95	167.60		1012.18	37.17
2020	120.06	16.91		94.62	8.53
2021	131.49	13.88		109.42	8.19
2022	55.13	9.09		42.03	4.01
2023	714.21	66.21		629.25	18.75

注： 1. 1990-1999年过夜国际游客为宾馆、酒店部分，2000年后为旅游全口径，包括：宾馆、酒店、饭店、招待所、居民家住等各种住宿设施所接待的国际游客。
Notes: The figures of overnight international tourists from 1990 to 1999 have been collected from hotels and guesthouses, and from 2000, it include hotels,guesthouses, public houses and residential houses.
2. 本表数据来源为深圳市文化广电旅游体育局。
Data in this table are provided by Culture，Radio，Television，Tourism and Sports Bureau of Shenzhen Municipality.

13-15 续表 CONTINUED

年 份 Year	过夜国内游客 (万人) Overnight Domestic Tourists (10 000 persons)	旅游外汇收入 (万美元) Total Foreign Exchange Earnings from International Tourism (USD 10 000)			宾馆、酒店、度假村开房率 (%) Room Occupancy Rate of Hotels and Holiday Countries (%)
			商品性收入 Commodity Income	劳务性收入 Service Income	
1994	373.32	48821	17483	31338	63.0
1995	357.27	63633	20574	43059	58.9
1996	360.55	58384	21489	36895	56.3
1997	341.11	53225	17176	36049	57.6
1998	340.33	59025	18413	40612	55.5
1999	346.81	62186	19743	42443	57.9
2000	927.71	141100			62.5
2001	1031.70	151054	95037	56017	64.3
2002	1073.54	172342	98904	73438	64.1
2003	1013.69	130097	77703	52394	55.2
2004	1383.14	178723	111496	67227	60.6
2005	1526.38	200900	129334	71519	61.9
2006	1604.54	226515	147496	79019	62.5
2007	1728.98	262330	172187	90143	62.7
2008	1789.73	270865	174835	96030	61.5
2009	1943.95	276029	179629	96400	59.3
2010	2264.71	317976	204895	113081	62.4
2011	2627.98	374563	241845	132718	64.9
2012	2941.29	432879	288947	143932	63.0
2013	3351.91	453114	289833	163281	64.1
2014	3808.88	456568	309473	147095	67.2
2015	4156.50	496830	331928	164902	68.2
2016	4524.56	477100	320700	156400	67.6
2017	4814.98	498420	335400	163020	69.44
2018	5187.71	511801	348900	162901	69.33
2019	5501.08	500300	328500	171800	64.43
2020	4878.75	94300			44.98
2021	6232.84	101600			51.27
2022	4840.90	48000			44.27
2023	7021.60	378800			56.26

13-16 按国别分的外国旅游者人数（过夜）（1999-2023年）
NUMBER OF FOREIGN TOURISTS BY COUNTRY（OVER NIGHT）（1999-2023）

单位：人 (person)

国别	Country	1999	2000	2001	2002	2003	2004	2005	2006	2007	2008	2009	2010
合 计	**Total**	**354911**	**610900**	**679464**	**805937**	**698867**	**1051896**	**1202373**	**1391612**	**1616415**	**1514186**	**1463809**	**1675798**
日 本	Japan	93172	150479	197853	245265	221780	319817	315128	355401	393176	352516	345864	372023
菲律宾	Philippines	5042	9158	12461	15204	7161	7913	10640	12272	12783	10422	15455	13447
新加坡	Singapore	29337	42264	53788	59668	37391	66303	76569	81658	90997	79829	83411	89400
泰 国	Thailand	4613	6531	18344	29367	24451	66857	87239	99970	93170	65665	45988	40338
印度尼西亚	Indonesia	6217	29010	33909	40714	33322	49781	53026	72637	79389	68286	58338	70727
英 国	The United Kingdom	12242	17728	20916	23925	23915	32959	33137	40595	49637	47898	45590	47749
法 国	France	6765	10529	15722	15331	13316	19333	23542	27305	36301	37191	39099	40338
德 国	Germany	7842	9015	11337	13848	14859	21495	26092	30658	35706	33822	34714	41430
意大利	Italy	3636	3627	4108	6722	7133	12264	16411	18359	22968	21010	22512	22298
美 国	The United States	49130	64083	75328	104130	92608	131996	146959	176378	226468	212532	197168	246880
加拿大	Canada	9217	11431	14092	16356	14183	21293	26325	30440	36893	36391	34547	39184
澳大利亚	Australia	10124	10985	12796	15219	14413	19783	25534	29249	40326	41853	40949	46871
新西兰	New Zealand	1642	1702	2292	2937	2888	4342	4682	4445	5743	6066	6425	6291
俄罗斯	Russia	893	2102	4018	3514	3539	4090	6911	8051	10358	11048	13585	17449
韩 国	Korea Rep	20133	27612	45172	65443	69068	90640	108688	116976	152234	134340	108389	142505
马来西亚	Malaysia	50554	50537	42186	50516	32075	46536	61256	68624	81513	88265	84052	105664
其他	Others	44352	164107	115142	97778	86765	136494	180234	218594	248753	267052	287723	333204

注： 本表数据来源为深圳市文化广电旅游体育局。
Note：Data in this table are provided by Culture，Radio，Television，Tourism and Sports Bureau of Shenzhen Municipality.

13-16 续表 CONTINUED

单位：人 (person)

国别 Country		2011	2012	2013	2014	2015	2016	2017	2018	2019	2020	2021	2022	2023
合 计	**Total**	**1712016**	**1691045**	**1668230**	**1611200**	**1646515**	**1683168**	**1775639**	**1729624**	**1676024**	**169190**	**138838**	**90964**	**662077**
日 本	Japan	366266	371557	316669	302349	296431	274232	272360	308374	267783	39522	25576	32301	134536
菲律宾	Philippines	15741	15570	21063	25515	12662	13213	14576	17090	17565	1933	171	136	3462
新加坡	Singapore	95785	92840	87256	80735	86402	85421	89383	80054	79073	4263	5089	2751	49994
泰 国	Thailand	35623	37507	38065	24843	30361	30474	36439	37789	36435	1185	306	161	10023
印度尼西亚	Indonesia	94257	89292	70707	39286	31369	39497	46316	42707	46171	1227	292	126	14647
英 国	The United Kingdom	44486	45172	44752	45530	43303	46974	55415	48835	56475	5870	3528	967	25711
法 国	France	40607	38493	43265	43150	42039	43523	43618	38931	37096	2402	1257	801	9176
德 国	Germany	41993	40197	40401	42133	41775	41748	46856	40251	46069	7533	4253	728	10943
意大利	Italy	23238	20958	21269	21357	22994	24270	24530	21704	24093	770	979	304	5617
美 国	The United States	242128	252622	248450	261736	305909	302872	311866	254889	247239	22355	15273	7208	72534
加拿大	Canada	38306	36651	35841	35398	39517	43332	41221	39935	40091	4362	3665	1799	17940
澳大利亚	Australia	46667	42795	41405	36606	38117	40202	41596	40150	43089	2821	1954	930	13001
新西兰	New Zealand	6128	6271	6864	6198	6934	7070	9496	9407	8860	1869	665	189	2615
俄罗斯	Russia	20772	19379	20168	17558	14426	15895	21550	21051	24631	2649	951	942	19610
韩 国	Korea Rep	141365	141952	173537	160301	169690	218886	225018	221274	186550	9348	12757	5015	31425
马来西亚	Malaysia	112675	106889	95042	78475	73094	78121	85345	86643	81160	4039	2009	778	37816
其他	Others	345979	332900	363476	390030	391492	377438	410054	420540	433644	57042	60113	35828	203027

13-17 旅游部门主要财务指标（2023年）
MAIN FINANCIAL INDICATORS OF TOURISM（2023）

单位：万元 (10 000 yuan)

指 标	Item	合 计 Total	宾馆、酒店 Hotels	旅行社 Travel Agencies	景 点 Scenic Spots
营业收入	Business Revenue	3032342	641983	1991085	399274
营业成本	Business Cost	2298257	267077	1837713	193467
营业费用	Business Expenses	123505	79220	31797	12488
营业税金及附加	Business Taxes and Extra Charges	20548	7487	2337	10725
经营利润(主营业务利润)	Operating Profits（Main Business Profits）	713537	367419	151036	195083
管理费用	Management Expenses	375471	174782	124549	76140
财务费用	Financial Expenses	35115	20755	4339	10021
营业利润	Business Profits	-317181	12256	-396000	66562
投资收益	Earnings of Investment	-133997	1757	-134428	-1325
营业外收支差	Non-operating Net Revenue or Expenditure	5943	4064	1879	
利润总额	Total Profits	-303594	18102	-389805	68110
年末固定资产原值	Original Value of Fixed Assets(year-end)	2962338	1354533	39952	1567854
年末固定资产净值	Net Value of Fixed Assets (year-end)	2012470	1354533	18287	639651
年末职工人数(人)	Number of Staff and Workers (year-end)(person)	42997	18557	14193	10247

13-18 星级酒店基本情况（2023年末）
STATISTICS ON STAR-RATED HOTELS （End of 2023）

单位：家 (unit)

地区	District	合计 Total	五星 Five-star	四星 Four-star	三星 Three-star	二星 Two-star	一星 One-star	出租率（%）Room Occupancy Rate	平均房价（元/间天）Average Price (yuan/pre room)
合计	**Total**	**56**	**22**	**14**	**17**	**3**		**57.80**	**599.19**
福田区	Futian	9	5	1	2	1		66.30	677.39
罗湖区	Luohu	23	5	3	13	2		52.05	426.37
盐田区	Yantian	3	1	2				64.91	1261.81
南山区	Nanshan	8	3	4	1			65.32	759.91
宝安区	Baoan	4	2	1	1			56.48	479.32
龙岗区	Longgang	6	4	2				54.48	506.00
龙华区	Longhua	2	2					58.89	667.64
坪山区	Pingshan	1		1				38.22	330.42
光明区	Guangming								
大鹏新区	Dapeng								

注： 本表数据来源为深圳市文化广电旅游体育局。

Note：Data in this table are provided by Culture,Radio,Television,Tourism and Sports Bureau of Shenzhen Municipality.

13-19 星级酒店客房基本情况（2023年末）
STATISTICS OF STAR-RATED HOTELS （End of 2023）

单位：间 （Unit）

地区	District	合计 Total	五星 Five-star	四星 Four-star	三星 Three-star	二星 Two-star	一星 One-star
合计	**Total**	**14431**	**7764**	**3502**	**2829**	**336**	
福田区	Futian	2523	1930	262	223	108	
罗湖区	Luohu	5719	2088	1037	2366	228	
盐田区	Yantian	639	432	207			
南山区	Nanshan	2092	895	1017	180		
宝安区	Baoan	727	502	165	60		
龙岗区	Longgang	1997	1464	533			
龙华区	Longhua	453	453				
坪山区	Pingshan	281		281			
光明区	Guangming						
大鹏新区	Dapeng						

注： 本表数据来源为深圳市文化广电旅游体育局。
Note：Data in this table are provided by Culture,Radio,Television,Tourism and Sports Bureau of Shenzhen Municipality.

13-20 星级酒店床位基本情况（2023年末）
FACILITIES OF STAR-RATED HOTELS （End of 2023）

单位：张 （Unit）

地区	District	合计 Total	五星 Five-star	四星 Four-star	三星 Three-star	二星 Two-star	一星 One-star
合计	**Total**	**21078**	**11357**	**4923**	**4268**	**530**	
福田区	Futian	3475	2612	355	350	158	
罗湖区	luohu	8479	2953	1564	3590	372	
盐田区	Yantian	1035	659	376			
南山区	Nanshan	3172	1562	1368	242		
宝安区	Baoan	1049	678	285	86		
龙岗区	Longgang	3019	2246	773			
龙华区	Longhua	647	647				
坪山区	Pingshan	202		202			
光明区	Guangming						
大鹏新区	Dapeng						

注： 本表数据来源为深圳市文化广电旅游体育局。
Note: Data in this table are provided by Culture,Radio,Television,Tourism and Sports Bureau of Shenzhen Municipality.

主要统计指标解释

进出口总额　指实际进出我国国境的货物(包括贸易和非贸易)的价值总和。主要包括对外贸易实际进出口货物，来料加工装配、补偿贸易、进料加工进出口货物，国家间及国际组织无偿援助物资和赠送品，华侨、港澳台同胞和外籍华人捐赠品，租赁期满归承租人所有的租赁货物，边境地方贸易及边境地区小额贸易进出口货物(边民互市贸易除外)，中外合资、合作经营企业、外商独资经营企业进出口货物和公用物品，到、离岸价格在规定限额以上的进出口货样和广告品(无商业价值、无使用价值和免费提供出口的除外)，从保税仓库提取在中国境内销售的进出口货物，以及其他进出口货物。进出口总额反映一个国家在对外经济贸易方面实际进出口货物的总规模。

利用外资　指我国政府、部门、企业和其他经济组织通过对外借款、吸收外商直接投资以及向境外发行债券、股票等方式筹借的境外资金。

外资的形式可以是现汇、实物、工业产权或专有技术等有形资本和无形资本。

我国自有外汇和中国银行自有外汇资金发放的外汇贷款购置国外设备和材料，华侨、港澳同胞的捐赠，联合国或其他国际组织的无偿赠送资金、无偿援建的项目均不属于外资范围。

利用外资的方式有：对外借款，外国(或港澳地区)企业和经济组织或个人在我国境内开办独资企业、与我国境内的企业或组织共同开办合资企业、合作经营(企业)项目或合作开发资源，以及补偿贸易、国际租赁等。

对外借款　指我国政府、部门、企业和中国银行等单位向国际金融组织、外国政府、企业等借用的长期、短期资本，到期需还本付息。借款按不同渠道划分为：①外国政府贷款；②国际金融组织贷款；③外国银行贷款；④出口信贷；⑤发行债券。

外商直接投资　指外国企业和经济组织或个人(包括华侨、港澳同胞以及我在境外注册的企业)按我国有关政策、法规，在我国境内开办外商独资企业，与我国境内的企业或经济组织共同举办中外合资企业、合作经营企业或合作开发资源的投资，以及外商从企业得到收益的再投资。2002年起“外商直接投资”统计口径调整，“企业投资总额内的境外借款”只包括“企业投资总额内直接投资者对企业的贷款，即外方股东贷款”，不包括“直接投资者提供担保的第三方对企业的贷款即外方股东担保贷款”和“其他方式的企业境外借款即其他境外借款。

旅游人数　(1)入境旅游人数：指报告期内来我国观光、度假、探亲访友、就医疗养、购物、参加会议或从事经济、文化、体育、宗教活动的外国人、港澳台同胞等入境游客。统计时，外国人、港澳台同胞每入境一次统计1人次。

(2)出境人数：指中国(大陆)居民因公或因私出境前往其他国家、中国香港特别行政区、澳门特别行政区和台湾省观光、度假、探亲访友、就医疗养、购物、参加会议或从事经济、文化、体育、宗教活动的人数，即出境游客。统计时，按每出境一次统计1人次。

(3)国内旅游人数：指在报告期内在中国(大陆)观光游览、度假、探亲访友、就医疗养、购物、参加会议或从事经济、文化、体育、宗教活动的中国(大陆)居民人数，其出游的目的不是通过所从事的活动谋取报酬。统计时，国内游客按每出游一次统计1人次。

国际旅游(外汇)收入　指入境游客在中国(大陆)境内旅行、游览过程中用于交通、参观游览、住宿、餐饮、购物、娱乐等全部花费。

Explanatory Notes on Main Statistical Indicators

Total Imports and Exports refer to the real value of commodities (both trade and non-trade) imported and exported across the border of China. They mainly include actual imports and exports through foreign trade, imported and exported goods in the categories of processing and assembling of customer's materials, compensation trade, and processing of import materials, supplies and gifts as aid given gratis between governments and by international organizations, donations by overseas Chinese, compatriots in Hong Kong, Macao and Taiwan and Chinese with foreign citizenship, leasing commodities owned by tenants at the expiration of leasing period, local trade and Small-amount trade in border areas (excluding exchange trade between border residents), imported and exported commodities and articles for public use of Sino-foreign joint ventures, cooperative enterprises and ventures with sole foreign investment. Also included are import or export of samples and advertising articles above designated CIF or FOB prices (excluding goods of no trading or use value and free commodities for export), import and export goods sold in China from bonded warehouse and other import and export goods. Total imports and exports is an indicator of the total size of actual imported and exported goods of a country in foreign trade and economic cooperation.

Utilization of Foreign Capital refers to funds financed from abroad by means of loans, foreign direct investment, and issuing bonds and shares undertaken by the Chinese governments at all levels, various departments, enterprises and other economic units.

The types of foreign capital include tangible capital and intangible capital, such as remittance, goods, industrial property rights and know-how.

Those excluded are the purchases of foreign equipment and materials with loans from state-owned foreign exchange and foreign exchange owned by the Bank of China, donations by overseas Chinese, compatriots in Hong Kong and Macao, and funds and projects as aid given gratis by the United Nations and other international organizations.

Utilization of foreign capital takes the forms of loans from abroad,sole investment in enterprises in the boundary of China by foreign(or Hong Kong and Macao)enterprises,economic organizations or individuals,investment in Sino-foreign joint ventures ,cooperative projects(enterprises),cooperative exploitation of natural resources with enterprises or organizations in China, compensation trade and international lease,etc.

Foreign Loans refer to long-term capital and short-term capital borrowed from international financial organizations, foreign governments and enterprises by the Chinese governments at all levels, by various departments, enterprises and the Bank of China, etc, and repaid with interest at maturity. Foreign loans can be divided according to channels into: ①loans from foreign governments; ②loans from international financial organizations; ③loans from foreign banks; ④export credit; ⑤bonds and shares issued abroad.

Foreign Direct Investment refers to investment inside China by foreign enterprises and economic organizations or individuals (including overseas Chinese, compatriots from Hong Kong and Macao, and Chinese enterprises registered abroad), following the relevant policies and laws of China, for the establishment of foreign sole investment enterprises, Sino-foreign joint ventures and cooperative enterprises or for cooperative exploitation of resources with enterprises or economic organizations in China, and re-investment of foreign entrepreneurs with the profits gained from such enterprises and corporations. Starting from 2002, the foreign direct investment statistic has been adjusted such that the overseas borrowings in total investment of enterprises only include loans to the enterprises by direct investors or, in other terms, loans by foreign shareholders, but exclude loans from the third party guaranteed by the direct investors or, in other terms, loans guaranteed by the foreign shareholders, and overseas borrowings by enterprises in other manners or, in other terms, other overseas borrowings.

Number of Tourists (1) Visitor arrivals refer to the number of foreigners, Chinese compatriots from Hong Kong,Macao and Taiwan Chinese (mainland) who come to China (mainland) for sight-seeing, vacation, visiting relatives, medical treatment, shopping, attending conference, or to engage in economic, cultural, sports and religious activities. In compiling statistics, each time of entering China is counted as one person-time.

(2) Number of Chinese residents going abroad refer to the number of Chinese (mainland) residents going to other countries, Hong Kong Special Administrative region, Macao Special Administrative region and Taiwan for on official or private purposes, for sight-seeing, vacation, visiting relatives, medical treatment, shopping, attending conference, or to engage in economic, cultural, sports and religious activities. In compiling statistics, each time of leaving is counted as one person-time.

(3) Number of domestic tourists refers to the number of Chinese (mainland) residents who travel within China (mainland) for sight-seeing, vacation, visiting relatives, medical treatment, shopping, attending conference, or to engage in economic, cultural, sports and religious activities. In compiling statistics, each time of travelling is counted as one person-time.

Foreign Exchange Earnings from International Tourism refer to the total expenditure of foreigners, overseas Chinese, Chinese compatriots from Hong Kong, Macao and Taiwan during their stay in the mainland of China on transportation, sighting, accommodation, food, shopping and entertainment.

14 第十四部分 劳动工资

LABOR FORCE AND WAGE

CHAPTER

14-1 城镇单位在岗职工人数、工资总额及平均工资

NUMBER,TOTAL WAGE BILL AND AVERAGE WAGE OF FULLY EMPLOYED STAFF AND WORKERS IN URBAN UNITS

年 份 Year	年末在岗职工人数 (万人) Number of Fully Employed Staff and Workers (Year-end) (10 000 persons)	工资总额 (万元) Total Wage Bill (10 000 yuan)	年平均工资 (元) Average Wage (yuan)
1979	4.02	2952	769
1980	4.86	4366	979
1981	5.31	5930	1132
1982	8.28	10000	1366
1983	12.57	16142	1545
1984	18.33	35306	2179
1985	22.66	51912	2418
1986	25.88	59773	2452
1987	32.29	80013	2677
1988	41.74	134218	3388
1989	48.24	179042	3858
1990	55.41	227392	4304
1991	64.89	307950	5016
1992	71.10	403790	5931
1993	78.11	619647	8145
1994	82.29	852332	10572
1995	88.75	1076083	12276
1996	89.13	1284558	14507
1997	91.18	1479515	16531
1998	91.93	1674771	18381
1999	92.52	1890338	20714
2000	93.36	2113366	23039
2001	94.88	2441713	25941
2002	101.76	2832799	28218
2003	108.20	3259896	30611
2004	135.88	4192834	31928
2005	165.38	5167453	32476
2006	184.25	6296568	35107
2007	193.04	7335805	38798
2008	198.35	8674142	43454
2009	220.16	10029764	46723
2010	251.09	12338778	50456
2011	261.43	14384948	55143
2012	277.90	16421777	59010
2013	445.84	28135080	62619
2014	448.93	32879754	72651
2015	447.41	36627244	81034
2016	442.55	39940453	89757
2017	447.32	44697603	100173
2018	466.91	52364784	111709
2019	475.04	61109638	127757
2020	488.66	68054574	139436
2021	499.17	77523407	155563
2022	497.33	82856217	164754
2023	472.85	83510614	174640

注： 根据国家劳动统计报表制度的统一规定，从2013年年报起，原属于乡镇企业且符合城镇非私营单位条件的“四上”企业纳入城镇非私营单位就业人员及工资统计范围。后同。

Note: According to the provision of national labor statistics reporting form system, since the year reporting of 2013, the scope of statistics on employed persons in urban corporate unit excluding private units and labor wage covers four above designated size enterprises (refers to industrial enterprises above designated size, construction enterprises by qualification criteria, enterprises above designated size of wholesale trade, retail trade, hotels and catering services), which originally has been included township enterprises and in accordance with the condition of urban corporate unit excluding private units. The same applies to the following tables.

14-2 城镇单位在岗职工工资总额指数和年平均工资指数

RELATED INDICES OF TOTAL WAGE BILL AND AVERAGE WAGE OF FULLY EMPLOYED STAFF AND WORKERS IN URBAN UNITS

以上年为100 (preceding year=100)

年 份 Year	工资总额指数 Related Indices Bill of Total Wage Bill	在岗职工年平均 货币工资指数 Related Indices of Average Money Wage	在岗职工年平均 实际工资指数 Related Indices of Average Real Wage
1980	147.9	127.3	121.2
1981	135.8	115.6	104.4
1982	168.6	120.8	112.1
1983	161.4	113.1	110.9
1984	218.7	141.0	132.0
1985	147.0	111.0	90.6
1986	115.1	101.4	95.6
1987	133.9	109.2	95.5
1988	167.7	126.6	98.8
1989	133.4	113.9	90.8
1990	127.0	111.6	109.8
1991	135.4	116.5	113.1
1992	131.1	118.2	110.2
1993	153.5	137.3	114.3
1994	137.6	129.8	109.8
1995	126.3	116.1	103.3
1996	119.4	118.2	109.7
1997	115.2	114.0	110.3
1998	113.8	110.2	111.0
1999	112.9	112.7	113.5
2000	111.8	111.2	108.2
2001	115.5	112.6	115.1
2002	116.0	108.8	107.5
2003	115.1	108.5	107.7
2004	120.7	105.6	104.2
2005	123.2	101.7	100.1
2006	121.9	108.1	105.8
2007	116.5	110.5	106.2
2008	118.2	112.0	105.8
2009	115.6	107.5	108.9
2010	123.0	108.0	104.3
2011	116.6	109.3	103.7
2012	114.2	107.0	104.1
2013	171.3	106.1	103.3
2014	116.9	116.0	113.7
2015	111.4	111.5	109.1
2016	109.0	110.8	108.2
2017	111.9	111.6	110.1
2018	117.2	111.5	108.5
2019	116.7	114.4	110.6
2020	111.4	109.1	106.6
2021	113.9	111.6	110.6
2022	106.9	105.9	103.5
2023	100.8	106.0	105.2

14-3 城镇单位在岗职工工资总额指数和年平均工资指数

RELATED INDICES OF TOTAL WAGE BILL AND AVERAGE WAGE OF FULLY EMPLOYED STAFF AND WORKERS IN URBAN UNITS

以1979年为100 (1979=100)

年 份 Year	工资总额指数 Related Indices Bill of Total Wage Bill	在岗职工年平均 货币工资指数 Related Indices of Average Money Wage	在岗职工年平均 实际工资指数 Related Indices of Average Real Wage
1980	147.9	127.3	121.2
1981	200.9	147.2	126.5
1982	338.8	177.6	141.8
1983	546.8	200.9	157.3
1984	1196.0	283.4	207.6
1985	1758.5	314.4	188.1
1986	2024.8	318.9	179.8
1987	2710.5	348.1	171.7
1988	4546.7	440.6	169.6
1989	6065.1	501.7	154.0
1990	7703.0	559.7	169.1
1991	10431.9	652.3	191.3
1992	13678.5	771.3	210.8
1993	20990.8	1059.2	240.9
1994	28873.0	1374.8	264.5
1995	36452.7	1596.4	273.2
1996	43514.8	1886.5	299.7
1997	50119.1	2149.7	330.6
1998	57035.5	2369.0	367.0
1999	64393.1	2669.9	416.5
2000	71991.5	2968.9	450.7
2001	83150.2	3343.0	518.8
2002	96454.2	3637.2	557.7
2003	111018.8	3946.4	600.6
2004	133999.7	4167.4	625.8
2005	165087.6	4238.2	626.4
2006	201241.8	4581.5	662.7
2007	234446.7	5062.6	703.8
2008	277116.0	5670.1	743.9
2009	320346.1	6095.4	810.1
2010	394025.7	6583.0	844.9
2011	459039.9	7195.2	876.2
2012	524223.6	7698.9	912.1
2013	897995.0	8168.5	942.2
2014	1049756.2	9475.5	1071.3
2015	1169428.4	10565.2	1168.8
2016	1274677.0	11706.2	1264.6
2017	1426363.6	13064.1	1392.3
2018	1671698.1	14566.5	1510.6
2019	1950871.7	16664.1	1670.7
2020	2173271.1	18180.5	1781.0
2021	2475355.8	20289.4	1969.8
2022	2646155.4	21486.5	2038.7
2023	2667324.6	22775.7	2144.7
年平均增长率(%) Average Annual Growth Rate(%)	**26.1**	**13.1**	**7.2**

14-4 分行业城镇单位就业人员和在岗职工人数（2023年末）

NUMBER OF EMPLOYED PERSONS AND FULLY EMPLOYED STAFF AND WORKERS BY SECTOR IN URBAN UNITS AT YEAR-END（End of 2023）

项目	Item	单位就业人员年末人数（人） Number of Employed Persons (Year-end)	#女性 Female	#在岗职工年末人数 Number of Fully Employed Staff and Workers (Year-end)
总　计	**Total**	**4897275**	**1896447**	**4728547**
按国民经济行业分	Grouped by Sector			
1. 农、林、牧、渔业	Agriculture, Forestry, Animal Husbandry and Fishery	187	48	187
2. 采矿业	Mining	5035	691	5024
3. 制造业	Manufacturing	1835442	672177	1826451
4. 电力、热力、燃气及水生产和供应业	Production and Distribution of Electricity,Heat,Gas and Water	40798	8986	40710
5. 建筑业	Construction	331015	45304	265723
6. 批发和零售业	Wholesale and Retail Trades	288939	148603	281399
7. 交通运输、仓储和邮政业	Transportation, Storage and Post Services	207773	58486	206808
8. 住宿和餐饮业	Hotels and Catering Services	128376	68706	97194
9. 信息传输、软件和信息技术服务业	Information Transmission,Computer Services and Software	385554	147625	383934
10. 金融业	Financial Intermediation	233338	117959	213645
11. 房地产业	Real Estate	304912	117356	302429
12. 租赁和商务服务业	Leasing and Business Services	349487	120291	334577
13. 科学研究和技术服务业	Scientific Research and Technical Services	142247	50695	139943
14. 水利、环境和公共设施管理业	Management of Water Conservancy,Environment and Public Facilities	31439	11302	31224
15. 居民服务、修理和其他服务业	Services to Households and Other Services	41104	22642	38587
16. 教育	Education	181873	122965	175566
17. 卫生和社会工作	Health and Social Work	148266	101445	146085
18. 文化、体育和娱乐业	Culture,sports and Entertainment	23658	11973	23200
19. 公共管理、社会保障和社会组织	Public Management,Securities and Social Organization	217832	69193	215861

14-5 分行业城镇单位就业人员工资总额、平均人数和年平均工资 （2023年）
TOTAL WAGE BILL,AVERAGE NUMBER AND AVERAGE WAGE OF EMPLOYED PERSONS BY SECTOR IN URBAN UNITS（2023）

项 目	Item	单位就业人员工资总额（万元）Total Wage Bill of Employed Persons (10 000 yuan)	单位就业人员年平均人数（人）Average Number of Employed Persons (Person)	年平均工资（元）Average Wage (yuan)
总　　计	**Total**	**84813281**	**4935181**	**171854**
按国民经济行业分	Grouped by Sector			
1. 农、林、牧、渔业	Agriculture, Forestry, Animal Husbandry and Fishery	2766	210	131780
2. 采矿业	Mining	173696	5016	346295
3. 制造业	Manufacturing	26883912	1887524	142430
4. 电力、热力、燃气及水生产和供应业	Production and Distribution of Electricity,Heat,Gas and Water	1367436	40891	334407
5. 建筑业	Construction	2925309	296544	98647
6. 批发和零售业	Wholesale and Retail Trades	4117803	295704	139254
7. 交通运输、仓储和邮政业	Transportation, Storage and Post Services	3313483	209069	158488
8. 住宿和餐饮业	Hotels and Catering Services	792158	126859	62444
9. 信息传输、软件和信息技术服务业	Information Transmission,Computer Services and Software	10943270	388618	281594
10. 金融业	Financial Intermediation	9868518	235268	419459
11. 房地产业	Real Estate	3185249	315580	100933
12. 租赁和商务服务业	Leasing and Business Services	4361373	354394	123066
13. 科学研究和技术服务业	Scientific Research and Technical Services	2984613	142542	209385
14. 水利、环境和公共设施管理业	Management of Water Conservancy,Environment and Public Facilities	301309	31326	96184
15. 居民服务、修理和其他服务业	Services to Households and Other Services	303133	41373	73267
16. 教育	Education	4108693	178836	229747
17. 卫生和社会工作	Health and Social Work	4532412	145393	311736
18. 文化、体育和娱乐业	Culture,sports and Entertainment	388974	25052	155269
19. 公共管理、社会保障和社会组织	Public Management,Securities and Social Organization	4259175	214982	198118

14-6 分行业城镇单位在岗职工工资总额、平均人数和年平均工资（2023年）
TOTAL WAGE BILL，AVERAGE NUMBER AND AVERAGE WAGE OF FULLY EMPLOYED STAFF AND WORKERS BY SECTOR IN URBAN UNITS（2023）

项 目	Item	在岗职工工资总额(万元) Total Wage Bill of Fully Employed Staff and Workers (10 000 yuan)	在岗职工年平均人数(人) Average Number of Fully Employed Staff and Workers (person)	年平均工资(元) Average Wage (yuan)
总　计	**Total**	**83510614**	**4781872**	**174640**
按国民经济行业分	Grouped by Sector			
1. 农、林、牧、渔业	Agriculture, Forestry, Animal Husbandry and Fishery	2366	174	135951
2. 采矿业	Mining	173350	5005	346348
3. 制造业	Manufacturing	26739782	1877920	142390
4. 电力、热力、燃气及水生产和供应业	Production and Distribution of Electricity,Heat,Gas and Water	1366559	40787	335047
5. 建筑业	Construction	2677881	251492	106480
6. 批发和零售业	Wholesale and Retail Trades	4069303	288094	141249
7. 交通运输、仓储和邮政业	Transportation, Storage and Post Services	3301702	208025	158717
8. 住宿和餐饮业	Hotels and Catering Services	726830	95595	76032
9. 信息传输、软件和信息技术服务业	Information Transmission,Computer Services and Software	10919091	386950	282183
10. 金融业	Financial Intermediation	9541543	214112	445634
11. 房地产业	Real Estate	3164679	311929	101455
12. 租赁和商务服务业	Leasing and Business Services	4227974	338854	124773
13. 科学研究和技术服务业	Scientific Research and Technical Services	2941661	139816	210395
14. 水利、环境和公共设施管理业	Management of Water Conservancy,Environment and Public Facilities	300643	30981	97042
15. 居民服务、修理和其他服务业	Services to Households and Other Services	291296	38830	75017
16. 教育	Education	3967339	172802	229589
17. 卫生和社会工作	Health and Social Work	4478742	142999	313200
18. 文化、体育和娱乐业	Culture,sports and Entertainment	385901	24547	157212
19. 公共管理、社会保障和社会组织	Public Management,Securities and Social Organization	4233971	212960	198815

主要统计指标解释

就业人员　指在16周岁及以上，从事一定社会劳动并取得劳动报酬或经营收入的人员。这一指标反映了一定时期内全部劳动力资源的实际利用情况，是研究我国基本国情国力的重要指标。

单位就业人员　指报告期最后一日在本单位工作，并取得工资或其他形式劳动报酬的人员数。该指标为时点指标，不包括最后一日当天及以前已经与单位解除劳动合同关系的人员，是在岗职工、劳务派遣人员及其他就业人员之和。就业人员不包括：

(1)离开本单位仍保留劳动关系，并定期领取生活费的人员；

(2)在本单位实习的各类在校学生；

(3)本单位因劳务外包而使用的人员，如建筑业整建制使用的人员。

在岗职工　指在本单位工作且与本单位签订劳动合同，并由单位支付各项工资和社会保险、住房公积金的人员，以及上述人员中由于学习、病伤、产假等原因暂未工作仍由单位支付工资的人员。在岗职工还包括：

(1)应订立劳动合同而未订立劳动合同人员；

(2)处于试用期人员；

(3)编制外招用的人员，如临时人员；

(4)派往外单位工作，但工资或其他形式劳动报酬仍由本单位发放的人员(如挂职锻炼、外派工作等情况)。

工资总额　本单位在报告期内(季度或年度)直接支付给本单位全部就业人员的劳动报酬总额。包括计时工资、计件工资、奖金、津贴和补贴、加班加点工资、特殊情况下支付的工资，是在岗职工工资总额、劳务派遣人员工资总额和其他就业人员工资总额之和。

工资总额是税前工资，包括单位从个人工资中直接为其代扣或代缴的个人所得税、社会保险基金和住房公积金等个人缴纳部分，以及房费、水电费等。

工资总额不论是计入成本的还是不计入成本的，不论是以货币形式支付的还是以实物形式支付的，均应列入工资总额的计算范围。

平均工资　是指在报告期内单位发放工资的人均水平。计算公式为：

$$平均工资=\frac{报告期工资总额}{报告期平均人数}$$

Explanatory Notes on Main Statistical Indicators

Employed Persons refer to persons aged 16 and over who are engaged in gainful employment and thus receive remuneration payment or earn business income. This indicator reflects the actual utilization of total labour force during a certain period of time and is often used for the research on China's economic situation and national power.

Persons Employed in Various Units refer to the total number of employees who work at hit unit and obtain wages or other forms of payment at the end of the reporting period. This indicator is a kind of time point index and it equals to the sun of the number of employed staff and workers,labor dispatch personnel and other employed persons.Employed persons do nut include:

1)persons who have left their working units while keeping their labour contract (employment relation) unchanged and receiving regular alimony;

2)all kinds of enrolled students who do internship in various units;

3)persons employed due to labor outsourcing,for example,persons employed in the organizational system of construction industry;

Fully Employed Staff and Workers refer to persons who signed labor contracts with working units and working units would pay wages, social insurance and housing funds for them. Persons who have their work posts but are temporarily absent from work for reasons of study or on sick, injury or maternal leave and still receive wages from their working units are also included. Employed staff and workers also include:

1)Persons who should have signed the labor contracts but not ;

2)Employees on probation;

3)Employees beyond the staffing quota, for example, temporary employees;

4)Employees who are sent to other working units but still obtain wages from their original units (situations like on-the- job placement, expatriated assignment, etc.)

Total Wage Bill refer to the total remuneration payment to all employed persons in various units during the reporting period (by quarter or by year), including hourly-paid wages, piece-rate wages, bonuses, allowance and subsidies, overtime wages and wages paid under special circumstances. It equals to the sum of total wages of employed staff and workers, dispatch labors and other employed persons.

Total wage bill is pre-tax wages, including the personal payment of personal income tax, social insurance and housing fund, room charges, utility bills, paid or withheld by employee's units.

Total wage bill, whether or not included in cost, whether or not paid in money or in kind, shall be included in the calculation of total wage.

Average Wage refers to the average per capita wage in money terms during a certain period of time for employed persons. It shows the general level of wage income of staff and worker during a certain period of time, one major indicator to reflect the wage level. It is calculated as follows:

$$\text{Average Wage} = \frac{\text{Total Wage Bill of Employed Persons at Reference Time}}{\text{Average Number of Persons Employed at Reference Time}}$$

15 第十五部分 科学技术

SCIENCE AND TECHNOLOGY

CHAPTER

15-1 高新技术产品进出口情况
TOTAL IMPORTS AND EXPORTS OF HIGH TECHNOLOGY INDUSTRY

单位：万美元 (USD 10 000)

年 份 Year	高新技术产品进出口总额 Total Imports and Exports of High Technology Industry	进 口 Imports	出 口 Exports
2001	2335757	1198796	1136961
2002	3344119	1775195	1568924
2003	5158146	2643846	2514300
2004	6928262	3422565	3505697
2005	8868653	4159435	4709218
2006	11536580	5401421	6135159
2007	13463800	6209300	7254500
2008	14099495	6162273	7937222
2009	15345520	6843409	8502111
2010	19770075	8897407	10872668
2011	22416000	9936000	12480000
2012	25206532	11084532	14122000
2013	30784842	13884285	16900557
2014	24762288	11088208	13674080
2015	25424844	11391071	14033773
2016	22764476	10610185	12154291
2017	22775570	11355379	11420191
2018	26875307	14414570	12460737
2019	24986736	13270494	11716242
2020	26234472	12211208	14023264
2021	33004245	17569093	15435152
2022	30490175	15081612	15408563
2023	28322634	13406393	14916241

15-2 科技活动及专利情况
SCIENCE AND TECHNOLOGY ACTIVITIES AND PATENTS

年份 Year	研究与试验发展（R&D）人员折合全时当量（人年） Full-time Equivalent of R&D Professionals (person-year)	研究与试验发展（R&D）经费内部支出（万元） Internal R&D Expenditures (10 000 yuan)	专利授权总量（件） Number of Patents Certified（unit）	#发明专利 Invention Patent	PCT国际专利申请量（件） Number of PCT International Patent Applications（unit）
2009	123651	2797112	25894	8132	3800
2010	157429	3333102	34951	9615	5584
2011	158023	4161363	39363	11826	7933
2012	192584	4883738	48662	13068	8024
2013	181321	5846115	49756	10987	10049
2014	163689	6400662	53687	12040	11639
2015	173764	7323851	72120	16957	13308
2016	176040	8429693	75043	17666	19648
2017	196398	9769377	94250	18926	20457
2018	298412	11635386	140202	21309	18081
2019	306467	13282829	166609	26051	17459
2020	345780	15108088	222412	31138	20209
2021	339816	16821512	279177	45202	17443
2022	364040	18804887	275774	52172	15892
2023	461480	22366110	235100	62252	15854

15-3 研究与试验发展（R&D）人员情况（2022-2023年）

项目 Item		研究与试验发展（R&D）人员（人）R&D Personnel (person)		#研究人员 Research Personnel	
		2022	2023	2022	2023
合计	**Total**	**466248**	**551528**	**180460**	**218002**
按执行部门分	**By Executive Department**				
科研机构	Scientific Research Institutions	13084	16366	9249	12291
高等院校	Institutions of Higher Education	8237	13047	6683	10586
企业	Enterprises	443840	520778	164086	194551
#规模以上工业企业	Industrial Enterprises Above Designated Size	380604	428677	135184	150998
#规模以上非工业企业	Non-industrial Enterprises Above Designated Size	63236	92101	28902	43553
其他	Others	1087	1337	442	574
按行业门类分	**By Sector**				
#规模以上制造业	Manufacturing Above Designated Size	377749	424228	133902	148931
#规模以上信息传输、软件和信息技术服务业	Information Transmission, Software and Information Technology Services Above Designated Size	37269	63974	18101	31152

STATISTICS FOR RESEARCH AND EXPERIMENTAL DEVELOPMENT PERSONNEL
（2022-2023）

研究与试验发展（R&D）人员折合全时当量（人年）Full-time Equivalent of R&D Professionals (person-year)		基础研究 Basic Research		应用研究 Applied Research		试验发展 Experimental Development	
2022	2023	2022	2023	2022	2023	2022	2023
364040	**461480**	**9812**	**12503**	**39015**	**33303**	**315213**	**415674**
10606	13617	4255	4884	4154	5037	2197	3696
4552	7328	2269	4596	2044	2512	240	220
348177	439817	3267	3001	32631	25556	312278	411260
300898	359331	3082	2788	30816	22132	267000	334411
47278	80486	186	213	1815	3424	45277	76849
705	718	21	22	187	198	498	498
298905	356113	3043	2788	30812	22128	265050	331197
28959	57688	5	2	592	1242	28362	56444

15-4　研究与试验发展（R&D）经费情况（2022-2023年）

项目	Item	研究与试验发展（R&D）经费内部支出（万元） Internal R&D Expenditures (10 000 yuan)		按活动类型分 基础研究 Basic Research	
		2022	2023	2022	2023
合计	**Total**	**18804887**	**22366110**	**808953**	**956483**
按执行部门分	**By Executive Department**				
科研机构	Scientific Research Institutions	554080	1045671	229501	321527
高等院校	Institutions of Higher Education	371581	430401	161727	217960
企业	Enterprises	17851823	20857844	407277	404891
#规模以上工业企业	Industrial Enterprises Above Designated Size	14913810	16778196	332678	287148
#规模以上非工业企业	Non-industrial Enterprises Above Designated Size	2782198	3867121	74599	117742
其他	Others	27403	32194	10448	12106
按行业门类分	**By Sector**				
#规模以上制造业	Manufacturing Above Designated Size	14789290	16607078	332291	287148
#规模以上信息传输、软件和信息技术服务业	Information Transmission, Software and Information Technology Services Above Designated Size	1882874	3244563	66008	87948

RESEARCH AND EXPERIMENTAL DEVELOPMENT FUNDS（2022-2023）

Group by Type of Activity				按支出用途分 Group by Purpose of Payment			
应用研究 Applied Research		试验发展 Experimental Development		日常性支出 Routine Expenses		#人员劳务费 Labor Cost	
2022	2023	2022	2023	2022	2023	2022	2023
1806622	**1530572**	**16189311**	**19879055**	**18138645**	**20738496**	**10356857**	**11441199**
205574	491054	119005	233090	444432	778316	249551	435644
196060	190162	13794	22279	284433	333372	136855	152317
1396981	842304	16047564	19610650	17387765	19601214	9960015	10841314
1280029	727095	13301103	15763953	14564286	15673907	7931743	7955621
116952	115209	2590647	3634170	2676874	3727341	1971281	2807958
8007	7052	8948	13036	22015	25594	10436	11925
1279136	726889	13177863	15593042	14447704	15510594	7872808	7893208
52821	52294	1764044	3104320	1814131	3135423	1431600	2490431

15-4 续表

项目	Item	研究与实验发展（R&D）经费内部支出（万元） 按支出用途分 Group by Purpose of 资产性支出 Expenditures for Assets 2022	2023	#仪器和设备 Instruments and Equipment 2022	2023
合计	**Total**	**666242**	**1627614**	**601337**	**1568411**
按执行部门分	**By Executive Department**				
科研机构	Scientific Research Institutions	109648	267355	93047	240071
高等院校	Institutions of Higher Education	87147	97029	79573	78279
企业	Enterprises	464058	1256631	425244	1245851
#规模以上工业企业	Industrial Enterprises Above Designated Size	349525	1104289	312222	1095132
#规模以上非工业企业	Non-industrial Enterprises Above Designated Size	105323	139780	104054	138486
其他	Others	5389	6600	3474	4210
按行业门类分	**By Sector**				
#规模以上制造业	Manufacturing Above Designated Size	341586	1096485	304881	1088555
#规模以上信息传输、软件和信息技术服务业	Information Transmission, Software and Information Technology Services Above Designated Size	68743	109139	67920	108874

CONTINUED

Internal (R&D) Expenditures (10 000yuan)							
按资金来源分 Group by Fund Source							
政府资金 Governmental Funds		企业资金 Enterprise Funds		境外资金 Foreign Funds		其他资金 Others	
2022	2023	2022	2023	2022	2023	2022	2023
1262101	**1662947**	**17413443**	**20593643**	**29601**	**62051**	**99742**	**47469**
439769	848701	37329	182877		124	76982	13969
291417	330407	59022	71166	86	784	21056	28043
516847	466251	17303764	20324994	29513	61143	1698	5457
434311	420591	14471720	16349132	6848	7952	932	520
82536	45660	2676230	3763334	22665	53191	766	4937
14068	17588	13328	14606	2		5	
432558	419580	14348994	16179026	6848	7952	890	520
24375	13788	1835261	3172746	22665	53093	573	4937

15-5 规模以上工业企业研究与试验发展（R&D）及相关活动情况（2023年）

项目 Item		有研究与试验发展（R&D）活动企业数（个） Enterprises with R&D Activities (unit)	研究与试验发展（R&D）人员（人） R&D Personnel (person)	研究与试验发展（R&D）人员折合全时当量（人年） Full-time Equivalent of R&D Personnel	研究与试验发展（R&D）经费内部支出（万元） Internal R&D Expenditures (10 000 yuan)
合计	**Total**	**5347**	**428677**	**359332**	**16778196**
按企业规模分	**By Size of Enterprises**				
大型	Large Enterprises	235	252070	223340	13358171
中型	Medium-sized Enterprises	795	76268	59090	1678688
小型	Small Enterprises	4272	98869	75821	1730047
微型	Micro Enterprises	45	1470	1080	11290
按隶属关系分	**By Affiliation**				
中央	Central				
地方	Local				
其他	Others				
按登记注册类型分	**By Registration Type**				
内资企业	Domestically-invested Enterprises	4893	323617	264924	13363602
港、澳、台商投资企业	Hong Kong, Macao and Taiwan-invested Enterprises	281	78969	72975	1973772
外商投资企业	Foreign-invested Enterprises	173	26091	21433	1440822

BASIC INFORMATION ON RESEARCH AND EXPERIMENTAL DEVELOPMENT ACTIVITIES OF INDUSTRIAL ENTERPRISES ABOVE DESIGNATED SIZE (2023)

按活动类型分 Group by Type of Activity			按支出用途分 Group by Purpose of Payment				按资金来源分 Group by Fund Source				新产品销售收入(万元) Sales Income of New Products (10 000 yuan)
基础研究 Basic Research	应用研究 Applied Research	试验发展 Experimental Developme	日常性支出 Routine Expenses	#人员劳务费 Labor Cost	资产性支出 Expenditures for Assets	#仪器和设备 Instruments and Equipment	政府资金 Governmental Funds	企业资金 Enterprise Funds	境外资金 Foreign Funds	其他资金 Others	
287148	**727095**	**15763953**	**15673907**	**7955621**	**1104289**	**1095132**	**420591**	**16349132**	**7952**	**520**	**182854406**
275564	704838	12377769	12419168	6361327	939004	933234	362284	12989343	6545		122856983
10961	7654	1660073	1577358	824518	101330	98710	28556	1649478	433	221	28422142
623	14603	1714822	1666244	765473	63803	63037	29633	1699164	975	275	30951608
		11290	11137	4303	153	151	118	11147		24	623673
274226	527129	12562247	12407360	6669908	956242	950371	364913	12998289	101	299	112577754
1908	170077	1801786	1924456	880548	49316	47973	17533	1949065	6953	221	44265445
11014	29889	1399919	1342090	405165	98731	96788	38145	1401778	899		26011208

15-6 规模以上工业企业研究与试验发展（R&D）及相关活动情况（按行业分）（2023年）

项目	Item	有研究与试验发展（R&D）活动企业数（个）Enterprises with R&D Activities (unit)
采矿业	Mining	4
石油和天然气开采业	Extraction of Petroleum and Natural Gas	1
开采专业及辅助性活动	Professional and Support Activities for Mining	3
制造业	Manufacturing	5301
农副食品加工业	Processing of Food from Agriculture Products	9
食品制造业	Manufacture of Foods	7
酒、饮料和精制茶制造业	Manufacture of Wine, Beverage and Refined Tea	3
烟草制品业	Manufacture of Cigarettes and Tobacco	35
纺织业	Manufacture of Textile	11
纺织服装、服饰业	Manufacture of Textile Wearing Apparel and Ornament	17
皮革、毛皮、羽毛及其制品和制鞋业	Manufacture of Leather, Fur, Feather and Its Products, and Footwear	6
木材加工和木、竹、藤、棕、草制品业	Processing of Timbers, Manufacture of Wood, Bamboo, Rattan, Palm, and Straw Products	4
家具制造业	Manufacture of Furniture	20
造纸和纸制品业	Manufacture of Paper and Paper Products	13
印刷和记录媒介复制业	Printing, Reproduction of Recording Media	40
文教、工美、体育和娱乐用品制造业	Manufacture of Articles for Culture,Education, Artwork, Sport and Entertainment Activities	76
石油、煤炭及其他燃料加工业	Processing of Petroleum, Coal and Other Fuels Nuclear Fuel	3
化学原料和化学制品制造业	Manufacture of Raw Chemical Materials and Chemical Products	108
医药制造业	Manufacture of Medicines	77
化学纤维制造业	Manufacture of Chemical Fibers	
橡胶和塑料制品业	Manufacture of Rubber and Plastics Products	228
非金属矿物制品业	Manufacture of Non-Metallic Mineral Products	62
黑色金属冶炼和压延加工业	Smelting and Pressing of Ferrous Metals	6
有色金属冶炼和压延加工业	Smelting and Pressing of Non-Ferrous Metals	22
金属制品业	Manufacture of Fabricated Metal Products	196
通用设备制造业	Manufacture of General-Purpose Machinery	413
专用设备制造业	Manufacture of Special-Purpose Machinery	651
汽车制造业	Manufacture of Motor Vehicles	61
铁路、船舶、航空航天和其他运输设备制造业	Manufacture of Railway Locomotives, Building of Ships and Boats, Manufacture of Air and Spacecrafts and Other Transportation Equipment	40
电气机械和器材制造业	Manufacture of Electrical Machinery and Equipment	794
计算机、通信和其他电子设备制造业	Manufacture of Computers, Communication Equipment and Other Electronic Equipment	2023
仪器仪表制造业	Manufacture of Measuring Instruments and Meters	309
其他制造业	Other Manufacturing	57
废弃资源综合利用业	Recycling and Disposal of Waste	4
金属制品、机械和设备修理业	Repair of Fabricated Metal Products, Machinery and Equipment	6
电力、热力、燃气及水生产和供应业	Production and Distribution of Electricity,Heating Power, Gas and Water	42
电力、热力生产和供应业	Production and Distribution of Electricity and Heating Power	18
燃气生产和供应业	Production and Distribution of Gas	3
水的生产和供应业	Production and Distribution of Water	21

STATISTICS FOR RESEARCH AND EXPERIMENTAL DEVELOPMENT AND RELATED ACTIVITIES OF INDUSTRIAL ENTERPRISES ABOVE DESIGNATED SIZE (BY SECTOR) (2023)

研究与试验发展（R&D）人员（人）R&D Personnel (person)	研究与试验发展（R&D）人员折合全时当量（人年）Full-time Equivalent of R&D Personnel (person-year)	研究与试验发展（R&D）经费内部支出（万元）Internal R&D Expenditures (10 000 yuan)	按活动类型分 Group by Type of Activity		
			基础研究 Basic Research	应用研究 Applied Research	试验发展 Experimental Development
799	548	60656			60656
248	133	44184			44184
551	414	16471			16471
424228	356113	16607078	287148	726889	15593042
208	153	4736			4736
322	196	4065			4065
90	51	1542			1542
2229	1570	51224		1520	49704
667	559	13318			13318
1507	1337	20850			20850
1094	746	8943			8943
105	80	1570			1570
682	535	7510			7510
607	456	4849			4849
1784	1496	23166			23166
3359	2389	44073		508	43566
26	19	953			953
3146	2570	71607	141	898	70568
4550	3383	207022	12699	3675	190649
1	1				
7434	6164	101175		1582	99593
2242	1779	53438			53438
120	96	2450		371	2079
513	428	10024			10024
6471	5216	106010		119	105890
19949	15429	297075	88	812	296176
33036	24577	711823	103	11610	700110
37498	37854	1005183	107		1005076
1925	1427	24531			24531
37254	29998	826437	703	5538	820196
242977	206238	12708784	270090	699478	11739216
11387	9123	218967	3218	704	215045
2751	2020	70853		76	70777
62	52	1160			1160
232	172	3742			3742
3650	2670	110462		206	110255
2154	1489	61812		206	61605
825	689	36775			36775
671	492	11876			11876

15-6 续表

项目	Item	按支出用途分 日常性支出 Routine Expenses
采矿业	Mining	59984
石油和天然气开采业	Extraction of Petroleum and Natural Gas	43562
开采专业及辅助性活动	Professional and Support Activities for Mining	16421
制造业	Manufacturing	15510594
农副食品加工业	Processing of Food from Agriculture Products	4522
食品制造业	Manufacture of Foods	4018
酒、饮料和精制茶制造业	Manufacture of Wine, Beverage and Refined Tea	1289
烟草制品业	Manufacture of Cigarettes and Tobacco	50027
纺织业	Manufacture of Textile	13310
纺织服装、服饰业	Manufacture of Textile Wearing Apparel and Ornament	20777
皮革、毛皮、羽毛及其制品和制鞋业	Manufacture of Leather, Fur, Feather and Its Products, and Footwear	8830
木材加工和木、竹、藤、棕、草制品业	Processing of Timbers, Manufacture of Wood, Bamboo, Rattan, Palm, and Straw Products	1570
家具制造业	Manufacture of Furniture	7075
造纸和纸制品业	Manufacture of Paper and Paper Products	4709
印刷和记录媒介复制业	Printing, Reproduction of Recording Media	22074
文教、工美、体育和娱乐用品制造业	Manufacture of Articles for Culture,Education, Artwork, Sport and Entertainment Activities	42703
石油、煤炭及其他燃料加工业	Processing of Petroleum, Coal and Other Fuels Nuclear Fuel	953
化学原料和化学制品制造业	Manufacture of Raw Chemical Materials and Chemical Products	66367
医药制造业	Manufacture of Medicines	193551
化学纤维制造业	Manufacture of Chemical Fibers	
橡胶和塑料制品业	Manufacture of Rubber and Plastics Products	97634
非金属矿物制品业	Manufacture of Non-Metallic Mineral Products	47074
黑色金属冶炼和压延加工业	Smelting and Pressing of Ferrous Metals	2441
有色金属冶炼和压延加工业	Smelting and Pressing of Non-Ferrous Metals	9431
金属制品业	Manufacture of Fabricated Metal Products	96236
通用设备制造业	Manufacture of General-Purpose Machinery	291101
专用设备制造业	Manufacture of Special-Purpose Machinery	690864
汽车制造业	Manufacture of Motor Vehicles	975907
铁路、船舶、航空航天和其他运输设备制造业	Manufacture of Railway Locomotives, Building of Ships and Boats, Manufacture of Air and Spacecrafts and Other Transportation Equipment	24153
电气机械和器材制造业	Manufacture of Electrical Machinery and Equipment	772474
计算机、通信和其他电子设备制造业	Manufacture of Computers, Communication Equipment and Other Electronic Equipment	11775212
仪器仪表制造业	Manufacture of Measuring Instruments and Meters	211042
其他制造业	Other Manufacturing	70433
废弃资源综合利用业	Recycling and Disposal of Waste	1160
金属制品、机械和设备修理业	Repair of Fabricated Metal Products, Machinery and Equipment	3660
电力、热力、燃气及水生产和供应业	Production and Distribution of Electricity,Heating Power, Gas and Water	103329
电力、热力生产和供应业	Production and Distribution of Electricity and Heating Power	56128
燃气生产和供应业	Production and Distribution of Gas	36143
水的生产和供应业	Production and Distribution of Water	11059

CONTINUED

研究与实验发展（R&D）经费内部支出（万元） Internal（R&D）Expenditures（10 000 yuan）							新产品销售收入（万元） Sales Income of New Products (10 000 yuan)
Group by Purpose of Payment			按资金来源分 Group by Fund Source				
#人员劳务费 Labor Cost	资产性支出 Expenditures for Assets	#仪器和设备 Instruments and Equipment	政府资金 Governmental Funds	企业资金 Enterprise Funds	境外资金 Foreign Funds	其他资金 Others	
17565	672	622	515	60140			
15638	622	622	243	43941			
1927	50		272	16199			
7893208	1096485	1088555	419580	16179026	7952	520	181620289
986	215	214	15	4721			46426
1671	47	47		4065			123367
690	253	253		1542			31176
24818	1197	1194	35	51189			800038
4766	8	8		13318			664208
10120	73	73		20850			990989
4763	113	113		8943			292785
780	…		94	1476			62245
3715	435	429		7510			213209
1671	140	140	46	4803			136207
10066	1092	1088		23166			1059127
23232	1370	1361	387	43221	466		1298192
259				953			66106
31023	5239	5208	8630	62976			1153146
64723	13472	13392	10370	196477	176		1212289
41845	3541	3507	240	100830		105	2162508
16805	6364	6360	503	52935			872021
617	9	9		2450			121549
3245	593	591		10024			263226
36705	9774	9652	2309	103701			2469065
164101	5974	5823	7953	288613	509		4485114
353618	20959	20097	20748	691075			10775440
410253	29276	29245	8564	996619			28650580
10197	378	340	705	23826			663303
385687	53963	53392	7724	811814	6802	97	18006617
6123320	933573	927689	347124	12361563		97	101393236
125380	7925	7837	3985	214761		221	2096690
36312	420	414	147	70706			1450017
489				1160			34455
1355	82	82		3742			26957
44848	7132	5955	496	109966			1234118
24219	5683	4521	249	61563			45827
15804	632	619		36775			1165309
4825	817	815	248	11628			22981

15-7　规模以上高技术制造业研究与试验发展（R&D）及相关活动情况（2023年）

项目	Item	有研究与试验发展（R&D）活动企业数（个） Enterprises with R&D Activities (unit)
合计	**Total**	**2830**
医药制造业	Manufacture of Medicines	77
#化学药品制造	Manufacture of Chemical Medicine	21
#生物药品制品制造	Manufacture of Biological Medicine and Biochemical Chemical Products	28
航空、航天器及设备制造业	Manufacture of Aircrafts and Spacecrafts	8
电子及通信设备制造业	Manufacture of Electronic Equipment and Communication Equipment	1894
#通信设备制造、雷达及配套设备制造	Manufacture of Communication Equipment，Radar and Matching Equipment	284
#电子器件制造	Manufacture of Electronic Appliances	518
#电子元件及电子专用设备制造	Manufacture of Electronic Components	405
计算机及办公设备制造业	Manufacture of Computers and Office Equipments	379
医疗仪器设备及仪器仪表制造业	Manufacture of Medical Equipments and Meters	472
#医疗仪器设备及器械制造	Manufacture of Medical Equipment and Appliances	184
#通用仪器仪表制造	Manufacture of Measuring Instrument and Meter	174
信息化学品制造业	Manufacture of Information Chemicals	

STATISTICS FOR RESEARCH AND EXPERIMENTAL DEVELOPMENT AND RELATED ACTIVITIES OF HIGH-TECH MANUFACTURING ABOVE DESIGNATED SIZE(2023)

研究与试验发展（R&D）人员（人）R&D Personnel (person)	研究与试验发展（R&D）人员折合全时当量（人年）Full-time Equivalent of R&D Personnel (person-year)	研究与试验发展（R&D）经费内部支出（万元）Internal R&D Expenditures (10 000 yuan)	新产品开发经费（万元）Expenditure on New Products Development（10 000 yuan）	新产品销售收入（万元）Sales Income of New Products (10 000 yuan)	专利申请数（件）Number of Patent Applications (piece)	#发明专利 Invention Patent	有效发明专利数（件）Number of Effective Inventions (piece)
285658	**239228**	**13752364**	**22039616**	**117339132**	**99071**	**63269**	**289083**
4550	3383	207022	294858	1212289	1143	770	2049
1862	1210	85635	118282	431094	419	378	724
1305	1036	75724	104245	172401	321	239	782
290	160	9057	19493	23305	46	20	259
236623	202186	12484158	19324649	103676973	81505	54792	264371
156345	138848	10602317	14921684	58869282	45993	41006	210706
23453	17626	752919	1689598	13536680	9420	4944	29460
19029	15407	353951	836743	9130367	6412	2369	7355
21128	16060	498861	1067500	6120247	6708	3328	10012
23067	17440	553266	1333115	6306320	9669	4359	12392
12317	8835	342263	855905	4421719	5930	2935	7969
6937	5631	139552	302457	1254664	2321	930	3254

主要统计指标解释

研究与试验发展(R&D)　指为增加知识存量(也包括有关人类、文化和社会的知识)以及设计已有知识的新应用而进行的创造性、系统性工作，包括基础研究、应用研究和试验发展三种类型。国际上通常采用R&D活动的规模和强度指标反映一国的科技实力和核心竞争力。

基础研究　指一种不预设任何特定应用或使用目的的实验性或理论性工作，其主要目的是为获得(已发生)现象和可观察事实的基本原理、规律和新知识。其成果通常表现为提出一般原理、理论或规律，并以论文、著作、研究报告等形式为主。

应用研究　指为获取新知识，达到某一特定的实际目的或目标而开展的初始性研究。应用研究是为了确定基础研究成果的可能用途，或确定实现特定和预定目标的新方法。其研究成果以论文、著作、研究报告、原理性模型或发明专利等形式为主。

试验发展　指利用从科学研究、实际经验中获取的知识和研究过程中产生的其他知识，开发新的产品、工艺或改进现有产品、工艺而进行的系统性研究。其研究成果以专利、专有技术，以及具有新颖性的产品原型、原始样机及装置等形式为主。

R&D人员　指报告期R&D活动单位中从事基础研究、应用研究和试验发展活动的人员。包括直接参加上述三类R&D活动的人员，以及与上述三类R&D活动相关的管理人员和直接服务人员，即直接为R&D活动提供资料文献、材料供应、设备维护等服务的人员。不包括为R&D活动提供间接服务的人员，如餐饮服务、安保人员等。

R&D人员全时当量　指报告期R&D人员按实际从事R&D活动时间计算的工作量，以“人年”为计量单位。为国际上比较科技人力投入而制定的可比指标。

R&D经费支出　指报告期调查单位内部为实施R&D活动而实际发生的全部经费，按支出性质分为日常性支出和资产性支出。不包括调查单位委托其他单位或与其他单位合作开展R&D活动而转拨给其他单位的全部经费。

R&D经费支出中政府资金　指R&D经费支出中来自各级政府财政的各类资金，包括财政科学技术支出和财政其他功能支出的资金用于R&D活动的实际支出。

R&D经费支出中企业资金　指R&D经费支出中来自企业的各类资金。对企业而言，企业资金指企业自有资金、接受其他企业委托开展R&D活动而获得的资金，以及从金融机构贷款获得的开展R&D活动的资金；对科研院所、高校等事业单位而言，企业资金是指因接受从企业委托开展R&D活动而获得的各类资金。

新产品销售收入　指报告期企业销售新产品实现的销售收入。新产品是指采用新技术原理、新设计构思研制、生产的全新产品，或在结构、材质、工艺等某一方面比原有产品有明显改进，从而显著提高了产品性能或扩大了使用功能的产品。既包括经政府有关部门认定并在有效期内的新产品，也包括企业自行研制开发，未经政府有关部门认定，从投产之日起一年之内的新产品。

专利　是专利权的简称，是对发明人的发明创造经审查合格后，由国家知识产权局依据专利法授予发明人和设计人对该项发明创造享有的专有 权。包括发明、实用新型和外观设计。反映拥有自主知识产权的科技和设计成果情况。

发明(专利)　指对产品、方法或者其改进所提出的新的技术方案。是国际通行的反映拥有自主知识产权技术的核心指标。

Explanatory Notes on Main Statistical Indicators

Research and Experimental Development (R&D) refers to creative and systematic work undertaken in order to increase the stock of knowledge (including knowledge of humankind, culture and society) and to devise new applications of available knowledge. R&D includes 3 categories of activities: basic research, applied research and experimental development. The scale and intensity of R&D are widely used internationally to reflect the strength of S&T and the core competitiveness of a country in the world.

Basic Research refers to experimental or theoretical work undertaken primarily to acquire new knowledge of the underlying foundations of phenomena and observable facts, without any particular application or use in view. Basic research usually formulates hypotheses, theories or laws, and its results are mainly released or disseminated in the form of scientific papers or monographs or research reports.

Applied Research refers to original investigation undertaken in order to acquire new knowledge. It is directed primarily towards a specific, practical aim or objective. Purpose of the applied research is to identify the possible uses of results from basic research, or to explore new (fundamental) methods or new approaches. Results of applied research are expressed in the form of scientific papers, monographs, fundamental models or invention patents.

Experimental Development refers to systematic work, drawing on knowledge gained from research and practical experience and producing additional knowledge, which is directed to producing new products or processes or to improving existing products or processes. Results of experimental development activities are embodied in patents, exclusive technology, and monotype of new products or equipment.

R&D Personnel refer to persons of R&D activities units engaged in basic research, applied research, and experimental development at the reference period, including persons of directly participating in the three activities above,as well as management and direct service staff related to R&D activities, such as literature provision, material supply, equipment maintenance staff, it excludes persons providing indirect support and ancillary services, such as canteen and security staff.

Full-time Equivalent of R&D Personnel refers to the ratio of working hours actually spent on R&D during a specific reference period (usually a calendar year) divided by the total number of hours conventionally worked in the same period by an individual or by a group. The measurement unit of the ratio is "man-years". This is an internationally comparable indicator of S&T manpower input.

Expenditure on R&D refers to the real expenditure of surveyed units on their own R&D activities in reporting period. It is divided into current expenditures and gross fixed capital expenditures for R&D according to the nature of expenditure. It doesn't include the fees transferred to cooperated or entrusted agencies on R&D activities.

Expenditure on R&D from Government Funds refers to the expenditure of funds on R&D activities from government agencies at different levels, including appropriate funds on science and technology from financial departments, and the real expenditure of other fiscal functional funds on R&D activities from government agencies.

Expenditure on R&D from Enterprises Funds refers to the expenditure of all kinds of funds on R&D activities from enterprises. In terms of enterprises, it refers to the expenditure of self-raised funds of enterprises, funds from other enterprises through entrustment, loans from financial institutions on R&D activities. In terms of public institutions,such as institution of scientific research and universities, it refers to the expenditure of funds from enterprises through entrustment.

Sales Income of New Products refers to the sales income of new products of the enterprises at the reference period. New products refer to products developed and produced with new technologies and designs or improved in structure, material, process or other aspects so that their performance are improved or their functions expanded. New products include those affirmed by government authorities in their validity period and also those developed by enterprises without the affirmation of government authorities within one year after they are put into production.

Patent is an abbreviation for the patent right and refers to the exclusive right of ownership by the inventors or designers for the creation or inventions, given from the China National Intellectual Property Administration after due process of assessment and approval in accordance with the Patent Law. Patents are granted for inventions, utility models and designs. This indicator reflects the achievements of S&T and design with independent intellectual property.

Patented Inventions refer to new technical proposals to the products or methods or their modifications. This is universal core indicator reflecting the technologies with independent intellectual property.

16 第十六部分 文化和教育

CULTURE AND EDUCATION

CHAPTER

16-1　各级各类学校数

NUMBER OF SCHOOL BY LEVEL AND TYPE

单位：所　　　　　　　　　　　　　　　　　　　　　　　　　　　　　　　　　　(unit)

年 份 Year	普通高等学校 Institutions of Higher Education	中等职业学校 Vocational Secondary Schools	普通中学 Regular Secondary Schools	小 学 Primary Schools	幼儿园 Kindergartens
1979			24	226	90
1980			24	238	52
1981			26	244	32
1982			28	246	50
1983	1		30	248	69
1984	2		35	260	87
1985	2		38	258	79
1986	2		40	257	273
1987	2		43	255	187
1988	2		47	257	195
1989	2		47	264	207
1990	2		49	263	228
1991	2		51	260	257
1992	2		53	261	282
1993	3		51	267	281
1994	3		56	269	333
1995	2		62	274	349
1996	2		71	274	380
1997	2		73	275	446
1998	2		78	286	488
1999	2		83	325	560
2000	2		94	353	562
2001	3		107	377	588
2002	9		132	395	634
2003	9	25	179	376	656
2004	9	16	216	378	699
2005	9	16	245	358	744
2006	9	13	260	357	758
2007	8	13	273	347	819
2008	8	13	277	342	865
2009	8	13	285	346	974
2010	8	13	295	340	1040
2011	9	13	299	334	1093
2012	10	15	302	333	1186
2013	10	15	314	335	1313
2014	10	16	325	331	1402
2015	12	15	335	334	1489
2016	12	15	352	337	1579
2017	12	15	368	342	1683
2018	13	15	390	344	1771
2019	13	15	417	340	1836
2020	14	15	435	347	1881
2021	14	15	475	343	1896
2022	14	16	521	353	1935
2023	14	16	554	359	1973

注：根据教育部的统一要求及深圳实际，将普通中专、成人中专和职业高中合并统称为中等职业教育。该指标由于深圳市布局调整的原因产生了波动。

Note: According to unified requirements of the Ministry of Education and the actual situation of Shenzhen,the index,vocational secondary educa-tion was mergered by technical secondary school, specialized secondary schools for adults and vocational senior secondary schools. This index was fluctuated by layout adjusting in shenzhen.

16-2 各级各类学校教职工数

STAFF AND WORKERS BY LEVEL AND TYPE OF SCHOOL

单位：人 (person)

年 份 Year	普通高等学校 Institutions of Higher Education	中等职业学校 Vocational Secondary Schools	普通中学 Regular Secondary Schools	小 学 Primary Schools	幼儿园 Kindergartens
1986	816		2871	3632	
1987	972		3182	3959	1616
1988	1034		3455	4302	1558
1989	1393		3758	4596	1969
1990	1348		3920	5061	2267
1991	1381		4308	5388	2716
1992	1405		4650	5768	3113
1993	1536		5106	6337	4154
1994	2753		5589	7129	5294
1995	1187		6063	7666	5929
1996	1331		6669	8702	6817
1997	1430		7079	9148	8328
1998	1649		7369	9786	9761
1999	1819		7886	11449	11605
2000	1902		8739	14697	12787
2001	2165		9763	17370	14515
2002	3369		11662	20621	16483
2003	3820	2029	13379	23382	17778
2004	4421	1758	15401	25460	19345
2005	5025	1733	18713	30194	21376
2006	4995	1712	20500	31748	23167
2007	5458	1711	23191	33985	25711
2008	5796	1791	26044	35816	28483
2009	6149	1868	27577	36203	33156
2010	6042	2077	28874	37167	38693
2011	6260	2184	45293	23624	42837
2012	6823	2739	47733	24805	46617
2013	7603	2790	50332	25476	52400
2014	8057	3023	53254	26792	57021
2015	9061	3136	57146	28157	62813
2016	9741	3296	62164	29842	68017
2017	11242	3447	67423	31098	74366
2018	13948	3505	74992	32665	78890
2019	14875	3584	81855	33069	82647
2020	17276	3767	87758	33573	86711
2021	20850	3985	97258	33642	91756
2022	21668	4282	104037	34916	93976
2023	22344	4373	111616	36649	94220

注：根据全国教育事业统计口径，2014年起九年一贯制学校教职工纳入初中阶段学校统计；十二年一贯制学校、完全中学学校教职工纳入普通高中阶段学校统计。

Note:According to the statistical scope of national education, from 2014, the numbers of 9-Year Schools'educational personnel is included in senior secondary education; the numbers of 12-Year Schools and their educational personnel are included in senior secondary education.

16-3 各级各类学校专任教师数

FULL-TIME TEACHERS BY LEVEL AND TYPE OF SCHOOL

单位：人　(person)

年 份 Year	普通高等学校 Institutions of Higher Education	中等职业学校 Vocational Secondary Schools	普通中学 Regular Secondary Schools	小 学 Primary Schools	幼儿园 Kindergartens
1979			752	1588	
1980			625	1763	159
1981			676	1948	141
1982			860	1954	259
1983	80		1044	2025	365
1984	162		1372	2282	575
1985	288		1902	2749	483
1986	406		2138	2977	573
1987	468		2376	3265	1005
1988	524		2603	3571	937
1989	533		2771	3810	1193
1990	484		2915	4221	1317
1991	533		3255	4514	1451
1992	493		3533	4832	1698
1993	535		3892	5342	2288
1994	978		4290	6015	2745
1995	629		4675	6429	3202
1996	747		5004	7046	3665
1997	793		5276	7567	4613
1998	865		5502	7940	5257
1999	1049		5935	8914	6092
2000	1170		6596	11550	7234
2001	1295		7224	13254	7690
2002	2080		8643	15763	8893
2003	2341	1392	9989	17920	9539
2004	2572	1215	11625	19660	10670
2005	2796	1216	14196	23866	11973
2006	2905	1234	15678	25203	12815
2007	3139	1251	17846	27209	14381
2008	3293	1282	20091	28540	15761
2009	3592	1330	21335	28906	18133
2010	3550	1534	22417	29769	20786
2011	3528	1638	23897	31186	21627
2012	3889	1948	25807	33496	24154
2013	4184	2070	27048	35546	26803
2014	4462	2279	28320	39115	28782
2015	4826	2395	29252	42630	31704
2016	5092	2511	30674	46975	33746
2017	5572	2636	32590	50805	36904
2018	6644	2694	35544	55160	38431
2019	6999	2747	38361	58511	39912
2020	8047	2888	41554	60900	40348
2021	8426	2886	45870	63640	42408
2022	8840	2962	50408	66513	43597
2023	9477	3009	54446	69873	42652

注：根据全国教育事业统计口径，2013年开始小学专任教师含九年一贯制学校、十二年一贯制学校小学部的专任教师；初中专任教师含九年一贯制学校、十二年一贯制学校初中部专任教师；高中专任教师含十二年一贯制学校、完全中学学校高中部专任教师。

Note: According to the statistical scope of national education, from 2013, the numbers of fulltime teachers from primary department of 9-Year Schools and 12-Year Schools is included in the number of Primary Schools' fulltime teachers; the numbers of fulltime teachers from junior secondary department of 9-Year Schools and 12-Year Schools is included in the number of Junior Secondary schools' fulltime teachers; the numbers of fulltime teachers from senior secondary department of 12-Year Schools and Secondary Schools(From Grade7-12) is included in the number of Senior Secondary schools' fulltime teachers.

16-4 各级各类学校在校学生数

STUDENTS ENROLLMENT BY LEVEL AND TYPE OF SCHOOL

单位：人 (person)

年 份 Year	普通高等学校 Institutions of Higher Education	中等职业学校 Vocational Secondary Schools	普通中学 Regular Secondary Schools	小 学 Primary Schools	幼儿园 Kindergartens
1979		80	13686	47022	4587
1980		142	12296	49168	3377
1981		133	13088	51560	5074
1982		262	17080	54538	7723
1983	216	466	20982	56319	9252
1984	1236	2009	27636	62021	12140
1985	3206	3766	35334	70277	14338
1986	3478	5225	40208	77884	22703
1987	4330	7257	44910	84601	26072
1988	4710	9696	43267	96474	27106
1989	4419	10252	45056	104041	34781
1990	3964	11478	46473	111711	36041
1991	3779	10654	50625	118460	43877
1992	3653	11766	55857	127978	49985
1993	3680	12353	60337	139272	56024
1994	4227	12954	66073	147186	63316
1995	5291	13393	71540	157210	62571
1996	6493	13999	76949	170983	68769
1997	7601	14790	82155	190192	71378
1998	8497	14386	86009	215652	77623
1999	10568	20385	91260	256060	88322
2000	14123	18764	106996	313852	93164
2001	18743	18013	126190	363657	103083
2002	26778	17047	150654	415097	110390
2003	32106	17010	179628	469684	123856
2004	41251	18833	211224	526419	135019
2005	45314	21598	240508	566278	147672
2006	51220	24779	256630	564891	152330
2007	58910	25978	279180	575160	169496
2008	64675	27706	298939	585852	191222
2009	66952	28604	316024	589481	221182
2010	67324	29731	334752	618459	260873
2011	70004	29336	346942	651307	285146
2012	75570	32067	359643	683058	316929
2013	82401	33618	371735	730232	368937
2014	87674	36870	378690	793178	399014
2015	90511	38145	385221	864841	438498
2016	91883	39665	396455	910974	463319
2017	96702	39234	417641	964510	504955
2018	103829	38922	448004	1027969	524193
2019	113214	39442	477390	1068992	545032
2020	136184	39134	517630	1091179	559674
2021	145181	40186	563174	1133041	597569
2022	155264	41829	616320	1166852	591691
2023	160841	44099	669228	1226562	555050

16-5 各级各类学校招生数
NEW STUDENTS ENROLLMENT BY LEVEL AND TYPE OF SCHOOL

单位：人 (person)

年 份 Year	普通高等学校 Institutions of Higher Education	中等职业学校 Vocational Secondary Schools	普通中学 Regular Secondary Schools	小 学 Primary Schools	幼儿园 Kindergartens
1979			5612	8978	
1980			5344	9064	
1981			5046	9978	
1982			7401	9561	
1983	216		8142	8936	
1984	473		10053	9700	8734
1985	1482		12954	11876	10148
1986	1173		12826	14269	10932
1987	1573		15121	15191	9344
1988	1378		12583	17235	8369
1989	1228		16654	18525	15273
1990	1041		17034	19122	17494
1991	1126		17956	19634	28493
1992	1070		21242	22129	32847
1993	1309		22417	26333	37035
1994	1664		24286	27860	26213
1995	2134		26463	31198	35630
1996	2470		27752	33692	37869
1997	2580		29773	37306	33906
1998	3078		31286	41824	32822
1999	4211		34380	55876	39019
2000	6522		41980	64265	39392
2001	7239		48533	72220	50354
2002	10210		58847	81107	40523
2003	11915	6108	69711	88203	51989
2004	14455	7430	79359	96554	54735
2005	15044	8913	92305	101274	58658
2006	17916	9071	94866	95359	57007
2007	19396	8439	102093	98106	63442
2008	20578	10198	111454	98525	71062
2009	20488	10051	113516	103166	87747
2010	20330	9610	120335	118028	110977
2011	22914	10223	123382	128091	118843
2012	25794	12233	127983	137276	122138
2013	27613	12076	131160	147097	143792
2014	28062	13628	130769	162498	174195
2015	27653	13691	135326	172097	159728
2016	28523	13964	143681	173804	173978
2017	31390	13005	152395	181516	202474
2018	33662	12875	164088	206327	193675
2019	38045	13835	174054	203957	179844
2020	52394	12504	193241	190742	187135
2021	43171	14144	208778	204514	192791
2022	45551	15507	226576	204997	175744
2023	49852	15080	245090	236985	170789

16-6 各级各类学校毕业生数
GRADUATES BY LEVEL AND TYPE OF SCHOOL

单位：人 (person)

年 份 Year	普通高等学校 Institutions of Higher Education	中等职业学校 Vocational Secondary Schools	普通中学 Regular Secondary Schools	小 学 Primary Schools	幼儿园 Kindergartens
1984			4677	8505	6710
1985			7468	10669	7824
1986			9169	11481	9892
1987	1028		11401	14411	7529
1988	828		14305	8821	7741
1989	1491		13388	12947	13090
1990	1334		13914	13363	13848
1991	1191		11885	14428	23140
1992	1187		14035	16555	27126
1993	1203		14739	17685	30000
1994	1064		15345	19010	17749
1995	1143		17617	20876	33187
1996	1210		18891	21030	25889
1997	1474		20215	22095	32459
1998	2126		23651	23871	26560
1999	2146		23179	27040	35545
2000	2382		24874	33219	39917
2001	2779		28424	38987	44157
2002	3927		32503	47025	43912
2003	4740	5141	40200	55017	48797
2004	6282	5680	48061	62032	49575
2005	9007	5429	58363	75517	54204
2006	12413	5325	66047	81554	58421
2007	13568	6836	71162	84734	59134
2008	13635	8227	80616	88805	65231
2009	17230	8659	85599	91176	72451
2010	18003	8083	92053	91909	76909
2011	18311	9075	100845	92979	78547
2012	18327	9519	105384	99359	100648
2013	18618	8937	109616	98650	118688
2014	21187	9593	112233	97928	131220
2015	23397	11413	118481	100181	149862
2016	25473	11449	121304	111008	154655
2017	25279	12205	119643	119948	168600
2018	27935	12743	124106	130388	189124
2019	25926	12861	132870	139895	185842
2020	28033	12057	141955	150726	192007
2021	28512	12519	151558	155758	192965
2022	33847	13448	163312	161004	199375
2023	45680	12338	183442	167112	223603

16-7 文化事业（2013-2023年）
CULTURAL INSTITUTIONS（2013-2023）

项 目	Item	2013	2014	2015	2016	2017	2018	2019	2020	2021	2022	2023
群众艺术、文化馆(座)	Art and Cultural Centers(unit)	8	8	8	8	8	8	8	10	10	10	10
公共图书馆(座)	Public Libraries (unit)	633	625	620	623	638	650	674	710	733	779	845
公共图书馆总藏量（万册）	Collection of Public Libraries(10 000 books)	2854	3063	3282	3604	4075	4296	4576	4923	5708	6052	6476
博物馆、纪念馆(座)	Museums (unit)	37	41	41	46	47	50	52	55	57	61	61
广播电台(座)	Broadcasting Stations (unit)	1	1	1	1	1	1	1	1	1	1	1
电视台(座)	Television Stations (unit)	2	2	2	2	2	2	2	2	2	2	2
广播人口覆盖率(%)	Listener Rating(%)	100	100	100	100	100	100	100	100	100	100	100
电视人口覆盖率(%)	Viewer Rating(%)	100	100	100	100	100	100	100	100	100	100	100

主要统计指标解释

普通高等学校　指按照国家规定的设置标准和审批程序批准举办，通过全国普通高等教育统一招生考试，招收高中毕业生为主要培养对象，实施高等学历教育的全日制大学、独立设置的学院和高等专科学校、高等职业学校和其他机构。

中等职业教育学校　指按国家规定的设置标准和审批程序批准成立的实施中等职业教育的学校（机构），包括原属普通中等专业学校、成人中等专业学校、职业高中及技工院校。

图书馆总藏量　指已编目的古籍、图书、期刊和报纸的合订本、小册子、手稿以及缩微 制品、录像带、录音带、光盘等视听文献资料数量之和。

Explanatory Notes on Main Statistical Indicators

Regular Institutions of Higher Education refer to educational establishments set up according to government standards and evaluation and approval procedures, mainly enrolling graduates from senior secondary schools through uniform national matriculation examinations and providing higher education. Such institutions include full-time universities, independent colleges, technical colleges, professional colleges, and other institutions.

Vocational Secondary Schools refer to schools (institutions) approved for the implementation of secondary vocational education in accordance with the national standards and approval procedures, including ordinary secondary vocational schools,adult secondary vocational schools, vocational high schools, and technical colleges.

Collection of Public Libraries refer to the sum of the compiled volumes,pamphlets,manuscripts,as well as audiovisual materials such as microfilms, videotapes, audio tapes, CDs, etc. Of ancient books, books, journals, and newspapers that have been cataloged.

17 第十七部分

卫生、社会保障和社会福利业

PUBLIC HEALTH,SOCIAL SECURITY AND SOCIAL WELFARE

CHAPTER

17-1 卫生事业

PUBLIC HEALTH

年 份 Year	一、医疗卫生机构数合计（个） Health Care Institutions (unit)	1.医院合计 Total Hospitals	#综合医院 General Hospitals	2. 疗养院 Sanatoriums	3.门诊部、私人诊所、企事业内部医务室 Outpatient Departments, Private Clinic and Clinic in Enterprises	4.专科疾病防治院 Specialized Prevention & Treatment Stations	5.疾病预防控制中心（卫生防疫站） Disease Prevention and Control Centers (Antiepidemic Stations)
1979	62	25	25		31	1	1
1980	74	24	24		44	1	1
1981	77	24	24		47	1	1
1982	121	26	26		87	1	2
1983	128	30	28		91	1	2
1984	150	29	26		109	2	6
1985	215	31	27		169	2	6
1986	297	32	28	1	243	2	7
1987	311	34	30	1	253	2	7
1988	308	35	30	1	249	4	6
1989	332	35	29	1	271	5	6
1990	354	38	32	1	291	4	6
1991	360	41	35	1	293	4	6
1992	397	45	37	1	326	4	6
1993	400	45	37	1	324	3	8
1994	496	48	38	1	416	3	8
1995	506	63	53	1	407	6	8
1996	1422	65	54	1	1314	7	8
1997	1126	72	59	1	1011	7	8
1998	899	72	59	1	784	7	8
1999	687	71	58	1	574	7	7
2000	683	72	59	1	568	4	7
2001	723	75	62	1	600	4	7
2002	761	77	62	1	638	5	7
2003	893	85	68	1	759	5	7
2004	856	87	71	1	706	6	7
2005	1063	97	78	1	902	7	7
2006	1692	99	80	1	1529	7	7
2007	1781	101	81	1	1615	7	7
2008	1806	100	79	1	1638	7	7
2009	1963	101	79	1	1794	7	7
2010	1827	107	79	1	1651	7	7
2011	1854	110	78	1	1676	7	8
2012	2008	115	80	1	1823	7	9
2013	2228	117	79	1	2038	8	10
2014	2532	122	80	1	2338	8	11
2015	2946	123	77	1	2751	8	11
2016	3339	134	78	1	3114	8	11
2017	3492	135	77	1	3238	8	10
2018	3806	139	78	1	3544	8	10
2019	4459	144	76	1	4123	8	10
2020	4686	144	76	1	4316	7	10
2021	5241	145	78		4849	7	11
2022	5201	151	80		4776	7	11
2023	5431	159	81		4992	7	11

注：自2002年开始计划生育指导中心、药检所等不记入卫生事业机构中；医生仅统计执业医师与执业助理医师，护士仅统计注册护士，未取得执业证的医师和未注册的护士计入其他卫生技术人员，不得从事医护工作。

Note: The number of health care institutions since 2002 does not include the number of birth-control centers and medicines and chemical reagent test labs. The number of doctors just include licensed doctors and licensed assistant doctors, the number of nurses include registered nurses only.

年份 Year	一、医疗卫生机构合计(个) Health Care Institutions (unit)			二、床位数(张) Beds (bed)				
	6. 妇幼保健院 Women and Children Care Agencies	7. 医学科学研究机构 Institutions of Medical Science	8. 其他卫生机构 Other Health Care Institutions		1.医院病床 Hospital Beds	(1)综合医院 General Hospitals	(2)专科医院 Specialized Hospitals	2.其他医疗卫生机构 Other Health Care Institutions
1979	1		3	597	597	597		
1980	1		3	643	643	643		
1981	1		3	790	790	790		
1982	1		4	717	717	717		
1983	1		3	1023	1023	965	58	
1984	1		3	1634	1634	1455	179	
1985	1	1	5	1885	1885	1600	285	
1986	5	1	6	2112	2028	1749	279	84
1987	6	2	6	2309	2225	1941	284	84
1988	5	2	6	2580	2496	2086	410	84
1989	5	2	7	2922	2838	2305	533	84
1990	5	2	7	3192	3108	2560	548	84
1991	6	2	7	3582	3498	2847	651	84
1992	6	2	7	4550	4466	3483	983	84
1993	7	4	8	5252	5168	4146	1022	84
1994	7	4	9	6124	6040	4844	1196	84
1995	7	4	10	6724	6640	5351	1289	84
1996	7	4	16	7455	7105	5777	1328	350
1997	7	4	16	8288	7813	6224	1589	475
1998	7	4	16	8899	8353	6760	1593	546
1999	7	4	16	9332	8720	7120	1600	612
2000	7	4	20	10294	9616	7983	1633	678
2001	7	4	25	11159	10542	8919	1623	617
2002	7	3	23	12404	11808	10019	1789	596
2003	7	3	26	13588	12607	10818	1789	981
2004	7	3	39	15069	14186	12125	2061	883
2005	7	3	39	16824	15577	13332	2245	1247
2006	7	3	39	17553	16193	13946	2247	1360
2007	7	3	40	18086	16766	14325	2441	1320
2008	7	3	43	19913	18435	15482	2953	1478
2009	7	3	43	21399	19872	16517	3355	1527
2010	7	3	44	22842	21166	17474	3692	1676
2011	7	3	42	24079	22322	18202	4120	1757
2012	7	3	43	27984	26124	21294	4830	1860
2013	9	3	42	29261	27079	22096	4983	2182
2014	10	3	39	31042	28853	23061	5792	2189
2015	10	3	39	33771	31425	24361	7064	2346
2016	10	3	58	41512	38124	28815	9309	3388
2017	10	2	88	43868	39899	29449	10450	3969
2018	10	1	93	47551	43569	32216	11353	3982
2019	10	1	162	51318	47366	34219	13147	3952
2020	10	1	197	62904	57642	39517	18125	5262
2021	11		218	63990	58795	40029	11983	5159
2022	11		245	65720	60643	41422	12283	5077
2023	11		251	69877	64825	42528	13202	5052

17-1 续表2 CONTINUED

年 份 Year	三、卫生工作人员数(人) Medical Personnel (person)	1. 卫生技术人员 Medical Technical Personnel	(1)执业医师 Licensed Doctors	#执业中医师 Licensed Doctors of Chinese Medicine	(2) 执业助理医师 Licensed Assistant Doctors	#中医执业助理医师 Licensed Assistant Doctors of Traditional Chinese Medicine
1979	1214	988	364	96		
1980	1335	1088	438	88		
1981	1514	1270	518	98		
1982	1967	1609	708	116		
1983	2910	2343	1073	141		
1984	3869	3064	1484	171		
1985	4861	3857	1862	243		
1986	5800	4657	2217	304		
1987	6354	5117	2408	341		
1988	7115	5715	2754	374		
1989	7923	6451	3103	433		
1990	8619	6996	3426	463		
1991	9405	7618	3737	503		
1992	10643	8571	4247	579		
1993	12261	9888	4798	650		
1994	13853	11034	5347	739		
1995	15591	12449	6050	823		
1996	17925	14652	7266	1292		
1997	18553	14932	7400	1122		
1998	18707	14975	7191	928		
1999	18841	15143	7062	879		
2000	19691	15720	7418	919		
2001	21362	17135	8097	958		
2002	23100	18615	7853	865	407	28
2003	26178	21234	8909	939	530	41
2004	28593	22895	9846	1015	521	42
2005	31577	25681	10961	1134	658	45
2006	53441	43266	16238	1548	1347	110
2007	59170	46877	17450	1625	1335	121
2008	63488	50608	18807	1873	1366	93
2009	67028	53778	19963	2017	1425	155
2010	67678	54081	20122	2151	1109	85
2011	71969	58059	21517	2230	1140	89
2012	76684	61961	22831	2649	1111	124
2013	82105	65782	24221	2911	1137	284
2014	86535	69936	25728	3069	1130	103
2015	92682	74884	27834	3452	1173	119
2016	96955	78826	29300	3616	1259	115
2017	104363	85282	31838	4079	1460	148
2018	114882	93660	34747	4630	1574	172
2019	125096	102788	38519	5277	1796	212
2020	130324	106261	40757	5657	1819	219
2021	139781	113284	43728	6326	1894	243
2022	145248	118273	45260	6467	1974	235
2023	152930	125993	48453	7312	2177	317

年 份 Year	三、卫生工作人员数（人）Medical Technical Persomnel（person）				
	1. 卫生技术人员 Medical Personnel				2.其他技术人员 Other Technical Personnel
	（3）注册护士 Registered Nurses	（4）药剂人员 Pharmacists	（5）检验人员 Laboratory Technicians	（6）其他 Others	
1979	138	22	32	432	
1980	186	31	41	392	13
1981	237	46	48	421	15
1982	323	76	60	442	5
1983	551	121	91	507	21
1984	716	173	125	566	41
1985	997	222	158	618	29
1986	1246	260	211	723	44
1987	1450	292	257	710	48
1988	1734	409	283	535	86
1989	1971	431	321	625	85
1990	2145	475	355	595	118
1991	2372	539	365	605	156
1992	2705	630	375	614	183
1993	3225	744	464	657	169
1994	3625	823	538	701	318
1995	4034	906	612	847	386
1996	4654	1005	664	1063	427
1997	4828	1063	708	933	519
1998	5025	1111	760	888	502
1999	5230	1108	812	931	614
2000	5425	1130	847	900	689
2001	5945	1194	871	1028	605
2002	6635	1292	965	1463	800
2003	7321	1499	1085	1890	1056
2004	7975	1569	1219	1765	1243
2005	8981	1710	1362	2009	1191
2006	16583	2796	2340	3962	2117
2007	17869	2876	2190	5157	1974
2008	19339	2979	2382	5735	2072
2009	21008	3046	2578	5758	2171
2010	21866	2896	2486	5602	2213
2011	23987	3021	2615	5779	2232
2012	25931	3143	2652	6293	2192
2013	28035	3343	3022	6024	2592
2014	29723	3469	3086	6800	2779
2015	31717	3607	3216	7337	2933
2016	34065	3644	3364	7194	3998
2017	36389	3842	3517	8236	4514
2018	40309	4029	3739	9262	5569
2019	44273	4210	3934	10056	6335
2020	46202	4316	4117	9050	8456
2021	49597	4543	4264	9258	9692
2022	51569	4641	4676	10153	9663
2023	54444	4839	4816	11264	9261

17-1 续表 4 CONTINUED

年 份 Year	三、卫生工作人员数（人） Medical Technical Persomnel（person）		四、医疗机构总诊疗人次 (万人次) Total Patients Treated (10 000 persons)	五、入院人次 (万人次) Total Inpatients (10 000 persons)	六、病床使用率 (%) Utilization Rate of Beds (%)	七、病床周转次数 (次) Turnover of Beds (time)
	3.管理人员 Managerial Personnel	4.工勤人员 Logistics Workers				
1979	123	103				
1980	112	122				
1981	120	109	148	1.41		
1982	168	185	169	1.97		
1983	193	353	212	3.44		
1984	221	543	280	4.11		
1985	354	621	345	4.88		
1986	394	705	389	4.68	66.2	24.4
1987	411	778	461	5.84	73.6	22.2
1988	465	849	563	6.97	75.6	28.8
1989	517	870	607	7.87	78.4	29.0
1990	463	1042	729	8.73	81.4	29.0
1991	514	1117	840	10.08	85.2	30.3
1992	645	1244	976	11.40	81.9	28.0
1993	965	1239	1050	12.59	80.3	26.6
1994	1108	1393	1057	12.81	70.8	23.2
1995	1195	1561	1202	13.07	65.0	20.8
1996	1252	1594	1168	14.63	64.3	21.5
1997	1426	1676	1231	16.15	67.4	21.9
1998	1381	1849	1386	19.05	68.6	24.1
1999	1386	1698	1520	21.12	69.3	24.5
2000	1479	1803	1699	26.61	75.4	28.3
2001	1729	1893	1912	30.23	77.3	29.4
2002	1753	1932	2062	35.74	80.0	30.6
2003	1807	2081	3052	41.57	84.0	33.5
2004	2100	2355	3514	49.00	82.4	34.9
2005	2367	2338	4055	54.68	79.9	34.6
2006	3058	5000	5170	59.24	81.6	35.6
2007	3450	6869	5954	68.09	87.5	38.6
2008	3867	6941	6842	75.34	89.1	37.9
2009	3925	7154	7549	79.70	86.1	38.4
2010	4060	7324	8127	89.10	89.2	40.1
2011	3638	8040	8878	96.20	90.5	41.4
2012	3557	8974	8638	105.4	85.8	40.1
2013	3620	10111	9112	109.4	84.2	38.4
2014	3590	10230	8853	119.4	85.5	39.4
2015	4092	10773	8901	124.1	84.0	38.1
2016	4182	9949	9598	138.4	85.2	39.0
2017	4447	10120	9960	150.8	84.8	39.3
2018	5182	10471	9986	162.0	84.0	39.6
2019	5890	10083	10812	182.2	82.5	40.1
2020	6171	9436	9002	150.8	66.6	31.2
2021	6312	10493	11423	183.9	75.4	36.8
2022	6484	10828	10367	186.9	71.6	36.0
2023	6860	10816	12884	225.9	81.0	41.8

注： 根据最新国家卫生统计调查制度，从2012年开始总诊疗人次变更统计口径，不包括健康体检和计划免疫人次。

Note: According to the latest national health system，from 2012，the statistics range of Total Patients Treated has changed,not including health examination and planned immunization personnel.

17-2 卫生机构诊疗情况（2017-2023年）
OUPATIENT AND HOSPITALIZATION SERVICES OF HEALTH INSTITUTIONS (2017 -2023)

项目	Item	2017	2018	2019	2020	2021	2022	2023
总诊疗人次（万人次）	Total Patients Treated（10 000 person-times)	9959.8	9985.9	10811.7	9001.8	11422.6	10367.2	12884.3
#门诊人次（万人次）	#Outpatient Visits（10 000 person-times)	8815.4	8982.9	9720.8	8040.7	10247.0	9547.8	11826.6
急诊人次（万人次）	Emergency Visits（10 000 person-times)	749.9	673.8	764.0	640.4	823.2	617.7	818.9
出院人次（万人次）	Number of Discharged Patients(10 000 person-times)	150.3	161.9	181.7	151.1	184.1	187.0	225.9
出院病人平均住院日（日）	Average Stay Days in Hospital(day)	7.7	7.6	7.4	7.7	7.4	7.1	7.0
门诊病人次均医疗费用（元）	The Average Medical Expenses Of Outpatient Every Time(yuan)	246.9	278.5	293.2	325.0	337.5	348.6	359.3
住院病人次均医疗费用（元）	The Average Medical Expenses Of Discharged Patients Every Time(yuan)	10124.1	11367.8	12138.8	14164.5	14478.6	14365.1	13737.2

17-3 体育事业（2018-2023年）

BASIC STATISTICS ON SPORTS（2018-2023）

项目	Item	2018	2019	2020	2021	2022	2023
二级运动员发展人数（人）	New Number of Athletes of Grade II(person)	522	449	374	463	271	1089
二级裁判员发展人数（人）	New Number of Referees of Grade II(person)	425	435	439	445	460	500
举办单项比赛次数（次）	Number of Individual Sports Activities(times)	342	43	3	135	631	1272
全民健身活动情况	Nationwide Body-building Activities						
#举办1000人以上的群体健身活动次数(次)	Number of Nationwide Body-building Activities more than 1000 persons(times)	150	167	34	19	25	58
参加活动人数（万人）	Number of Persons Taking Part in(10 000 persons)	230	262	144	133	128	150
国民体质测试（受测人数）（人）	National Physical Fitness Test (number of subjects)(person)	70641	54610	45780	50820	65800	91615
国民体质合格以上率（%）	Pass Rate of National Physical Fitness Test(%)	89.7	90.6	91.4	92	92	92

注：2015年开始，国民体质测试（受测人数）不含学生测试人数。

Note: From 2015, the national physical test (the number of people subjects) does not contain the number of students tested.

17-4 建立最低生活保障制度以来历年低保情况
LIST OF MINIMUM STANDARD OF LIVING SECURITY

年 份 Year	户 数 （户） Households (Household)	人数 （人） Persons (Person)	最低生活保障金 （万元） Minimum Subsistence Allowance (10 000 yuan)	人均最低生活保障标准 （元/月） Minimum Standard of Living per person （yuan/month）
1998	771	2014	212	
1999	1150	3145	375	
2000	1372	3783	559	
2001	1796	4978	730	
2002	2783	8478	1288	
2003	3718	11203	1972	
2004	4467	13364	2427	
2005	4887	14602	3523	344
2006	5103	15026	3700	361
2007	5105	14833	4049	361
2008	4962	14214	4513	415
2009	4885	13601	5522	415
2010	4470	12220	4122	450
2011	4009	10716	4752	510
2012	3320	8598	5358	560
2013	2866	7095	3658	560
2014	2787	6729	3688	620
2015	2653	6309	4715	800
2016	2550	5916	4301	800
2017	2280	5126	4464	900
2018	1861	4013	4052	1070
2019	1495	3055	3373	1160
2020	1715	3505	3649	1250
2021	1506	2988	4118	1300
2022	1584	3221	4136	1365
2023	1732	3535	4566	1413

17-5 社会养老机构、救助管理站基本情况
BASIC STATISTICS ON SOCIAL PENSION INSTITUTIONS AND RELIEF MANAGEMENT STATIONS

年 份 Year	提供住宿的社会养老机构 Social Pension Institutions that Provide Accommodation			编办登记生活无着人员救助管理站 Relief Management Stations for registering unaccompanied persons		
	单位（个） Units（unit）	床位数（张） Beds（bed）	年末收养人数（人） Year-end Population Housed（person）	单位（个） Units（unit）	床位数（张） Beds（bed）	年度累计救助人数（人次） Number of Rescued Persons
2003	26	2919		3	700	1322
2004	26	2919		3	700	12075
2005	26	2919	2340	3	700	15948
2006	27	3419	2457	3	700	19440
2007	27	2288	1316	3	700	26980
2008	29	2797	1530	3	700	38976
2009	30	3597	1760	3	740	35292
2010	30	3597	1742	3	810	51375
2011	30	4597	1869	3	830	21721
2012	31	5194	2063	3	830	23815
2013	31	4908	2554	3	820	25109
2014	31	5996	2448	3	820	23024
2015	31	6662	2745	3	850	22116
2016	34	7116	3213	3	600	25238
2017	35	8247	3384	3	600	30322
2018	45	9497	3719	3	624	20179
2019	47	10209	4303	3	804	10063
2020	44	10562	3835	3	484	8094
2021	71	12386	4552	3	381	10202
2022	76	12818	3771	3	371	8067
2023	79	13240	4811	3	312	11255

注： 救助管理站2003年人数为2003年8月至2003年12月期间人数。

Note: Number of relief management stations in 2003 is from Aug 2003 to Dec 2003.

17-6 社会保险基本情况（2019-2023年）
BASIC STATISTICS OF SOCIAL INSURANCE（2019-2023）

单位：万人 (10 000 persons)

项目	Item	2019	2020	2021	2022	2023
基本养老保险年末参保人数	Basic Pension Insurance Participants at Year-end	1214.71	1269.69	1338.93	1381.38	1441.10
城镇职工基本养老保险年末参保人数	Urban Employees Basic pension Insurance Participants at Year-end	1213.69	1268.55	1337.76	1380.13	1439.76
城乡居民基本养老保险年末参保人数	Basic pension Insurance for Urban and Rural Residents Participants at Year-end	1.02	1.13	1.18	1.25	1.34
基本医疗保险年末参保人数	Basic Medical Care Insurance Participants at Year-end	1536.60	1608.56	1659.62	1671.25	1738.27
城镇职工基本医疗保险年末参保人数	Urban Employees Basic Medical Care Insurance Participants at Year-end	1239.57	1302.93	1334.68	1337.62	1440.32
城乡居民基本医疗保险年末参保人数	Basic pension Insurance for Urban and Rural Residents Participants at Year-end	297.02	305.63	324.94	333.62	297.95
失业保险年末参保人数	Unemployment Insurance Participants at Year-end	1166.64	1222.44	1249.26	1234.79	1269.40
工伤保险年末参保人数	Work Injury Insurance Participants at Year-end	1186.15	1241.74	1284.47	1276.20	1325.84
生育保险年末参保人数	Maternity Insurance Participants at Year-end	1246.71	1304.79	1330.31	1321.61	1286.50

主要统计指标解释

卫生技术人员 指从事卫生技术工作并在卫生事业机构领取劳动报酬的专业人员。包括中医师、西医师、中西医结合高级医师、护师、中药师、西药师、检验师、其他技师、中医士、西医士、护士、助产士、中药剂士、西药剂士、检验士、其他技士、其他中医、护理员、中药剂员、西药剂员、检验员以及其他初级卫生技术人员。

执业医师 指具有《医师执业证》及其“级别”为“执业医师”且实际从事医疗、预防保健工作的人员，不包括实际从事管理工作的执业医师。执业医师类别分为临床、中医、口腔和公共卫生。

执业助理医师 指具有《医师执业证》及其“级别”为“执业助理医师”且实际从事医疗、预防保健工作的人员，不包括实际从事管理工作的执业助理医师。执业助理医师类别同样分为临床、中医、口腔和公共卫生四类。

Explanatory Notes on Main Statistical Indicators

Medical Technical Personnel refer to all permanent and contract medical staff and workers employed by medical institutions, including doctors of Chinese and Western medicine, senior doctors who integrate traditional Chinese therapeutics with Western therapeutics in practice, senior nurses, pharmacists of Chinese and Western medicine, laboratory specialists, other specialists, paramedics of Chinese and Western medicine, nurses, midwives, druggists in Chinese and Western medicine, laboratory technicians, other technicians, other practitioners of Chinese medicine, nursing attendants, pharmacological workers of Chinese and Western medicine, laboratory workers, and other primary medical personnel.

Licensed Doctors refer to the medical workers who have obtained the licenses of qualified doctors and are employed in medical treatment, disease prevention or healthcare institutions, excluding the licensed doctors engaged in management job. The classification of licensed doctors is clinician, Chinese medicine, dentist and public health.

Licensed Assistant Doctors refer to the medical workers who have obtained the licenses of qualified assistant doctors and are employed in medical treatment, disease prevention or healthcare institutions, excluding the licensed assistant doctors engaged in management job. The classification of licensed assistant doctors is clinician, Chinese medicine, dentist and public health.

18 第十八部分

城市建设和环境保护

URBAN CONSTRUCTIO N AND ENVIRONMENTAL PROTECTION

CHAPTER

18-1 城市建设及公用设施（2018-2023年）
URBAN CONSTRUCTIONS AND PUBLIC UTILITY（2018-2023）

指标名称	Indicators	2018	2019	2020	2021	2022	2023
一、城市园林绿化	**Parks,Gardens and Green Areas in Urban Districts**						
绿化覆盖面积（公顷）	Coverage Area of Afforestation (hectare)	101842	101822	101267	100872	101386	105307
其中：建成区（公顷）	Developed Areas(hectare)	41738	41685	41457	41112	41458	42366
建成区绿化覆盖率（%）	Green Coverage Rate in Developed Areas(%)	45	43	43	43	43	44
绿地面积（公顷）	Area of Green Areas(hectare)	97901	97709	97175	96868	98270	101592
其中：建成区（公顷）	Developed Areas(hectare)	35912	35902	35704	35443	36613	39795
建成区绿地率（%）	Rate of Green Areas in Developed Areas(%)	38.7	37.4	37.4	37.1	38.1	40.9
公园绿地面积（公顷）	Public Green Areas(hectare)	19992	20077	20160	21990	22219	26140
公园数（个）	Number of Parks(unit)	973	1090	1206	1238	1260	1290
公园面积（公顷）	Area of Parks(hectare)	30980	31085	31466	38094	38210	38282
二、市政及环卫设施	**Public Facilities and Environmental Sanitation in urban Districts**						
实有铺装道路总长度（公里）	Total Length of Actual Paved Roads(1000 m)	6443	6124	6521	6520	6611	6705
实有城市道路面积（万平方米）	Area of Actual Urban Roads(10 000 sq.m)	11849	11374	12235	14765	14862	15055
城市排水管道总长度（公里）	Total Length of Sewer Pipelines(1000 m)	15992	15201	16852	19003	19257	20833
污水处理厂设计规模（万吨/日）	Design Scale of Sewage Disposal(10 000 tons/day)	580	625	625	650	692	721
道路照明灯（万盏）	Number of Street Lights(10 000 unit)	43.30	47.94	52.06	55.44	60.43	61.49
生活垃圾转运站座数（座）	Waste Transfer Stations(set)	962	961	944	883	864	859
公共厕所数量（座）	Public Toilets(set)	3343	3446	3557	4072	4506	4540
市容环卫专用车辆设备（辆）	Special Vehicle for Municipal Sanitation(set)	3348	3713	4257	4203	5322	6020

18-2 城市环境
URBAN ENVIRONMENT

年 份 Year	水资源总量 （亿立方米） Water Resources (100 million m^3)	森林面积 （公顷） Area of Woods (hectare)	森林覆盖率 （%） Forest coverage （%）	空气中二氧化硫年均值 （微克/立方米） Yearly Average Concentration of SO_2 in the Air (ug/m^3)	空气中二氧化氮年均值 （微克/立方米） Yearly Average Concentration of NO_2 in the Air (ug/m^3)	空气中可吸入颗粒物年均值 （微克/立方米） Yearly Average Concentration of PM_{10} in the Air (ug/m^3)
2001	25.5			27	58	63
2002	15.68			18	50	61
2003	16.29			20	57	70
2004	13.84			24	72	76
2005	19.93	72619	38.9	21	39	64
2006	20.34	72053	38.9	30	53	64
2007	17.57	72224	39.0	23	54	64
2008	27.09	72263	39.2	16	47	63
2009	18.86	73202	39.7	13	42	57
2010	18.70	73200	39.7	11	45	57
2011	14.48	80227	41.1	11	48	57
2012	19.56	80968	41.5	10	40	54
2013	25.20	82866	41.5	11	40	62
2014	21.51	82868	41.5	9	35	53
2015	18.49	82915	41.5	8	33	49
2016	30.40	80840	40.9	8	33	42
2017	19.58	79339	40.0	8	30	45
2018	22.64	78543	39.8	7	29	44
2019	20.62	78816	39.8	5	25	42
2020	17.17	78054	39.4	6	23	35
2021	12.94	77473	39.1	6	24	37
2022	22.04	77700	39.2	5	20	31
2023	21.00	77651	39.2	5	21	35

注： 1. 从2017年开始，生活垃圾清运量、无害化处理量和处理率口径均有调整。
Notes: From 2017,the statistical caliber of Consumption Wastes Collected and Transported, Consumption Wastes Harmless Disposal and Treatment Rate have been adjusted.
2. 最新一年工业污染类指标为上报国家版数据，最终数据以国家定库为准。
The data of industrial pollution indicators are submitted to the national version, and the final data shall be subject to the national database in the lastest year.

18-2 续表1 CONTINUED

年 份 Year	空气质量优良（二级）天数（天） Days of Air Quality Equal to or Above Grade Ⅱ（day）	灰霾日（天） Days of Haze（day）	城市饮用水源水质达标率（%） Rate of Urban Drinking Water Quality Reaching Standard（%）	生活垃圾清运量（万吨） Consumption Wastes Collected and Transported (10 000 tons)	生活垃圾无害化处理率（%） Treatment Rate of Consumption Wastes（%）
2001	364	95	93.45	122	100
2002	363	104	96.11	129	100
2003	349	147	97.13	325	69.2
2004	344	187	96.71	325	81.0
2005	360	161	98.11	333	90.0
2006	359	147	98.07	360	93.7
2007	361	153	98.86	407	94.1
2008	364	154	99.87	441	94.2
2009	364	115	100	476	94.3
2010	356	115	100	479	94.6
2011	362	112	100	482	95.0
2012	365	77	100	490	95.1
2013	324	98	100	522	98.4
2014	348	68	100	541	100
2015	340	35	100	575	100
2016	354	27	100	572	100
2017	343	22	100	619	100
2018	345	20	100	702	100
2019	332	9	100	760	100
2020	355	3	100	716	100
2021	351	2	100	826	100
2022	336	3	100	846	100
2023	357	0	100	910	100

18-2 续表2 CONTINUED

年 份 Year	工业废气排放量 （亿立方米） Volume of Industrial Waste Gas Emission (100 million cubic meters)	工业二氧化硫排放总量 （万吨） Volume of Industrial Sulphur Dioxide Emission (10 000 tons)	工业氮氧化物排放总量 （万吨） Volume of Industrial Nitrogen Oxide Emission (10 000 tons)	一般工业固体废物产生量 （万吨） General Industrial Solid Wastes Produced (10 000 tons)	城市区域环境噪声均值 （分贝） Average Noise Value of Urban Environment (dB)	城市道路交通噪声均值 （分贝） Average Noise Value of Urban Road Traffic (dB)
2001	4683.98	3.93		49.97	56.1	68.3
2002	7313.37	4.09		49.64	56.0	68.2
2003	820.64	4.55		68.67	56.0	68.5
2004	1082.42	4.36		95.49	56.1	69.2
2005	1389.74	4.35		104.07	56.2	69.4
2006	1264.02	4.24	3.60	132.02	56.5	69.6
2007	1917.96	3.83	7.23	193.55	56.5	69.4
2008	1631.61	3.42	5.01	175.42	56.5	69.2
2009	1740.67	3.23	4.28	173.11	56.8	69.5
2010	1683.53	3.30	2.57	184.82	56.7	69.2
2011	1871.46	0.95	3.30	169.52	56.7	69.0
2012	2136.96	0.98	2.99	152.82	56.9	68.9
2013	2181.63	0.57	1.84	123.84	56.8	68.9
2014	2214.89	0.53	1.43	141.42	56.8	68.8
2015	2312.25	0.41	1.07	124.63	56.8	69.3
2016	2779.52	0.47	1.14	142.13	56.9	69.6
2017	3005.02	0.13	0.66	165.21	57.5	70.0
2018	3322.77	0.01	0.56	116.49	57.2	69.0
2019	3624.81	0.12	0.50	228.96	57.1	69.7
2020	4168.54	0.08	0.41	241.34	56.2	68.9
2021	5194.02	0.16	0.50	309.86	56.2	70.0
2022	5410.76	0.18	0.51	343.95	55.4	69.4
2023	5824.06	0.18	0.48	349.12	55.6	68.4

18-3 用电量、供水量

ELECTRICITY CONSUMPTION AND TAP WATER SUPPLY

年 份 Year	用电总量 (万千瓦小时) Total Electricity Consumption (10 000 kW·h)	农、林、牧、渔业 Farming, Forestry Animal Husbandry and Fishery	工 业 Industry	建筑业 Construction	交通运输、仓储、邮政业 Transportation, Storage and Post Services	信息传输、软件和信息技术服务业 Information Transmission, Software and Information Technology
1994	879100	11609	503780	26502	14229	
1995	913600	11258	499757	27081	15877	
1996	1014427	13041	547085	26138	22364	
1997	1125781	14558	617016	23974	20571	
1998	1294332	16225	644973	25805	21982	
1999	1498759	22045	749834	36735	28215	
2000	1903494	34659	1018794	42482	24329	
2001	2122871	48247	1168146	50425	28584	
2002	2599161	114324	1472361	60653	36477	
2003	3234299	172253	1793262	57644	37904	
2004	3903060	228808	2234774	62493	41722	
2005	4402089	252793	2462690	81148		
2006	4872038	245405	2790275	85968	41541	91925
2007	5678193	241447	3331541	94212	54364	94400
2008	5837586	225570	3462946	96540	58013	102807
2009	5856808	113898	3237528	75192	84721	114674
2010	6635475	29049	4161345	63880	108383	59286
2011	6960198	24658	4186359	62642	151177	70315
2012	7221044	22116	4232405	62331	176093	83141
2013	7297680	22003	4393588	72041	182803	84425
2014	7886841	24325	4731235	90222	208186	87900
2015	8155442	24601	4795635	96380	226320	103032
2016	8510789	25184	4839234	104212	265857	119802
2017	8844861	25787	4872227	112545	349749	151986
2018	9172307	14862	8509726	101710	396421	149589
2019	9839910	16421	5038785	131577	431291	197358
2020	9833430	16858	4915970	163926	399639	244280
2021	11034025	17178	5299478	193560	426493	300316
2022	10738177	8131	5058080	196386	589699	312204
2023	11285503	7068	5069670	228929	631176	298385

18-3 续表 CONTINUED

年 份 Year	用电总量（万千瓦小时） Total Electricity Consumption(10 000 kW·h)				公共供水综合生产能力 (万立方米/日) Comprehensive production capacity of public water supply (10 000 m³/day)	公共供水总量 (万立方米) Volume of Tap Water Supply (10 000 m³)
	批发和零售业、住宿和餐饮业 Wholesale and Retail Trades,Hotels and Catering Services	金融、房地产、租赁和商务服务业 Banking,Real Estate Trade, Leasing and Business Services	公共事业及管理组织 Public Service and Management Organizations	城乡居民生活用电 Residential Electricity Consumption		
1994	102166		125292	95447	244	52308
1995	105512		128134	125834	268	57408
1996	121650		132108	151795	328	64743
1997	150755		124155	174576	328	70194
1998	168155		150517	266520	339	79596
1999	176589		195198	289927	364	86560
2000	218196		231113	333585	380	92068
2001	226547		248025	352722	390	97334
2002	347290		245553	322334	412	108070
2003	374271		389140	409616	442	122795
2004	428738		445363	460985	508	135026
2005	380550		687479	537429	534	139487
2006	400936	472581	149949	583485	591	145227
2007	430487	529424	182882	717521	638	154230
2008	431764	558283	197898	702181	670	156956
2009	466208	717667	254082	791322	670	150094
2010	475271	706670	263752	766538	692	156470
2011	501705	774252	293417	894161	692	161480
2012	526599	758050	315756	1043007	692	160360
2013	588761	680041	317648	1039391	674	159139
2014	521487	682603	335878	1203653	675	164132
2015	559474	755442	368900	1248873	674	169698
2016	579285	830797	402706	1343218	709	199342
2017	600755	891335	429257	1409230	709	174887
2018	617224	927099	671644	1383914	700	179498
2019	680971	1111117	765990	1466400	697	182216
2020	728862	1101311	717332	1545252	725	177537
2021	898945	1351194	837144	1709717	720	191560
2022	710336	1312163	806830	1744349	749	184315
2023	818903	1512652	888009	1830710	763	187307

18-4 公共交通
PUBLIC TRANSPORTATION

年 份 Year	年末实有公共汽车 (辆) Number of Buses (year-end)	出租小汽车 (辆) Taxi (unit)	年末公共汽车营运线路条数 (条) Number of Operating Bus Lines (year-end)	公共汽车客运总人数 (万人次) Number of Passengers Carried of Bus Lines (10 000 person-times)	轨道交通线路长度 (公里) Length of Operation Lines (km)	轨道交通客运总量 (万人次) Volume of Passenger Traffic of Operation Lines (10 000 person-times)	轨道交通线路条数 (条) Number of Operation Lines (line)
1979	12	10	2				
1980	38	160	3				
1981	44	199	6				
1982	52	233	7				
1983	88	860	9	1399			
1984	132	1226	19	2974			
1985	153	1700	27	5184			
1986	171	1794	29	5827			
1987	205	1896	32	9068			
1988	248	2305	37	16399			
1989	305	2365	38	16747			
1990	403	2394	42	21947			
1991	501	3152	51	19821			
1992	507	6083	55	27248			
1993	851	6212	61	30600			
1994	1144	7400	68	31020			
1995	1468	8255	80	35390			
1996	1784	8505	89	35495			
1997	2128	8505	125	36202			
1998	2461	8505	137	37250			
1999	2772	8505	145	40600			
2000	2920	8505	131	42800			
2001	3495	8505	138	47072			
2002	3495	9705	138	51714			
2003	4885	10255	185	50719			
2004	5376	10305	208	100820			
2005	6091	10305	227	101621	22	5766	2
2006	7305	10305	277	123084	23	8990	2
2007	8188	11205	316	135668	24	11765	2
2008	8396	12991	340	145701	25	13550	2
2009	11928	13411	578	213603	25	13823	2
2010	12456	14340	758	228058	64	16271	4
2011	15365	14735	825	223735	177	45985	5
2012	14546	15300	854	228305	177	78129	5
2013	14617	15973	881	220178	177	91715	5
2014	15074	16275	886	225739	177	103675	5
2015	15120	16596	903	206892	177	112188	5
2016	15483	17842	976	186799	285	129713	8
2017	17430	18379	992	165425	297	165545	9
2018	17177	21551	981	162882	297	188651	9
2019	17110	21498	933	158973	316	203216	9
2020	17004	21358	907	105377	423	163022	12
2021	16222	21127	924	108975	431	218554	13
2022	15961	19602	958	73945	559	175547	17
2023	15354	20625	942	82118	567	271151	17

注： 由于指标调整，本表中指标口径2009年以前为“公共大巴”口径，2009年及以后为“公共汽车”口径，包括原大巴、中巴、小巴。

Note: After the adjustment in 2009,the statistical scope of Buses include Large-sized buses,medium-sized buses and small-sized buses,while it just refers to large-sized buses before.

18-5 气象情况
CLIMATE

年 份 Year	平均气温 (摄氏度) Mean Air Temperature (℃)	降水量 (毫米) Precipitation (mm)	日照时数(小时) Sunshine Duration (hour)	平均相对湿度 (%) Mean Relative Humidity (%)
1990	23.0	1396.9	1842.1	76
1995	22.5	2309.8	1858.2	74
2000	23.4	2533.6	1939.5	75
2001	23.6	2747.3	1811.3	74
2002	23.7	1608.1	1975.0	72
2003	23.9	1833.4	1655.3	74
2004	23.6	1299.4	1921.5	71
2005	23.2	2143.6	1574.3	70
2006	23.4	1936.5	1624.3	73
2007	23.5	1581.5	1937.1	70
2008	22.8	2710.0	1907.6	69
2009	23.2	1611.0	1987.3	70
2010	23.0	1634.0	1775.6	73
2011	22.6	1269.7	2054.4	71
2012	23.1	1554.8	1781.5	79
2013	23.1	2203.6	1906.6	75
2014	23.2	1725.5	2034.6	73
2015	23.9	1500.8	1964.3	72
2016	23.2	2490.6	1759.3	79
2017	23.6	1967.1	1919.1	77
2018	23.4	1957.2	1905.5	76
2019	24.0	1880.1	1868.7	78
2020	23.8	1581.8	1954.0	76
2021	24.0	1822.5	2100.7	74
2022	23.2	1935.0	1826.6	76
2023	23.9	1901.3	1753.9	76

主要统计指标解释

水资源总量　指当地降水形成的地表和地下产水总量，即地表径流量与降水入渗补给量之和。

工业固体废物产生量　指工业企业在生产过程中产生的固体状、半固体状和高浓度液体状废弃物的总量,包括冶炼废渣 、粉煤灰 、炉渣 、煤矸石、化工废渣 、尾矿、放射性废渣和其他废渣等；不包括矿山开采的剥剥离废石和掘进废石(煤矸石和呈酸性或碱性的废石除外)。酸性或碱性废石是指采掘的废石其流经水 、雨淋水pH值小于4或pH值大于10.5者。

生活垃圾清运量　指报告期收集和运送到各生活垃圾处理厂(场)和生活垃圾最终消纳点的生活垃圾数量。生活垃圾指城市日常生活或为城市日常生活提供服务的活动中产生的固体废物以及法律行政规定的视为城市生活垃圾的固体废物。

生活垃圾无害化处理率　指报告期生活垃圾无害化处理量与生活垃圾产生量的比率。在统计上,由于生活垃圾产生量不易取得，可用清运量代替。

$$\text{生活垃圾无害化处理率} = \frac{\text{生活垃圾无害化处理量}}{\text{生活垃圾产量}} \times 100\%$$

平均气温　气温指空气的温度，我国一般以摄氏度为单位表示。气象观测的温度表是放在离地面约1.5米处通风良好的百叶箱里测量的，因此，通常说的气温指的是离地面1.5米处百叶箱中的温度。计算方法：月平均气温是将全月各日的平均气温相加，除以该月的天数而得。年平均气温是将12个月的月平均气温累加后除以12而得。

平均相对湿度　指空气中实际水气压与当时气温下的饱和水气压之比。其统计方法与气温相同。

降水量　指从天空降落到地面的液态或固态(经融化后)水，未经蒸发、渗透、流失而在地面上积聚的深度 。通常以毫米为单位计量。计算方法：月降水量是将全月各日的降水量累加而得。年降水量是将12个月的月降水量累加而得。

日照时数　指太阳实际照射地面的时数,通常以小时为单位表示。其统计方法与降水量相同。

Explanatory Notes on Main Statistical Indicators

Total Water Resources refers to total volume of surface water and groundwater and is measured as run-off for surface water and replenishment of groundwater with rainfall in local area.

Volume of Industrial Solid Wastes Produced refers to the total volume of solid, semi solid or high concentration liquid residues produced by industrial enterprises in their production process, including residues from melting, slag, powdered coal ash, gangue, chemical residues, tailings, radioactive residues and other residues, but excluding stripped or dug stones in mining (except gangue and acid or alkali waste stones, which are waste stones washed or soaked by water with a pH value smaller than 4 or larger than 10.5).

Consumption Wastes Transported refers to volume of consumption wastes collected and transported to disposal factories or sites during the reference period. Consumption wastes are solid wastes produced from urban households or from service activities for urban households, and solid wastes regarded by laws and regulations as urban consumption wastes.

Ratio of Consumption Wastes Treated refers to consumption wastes treated over that produced. In practical statistics, as it is difficult to estimate, the volume of consumption wastes produced is replaced with that transported. It is calculated as:

$$\text{Ratio of consumption wastes treated} = \frac{\text{consumption wastes treated}}{\text{consumption wastes produced}} \times 100\%$$

Average Temperature refers to the average airtemperature on a regular basis, generally expressed incentigrade in China. Thermometers used for meteorologicalobservation are placed in well-ventilated shelters about 1.5meters above the ground. Therefore, the commonly usedtemperature refers to the temperature in the shelter 1.5 metersabove the ground. The calculation method is as follows:The summation of daily average temperature of one monthdivided by the actual days of that month represents the monthlyaverage temperature. The summation of monthly averagetemperature of a year divided by 12 represents the annualaverage temperature.

Average Relative Humidity refers to the ratio of actualvapour pressure in the air to the saturation water vapourpressure at the current temperature. The calculation method isthe same as that of average temperature.

Precipitation refers to the depth of water in liquid stateor solid state (thawed), falling from atmosphere onto theground without being evaporated, percolating or running off. Itis usually expressed in millimeters. The calculation method isas follows: The monthly precipitation is obtained by the sum of dailyprecipitation of the month, and the annual precipitation is thesum of monthly precipitation of the 12 months of the year.

Sunshine Hours refer to the actual hours of sunirradiating the earth, usually expressed in hours. Thecalculation method is the same as that of the precipitation.

19 第十九部分

人民生活

PEOPLE'S LIVELIHOOD

CHAPTER

19-1 居民家庭生活基本情况
BASIC CONDITIONS OF PERMANENT HOUSEHOLDS

年 份 Year	户均常住人口 (人) Average Number of per Permanent Household (person)	户均常住从业人口 (人) Average Number of Employed Persons per Household (person)	平均每一从业人口负担人数 (人) Persons Supported by Each Employee (person)	平均每人每月可支配收入 (元) Per Capita Monthly Disposable Income (yuan)	平均每人每月消费性支出 (元) Per Capita Monthly Consumption Expenditures (yuan)
1988	3.90	2.17	1.80	214.10	195.45
1989	3.92	2.16	1.82	304.71	256.59
1990	3.81	2.16	1.76	343.95	305.92
1991	3.78	2.21	1.71	380.31	347.98
1992	3.73	2.23	1.67	481.94	419.54
1993	3.59	2.14	1.68	644.72	515.97
1994	3.60	2.10	1.72	875.27	789.43
1995	3.61	2.06	1.75	1064.22	919.86
1996	3.50	2.06	1.70	1357.97	1087.00
1997	3.46	2.03	1.70	1548.23	1217.53
1998	3.48	1.96	1.78	1601.16	1230.35
1999	3.41	1.89	1.80	1626.70	1169.48
2000	3.42	1.86	1.84	1742.14	1358.89
2001	3.43	1.82	1.88	1896.66	1418.73
2002	3.32	1.86	1.79	2078.39	1577.16
2003	3.38	1.80	1.88	2161.32	1663.36
2004	3.34	1.68	1.99	2299.70	1630.80
2005	3.35	1.73	1.94	1791.20	1325.99
2006	3.33	1.80	1.85	1880.59	1385.68
2007	3.29	1.83	1.80	2025.12	1539.54
2008	3.25	1.59	2.04	2227.44	1648.26
2009	3.24	1.66	1.95	2437.04	1793.84
2010	3.22	1.68	1.92	2698.41	1900.55
2011	3.15	1.67	1.89	3042.09	2006.67
2012	3.21	1.70	1.89	3395.16	2227.31
2013	3.19	1.68	1.90	3721.09	2401.04
2014	2.20	1.40	1.57	3412.33	2404.40
2015	2.24	1.39	1.61	3719.44	2696.60
2016	2.26	1.40	1.61	4057.92	3040.05
2017	2.31	1.43	1.62	4411.50	3193.34
2018	2.46	1.53	1.61	4795.30	3377.92
2019	2.55	1.54	1.66	5210.20	3592.72
2020	2.63	1.51	1.74	5406.48	3381.75
2021	2.64	1.54	1.71	5903.94	3857.14
2022	2.65	1.50	1.77	6059.85	3732.74
2023	2.27	1.42	1.60	6409.17	4084.42

注：从2014年起，国家统计局开展了城乡一体化住户收支与生活状况调查，19-2至19-3表数据来源于此调查样本，与2013年及之前住户调查的调查范围、调查方法、指标口径有所不同。

Note: The NBS started an integrated household income and expenditure survey in 2014, including both urban and rural households. The data shown in Tables 19-2 to 19-3 are compiled on the basis of the survey. The coverage, methodology and definitions used in the survey are different from those used for the separate urban and rural household surveys prior to 2014.

19-2　居民人均可支配收入（2021-2023年）

PER CAPITA DISPOSABLE INCOME OF PERMANENT HOUSEHOLDS（2021-2023）

单位：元　　　　（yuan）

指标名称	Item	2021	2022	2023
可支配收入	**Per Capita Disposable Income**	**70847.32**	**72718.23**	**76910.00**
一、工资性收入	**Income from Wages and Salaries**	**59094.83**	**61156.78**	**65008.62**
(一)工资	Wages	54885.70	56818.86	60815.42
(二)实物福利	Welfare	1230.85	1235.08	1301.71
(三)其他	Others	2978.28	3102.84	2891.49
二、经营净收入	**Net Business Income**	**7238.45**	**6989.48**	**7276.58**
(一)第一产业净收入	Net Income of Primary Industry			
(二)第二产业净收入	Net Income of Secondary Industry	742.63	880.69	1150.42
(三)第三产业净收入	Net Income of Tertiary Industry	6495.82	6108.79	6126.16
三、财产净收入	**Net Income from Properties**	**6747.46**	**6761.43**	**6883.87**
四、转移净收入	**Net Income from Transfer**	**-2233.42**	**-2189.47**	**-2259.08**
(一)转移性收入	Income from Transfer	4432.00	5300.40	6246.29
(二)转移性支出	Expenses on Transfer	6665.42	7489.87	8505.37

19-3 居民人均消费支出（2021-2023年）
PER CAPITA CONSUMPTION EXPENDITURE OF PERMANENT HOUSEHOLDS （2021-2023）

单位：元 (yuan)

指标名称	Item	2021	2022	2023
居民生活消费支出	**Consumption Expenditure**	**46285.67**	**44792.89**	**49013.00**
一、食品烟酒	**Food,Tobacco and Liquor**	**13704.79**	**13304.43**	**14429.44**
(一)食品	Food	7371.56	7634.78	5966.76
(二)烟酒	Tobaccoand Liquor	794.33	761.29	1095.41
(三)饮料	Drink	409.49	416.51	531.59
(四)饮食服务	Catering	5129.42	4491.86	6835.68
二、衣着	**Clothing**	**2176.54**	**1809.75**	**2169.98**
(一)衣类	Clothes	1808.04	1498.26	1801.65
(二)鞋类	Shoes	368.50	311.49	368.33
三、居住	**Residence**	**12433.58**	**12296.48**	**12990.05**
四、生活用品及服务	**Household Facilities, Articles and Services**	**2516.02**	**2346.10**	**2508.15**
(一)家具及室内装饰品	Furniture and Interior Decoration	354.03	368.39	311.77
(二)家用器具	Household Appliances	521.34	470.76	429.09
(三)家用纺织品	Home Textiles	187.56	182.84	197.24
(四)家庭日用杂品	Family Daily Groceries	508.94	494.08	576.99
(五)个人用品	personal Belongings	699.81	591.16	681.13
(六)家庭服务	Domestic Service	244.34	238.86	311.92
五、交通通信	**Transport and Communications**	**6353.03**	**6734.76**	**7362.83**
(一)交通	Transport	4866.58	5295.89	5902.78
(二)通信	Communications	1486.45	1438.87	1460.06
六、教育文化娱乐	**Education,Cultural and Recreation**	**5217.06**	**4366.63**	**5034.22**
(一)教育	Education	3964.43	3154.15	3162.27
(二)文化娱乐	Cultural and Recreation	1252.63	1212.48	1871.96
七、医疗保健	**Health Care and Medical Services**	**2367.23**	**2006.63**	**2513.40**
(一)医疗器具及药品	Medical Apparatus and Medicine	546.22	541.23	718.24
(二)医疗服务	Medical Services	1821.01	1465.41	1795.15
八、其他用品及服务	**Miscellaneous Goods and Services**	**1517.42**	**1928.10**	**2004.93**
(一)其他用品	Miscellaneous Goods	667.60	590.88	837.46
(二)其他服务	Miscellaneous Services	849.82	1337.22	1167.46

主要统计指标解释

可支配收入 指调查户在调查期内获得的、可用于最终消费支出和储蓄的总和，即调查户可以用来自由支配的收入。可支配收入既包括现金，也包括实物收入。按照收入的来源，可支配收入包含四项，分别为：工资性收入、经营净收入、财产净收入和转移净收入。计算公式为：

可支配收入 = 工资性收入 + 经营净收入 + 财产净收入 + 转移净收入

其中：经营净收入 = 经营收入 – 经营费用 – 生产性固定资产折旧 – 生产税

财产净收入 = 财产性收入 – 财产性支出

转移净收入 = 转移性收入 – 转移性支出

消费支出 指住户用于满足家庭日常生活消费需要的全部支出，包括用于消费品的支出和用于服务性消费的支出。根据用途不同，消费支出可划分为食品烟酒、衣着、居住、生活用品及服务、交通通信、教育文化娱乐、医疗保健、其他用品及服务八大类。根据来源不同，消费支出可划分为现金消费支出、实物消费支出（含自产自用、来自单位、来自政府和其他社会组织）。

Explanatory Notes on Main Statistical Indicators

Disposable Income of Households Disposable Income of Households refers to the income of households for purpose of final expenditure and savings. It includes income both in cash and in kind. By sources of income, disposable income includes four categories: income from wages and salaries, net business income, net income from properties and net income from transfer.

Consumption Expenditure of Households Consumption Expenditure of Households refers to all expenditure of households for living expenditure to satisfy family daily living. It includes expenditure in cash and in kind. It includes eight categories: food, tobacco and liquor; clothing; residence; household facilities, articles and services; transport and communications; education, cultural and recreational activities; healthcare and medical services, and miscellaneous goods and services.